Roman Nies

Auf Streifzug
durch die Dschungel Indiens

Unterwegs in Indien und Nepal

Bibliografische Information der Deutschen Nationalbibliothek:
Die Deutsche Nationalbibliothek verzeichnet diese Publikation in der Deutschen Nationalbibliografie; detaillierte bibliografische Daten sind im Internet über http://dnb.d-nb.de abrufbar.

Impressum:
Korrektorat: Adriana Lütz und Andrea Baumann
Copyright © 2020 GRIN & Travel
Ein Imprint der GRIN Publishing GmbH

Inhalt

Überblick über den Inhalt

Periyar – In Indiens Süden

Prolog

Indien war das erste Land in Übersee, das ich besuchte. Das war Anfang der achtziger Jahre. Inzwischen hat das Land doppelt so viele Einwohner wie damals. Auch bei meiner ersten Indienreise ist mir das Land überbevölkert vorgekommen und wie es in anderen Ländern nicht anders ist, so ließen sich dennoch auch in Indien von den Besiedlungszentren abgelegene, menschenleere Gebiete finden. Dort, wo es für den Menschen besonders unwirtlich wird, hat die Natur die größten Chancen, unberührt zu bleiben und vor sich hin zu „vegetieren". Das sind in Indien oft gebirgige Gegenden mit steilen Bergflanken und unzugänglichen Tälern, die durch undurchdringlichen Urwald und unpassierbare Wasserläufe vor menschlichen Zugriffen geschützt sind. Daneben gibt es auch Schutzgebiete, die aber meist wiederum ein Wegenetz haben, auf dem nicht nur Wildhüter, Naturschützer und Touristen verkehren, sondern auch Eindringlinge, die sich an der Natur zu schaffen machen. Teils ist das mit angrenzenden Anwohnern so vereinbart, teils geschieht es illegal, denn der Mensch schaut auch in Indien zuerst auf seinen Vorteil. Was kümmert ihn das Geschwätz von morgen! Er will ja jetzt leben! Naturschutz und Naturerhaltung geht nur, wenn man das Morgen mit bedenkt und die entsprechenden Weichen stellt. Wilderei und Raubbau sind ein fortwährendes Problem, das sich wie ein Krebs durch das Grün der Wälder frisst.

Es steht viel mehr Gebiet in Indien unter Naturschutz als geschützt wird. Das war schon immer so. Die Umweltverschmutzung und Umweltzerstörung hat in Indien im Gleichschritt mit der Bevölkerungsexplosion zugenommen – eben explosionsartig. Mit der Angleichung an die westliche Lebensweise, der im Vergleich zu den achtziger Jahren inzwischen die vierfache Menge an Menschen der Mittelschicht mit einer Nachhaltigkeit huldigt, die nicht nur energieaufwändig ist, sondern auch die Kultur verändert, entdecken die Inder mehr und mehr, dass es modern sei, wenn man Ausflüge in die Natur unternimmt, um damit noch naturnaher seinen Müll zu hinterlassen. Und sei es nur zum Picknick. Leider kommt auch das Bewusstsein mit einer erheblichen Zeitverzögerung ins Erwachen, dass zu einem vernünftigen und weitsichtigen Umgang mit der Natur auch die Pflege und Hege gehört und dass man dazu sein eigenes Konsumverhalten ändern muss. Dazu gehört auch, dass man Plastiktüten regelgerecht entsorgt und nicht dort wegwirft, wo man den Inhalt verbraucht hat.

Wie in anderen Weltregionen auch, dringen die Menschen in die Wälder ein, weil sie mehr Lebensraum brauchen und die Ressourcen der Wälder nutzen wollen. Sei es nur, dass man Holz einschlägt, das man verkaufen kann, oder dass man Plantagen erweitert, damit der Exportgewinn gesteigert werden kann, denn der Eigenbedarf ist längst gedeckt, oder dass man nach Bodenschätzen gräbt – in Indien sind es die Edelsteinschürfer, die die Waldregionen durchgraben.

Der indische Urwald ist auf wenige Reste zusammengeschrumpft. In Indien hat er seine typische Ausprägung, die man Dschungel nennt. Man versteht darunter meist nicht den Regenwald, der mit einer Vielzahl von Baumarten und einer Vielfalt an Lebensformen erfüllt ist und insgesamt ein sehr empfindliches Ökosystem darstellt, das gewissermaßen immer auf „Wassers" Schneide steht und davon abhängt, dass es keine einschneidenden Eingriffe gibt. Dschungel bedeckte, anders als der tropische Regenwald noch vor 200 Jahren, den größten Teil Indiens. Das war einfach die Bezeichnung für die Wälder in Nordindien, wenn sie besonders dicht gewachsen und undurchdringlich waren. Welche botanischen Besonderheiten sie hatten oder welche jährliche Niederschlagsmenge, das war den Anwohnern dabei gleichgültig. Dschungel, das war hinter der Hütte, hinter den Feldern, jenseits der Flüsse. Dort holte man sich das Feuerholz. Zum Jagen, seit jeher ein Recht, das ähnlich wie im früheren Europa nur wenige Privilegierte hatten, nach welchem sich auch in Indien die Landbevölkerung nicht stark orientierte, ging man nur zur Not in diese unübersichtliche Wildnis. Man bevorzugte die offeneren Wälder und Lichtungen, zumal es da auch nicht zu Zusammenstößen mit den gefährlicheren Tieren kam. Deren Verhalten hat sich wenig geändert. Tiger, Elefanten, Büffel, Bären, Nashörner, Leoparden gab es noch vor 150 Jahren zu Hunderttausenden. Dazu kam noch der asiatische Löwe, der nicht von ungefähr das Wappentier Indiens wurde. Zwar hatten auch schon die früheren Beherrscher des Landes große Jagden veranstaltet. Aber das waren saisonale Ereignisse, die nur wenige Gebiete betrafen. Erst die Briten begannen mit großzügigen und weitflächigen Schlachten ge-

gen die Großtiere. Sie und die unter ihrer Oberhoheit dienenden indischen Vasallenregenten brachten es dazu, die
Großtiere bis zum Ende der britischen Besatzung im Jahr
1947 beinahe alle auszurotten.

Indien hat seither versucht, die Wildreservate in sich selbst
erhaltende Nationalparks zu verwandeln und ihnen einen
besonderen Schutz angedeihen zu lassen. Das ist ihnen zum
Teil auch gelungen. Doch wenn man das, was heute gut dasteht, behalten will, muss man ständig gerüstet und auf der
Wacht sein. Langfristig wird die Erhaltung der Lebensräume für die Vielfalt der Arten des indischen Subkontinents nur gelingen können, wenn die Bevölkerung es will.
Das wiederum ist eine Frage der Bildung. Von dieser Art Bildung des Geistes, eines Geistes, der anerkennt, dass die Na-
turwunder erhalten bleiben müssen, damit man sie nicht
beseitigt, sondern nutzt, auch wenn das erst künftigen Generationen vorbehalten ist, sind die Inder zu Beginn des 21.
Jahrhunderts noch weit entfernt. Wenn es einer jungen Generation wichtiger ist, mit künstlichen Erzeugnissen ihre
virtuellen Kontakte zu pflegen und in einer Scheinwelt zu
leben, als die Schätze der Natur zu bewahren, um sich an
ihnen freuen zu können, dann wird es nicht zu verhindern
sein, dass die Welt arm und kalt, grau und eintönig wird.
Wer zu sehr in der Kunstwelt lebt, lebt am Ende nur noch in
der Kunstwelt. Aber nicht lange, denn der Mensch ist auf die
natürliche Umwelt angewiesen. Er kann ohne sie nicht
überleben.

Ich habe Indien auf vielen Reisen gesehen. Ich habe den Subkontinent von Nord nach Süd und Ost nach West bereist und

mich mehr als ein Jahr in diesem Land aufgehalten. Dabei habe ich immer bevorzugt die Naturräume besucht. Ich habe die Wälder in Sikkim ebenso wie die in Nepal durchstreift. Auf der Südseite des Himalayas gibt es in den Vorbergen noch ganze Höhenzüge, die einen ursprünglichen Waldbestand haben, in den tieferen Lagen wachsen noch vereinzelt Regenwaldinseln. Auch dort war ich unterwegs. Davon berichten die Kapitel eins und zwei und neun und zehn. In Zentralindien sind mir auch die meisten Naturgegenden aus eigener Anschauung bekannt. Dabei habe ich nicht nur die Nationalparks besucht, sondern auch Wildnisse, die noch nicht unter Schutz stehen. In dieser Gegend spielt Kapitel drei. Die meiste Zeit habe ich in den Waldgebieten Südindiens verbracht, davon handeln die Kapitel vier bis acht.

Meine Auswahl an Reiseberichten und der Schilderung von Erlebnissen habe ich getroffen, um einen möglichst vielfältigen Querschnitt solcher Erfahrungen bieten zu können, die mir selber am wichtigsten waren. Es sind Geschichten der faszinierten Naturbeobachtung; es sind Entdeckungen von Gesetzmäßigkeiten und Ideen in dem, was ich Innen- und Außenwelt nenne, das äußere und innere Erleben; es sind Begegnungen mit Menschen und ihren Problemwelten, mit wilden Tieren und Naturmächten, gegen die man sich behaupten muss. Es sind witzige, skurrile, bedrohliche, gefährliche Geschichten voller Lebendigkeit und Möglichkeiten in sie einzutauchen und zu eigenen Erkenntnissen zu kommen.

Patalidun – In Indiens Norden

1. Kapitel: Gefahr für richtige Männer?

Adru masa pirayahnam andschi
nadanthal mudiyamah-

Jemand der in Furcht wandelt,
wird der seine Reise beenden?

Tamilische Weisheit

Still! Horch! Ein Gedanke hatte einen Laut verursacht! Von wo war er hergekommen? Warum war ich stehengeblieben? Was ließ mich zögerlich den nächsten Schritt tun?

Der Ausblick ringsherum hatte nichts Großartiges zu bieten. Dessen ungeachtet, hatte mich ein merkwürdiges Gefühl der Verlassenheit beschlichen, das sichere Gesellschaft willkommen heißen würde. Es musste aus einem Versteck in der Wildnis, die mich umgab, gekrochen sein. Und nun rief es eine Reihe von unangenehmen Fragen hervor. Welche neuerliche Besonderheit ließ mich meine Sinne auf sich lenken oder spielte auch nur mit ihnen, um mich dann mit ungehörtem Gelächter zu entlassen, vielleicht noch mit der Aufforderung, die Unerklärlichkeit und Undurchschaubarkeit des bewussten Seins zu bedenken?

Ich hatte bedächtig um die Biegung des Weges gelugt, weil von hier die Langurenrufe gekommen waren, die, seit ich mich vom Rande des Waldes entfernt hatte, eine Ursache mutmaßen ließen, von der ich mir Abwechslung erhoffte. Von den Languren fehlte jede Spur. Und auch sonst zeigte sich nichts, nicht einmal ein geflügeltes Insekt. Wenn doch wenigstens Vogelgezwitscher die Stille durchbrochen hätte!

Stattdessen unübliche Gedanken! Nur nicht nachforschen, ob das Zitterrascheln der Blätter bloß meinem Wunschdenken entsprach, dass sich kein größeres Tier dahinter verbergen möge! Die Farbenspiele in der dichten Vegetation verblassten und die Formengebilde verschwammen. Ich wartete auf den Hauch eines Windes. Aber ins Waldesinnere verirrte er sich nicht. Selbst die Wipfel ruhten. Vergeblich zog ich die Luft nach den Düften der Orchideen ein - fauliges Holz von Baumleichen!

Woher und warum dieser plötzliche Wandel meiner Stimmung? Als hätte ich eine Welt der Suggestion betreten! War ich kurz zuvor doch noch ein munterer Spaziergänger durch den von Salbäumen dominierten Forst gewesen, der keiner Imagination bedurfte, um sich an den vielgestaltigen und farbenprächtigen Realitäten zoologischer und botanischer Herkunft zu erfreuen! Unnennbare Einbildungen, ungeformte Gedanken bestürmten mich. Gerade die Unbestimmbarkeit machte sie umso bedrückender.

Ein Schatten fiel über mich! Den ganzen Vormittag war der Himmel unbedeckt gewesen - frei von Trübungen wie ich. Aber nun hatte sich ein großes Wolkenfeld vor die Mittagssonne gelegt. Die Szenerie um mich herum wirkte noch grauer, und die an sich belanglosen Objekte rückten scheinbar näher, um meine Aufmerksamkeit an sich zu ziehen. Ein Baum, eben noch gerade gewachsen, wird der Mittelpunkt des plötzlichen Interesses, wenn er auf einen zu fallen droht. Ein Busch, der einen besonderen Schatten wirft, weil er sich fortbewegt und belebte Gestalt annimmt, könnte zumindest ein wildes Tier verbergen.

Jedoch war es mehr die Kombination einfacher Formen der Naturgewächse, die mich so furchtbar ohne Süße die Unterscheidbarkeit zwischen Realität und Phantasie prüfen ließ. Die Atmosphäre im Dunstkreis dieser Gebilde war gänzlich unverwandt mit der hellen, Freundlichkeit anstimmenden Luft, die ich draußen eben noch geatmet hatte. Hier kam die Luft nicht vom Himmel herab, sondern sie kroch aus dem trüben Gedampf des Pflanzengeschlings, das überhangen war von graufarbenem, abgestorbenem Gestrüpp.

Nur noch *einen* Schritt tat ich - irgendetwas Faszinierendes war außer mir, das mich innerlich erregte - dann hielt ich vollends still. Eine Ahnung von ich weiß nicht was wuchs nun zu einem unbeschreiblichen Missbehagen. Was mich aus geweckter, aber vorsichtiger Neugierde allenfalls hätte zaudern lassen, von der Stelle wegzukommen, ließ mich nun der Ungewissheit wegen schaudern. Mir war es, als hingen die Wolken dicht über mir, unbeweglich und düster, als wollten sie den Himmel und das hoffnungsvollere Licht für immer wegschließen.

Ich war höchstgradig angespannt, als erwartete ich den Moment einer Einzigartigkeit. Doch nichts Lebendiges zeigte sich! Es lebte nur meine schöpferische Vorstellungskraft. Was hatte sie so angestachelt? Keine Spur, die zu Augen oder Ohren heranreichte! Es blieb alles bewegungslos und stumm, das grenzenlose, unfassbare Schweigen allerorten.

Die Vielheit der abstrusen und planlosen Gedanken wurde allmählich eingedämmt durch die Vernunft, die versuchte,

Zusammenhänge herzustellen. Es war ja nur, soweit der Stand der Dinge, mein launisches Gemüt, das es zu beruhigen galt. Nicht nur, denn: „Das denkst du nur!" verriet eine Erst-recht-Stimme und warnte, dass die Wahrnehmung verlässlicher sei als die Deutung: So viele Verursacher von nichts!

Meine Blicke wanderten die Stämme der Salbäume hinauf und hinunter und versuchten das Dickicht an ihren Wurzelfüßen zu durchdringen. Ich konnte nichts entdecken, außer einem Bienennest in halber Höhe. Es war sicher seit einiger Zeit verlassen. Schon der Gedanke, dass es sich um die gefährliche Dorsata-Art handeln könnte, hätte mir unter normalen Umständen Beine gemacht. Hier fiel mir das Fortkommen schwer. Mein Geist mühte sich tiefsinnig um Aufklärung, was denn hier an diesem Ort so sonderbar sein könnte, doch erfolglos. Keine Gedankenblitze, um das Dunkel zu erhellen!

Das Gesuchte offenbarte sich nicht, weder in- noch auswendig, obwohl ich zu wissen glauben wollte, auf der richtigen Fährte zu sein. Und wenn die Schatten einer Gefahr auf mich gefallen waren, die mit ihrer Offenbarung noch wartet, um mit mehr Macht zu kommen?

Es trieb mich nicht zurück auf meinem Weg. Die unerklärliche Lust zu bleiben, kämpfte wenig gegen das Unwohlsein, das doch bald zur Übelkeit aufkommen musste. Mein nervöses Herz ließ die doch nicht stehengebliebene Zeit spürbar anschlagen.

„Es wäre leicht, diesen Ort des baldigen Schreckens zu verlassen, wenn es nicht noch leichter wäre, zu verharren."

Eine seltsame Angewohnheit von Kaninchen, nicht gleich vor der Schlange zu flüchten! Aber der Mensch ahnt ja weiter als ein Kaninchen. Ginge ich, ließen mir die Selbstvorwürfe danach keine Ruhe, das Besondere versäumt, dem Unergründlichen weder auf den Grund gefühlt noch zuwenigst seine schwarze Wandung ausgeleuchtet zu haben.

„Hier ist nichts, was den Aufenthalt lohnt!", besagte der schmächtige Widerwille.

„Woher willst du das wissen, Lustlosigkeit, gemächlicher Lüfte stiller Begleiter?" Zumindest spürte ich den Willen mächtig, die Unsicherheiten darüber, was hier am besten zu tun wäre, zu überwinden. Und das geschieht am besten durch eine Lösung. Doch würde sie mir auch gefallen? Solange die Angst nicht geweckt ist, lass sie schlafen! Solange eine Gefahr nicht nachgewiesen ist, wozu sie befürchten? Zuerst sollte man sie entdecken! Der Ahnungslosigkeiten Enden sind vielgestaltig. Wird eine böse Ahnung daraus, warum nicht sogar eine Vorfreude empfinden darüber, dass man bald mehr weiß? Eine unterhaltsame Übung, bei jeder körperlichen oder seelischen Anstrengung auf Erleichterung zu hoffen!

Auch das ist anstrengend, die Sinne so anzuspannen, dass man von jeder körperlichen Regung Abstand nimmt! Sogar das Atmen zu unterdrücken und dabei zu warten auf das Offenbarwerden des unheimlich Heimlichen, als ob die Existenz der ganzen eigenen Welt darüber verloren werden könnte. Da musste gehandelt werden, damit man nicht wie gelähmt der Mächte harrte, die da kommen wollten, um die Sinne vollends in ihren Bann zu schlagen. Man darf sich nie wehrlos machen lassen. Nein, eben zuckte willkürlich ein - nur ein - Augenlid!

Ich weiß nicht, wieviel Zeit verging im Schwarm der undefinierbaren Empfindungen, die ihren Zusammenhang suchten mit meiner Umgebung. Wo war ich überhaupt? Nicht einmal das wusste ich! Ich hatte mich schon zu weit vom Ausgangspunkt meines Streifzugs entfernt.

Ich fühlte eine Bedrohung und glaubte sie anzweifeln zu müssen. Ich verdächtigte mich des Aberglaubens, der Trunkenheit von berauschenden Blütendüften, und getroffen zu sein vom dichten Pollenflug ayurvedischer Pflanzen.

Ich wusste von meiner Sensibilität für Angriffe auf die Wahrnehmungsorgane und die Resonanzbreite der Seelenstimmungen. In der Außenwelt dagegen rührte sich nichts. Alles war in Bewegungslosigkeit versunken. Das Stoßen meines Herzens nur, das den ganzen Brustraum erfüllte und in den inneren Ohren widerhallte.

Ich versuchte, nüchtern zu ergründen, was mich besinnig, aber anscheinend sinnlos gefangen genommen hatte. Der bloße Gedanke, der lächerliche, mit allem Ernst gedachte Gedanke, dass ich nicht mehr von diesem Fleck wegkommen würde, erregte Schwindel, als ob ich vor einer unlösbaren Aufgabe stünde. Dazu kam das quälerische Mühen, die Ursache meines Befindens zu erfassen, den Schleier an Befürchtungen wegzuziehen. Elende Aussichten sind besser als gar keine! Die Trübsal von hochfliegenden oder tief grabenden Gedanken, die durch keinen Ansporn der Vorstellungskraft zu einem Ende gedacht werden können, wurde zu einer bohrenden Ungewissheit!

Das Gefühl von einer Bedrohung wuchs und breitete sich düster aus in meiner Seele. Woher nur das Licht nehmen, um es zu durchleuchten? Dies also ist die Angst? Gebärdet sie sich wie eine heraufdämmernde Umnachtung? Beginnt so der Wahnsinn?

„Nein! Da draußen", wusste ich, „ist etwas!"

Es gab keinen Wind. Also hatte mich kein Schattengewächs auf dem Luftweg vergiftet. Wildes Getier? Tigerstreifen im Unterholz? Nicht einmal eine Maus, die über den Waldboden lief! Keine Zikade hatte einen Zirper getan. Kein Rascheln des Khakar, der kleinsten Hirschart. Nichts, was sonst den üblichen Eindruck des Lebendigen vermittelte. Also auch kein Warten auf Tröstliches, wenn der Anschein einer unheilvollen Wirkung wie von einer Todesstätte ausgeht und doch die Erleichterung kommen muss.

Waren nun die Sinne wach und die Denkkraft schwach oder war es umgekehrt? Im Atmen steckte Beklemmung. Ein gewichtiges *Etwas* beschwerte mich und ließ meine Glieder bleiern ermüden. Ich hörte in den Leitungsbahnen der Baumriesen den Saftfluss rauschen. Oder war es der Blutstrom in meinen Ohren, der von den Blattrippen bis zu den Wurzelenden in die von giftigen Blumen bewachten Felsspalten reichte?

1. Kapitel: Gefahr für richtige Männer?

Eine geraume Zeit musste ich so grüblerisch gestanden haben, der Böschung abgewandt. Jetzt mich umzudrehen, war einer meiner Gedanken. Ich musste dem Unbestimmbaren eine Richtung geben. Das überschaubare Wegstück führte leicht bergan bis zu einer Biegung ein paar Schritte weiter. Es war so naheliegend, diesen seltsamen, zwielichtigen Ort hinter mir zu lassen. Hier gab es für mich nichts zu untersuchen, wenn sich das Ungewöhnliche, das für den Alltag Untypische nicht weiter offenbarte und feige auf die Nacht wartete, um dann doch durchs Unterholz zu entschlüpfen, vollends aus meinen gestörten Kreisen.

Nach einigem Zögern hatte ich, bevor es noch bange wurde, meine Entschlossenheit zurückgewonnen. Es blieb nur Verwunderung über das weite Feld der unentdeckten Innenwelt. Die Erwartungshaltung, die sich im Hintergrund meiner Denksphäre gehalten hatte, dass da irgendetwas Besonderes aufzutauchen hätte, meldete sich geschwächt und erklärte ihre Niederlage. Zu viel Aufwand, für einen nichtigen Ertrag! Und doch war ein Ergebnis die Erinnerung daran, mich verpflichtet zu haben, Visionen aufzuspüren, um den Weltensinn auszudenken. Das, was meine Welt zusammenhält, soll gefestigt werden. Und das, was sie schwächt und herabzieht, soll gemieden werden. Dazu braucht es Welterkenntnis und Selbsterkenntnis.

„Man muss wissen, wo und wann?", spottete ich zurück. „Hier nicht!", beschloss ich meine Erkenntnis. Dennoch ist stets aus eben diesem höheren Grunde allem mit Wachsamkeit zu begegnen, was sich dem Blick der unaufmerksamen

Mehrheit entzogen hält, eine Grundhaltung der Aufnahme-
bereitschaft selbst noch dem ermüdeten Eigensinn anzura-
ten. Ratlosigkeit darf nicht vorbeiführen an den Haltestel-
len, die man zur Rückbesinnung braucht, um dann doch
noch gelehrt zu handeln. Was aus Gewohnheit unbeachtet
bleibt, ist vielleicht das Wesentliche. Es scheint dies allzu
oft eine ungeschöpfte Quelle zu sein, die mit bitteren Wahrheiten speist und deshalb gerne von unserem verwöhnten
Mund verschmäht wird. Wer aber einmal freiwillig davon
gekostet hat, erfährt eine gewisse Gelassenheit, die ihm
hilft, sich von alltäglichen Gewöhnlichkeiten und Selbstver-
ständlichkeiten freizumachen.

Ich fasste einen Entschluss. Endlich! Hier war nichts, was
das Verbleiben lohnte. Ich setzte meine Füße in Bewegung.
Ich machte mich davon.

Über mir durchbrachen die Sonnenstrahlen den Wolken-
rand. Ich durfte mich nicht mehr aufhalten lassen, wenn ich
Paterpani noch frühzeitig erreichen wollte, damit es mir vor
Einbruch der Dunkelheit noch nach Dhikala zurückreichte.

Ich kannte das Gelände gar nicht. Nur die Karte gab mir An-
haltspunkte. Es war sicherlich nicht schwer, ein letztes
Wegstück in der Dunkelheit zurückzulegen, dachte ich und
hielt inne: Und wenn doch ein Tiger im Hinterhalt gelegen
hatte? Ich hätte den gleichen Weg wieder zurückzugehen.
Dann aber hoffentlich ohne unsinnige Gedankenspielerei!

Ein Minivet flog über den Weg, als ob mir das zeigen sollte,
„wir sind die einzigen wilden Tiere, die sich im Unterholz

herumtreiben", zierliche Kleinvögel, denen die Unschein-
barkeit in den Federn sitzt, obwohl ihre furchtbare Gefräßigkeit bunten Raupen und leuchtenden Käferlarven teuer
zu stehen kommt.

Links und rechts war der Weg von Salbäumen flankiert, hier
stand ein Sandan, dort ein wilder Mangobaum und Nargul-
dickicht, das bis auf den Weg heruntergewachsen war. Ein
toter Käfer lag auf dem Boden. Ein paar schwarze Ameisen
waren mit ihm beschäftigt. Er wurde geschätzt. Dieses Mal
waren sie schneller als die roten Ameisen. Der Untergrund
war nicht geeignet, Fußspuren abzubilden. Auf dem Weg
wuchs Gras. Er wurde selten begangen und noch seltener
befahren.

Mir fiel ein, dass ich zurückgehen konnte, um den Wegrand,
der oft von Tieren als Pfad benutzt wird, und den Graben
daneben nach Abdrücken zu untersuchen. Ich verwarf den
Gedanken wieder. Vielleicht hatte es doch einen unangenehmen Grund für mein ungewöhnliches Verharren gegeben.
Ich wollte es so genau dann doch nicht wissen!

Die Vorstellung von Gefahr kommt bei den Städtern wohl
daher, dass man im Dschungel nie genau weiß, was einem
vor die Füße läuft - Autos fahren auf Straßen. Der Verkehr
ist vorausberechenbar und in manchen Ländern, fern von
Indien, sogar geregelt. Wenn man das Verhalten von wilden
Tieren voraussagen will, verkalkuliert man sich oft.

Wie im Straßenverkehr muss man sich auch im Dschungel an gewisse vernunftbestimmte Regeln und Vorsichtsmaßnahmen halten, um Ärger aus dem Wege zu gehen. Wegen der verbleibenden Überraschungsmöglichkeiten und Konfliktsituationen sollte man ohnehin nicht von einem gefahrlosen Wochenendausflugsziel reden. Dennoch ist die Wildnis sicherlich weniger gefährlich, als weithin angenommen wird. Man bedenke, wie viele Millionen Inder im Dschungel leben oder zumindest darin arbeiten. Sie sind unterwegs in geschäftlichen Angelegenheiten oder um Verwandte zu besuchen. Kinder gehen in die Schule, weit weg von ihren Hütten, oder führen die Haustiere zum Grasen hinaus, Frauen schneiden Gras oder sammeln Feuerholz. Und das geschieht tagtäglich hunderttausendfach. Und sie kommen alle immer wieder an den Liegeplätzen der Tiger und Leoparden vorbei, die beobachten. Was bleibt da von der Vorstellung blutrünstiger Raubtiere? Es ist natürlich eine Legende. Es sei denn, man bezieht sich auf Einzelfälle. Es gibt also auch keinen Grund, zu verharmlosen.

Früher, als die Dschungelgebiete noch größer waren und es zehnmal mehr Wildtiere gab, war der Anblick solcher Tiere Gewohnheit. Es kam selten zu Zwischenfällen. Die Zahl der Verkehrstoten in diesem Land übersteigt die Zahl der Personen, die im Dschungel ihr Leben lassen, bei weitem! Auch den gefürchteten Schlangenbissen fallen die Bauern nicht etwa im Dschungel zum Opfer, sondern in den Dörfern und Feldern, wo der Kulturfolger Nummer Eins in rauen Mengen auftritt: die Ratte. Schlangen fressen Ratten!

Zugegeben, Statistiken interessierten mich jetzt, wo ich auf dem Thandi Sadak spazieren ging, überhaupt nicht. Ich grübelte vielmehr, ob sich nun nach der Warnung des Rangers die Wahrscheinlichkeit erhöht hatte, dass ich irgendetwas mit einem Tiger zu tun bekommen würde, oder ob es sogar wahrscheinlicher geworden war. Diesen feinen Unterschied herauszuarbeiten, machte jetzt auch keinen Sinn.

Es war erst eine knappe halbe Stunde her, seit mir der Wildhüter ein Rätsel aufgegeben hatte, das ich nicht ernsthaft lösen wollte. Aber ich erzähle alles besser der Reihe nach. Der Leser hat es leicht. Er steht mit der Macht der Worte transportiert unversehens mitten im indischen Dschungel, ohne sich Risiken aussetzen zu müssen. Ehe ich dort war, hatte ich bereits einige Mühen hinter mir. Es war ein Glück, dass ich überhaupt so weit gekommen war.

Wäre es nach der indischen Bürokratie gegangen, wäre ich noch in Ramnagar festgesessen. Die indische Gastfreundlichkeit wusste dies jedoch zu verhindern.

Mein Ziel war der Corbett-Nationalpark. Erfahrungsgemäß war es eine langwierige, umständliche Angelegenheit, wollte man den Besuch eines indischen Nationalparks von Übersee aus planen und vorbereiten. Ich verzichtete darauf, in der Überzeugung, alles in gewohnter Manier vor Ort regeln zu können. Immerhin war ich im Besitz eines höflichen, wenn auch unverbindlichen Einladungsschreibens des Wildhüters. Er ist der Chef im Park.

In Delhi versorgte ich mich beim Survey Department mit dem entsprechenden Kartenmaterial. Wie sich noch herausstellen sollte, war dies eine nützliche Maßnahme.

Dann besuchte ich das Uttar Pradesh Government Tourist Office, um die letzten Informationen über mein Reiseziel einzuholen. Als ich das schmale Heftchen musterte, das mir eine freundlich lächelnde junge Dame überreicht hatte, muss man mir meine Skepsis angemerkt haben. Sie entschuldigte sich für die Kärglichkeit des zur Verfügung stehenden Materials und erkundigte sich zugleich, ob ich nicht an anderen besuchenswerten Örtlichkeiten Gefallen finden könnte. Wie nett!

Dabei hatte ich mich bereits die letzten beiden Tage mit den Sehenswürdigkeiten Delhis näher bekannt gemacht, nur um zu der Überzeugung zu gelangen, dass mir jeder weitere Tag in der Stadt auf dem Lande fehlen würde.

Der Corbett-Nationalpark ist über Ramnagar zu erreichen. Dort im Hauptquartier des Project Tiger bekommt man die Besuchserlaubnis für den Park. Das einzig Aufregende an der ermüdenden 300 km langen Fahrt zu den Vorgebirgen des Himalayas war die Fahrt durch Moradabad. Dort hieß es aufpassen, ob der Fahrer auch wirklich nach sieben Kilometern nach links abbog, wie in meinem schmalen Wegbegleiter zu lesen war. Er bog nach rechts ab. Ich war maßlos enttäuscht und schlief darob wenigstens ein.

In Ramnagar sollte eine noch größere Enttäuschung auf mich warten. Der Wildhüter war nicht da. Meine Referenz machte keinen großen Eindruck auf den Assistenten des Wildhüter-Assistenten, Mister Hira, der darüber zu entscheiden hatte, wer den Nationalpark betreten durfte.

„Alles ausgebucht!", lautete die ernüchternde Auskunft.

„Und morgen?"

„Morgen und übermorgen und die ganze Woche, und nächste Woche auch!"

Er zeigte mir das Besucherbuch, aus dem hervorging, dass für die nächsten zwei Monate alles ausgebucht war. Zwei Inder, die neben mir standen und eine Reservierung vorzuweisen hatten, wurden ebenfalls ohne weiteres abgewiesen. Solange die Herrschaften, die sich zurzeit im Park aufhielten, nicht das Feld räumten, nutzten auch Reservierungen nichts! In Wirklichkeit waren die Parkkapazitäten bei weitem nicht ausgelastet. Aber das wusste ich jetzt noch nicht.

Mister Hira war ein großer Graubärtiger, der trotz der Strenge in seinem Minenspiel einen sympathischen Eindruck auf mich machte. Es klang etwas verheißungsvoll, als er mich vor seinen Schreibtisch setzen hieß. „Sit down and wait!"

Das bedeutet bei indischen Behörden meist, dass man die Sache nicht ganz verloren geben muss, sofern man über ausreichend Geduld verfügt. Da ich noch nicht lange im Land war, war mein Vorrat an Geduld noch nicht erschöpft.

Zuerst verabschiedete Mister Hira die beiden protestierenden indischen Touristen in souveräner Manier, als gehörte Unnachgiebigkeit zu seiner Berufsausstattung, dann verschwand er grußlos und ließ mich in seinem Büro sitzen.

Ich saß also da und wartete. Ich wartete, weil ich das Gefühl hatte, dass Warten im Augenblick das Richtige wäre. Eine knappe Stunde später - ich hatte mir die Zeit verkürzt, indem ich ein paar auf dem Schreibtisch liegende Akten durchgesehen hatte - tauchte Mister Hira wieder auf und ließ mich wissen, dass er Mittag essen gewesen wäre. Er fragte mich tatsächlich, was ich wollte.

„Oh, ich denke, ich möchte noch immer in den Park!"

Er blickte mich vorwurfsvoll an und fragte mich, warum ich nicht zum Lunch gewesen wäre.

Hätte ich die Akten alleine lassen sollen? Mister Hira deutete auf die Karte an der Wand hinter sich und sagte, dass Dhikala, das Touristenzentrum des Parks, überfüllt sei. Ich sagte, ich sei nicht anspruchsvoll und könnte auf die Gesellschaft von Touristen verzichten.

„I prefer solitude!" Ich ortete einen einsam dastehenden Namen auf der Karte: „Sarpaduli". Dahin wollte ich!

„Da ist es sicher ruhig!"

Nach Sarpaduli wollte er mich jedoch nicht gehen lassen, denn da hatte sich angeblich gerade eine Elefantenherde breitgemacht. Es würde eine Weile dauern, bis sie weiterzogen. So wie letztes Jahr, bevor sie nach Paterpani aufbrachen.

„Na gut, dann nehme ich eben mit Birani vorlieb." Auch hier zeigten mir die Logos, dass dort zumindest eine Hütte vorhanden sein musste.

„Biryani hätten Sie eben haben können, wenn Sie beim Lunch gewesen wären." Biryani ist ein beliebtes indisches Reisgericht. Der war auch noch witzig!

„Sie meinen Bijrani!", korrigierte er mich, „Bijrani, Gairal und Khinnanauli sind ausgestattet mit Betten, Matten, Kissen, Bezügen und regelmäßiger Wasserversorgung, sind aber zurzeit nicht verfügbar. In Sultan, Malani und Jhirna sind nur Bettgestelle vorhanden. Haben Sie Bettzeug?"

„Nein, brauche ich nicht!"

„Haben Sie Verpflegung für drei Tage?"

„Kann ich besorgen."

„Nützt nichts, alles ausgebucht oder nicht verfügbar!"

„Da gibt es doch noch Paterpani!"

„Und wie wollen Sie da hingelangen? Haben Sie ein Fahrzeug? In Ramnagar können Sie keines mieten. Sie müssten zurück nach Delhi, eine ziemlich weite Strecke!"

Was trieb dieser Mr. Hira für ein Spiel mit mir? Egal, ich würde nicht lockerlassen.

„Es gibt hier auch Reitelefanten. Um einen zu bekommen, werde ich nicht so weit laufen müssen!"

„Nein! Aber die Reitelefanten werden nicht für Sie so weit laufen wollen. Paterpani liegt abgelegen. Ohne Ortskenntnisse und ohne Begleitung kommen Sie da nicht einmal zu Fuß hin! Außerdem ist es...“

Ich hörte nicht mehr hin. Vielleicht sagte er, dass es geschlossen sei, aber das spielte jetzt keine Rolle mehr. Das dachte ich jedenfalls. Der Mann wollte mir offenbar nicht weiterhelfen. Später hätte ich jedoch jede Information über Paterpani gut gebrauchen können!

Nach einiger Zeit, in der wir kein Wort gewechselt hatten, schlug er mir vor, ich sollte mich erst einmal im Rasthaus nebenan frisch machen und etwas essen. Falls sich etwas Neues ergeben würde, würde er mich holen lassen.

Ich wusste zwar nicht, was er mit „Neues ergeben“ meinte, aber ich hatte sowieso im Augenblick nichts Anderes vor. Zweifel blieben. Konnte ich in der Sache noch etwas erreichen? Da ich hungrig war, ging ich auf den Vorschlag ein. Unterdessen würde mir vielleicht noch etwas einfallen.

Im Rasthaus saß außer den beiden mit ihrer Erfolglosigkeit hadernden Indern noch ein junger Engländer mit roten Haaren und ebensolcher Nase. Ich fragte ihn vorsichtig nach dem Grund seines Hierseins. Er machte auf mich zunächst einen etwas snobistischen Eindruck. Es stellte sich jedoch heraus, dass er ein feinsinniger Farmerssohn, ausgerechnet aus Birmingham, der zweitgrößten Stadt Britanniens, war.

„Nun, ich bin hierhergekommen, um Tiger zu sehen!“

Mir verschlug es schier den Atem. Mit dieser Perspektive hatte ich nicht gerechnet, jedenfalls nicht in den letzten zwanzig Minuten! Nachdem ich mich gefangen hatte, sagte ich:

„Das ist in der Tat sehr erstaunlich. Ich für meinen Teil wäre schon froh, überhaupt in diesen Park - wie heißt er doch gleich wieder...?

„Jim-Corbett-Nationalpark!"

„...richtig! Carpet! - einreisen zu können."

Darren Roberts war wahrhaftig zu keinem anderen Zweck nach Indien gekommen, als um Tiger zu sehen. Für einen Farmerssohn aus Birmingham ein ungewöhnliches Begehren! Er führte mir seine umfangreiche Fotoausrüstung vor, die in naheliegender Zukunft auch seine Berufsausrüstung sein würde. Ich war irgendwie beeindruckt. Wenn es ihm gelingen sollte, mit so viel hinderlichem Material einen Tiger „dingfest" zu machen - alle Achtung!

Ich bestellte mir etwas zu essen und nutzte die Gelegenheit, Darren zu einem Drink einzuladen. Er würde am Nachmittag mit dem Minibus der Parkverwaltung nach Dhikala gefahren werden. Er hatte schon vor Monaten gebucht und nun trotzdem schon drei Tage lang in Ramnagar warten müssen. Ich versicherte ihm, dass ich nicht die Absicht hatte, so lange zu warten. Im Übrigen würde ich nicht wetten, dass er heute noch nach Dhikala kommen würde. In seinen Augen blitzte energischer Widerspruch auf, als ich das sagte. Er erwiderte:

„Ich wette, dass ich vor dir mit den Tigern von Periyar fotografische Bekanntschaft machen werde!"

Er redete sogar gleich von Tigern im Plural! Die Fairness gebot mir, nicht auf diesen Mangel an Understatement einzugehen. Er war wohl neu in diesem Land, das „Greenhorn" noch gerötet. Nach meinem ausgiebigen Mahl verabschiedete ich mich von ihm und wünschte „good luck". Sein Gruß fiel weniger schlicht aus, etwa so:

„Ich bedauere es extrem, nicht den in Aussicht gestellten Wettstreit ausfechten zu können, aber verliere du den Mut nicht. An einem anderen Ort, zu einer anderen Zeit, wird auch für dich das Glück winken. Aber verlass dich nicht darauf. Man muss hart dafür arbeiten."

Es war mir nicht bekannt, dass die Leute aus Birmingham so reden. Ich wollte ihm noch ein „fortune favours fools" hinterherwerfen, ließ es aber doch bleiben.

Mister Hira hatte keine Neuigkeiten für mich. Ich nahm die Karte vom Park genauer in Augenschein. Sie war detaillierter als meine Karte vom Survey Department. Vielleicht gab es eine Möglichkeit, mich in der Pufferzone des Parks aufzuhalten, wofür ich keine Erlaubnis benötigen würde. Dafür wäre eine umfangreichere Logistik erforderlich gewesen.

Es änderte sich alles, als eine indische Familie ankam. Als ich den Mann sah, war es mir, als hätte ich ihn schon einmal gesehen. Er lächelte mir freundlich zu. Kaum war er eingetreten mit Frau und Kindern, war der Assistent vom „Assistant" aufgestanden, grüßte die Neuankömmlinge wie alte Bekannte und unterhielt sich angeregt mit ihnen. Ich verstand so viel, dass auch von mir geredet wurde, was mich neugierig machte. Der Mann wendete sich mir zu, reichte mir die Hand und fragte mich:

„Sie erinnern sich nicht an mich? Aber ich erinnere mich an Sie! Vor ein paar Tagen waren Sie in meinem Office in Delhi."

Ich war in verschiedenen Behörden in Delhi gewesen, um eine Einreisegenehmigung für Assam zu erlangen. Mister Hira ging mit seinen Landsleuten nach draußen, ohne darauf zu warten, dass ich etwas darauf entgegnen konnte. Als Mr. Hira wieder alleine hereinkam, wies er mich an, mich in das Besucherbuch einzutragen. Ich wollte gerade nach dem Grund seines Sinneswandels fragen, da kam der Herr aus Delhi herein, reichte mir noch einmal die Hand und stellte sich mir als Mister Sesham vor. Er war Manager des U. P. Tourist Office und hatte mein starkes Interesse am Corbett-Nationalpark mitbekommen, als ich seinerzeit mit seiner Sekretärin gesprochen hatte.

Er bot mir eine der beiden Suiten im Dhikala-Rasthaus an. Er hatte sie für sich und seine Familie reservieren lassen, leider, so sagte er, nur für drei Tage. Wenn ich länger bleiben wollte, müsste ich mich um ein Arrangement im Park bemühen. Hauptsache war natürlich, dass ich erst einmal im Park war. Ich war gerührt und sagte Dank, dabei schob ich dem Sesham Junior ein kleines Taschenmesser zu. Ich führte immer ein paar als Geschenke mit mir.

Diese Episode zu erzählen, ist eine nachträgliche Geste der Dankbarkeit. Wer eine Reise durch Indien unternimmt, erfährt Ärger auf mannigfache Weise als beinahe ständigen Wegbegleiter. Und oft genug ist die Andersartigkeit der

Menschen dafür verantwortlich. Wenn man dann oft in seinen Berichten unvorteilhafte Wesenszüge nicht unerwähnt lassen möchte, kann man dafür erst recht die Beispiele an Gastfreundschaft und Hilfsbereitschaft nennen, die für den verdrossenen Reisenden ein notwendiger Ausgleich sein müssen für die erlittenen Unannehmlichkeiten.

Aus der Masse gleichgültiger oder eingeschüchterter Inder, die nach karmischen Gewohnheiten leben, heben sich jene besonderen Charaktere hervor, die durch größere Taten glänzen, als man vielleicht selbst zu vollbringen in besseren Tagen in der Lage wäre. Diese jede Art von mitmenschlichen Verpflichtungen übersteigende Hingabe mitzuerleben, ganz abgesehen von den angenehmen Folgen, die es einem bringen mag, gehört zu den eigentlichen Höhepunkten einer Reise. Es sind immer noch Menschen und ihre Taten, die einem das Leben lebenswert und das Reisen zu einem Vergnügen machen.

Trotz dieser hoch zu bewertenden Singularitäten müssen manchmal auch die Übel, die einem widerfahren, erwähnt werden. Ich schreibe dies, um der Verwunderung vorzubeugen, die den Leser noch befallen kann, falls er sich des Weiteren noch befleißigt fühlen wird, auf das Mehrheitsverhalten der Inder Rückschlüsse zu ziehen. Er möge lieber bedenken, dass sich Menschen, gleich welcher Rasse und Nation, in den meisten Situationen sehr ähnlich verhalten.

Mister Sesham gehörte ganz offensichtlich zu den Menschen, die einem das Reisen erleichtern. Er fragte mich, ob ich schon gegessen hätte. Selbstverständlich könnte ich mit ihm nach Dhikala fahren. Mir fiel bei so viel Entgegenkommen nur ein, ihm vorzuschlagen, dass ich das Fahren übernehmen könnte, damit er die 50 km nach Dhikala ausspannen könnte. Er lachte. Bei der Beschaffenheit der vor uns liegenden Wegstrecke wäre an ein Ausspannen nicht zu denken. Er würde es vorziehen, selber zu fahren. Das sei weniger anstrengend, außerdem könnte er sich dabei besser festhalten.

Es stellte sich heraus, dass er recht hatte. Er kannte die Strecke schon. Das erste Teilstück führte durch eine malerische Hügellandschaft am Kosifluss entlang nach Dhangadhi am Parkeingang. Dort am Checkpost gab es auch ein kleines Museum mit drei ausgestopften Tieren von Respekt einflößenden Abmessungen. Den größten Tiger glaubte man 1923 vermessen zu haben. Dazu hat man ihn erlegen müssen. Von der Nase bis zur Schwanzspitze maß er 11 Fuß und fünfeinhalb Inch. Das sind dreieinhalb Meter. Er wog 590 lbs, mehr als fünf Zentner!

Der Corbett-Nationalpark wäre sinnigerweise wohl gar nicht gegründet worden, wenn es in dieser Gegend keine Massaker an den wilden Tieren gegeben hätte. In den dreißiger Jahren betrachteten es europäische Jägersleute und ihre indischen Nachahmer als Sport, möglichst viele Tiere in möglichst kurzer Zeit zur Strecke zu bringen. Dazu wurden sogenannte „Beats" veranstaltet, Treibjagden, bei denen es darauf ankam, die Tiere schießgerecht auf einen ganz bestimmten Punkt zuzutreiben, wo die Kanoniere in Stellung gegangen waren. Normale, weise, richtige Männer erkannten bereits in den 30er Jahren, dass es mit dem Spaß an der Befriedigung der Jagdlust und anderer niederer Triebe bald ein Ende haben würde, wenn man ihm die Grundlage entziehen würde. Da man Indiens Wälder leer schoss, musste es bald aus sein mit dem „Sport". Daher also das Wort vom „Sport" als Mord.

Aber selbst, wenn man die Tiere schonte: Ein anderes Problem blieb. Die Wälder wurden weiter abgeholzt und nicht nachgepflanzt. Das Schicksal der Fauna hängt ab vom Zustand der Flora. Der Haileysche Nationalpark wurde deshalb im Jahre 1935 von Malcolm Hailey gegründet, um diese einmalige Naturgegend vor dem endgültigen Untergang zu bewahren. Er war somit der erste Nationalpark Indiens. Aber erst seit 1972 wurde im Kernbereich jegliche menschliche Aktivität, die irgendwie auf Nutzung oder Ausbeutung zielen könnte, vollends untersagt. Nur der Tourist als Naturliebhaber sollte einen Zugang erhalten.

Seitdem hat der Bestand an Tieren im Park, wie könnte es anders sein, stark zugenommen. Es gibt mittlerweile allein 90 Tiger im Park. Vor zwanzig Jahren waren es noch die Hälfte. 1954 wurde der Park in Ramnagar-Nationalpark umbenannt. Zwei Jahre später hieß er dann Jim-Corbett-Nationalpark, nach dem einflussreichsten Missionar für Wildlife Preservation in den 30er Jahren. Man kann seine Ehrung besser im Zusammenhang mit dem Gesinnungswandel all jener Shikars, das sind die Jägersleute, verstehen, die ihre Laufbahn als Naturliebhaber mit „Tiger shooting" begannen, um dann viel später allenfalls noch mit der Kamera auf Tiere zu schießen. Eine Wandlung, die für manche Tierart leider zu spät kam. Hier der Originalton aus einer Biografie: *„Nachdem er eine große Zahl Wildtiere erlegt hatte, gab er die Schießerei ganz auf und wurde ein großer Freund der Wildnis."*

Man sollte sich freuen über dieserart Reife und bedenken, ob der Mensch es nicht auch fertig-bringen sollte, auf anderen Gebieten, die etwas mit dem Umgang mit den Mitgeschöpfen zu tun haben, heranzureifen, um dann sagen zu können: „Nachdem ich in meiner Jugendzeit einer großen Zahl von Mitgeschöpfen Leid zugefügt habe, gab ich meinen ausbeuterischen Egoismus ganz auf und wurde ein großer Freund der Mitgeschöpfe."

Der Corbett-Nationalpark liegt im bewaldeten Vorgebirge des Himalayas in den Distrikten Dauru, Garwhal und Nainital. Er umfasst 520 km²; Wobei nur der Kernbereich von 320 km², das Sanctum Sanctorum, vor jeder Störung geschützt wird. Weitere 300 km² sollen hinzugefügt werden. Das Gebiet ist auch bekannt unter dem älteren Namen Patalidun. Der Park wird vom Ramganga von Ost nach West durchflossen. Nördlich davon steigt das bewaldete Gebiet mit circa einem Drittel des Parks bis auf 1100 m Höhe an. Die übrigen zwei Drittel des Parks, südlich des Ramganga, weisen in ost-westlicher Richtung einen Höhenzug auf, der 600 m Höhe erreicht.

Von Dhangadhi aus führte eine einstens geteerte, inzwischen mit unzähligen Schlaglöchern versehene Straße das Ramgangatal hinunter bis Dhikala. Das Gelände war sehr abwechslungsreich, stets hügelig und bewaldet. Die Straße zu bauen, musste ein hartes Stück Arbeit gewesen sein. Es ging zwischen Felsen hindurch, über Nalas, ausgetrocknete Flussläufe, und nirgendwo gab es eine Erholung für den Fahrer, von dem volle Konzentration gefordert war.

An einer Stelle, die man wegen der Limonenbäume Nimbu Bhoji nannte, bekamen wir die ersten Elefanten zu sehen. Wir störten sie bei der Ernte der Nimbus. Als wir uns im Schritttempo näherten, traten sie in aller Ruhe in den Waldschatten hinein, wo sie abwarteten, bis wir weitergefahren waren.

Wir waren nicht lange unterwegs, da fanden wir den Minibus der Parkverwaltung am Straßenrand stehen. Wir hielten an, denn das Fahrzeug hatte eine Reifenpanne. Ein Ersatzrad war da, aber kein Wagenheber. Wir konnten aushelfen.

Außer ein paar Parkangestellten war nur ein einziger Tourist an Bord und den kannte ich bereits. Der Engländer aus Birmingham hatte einen Gesichtsausdruck, als er mich sah, der etwas zwischen maßlosem Erstaunen und Zweifel an der Weltordnung auszudrücken schien. Er hatte sicher nicht erwartet, mich so schnell wiederzusehen!

Nachdem der Wagen wiederhergestellt war, fuhren wir voraus. Dies hatte den Vorteil, dass wir noch viele Tiere zu sehen bekamen, die sich auf der Straße aufhielten oder diese gerade überquerten. Sambar- und Chitalhirsche, Khakar, Pfauen und ein Stachelschwein, das direkt auf uns zukam, die Stacheln aufstellte und uns erst den Weg freimachte, als wir angehalten hatten. Stachelschweine am helllichten Tag, das konnte ja heiter werden, dachte ich. So licht blieb es nicht mehr lange, denn als wir in Dhikala ankamen, war es schon dunkel.

Meine Suite war geräumig und hatte sogar einen Sekretär aus Teakholz aufzubieten. Mein Vorschlag, das Zimmer mit den Kindern zu teilen, fand bei Mr. Sesham keine Zustimmung. Stattdessen musste ich zusagen, die Familie auf einer Ausfahrt durch den Park zu begleiten.

Er hieß mich, mich auf einen der Lehnsessel zu ihm auf die Veranda zu setzen. Seine Frau sagte ihm beim Hinausgehen, sie würde uns einen Tee bringen. Dazu hatte sie aber zur Kantine hinüberzugehen. Mr. Sesham muss mein Erstaunen über das gastfreundliche Verhalten dieser modernen indischen Frau bemerkt haben. Auf Nachfragen sagte ich, dass es gut sei, eine Frau zu haben, die das Rechte tat, ohne dass der Mann es ihr noch sagen müsste. Das nötigte ihm ein zustimmendes Lachen ab.

Ich kannte ja die Geschichte von dem Weber Tiruvalluvar, einem Mann, der wegen seiner Weisheit berühmt war. Dessen Gast hatte ihn gefragt, ob es weise wäre, sich eine Frau zu nehmen. Daraufhin rief der Weber seine Frau und fragte sie, ob sie eine Lampe bringen könnte. Es war aber helllichter Tag. Seine Frau brachte wortlos, aber freundlich lächelnd, das Gewünschte. Der Gast verstand, wenn er eine Frau mit solchen Eigenschaften finden würde, wäre es besser zu heiraten, sonst nicht.

„Ich denke, Sie haben eine weise Frau" sagte ich, „denn ich denke, dass die Bereitschaft, für die Wünsche anderer da zu sein, ein Merkmal wirklich weiser Menschen ist."

Daraufhin entgegnete mir Mr. Sesham:

„Weise sein ist gut. Weise werden ist besser. Groß wird der Mensch aber dann, wenn er selbstlos handelt und ein hohes Ziel in seinem Tun findet. Wünsche, die berechtigt sind, werden sich dann einmal für alle erfüllen können."

„Es gibt wahrlich kein größeres Ziel, das man sich setzen kann!", stimmte ich zu. Wünsche, die berechtigt sind! Leider verstehen die Menschen darunter nicht alle das Gleiche.

Der Inder hat bisweilen eine entwaffnende Offenheit. Wenn er wissen will, wie er vor dem anderen dasteht, lacht er dazu, in kluger Voraussicht, dass er seltener die Wahrheit, öfter Schmeicheleien zu hören bekommt, weil doch jeder auf seinen Vorteil aus ist und vorausberechnet, was es ihm einbringen könnte. Mr. Sesham lachte auch, als er mich fragte, was ich über einen Mann dachte, der eine weise Frau hatte.

„You are a true man!", sagte ich.

Aber er wollte wissen, was ein richtiger Mann sei. Etwa ein Mann, der weise ist bei der Wahl seiner Frau? Ich sagte ihm, dass ich mir nicht sicher sei, ob nur weise Männer weise Frauen wählten, da ich schon die Gültigkeit der Behauptung bestätigt gefunden hätte, dass die weisesten Männer bei Frauen zu Narren würden und die närrischsten Frauen bei Männern sehr weise würden. Deshalb würde man auch oft närrische Frauen mit weisen Männern finden und weise Männer, die sich zum Narren gemacht haben. Ich versicherte ihm aber, dass ich einen richtigen Mann auch immer für einen weisen Mann hielte. Dass das Deutsche hier mit einer Besonderheit aufwarten konnte, ersparte ich den Zuhörern an der Stelle. Da ist nämlich ein richtiger Mann jemand, in dem schon etwas Tigerhaftes drinsteckt, rein sprachlich, denn er ist ja ein rich"TIGER" Mann. Deutsche Sprache – wunderbare Sprache. Die Sprache der Dichter und Denker, die zum richtigen Denken und Dichten erzieht! Aber nur, wenn man sich erziehen lassen will!

„So what is a true man and a wise man?", fragte er nochmals.

„In einem richtigen Mann gibt es keine Weisheiten und Erkenntnisse, vor denen er sich fürchten müsste, weil sie zu schwer verständlich oder zu fordernd wären. Furcht kommt aus dem Unglauben, dass es ein Erkennen des Richtigseins überhaupt geben dürfe. Ein richtiger Mann soll mannhaft sein. Für die alten Griechen waren Mannhaftigkeit, Mut, Tapferkeit und Kühnheit ein und dasselbe, was sie mit dem gleichen Wort „andreios" umschrieben. Ich meine aber mit Mut das Verbleiben beim rechten Denken und Handeln ...“

„Ein richtiger Mann", unterbrach mich Mr. Sesham, „ein richtiger Mann hat nur ein höchstes Ziel, nämlich dem großen Ziel der Vereinigung mit Gott näher zu kommen."

„Wenn das stimmt, dann muss dieses höchste Ziel aber mit der Vervollkommnung des Menschen einhergehen!"

„Keine Ausreden und Entschuldigungen über eigene Schwächen?"

„Hat Gott Schwächen?", lautete meine Gegenfrage.

„Nein, er hat nur Qualitäten!"

„Dann kann auch der richtige Mann nur vollkommene Qualitäten anstreben wollen. Das ist das Mindeste. Jemand, der nicht an seiner Vervollkommnung interessiert ist, der ist deshalb kein richtiger Mann, weil er noch gar nicht erkannt hat, warum er überhaupt zwei Beine bekommen hat, mit denen er sich in eine bestimmte Richtung begeben soll, und warum er zwei Hände bekommen hat, mit denen er anderen Menschen bei ihrem Gang helfen soll, indem er ihnen die richtige Richtung zeigt."

„Nur wer in Gott ist, kann mutig sein. Denn er kennt das Ziel und weiß, dass er es erreichen wird."

„Sie sind ein weiser Mann. Ich freue mich, einen Inder kennenzulernen, dem das höchste Wesen nicht ein qualitätsloses Sein ist wie vielen Indern, die sich dann auch so verhalten, als ob sie einem qualitätenlosen Gott huldigen würden." Das war vielleicht ein wenig zu hart von mir. Das störte Mister Shesham aber nicht, denn er hatte noch härtere Wahrheiten zu bieten:

„Dafür opfert ihr Europäer euren eigenen Göttern, und die haben schlechte Qualitäten, Selbstsucht, Gier, Lustbefriedigung.... Das Gute wird mit dem Bösen verwechselt. Das ist auch nicht besser, als Gutes und Böses gleichgültig zu bewerten. Menschen, die nicht viel von höheren Dingen verstehen, bringen alle diese Begriffe durcheinander. Sie erklären das für gut und schön, was sich nur da, wo es hingehört, wirklich gut und schön auswirken kann. Die Europäer sind lustorientierte Menschen. Sie wollen die Befriedigung ihres Verlangens gleich. Besonders eure jungen Menschen. Sie können nicht warten. Aber alles, was gut und schön ist, kann nur dann zu etwas Wertvollem werden, wenn es auf die rechte Weise auswächst. Wer das nicht beachtet, der beraubt sich selbst. Den Menschen fehlt ja das Vertrauen in jeden anderen als sich selber und deshalb wollen sie auch keine höheren Ordnungen erkennen, die es zu beachten gilt, wenn man wirklich auf lange Sicht dauerhaftes Glück erleben will. Man nimmt sich dann alles, was man meint, kriegen zu können, ohne die Folgen zu bedenken. Wer sich verbotene Früchte nimmt, kann nicht auf den rechten Geschmack kommen."

„Reden Sie von der wahren Liebe?"

„Auch Liebe ist eine dieser Qualitäten, die der Mensch erlernen muss. Deshalb ist auch die Not unter den Menschen so groß. Sie machen sich unglücklich, obwohl sie es gut meinen, obwohl sie doch alle so sehr ihr Glück machen wollen. Aber das können sie eben gerade nicht. Der Mensch funktioniert nicht ohne die Gesetzmäßigkeiten, die er dauernd ignoriert. Er ist dann im Grunde wie ein Dauersäufer, der ständig herumlallt, dass er kein Trinker sei."

„Das habe ich mit dem Mut eines wahren Mannes gemeint. Es gehört Mut dazu, sich den Anforderungen zu einem höheren Menschsein zu stellen. Man darf nicht bei seinen unterentwickelten Qualitäten stehenbleiben. Man muss das Minderwertige in sich begraben wollen. Dazu gehört Charakterstärke und Standhaftigkeit. Das sind männliche Attribute! Wer Stand hat, ist stark genug, nicht umzufallen oder vor Ermüdung zusammenzusinken. Männlichkeit sollte sich in dem Mut zur Wahrhaftigkeit ausdrücken und in dem Mut, das, was man als wahr und recht erkannt hat, zu verteidigen und zu befolgen. Dies erfordert viel Tapferkeit. Dies vor allem auch deshalb, weil das, was einen ganzen Mann mit einem Herzen aus Gold ausmacht, sich nicht mit dem deckt, was in der weltlichen Werbung als Mann dargestellt wird. Die wahren Werte eines Menschen kommen erst dann zu ihrer Geltung, wenn die Schwachheiten des weltlichen Geschmacks unter Belastungen zusammenbrechen und sich als Täuschung herausstellen. Im normalen Leben, ohne Belastungen, können Fassaden etwas vortäuschen, was in Wirklichkeit keinen Wert hat. Wenn aber die Lügengebäude aus Täuschung und Selbsttäuschung Belastungsproben ausgesetzt werden, fallen sie zusammen. Aber der wahre Mann bleibt stehen. Standfestigkeit hat allein er. Ein Mann sollte deshalb kein von weltlichen Einflüssen hin- und hergerissener Zauderer sein, der Angst davor hat, Entscheidungen zu fällen, die ihn vielleicht auf Konfrontationskurs mit den wider ihn gerichteten Mächten bringen oder auch nur vor allzu menschliche Herausforderungen stellen. Zu einer solchen Geisteshaltung gehört auch der Mut, im äußeren Wandel das Ideal zu verkörpern. Man muss dazu bereit sein, die eigenen Schwachheiten tragen zu lernen, solange man sie noch nicht abgeworfen hat, denn das Ideal wird erst sichtbar und herrlich dargestellt, wenn es aus der Tiefe des Menschseins emporwächst. In Niederlagen, Anfechtungen und Schicksalsschlägen zu sagen: „Jetzt erst recht bin ich dem Ideal treu und zugetan!" Das ist mannhaft. Aus diesem Holz geschnitzt sind wahre Männer!"

Inzwischen war Mrs. Sesham unbemerkt aufgetaucht. Während sie den Tee servierte, fragte sie schmunzelnd:

„Sollen Frauen auch mannhaft sein? Oder gibt es eine bessere Wiedergeburt nur für Männer?"

„Ich denke, auch Frauen müssen mutig und unerschrocken sein!", sagte ich und Mr. Sesham wandte lachend ein:

„Aber viele Frauen sind einfach nur entmutigend schrecklich!"

„Weil sie keine Qualitäten haben?", fragte Mrs. Sesham.

„Wohl eher, weil sie ihre Qualitäten verkümmern lassen!"

Darauf sie wieder:

„Auch Frauen müssen mutig und stark sein, besonders, wenn sie es mit Männern zu tun haben, denen diese Attribute fehlen."

Damit hatte sie die Lacher nun auf ihrer Seite.

Man bat mich noch zu bleiben, aber ich hatte mich noch nicht bei der Rezeption angemeldet. Das fiel mir ein, als ich Darren beim Vorbeigehen mir zuwinken sah. Ich verabschiedete mich und sagte ihnen zu, später noch einmal bei ihnen zu sitzen.

An der Rezeption von Dhikala, einem kleinen Büro, dessen einziger Schmuck ein vergilbtes Schwarz-Weiß-Foto von einem Tiger war, war auch zu erfahren, wie das touristische Programm in Dhikala aussah. Es beinhaltete Ausritte mit Elefanten am frühen Morgen und am späten Nachmittag. Sofern man ein eigenes Fahrzeug hatte, konnte man den

Park auf bestimmten Routen erkunden. Dazu musste man einen Parkranger mitnehmen.

Ich erkundigte mich auch, ob Streifzüge zu Fuß erlaubt waren. Der Ranger musterte mich stirnrunzelnd und fragte, ob ich ein „scientist" oder „researcher" oder „something like that" wäre, woraufhin ich antwortete „some kind of something like that, but surely also a researcher". Woraufhin er sagte:

„You bedder keep on de way gloos do the dourist gomblex, now we do nod encourage gohing oudside! "

In der unmittelbaren Umgebung von Dhikala wurden Spaziergänge geduldet. Zur Mittagszeit, nach der morgendlichen Aktivität, würde sich wegen der Hitze ohnehin niemand weit wegbegeben und am Abend hätte man die Dunkelheit zu fürchten. Trotzdem hieß es, man solle sich möglichst nur in Begleitung eines Rangers außerhalb des Touristenkomplexes bewegen. „Spaziergänge!" Ich machte ja immer nur Spaziergänge, denn ich dachte nicht daran, herum zu rennen!

An der Rezeption stellte sich heraus, dass Darren Roberts über eine Art von Humor verfügte, die er allem Anschein nach mit den Garwhalis teilte. Der Ranger, der unsere Personalien festzuhalten hatte, brachte uns zunächst nicht sehr viel Interesse entgegen. Er änderte seine Haltung schnell.

Die Inder machen im Allgemeinen gern von der englischen Sprache Gebrauch. Die Aussprache bereitet ihnen die meisten Probleme. Ich habe umgekehrt versucht Hindi, das in

Nordindien gesprochen wird, zu lernen, weil man sich dadurch bei den Indern wohlwollende Aufmerksamkeit zuziehen kann, was eine Reihe von Vorteilen einbringt. Ich begrüßte also den Ranger in Hindi.

„Dhikala apka swagat karta hai!"

„Dhikala heißt sie willkommen!", bekam ich zur Antwort. Darren verstand natürlich nichts. Ich habe mir von Engländern sagen lassen, dass sie ungern Fremdsprachen lernen, weil sie keinen Sinn darin sehen, wo doch alle Welt Englisch spricht. Hier hatte ich jedenfalls die Übersetzungsarbeit zu leisten, nachdem ich schon einmal auf Hindi angefangen hatte!

Ich klärte Darren auf, dass sich der gütige Mann in aller Höflichkeit danach erkundigte, was er für uns tun könnte.

„Ich möchte das von mir gebuchte Apartment beziehen, sag ihm das!"

„Mujhe singal kamra chahiye!"

Natürlich grinste mich der Ranger an. Wir hatten unsere Passierscheine, worauf unsere Unterkünfte aufgeführt waren. Und der Engländer, das war klar, würde mit der Blockhütte, einem Schlafhaus der untersten Kategorie mit einem Brettergestell als Liege, Vorlieb nehmen müssen. Der Ranger sagte Darren, was ihn erwartete, auf Englisch mit einem starken Garwhaliakzent, was ich besser verstand als Darren. Der sagte nun in fingiertem Oxfordenglisch mit starkem Midlandsakzent:

„Excellent! Ich bin über die Maßen glücklich! Könnte einer Ihrer Angestellten mein Gepäck aus dem Taxi laden und in mein Zimmer bringen?"

Für den Ranger war Englisch als ehemalige Kolonialsprache immerhin noch Handelssprache in Indien, aber darum eben auch eine Sprache zum Händeln. Seine Kenntnisse davon waren eher bescheiden, weil man sie in diesem Landstrich Indiens nicht benötigt. Das, was man Touristen unbedingt sagen muss, ist wenig. Ihm gefiel es daher, dass ich dolmetschend vermittelte. Das war einmal etwas Anderes!

Allein mein Hindi musste ihm merkwürdig in den Ohren klingen. Es schien ihm sogar mehr Spaß zu machen als die Beantwortung unserer Fragen.

„Texi se saman utaro aur mere kamre men rakkho."

„Frag' ihn, welches das Hauptgeschäftszentrum hier ist. Er soll mir einige zuverlässige Läden vorschlagen. Ich gedenke morgen einkaufen zu gehen."

„Yahan ka mashur bazar kaunsa hai? Muhje koi...äh...bharose? Layak dukan battao! "

Der Ranger folgte jedem meiner Worte wie gebannt, und ich achtete auf sein Minenspiel, um herauszubekommen, wann ich irgendetwas Falsches sagte.

Anscheinend war alles falsch! Nein, doch nicht!

„Hwar ko bazar band rehta hai!" Das klang althochdeutsch und sollte bedeuten:

„Sonntags ist geschlossen. Morgen ist Sonntag."

„Na gut. Welche anderen Annehmlichkeiten gibt es in diesem Hotel? Gibt es ein Schwimmbad?", fragte Darren nicht allen Ernstes.

„Apke hotal men an kya suvidhaen hain? Kya yahan swimming pul hai?"

„Jihan, hai!"

„Ja, wir haben eines", gab der Ranger zu unserem Erstaunen zurück. Er meinte aber nur den Ramganga, der Darren zu reißend war, obwohl er ihn noch gar nicht gesehen hatte. Jetzt vor dem Monsun konnte er nicht reißend sein. Tatsächlich glich er eher einem Rinnsal. Darren gab sich nicht geschlagen.

„Welche Sehenswürdigkeiten gibt es sonst noch hier? Ich möchte einen Stadtplan und einen Guide!"

„Yahan kaumsi yagah dekhneki hain? Muhje shahar ka nakscha eksaid chaiye?"

Er wollte auch noch wissen, welche Art der Unterhaltung es hier gab. Immerhin waren abends Filmvorführungen vorgesehen. Ich fand nun, dass der Spaß allmählich auf meine Kosten ging und sagte dem Ranger auf Englisch, obwohl es mehr für Darren bestimmt war:

„Mein Herr, ich möchte Ihnen auf dem Weg der Völkerverständigung gerne dienlich sein. Und gerade deshalb möchte ich Ihnen entgegenkommen, indem ich des Weiteren nur noch in englischer Sprache mit Ihnen verkehren werde, zumal dies die Verkehrssprache dieses Landes ist und meine bescheidene Hindiartikulation bei Ihnen vermutlich, wenn nicht auf taube, so doch sicherlich auf angestrengte und irgendwann einmal auf überanstrengte und ablehnende Ohren stoßen wird. Ich werde Ihnen solche Anstrengungen ersparen, umso mehr, als mein Sprachvermögen eine ständige Quelle der Missverständnisse sein muss!"

Als wir das Büro verließen, drehte sich Darren noch einmal um:

„Gibt es einen Naturschutzpark in der Nähe?"

Dhikala bot eine Überraschung. Es gab dort nur wenige Touristen. Die Unterkünfte standen leer. Die Blockhütte von Darren hatte 24 Schlafplätze, aber sie gehörten allesamt Darren. Hinter dieses Geheimnis sollte ich noch kommen. Mir schien, nicht früh genug, denn mir war klar, dass das einen bestimmten Grund hatte, der die Parkleitung dazu gebracht hatte, auf die so notwendigen Einnahmen aus dem Tourismus verzichten zu wollen. Es stellte sich bald heraus, dass der Park deshalb keine Besucher hatte, weil ein Tiger einen Menschen angefallen hatte und man sich noch nicht entschlossen hatten, wie es mit dem Tiger, der noch frei herumlief, weitergehen sollte. In solchen Fällen kamen drei Optionen in Frage. 1. Nichts tun, in der Hoffnung, dass der Tiger nicht weiter auffällig sein würde. 2. Einfangen und an einen Zoo abgeben, wo er natürlich eine Attraktion gewesen wäre. 3. Den Tiger töten. Für welche dieser Optionen man sich entscheiden würde, hing davon ab, was den Tiger zu seinem Angriff auf den Menschen gebracht hatte. War es eine unglückliche Folge von Ereignissen? Hatte es das Fehlverhalten von Menschen als Auslöser? War der Tiger ein altes oder krankes Tier?

Man bezeichnet menschenfressende Tiger als „Maneater". Wie wird ein Tiger zu einem solchen „Fressfeind" des Menschen? Jedenfalls durch Umstände, die in einem normalen Tigerleben gar nicht vorkommen! So viel weiß man sicher, ansonsten streiten sich erstaunlicherweise die gelehrten Geister immer noch. Wie wird ein Tiger dazu veranlasst, fremdartige Nahrung zu sich zu nehmen? Das englische Wort „diet" für diese Art der Nahrung lässt anklingen, dass der Tiger es nötig zu haben scheint, sich auf relativ magere Kost umzustellen. Bei den nämlichen Umständen handelt es sich um äußerst „widrige" Umstände, in den meisten Fällen um Verwundungen, die ihm vom Menschen beigebracht wurden. Sie erschweren dem Tier die Jagd nach den gewohnten Beutetieren. Das gilt umso mehr, wenn die menschlichen Einflüsse in seinen Lebensraum ein ungestörtes Tigerleben nicht mehr möglich machen.

Durch die Zerstörung des natürlichen Lebensraumes, mit der angeblich fortschreitenden Kultivierung der Umwelt, verschwinden auch die Beutetiere. Ein gesunder Tiger legt zig Meilen zurück auf seinen Pirschgängen. Wenn er dazu nicht mehr in der Lage ist, wird er im Vieh der Menschen eine Ausweichmöglichkeit sehen. Dabei wird es auch zwangsläufig zu Zusammenstößen mit Menschen kommen. Trifft ihn eine Kugel oder wird er durch irgendein menschliches Handeln gereizt, sei es, dass man ihm eine Falle stellt,

aus der er entkommt, dann wird seine natürliche Zurückhaltung gegenüber Menschen zweifellos eine Komponente
erhalten, die ihn für seine Peiniger gefährlich macht. Es
treibt entweder physische Not oder psychische Überforde-
rung in die Offensive den, der sonst eine defensivere Einstellung hat. Jedes Tier, das in die Enge getrieben wird,
wehrt sich seiner Haut. Ein Tiger braucht ein großes Revier.
Wo immer Störungen durch Menschenhand eintreten, kann
es nicht ausbleiben, dass man die Tiere herausfordert.

Im Patalidungebiet haben die Engländer und die von ihnen
abhängigen einheimischen Regenten mit der tierischen Ent-
völkerung der Wälder und Grasfluren schon frühzeitig begonnen. Die Gentleman-Jäger nannten das vornehm einen
„Sport".

Dann fing auch der gemeine Inder an, seine Herren nachzuahmen. Hindus, für die es ehedem noch eine Schmähung gewesen wäre, ein Tier zu töten, bewarben sich um Schießli-
zenzen und wetteiferten mit ihren Oberen. Aber nicht der
Trophäen wegen, sondern weil man vom Verkauf des Flei-
sches einen guten Profit erzielen konnte. Dafür wurde die
Feldarbeit vernachlässigt und das bebaute Land verwil-
derte, oder besser gesagt, es verlor die Kultiviertheit.
Schlimmer noch, Lantana, das nun bald allgegenwärtige Gestrüpp des Dschungels der dritten Generation, einst als
Topfpflanze nach Indien eingeführt, überwucherte nun
auch das Weideland und verdrängte den Basontabewuchs
der Grasfluren. Heute, wo man sogar in Indien schon in ökologischen Dimensionen zu denken beginnt, werfen wir Eu-

ropäer den Indern vor, dass sie Flora und Fauna ihres Landes verwüsten, obwohl es Europäer waren, die es den Indern beigebracht haben.

Wenn der Mensch in den Lebensraum des Tigers eindringt, ihm die Nahrung wegschießt und ihm nicht einmal einen Platz lässt, wo er sich in Ruhe hinlegen kann, ist es da nicht gerechtfertigt, dass der Tiger als „cattle-lifter" das menschliche Wirkungsfeld besucht und sich einen Ochsen oder Büffel holt? Die Menschen sind wie immer meistens selber schuld. Und wenn nicht, dann muss er es doch manchmal büßen, was dem Tiger die Dummheit, sich auf einen Kampf mit einem Stachelschwein einzulassen, eingebracht hat. Bei manchen Maneatern hat man in den Pfoten Stacheln gefunden, die von einem solchen Zweikampf zeugen, in dem der Tiger immer der Verlierer ist.

Tiger sind auf die Funktionalität ihrer Instrumente beim Beutefang angewiesen. Neben der Schnelligkeit und Kraft, die in dieser Kombination einzigartig auf der Welt sind, hängt der Erfolg ihrer Attacken vom Zustand der Greif- und Beißwerkzeuge ab, die sich bei näherer Untersuchung als ein Geniestreich der Schöpfung ausweisen.

In Ruhestellung sind die letzten Zehenglieder der Katzenpfote durch ein nachgiebiges Band nach oben gezogen. Die Krallen sind spitz und gekrümmt, sind aber in einer Scheide eingebettet, woraus sie willkürlich ausgefahren werden können. Die Zehen sind auf der Unterseite über eine Sehne mit der Unterschenkelmuskulatur verbunden. Wenn diese kontrahiert, werden die letzten Zehenglieder nach unten bewegt, was die Ausfuhr der Krallen bewirkt. Die Zehen lassen sich auch spreizen, so dass sogar kleinere Gegenstände er-griffen werden können. Da die Krallen schichtweise nach-wachsen, muss die äußerste, abgenutzte Schicht abgestreift werden. Katzen, die ihre Krallen an Baumstämmen schär-fen, ziehen tatsächlich nur die alte Schicht ab.

Größere Beutetiere töten Tiger meist nicht mit Prankenhie-ben. Wenn die Halswirbelsäule nicht schon beim Anspring-en gebrochen wird, wird sie durchgebissen. Es wird auch behauptet, dass Tiger ihre Beute erwürgen. Das ist eher bei Leoparden anzunehmen, weil sie kürzere Eckzähne haben. Der Beißdruck wird im Katzengebiss durch eine ideale Zahl von Zähnen in einem verkürzten Kiefer verstärkt. Zoologen nehmen an, dass die Katzenartigen früher keine Beutegrei-fer waren, weil sie einmal mehr Zähne, also ein vegetari-sches Gebiss gehabt haben müssen. Ein interessanter Ge-danke! Was hat die Katzen dazu gebracht, auf Mäuse Jagd zu machen? Sollte nicht auch dafür der Mensch verantwort-lich sein? Der Mensch ist die Ur-Ursache von allem, was in der Natur schiefgelaufen ist. Er ist der eigentliche Schief-Läufer!

Bei manchen Katzenarten, zum Beispiel den Luchsen, fallen die verkümmerten Zähne frühzeitig aus. Dies deutet darauf hin, dass die Katzenartigen eine Entwicklung durchgemacht haben, bei der sie ihren variantenreichen Genpool aus-schöpften. Die Annahme, dass sie von Vegetariern zu Karni-voren wurden, teilen Zoologen merkwürdigerweise mit manchen Theologen. Diese führen einen schriftlichen Beleg aus einer Zeit aus dem ersten vorchristlichen Jahrtausend an, einem Buch des Alten Testaments, aus dem hervorgeht, dass Löwen Stroh zu fressen in der Lage wären, sobald der Mensch befriedet ist. Schöne Aussichten! Aber wann wird der Mensch befriedet? Das jedenfalls übersteigt seine eigenen Kräfte, eine friedliche Spezies zu werden.

Wenn die Zähne oder Pfoten in Mitleidenschaft gezogen worden sind, kann das fatale Folgen für das Tier haben. Sein natürliches Verhalten wird dadurch gestört. Es braucht nur noch zu einem Zusammenstoß mit dem Menschen zu kommen, um aus einem bewunderten Tier eine verhasste Bestie zu machen.

Der Mukteshar Maneater hatte sogar bei einem Rendezvous mit einem Stachelschwein ein Auge verloren. Er wurde trotzdem erst dann zu einer Plage, als er das, was er vorher so streng gemieden hatte, sobald er es witterte, gekostet und für gut befunden hatte. Tiger, die einmal einen Menschen getötet haben, verlieren offenbar den Respekt vor den Menschen. Der ist ja doch sterblich! Und manchmal geht die Respektlosigkeit so weit, dass sie auf weitere Begegnungen mit den Menschen aus sind, sofern nichts anderes Fressbares mehr ergattert werden kann. Der Mensch ist eine leicht zu erlegende Beute. Der Gaumen des Tigers ist rau und macht keine großen Unterschiede. Allerdings ist der Tiger intelligent genug, die wehrhafte Beute, die gelegentlich mit Schießstöcken ausgerüstet ist, von den nackten Eingeborenen zu unterscheiden. Und so kommt es zu dem grotesken Fakt, dass die Einheimischen gefährdeter sind als die schrillen Touristen, die große Ähnlichkeit mit der wehrhafteren Art haben.

Die Karriere des Mukteshar Maneaters verlief beispielhaft. Eine Frau war ihm beim Grasschneiden im Wald zu nahe gekommen. Vermutlich hatte er geschlafen und sie zu spät bemerkt, sonst wäre er beizeiten unbemerkt davongeschlichen.

Er tötete sie mit einem einzigen Prankenhieb und flüchtete vom Tatort zu einem umgestürzten Baum, hinter dem er sich versteckte. Hätte er die Frau als essbare Beute betrachtet, hätte er angefangen, sie zu verzehren oder sie an einen anderen Ort zu schleppen. So scheint ihn der unglückliche Zwischenfall - denn unglücklich war er für beide - verwirrt zu haben.

Wenn Katzen ein schlechtes Gewissen haben können, und Hauskatzenbesitzer behaupten dies, dann lagen die Gewissensbisse dem Tiger schwer im Magen. Er versteckte sich. Irgendetwas Verbotenes war geschehen. Er hatte eine „Grenze" überschritten. Er hatte eine unbestimmte Erwartung. Wenn wir Tigern keine große Denkkraft zubilligen wollen, dann müssen wir doch zugeben, dass ihre Instinkte sehr gut entwickelt sind, so gut jedenfalls, dass man sich fragen muss, ob man noch von Instinkten reden kann. Diese Behauptung wird noch durch nachfolgende Beispiele zu stützen sein.

Ein Mann, der Feuerholz schlug, wurde selbst gefällt, als er sich über den Baumstamm beugte, hinter dem der Tiger lag. Dabei muss Blut geflossen sein, denn dieses Mal kostete der Tiger. Und er tötete noch zweiundzwanzig weitere Menschen.

Eines zeigt die Geschichte deutlich. Man sollte den Rat beherzigen, Tigern möglichst nicht zu nahe zu kommen, ganz gleich, ob sie einen Schaden haben oder nicht. Der Mukteshar Maneater wäre vielleicht auch dann ein Mörder geworden, wenn er keine Stachelschweinstacheln in seinen Pfoten und in beiden Augen gehabt hätte. Aber so wie die Umstände waren, konnte die Wandlung von einem Gentleman zu einem Mr. Hyde kaum verhindert werden.

In der Natur ist nichts wirklich in Ordnung, seit der Mensch damit angefangen hat, Unordnung hineinzubringen! Es ist natürlich, dass Tiere, vor allem Raubtiere, die heutzutage auch „Beutegreifer" genannt werden, oft ihr Heil in der Attacke suchen, wenn sie in die Enge getrieben sind, um dann sicherer flüchten zu können. Wenn man im Dschungel in unübersichtlichem Gelände unterwegs ist, ist daher höchste Vorsicht oberstes Gebot. Nicht, weil man einem Maneater begegnen könnte, sondern weil man einem unbescholtenen Tier zu dem unzweifelhaft verrufenen Ruf eines Maneaters verhelfen könnte, ohne selber viel davon zu haben – außer Ruhe. Besonders reizbar sind Tiger, die mit ihren Jungen unterwegs sind oder Tiger, die man gerade bei ihrer Mahlzeit stört. Man kann das verstehen.

Jetzt auf dem Thandi Sadak hatte ich nicht die Aktualität dieser Wahrheiten wahrgenommen. Die Unterscheidung zwischen Maneatern und Mankillern nützt zwar den Opfern nichts. Aber für die in den betroffenen Gegenden lebenden Menschen und für die Behörden ist sie wichtig. Wird nämlich ein Tiger als Maneater klassifiziert, wird auf ihn Jagd gemacht, bis man sein Fell hat. In früheren Zeiten hat man sicherheitshalber auch die Mankiller enthäutet. Mittlerweile gibt man ihnen aber eine Bewährungschance. Sobald sie zu Wiederholungstätern werden, ist ihre Schonfrist abgelaufen. Ansonsten geht man davon aus, dass weder Mordlust noch sonstige Bösartigkeiten zu den tödlichen Treffs führten.

Die so folgenschwere Unterscheidung vorzunehmen, ist nicht einfach und kommt vielleicht auch einmal zu spät, weil man die Gepflogenheiten der Tiger nicht genau kennt oder Identifizierungsprobleme hat. Die Häufigkeit, mit der ein Maneater auf sich aufmerksam macht, hängt auch von der ihm verliehenen Fähigkeit ab, weiterhin, wenigstens gelegentlich, noch andere Beute zu machen, vom Nahrungsangebot überhaupt, und davon, ob er Junge durchzufüttern hat. Man muss es klar sagen, Maneater sind selten, wenn man einmal von dem relativ häufigen Vorkommen in den Sunderbans absieht. Ihr Ruf geht weit über die Grenzen des Gebiets, in dem sie ihr Unwesen treiben, so dass man vorgewarnt wird, wenn man dort hingelangt. Wenn man also von Tigern und Leoparden spricht, sollte man dabei nicht an Maneater denken. Es ist ja auch nicht jeder Inder, dem man auf der Straße begegnet, ein Mörder.

Andererseits behaupten Naturschützer, die Funktion des Tigers sei, das Gleichgewicht in der Natur aufrechtzuerhalten. Nur gut, wenn das auch der Tiger weiß. Was heißt das? Man könnte spotten, dass dann ja jeder Tiger ein Maneater sein müsste, denn es ist ja immer der Mensch, der das Gleichgewicht der Natur irgendwo durcheinanderbringt. Weiß der

Tiger, dass er heute ein Hirschkalb und morgen einen Fasanen erlegen muss? Wenn er es aber nicht weiß und er Lust auf etwas Anderes hat, was ihm gerade vor das Maul läuft? Ist es ihm dann nicht ziemlich egal, ob man ihm eine Abhandlung über das Gleichgewicht der Natur oder einen Mitgliedsausweis vom WWF unter die Nase hält?

Nein, Tiger sind bestimmt nicht so grausam und blutrünstig, wie sie oft von unkundigen Indiana-Jones-Sesselhockern verschrien werden, die gerne Schauerromane lesen oder Hollywoodfilme ernst nehmen. Sie sind nicht so grausam wie Menschen, denn sie töten schnell und sie sind auch nicht blutrünstig, denn anstatt sich täglich mit frischem Fleisch vollzustopfen, kehren sie noch Tage später zu den Speiseresten zurück, solange, bis nichts mehr davon da ist! Das sollten mal die ganzen Wohlstandsfleischesser dieser Welt so praktizieren!

Tiger töten nicht im Exzess. Wenn sie eine Beute geschlagen haben, dann sind die anderen Tiere sicher. Daran halten sich sogar Maneater. Wenn sie kein Wild mehr finden, weil die Wälder gerodet oder entvölkert sind, schlagen sie auch domestiziertes Vieh. Dann heißt es, Tiger seien wilde Bestien, die man ausrotten müsse. Was die Menschen dann mit den Tigern machen, das ist grausam.

Der Tiger ist ein großartiger, couragierter Jäger, was man von seinen Jägern nicht immer sagen kann! Er ist ein wirklicher König des Dschungels, mit viel Verstand, weil er dem Menschen meist aus dem Wege geht, wo er kann. Was hätte er auch von ihm zu lernen? Aber der Raum wird bedauerlicherweise immer enger. Ist es daher nicht verständlich, wenn er einmal kein Pardon mehr kennt, weil man ihm nachhaltig auf den Schwanz tritt?

Indien ist ein armes Land. Ein Land voller Bettler. Wenn der letzte Tiger verschwunden ist, wird es noch ärmer sein und seinen letzten wahren Maharaja verloren haben!

Am nächsten Morgen standen vier Elefanten für den Ausritt bereit. Darren war der erste, der oben saß. In seinen großen Taschen mangelte es bestimmt nicht an Filmmaterial.

„Ich fühle es, wir werden heute erfolgreich sein!", rief er zu mir herunter. Ich fühlte mich erinnert an die Kolonialzeit, als seine Landsleute die gleiche Art von Sprüchen machten. Der Corbett-Nationalpark war allerdings berühmt für seine Tiger. In keinem anderen Nationalpark gab es mehr Tiger, wenn man einmal von den Sunderbans absieht. In kaum einem anderen Nationalpark waren zurzeit die Chancen, einen Tiger zu sehen zu bekommen, größer als hier.

Seit den 80er Jahren des Zwanzigsten Jahrhunderts gab es zwanzig Reservate des Project Tiger in Indien. Von Jahr zu Jahr nimmt der Bevölkerungsdruck auf die Gebiete zu, denn jedes Jahr beträgt der Bevölkerungszuwachs zwanzig Millionen Menschen. Bis Ende der 80er Jahre hatte die Tigerpopulation aufgrund der Bemühungen des Project Tiger um das Doppelte zugenommen. Danach schrumpfte sie wieder wegen der Nachfrage durch Chinesen, die Tigerknochen zu Potenzmitteln verarbeiten. Es bleibt zu befürchten, dass das Project Tiger früher oder später untergehen wird. Abgesehen von der ernsthaften Gefährdung des Lebensraumes gab es eine neue alte Bedrohung, die dem Tiger schon innerhalb kürzester Frist den Garaus machen kann. Das gleiche gilt für das indische Panzernashorn. Auf beide wurde wieder seit den 90er Jahren in verstärktem Maße von Wilderern Jagd gemacht. Verantwortlich dafür ist die Tierhandelsmafia.

Der illegale Handel mit bedrohten Tierarten ist ein Milliardengeschäft. Hauptabnehmer sind China und Taiwan. Beim Nashorn ist man nur auf das Horn aus, den Tiger verwertet man ganz zu Wundheil- und Potenzmitteln. Der Wilderer vor Ort bekommt für einen erlegten Tiger das Sechsfache seines üblichen Jahreseinkommens als Bauer. In Taiwan kostet ein Kilo Tigerknochen tausende Dollar, ein Kilo Rhinohorn bringt bis zu einhunderttausend Dollar.

2. Kapitel: Das Gesetz des Dschungels

Es war nach dem Holifest. Die Parkbediensteten räumten nach und nach das Feld. Schließlich saßen nur noch die Gäste zusammen. Ich fragte den Direktor, ob das Problem mit der Wilderei noch so groß sei wie früher. Er verneinte dies. Die eingeborenen Kanjars gingen mittlerweile anderen Beschäftigungen nach, als Tigerfallen zu stellen. Ob das so bleiben würde? Gelegentlich überschritten Dorfleute aus den angrenzenden Gebieten die Parkgrenzen, um sich mit Wildbret zu versorgen. Zum Ausgleich holten sich Tiger und Leoparden von dem Vieh, das im Ramganga- und Kosital graste. Es gab auch viele Tiger in den benachbarten Forstblocks. Sie waren zum Teil wegen Überpopulation aus dem Park ausgewandert nach Fakkarwala, Amanagath, Sawaldet, Pokhara, Dandu und Garjun. Da auch die Bevölkerung wuchs, waren Begegnungen mit Tigern wieder häufiger geworden. Es war nichts Abwegiges mehr, auf der häufig frequentierten Straße nach Nainital Tiger zu sehen.

Solange die Tiger friedlich wären, ginge das ja, sagte ich, worauf Chandra Bhanu Singh meinte: „Solange die Menschen friedlich sind..."

Leider würde es nur eine Frage der Zeit sein, bis es zu Zusammenstößen käme. Auf lange Sicht würde dabei der Tiger den Kürzeren ziehen. Später brachte ich dann in Erfahrung, dass es entlang des Babargürtels, dort also, wo sich die Reste der ursprünglichen Lebensräume der Wildtiere in Nordindien befanden, längst regelmäßig solche Zusammenstöße gab. Das hatte lediglich noch keine dramatischen Ausmaße angenommen. Das konnte auch nicht mehr eintreten. Dafür gab es viel zu wenige Tiger oder Panther. Man bedenke! Indien hat etliche hundert Millionen Menschen, Tiger gibt es nur zwei- bis dreitausend. Ist es da nicht heilige Pflicht der Millionen, die Tiger zu schützen und zu hüten? Der Millionen! Das fängt natürlich im Alltag an, nicht erst, wenn man einem Tiger über den Weg läuft. Wer die Umwelt verschmutzt oder ausbeutet, ist ein Tiger-Killer. Nicht nur, er ist auch ein Wal-Killer, er ist ein Menschenaffen-Killer, Pandabär-Killer, Regenwald-Killer usw.

Das Habitat eines Tigers und das Ökosystem, für das er steht, dürfen nicht angetastet werden. Wildlife-Gebiete müssen hergerichtet und rationalisiert werden, damit der Tiger in ökologischen Nischen existieren kann, die von der Besiedlung durch Menschen ausgespart sind. Sobald Kompromisse akzeptiert werden, ist das der Anfang eines Prozesses des Niedergangs eines Mikrokosmos, denn einen Kompromiss kann es nur zwischen gleichwertigen Partnern geben. Der Mensch kann nur ein Eindringling in ein geschlossenes Ökosystem sein.

Ob eine Integration möglich ist bei einem sich naturfremd entwickelnden, rasant wachsenden Gesellschaftssystem wie dem Indiens? Davon wird abhängen, ob der Tiger in nächster Zukunft überleben wird. Der jüngste Vorschlag, das Projekt Tiger müsse Gebiete zur Verfügung stellen, die sowohl Tiger als auch Mensch von Nutzen sein sollten, würde einen Rückschritt bedeuten. Man muss umdenken, wenn der Tiger eine Chance zum Überleben haben soll. Es wäre ein Unglück, wenn das Projekt Tiger seine ursprüngliche Zielrichtung verlieren würde.

„Mensch und Tier können nicht in der Enge des Raumes zusammenleben", sagte Vasanth, einer der Parkranger.

„In dieser Welt nicht, nein! Also ist der Mensch der Unfriedensstifter? Wie oft ist es schon zu solchen Zusammenstößen gekommen im Patalidun, die darauf hindeuten, dass die Enge zu Aggressionen führt?"

„Auf Eingriffe in ein intaktes Ökosystem reagiert die Natur auf unterschiedliche Weise. Aber es sollte nicht verwundern, wenn es gelegentlich durch den Tiger reagiert. Er steht an der Spitze des Ökosystems Dschungel!"

„Der König des Dschungels ergreift selbst Maßnahmen!"

„Das, was er dann tut, ist nicht majestätisch. Er ist selber dabei immer nur das Opfer, das nicht weiß, was mit ihm geschieht!"

Chandra Bhanu Singh berichtete von dem Chowgarhtiger, der 64 Menschen im Umkreis von dreißig Meilen tötete, einem Gebiet groß genug, dass niemand glaubte, seiner Tür keinen doppelten Riegel vorschieben zu müssen. Zwar hatte der Champawat Maneater ein noch größeres Operationsgebiet, aber da er 440 Menschen tötete, wurde er als gefährlicher betrachtet.

Man fragt sich, wie es kommt, dass so viele Menschen ihr Leben lassen müssen, ehe der Übeltäter gestellt und zur Strecke gebracht wird. Einem Menschen wäre es kaum möglich, so viele Morde zu begehen. Aber wie soll man in den oft unzugänglichen Tälern des Himalayavorgebirges einen Blitz stellen, der sich seine Opfer gezielt aussucht und nie zum Tatort zurückkehrt und sonst menschliche Gesellschaft meidet? Bis sich dann die richtigen Männer finden, um dem Schrecken ein Ende zu bereiten!

Die Charaktere der Maneater sind verschieden. Nicht alle sind gerissen. Manchen scheint Bosheit und Wildheit ins Fell eingebrannt zu sein. Die Eingeborenen meinen deshalb, sich noch vor dem abgezogenen Fell in Acht nehmen zu müssen. Andere sind unbeholfen. Wären sie nicht auf die schiefe Bahn geraten, hätte man sie gemeinsam mit Tanzbären im Zirkus auftreten lassen können.

Die Laufbahn des Chukatigers begann nicht ohne Komik. Als er nicht mehr vergeblich hinter den Tieren des Waldes herjagen wollte, was ihm ohne eine Verwundung, die er erlitten hatte, besser gelungen wäre, griff er ein statisches Tier auf dem Felde an. Doch der Holzpflug bestand aus saftloser Zellulose und Löwen fraßen ja auch schon lange kein Gras mehr.

Das wäre noch nicht so mitleidheischend gewesen, hätte der Tiger die vermeintliche Beute nicht weggeschleppt, bevor er sie näher auf Fresstauglichkeit untersuchte. Der Pflug hatte sich wenigstens noch bewegt, als ihn der Bauer beim Pflügen schob und so im Entferntesten an ein Tier erinnerte. Von einem Sack Zucker konnte man das weniger behaupten. Er war das Opfer des zweiten Versuchs des Tigers, sich beim Menschen etwas Essbares zu holen. Wohl hatte es der Tiger auf den Fuhrmann abgesehen. Aber als er die Krallen in den Sack bohrte, irrte er sich über die Qualität seiner Beute. Der

Fuhrmann entkam und der Tiger beschäftigte sich mit dem Zucker. Der verdarb ihm den letzten Rest an gutem Geschmack. Fortan gab sich der Tiger nicht mehr mit fruchtlosen Artefakten ab.

Diese Ereignisse lagen schon lange zurück. Es gab auch ungezählte Fälle, in denen Tiger gar nicht zu Maneatern wurden, obschon sie Menschen töteten, und Fälle, die nicht lange von sich reden machten.

Nicht weit zurück und auch nicht weit weg lagen jedoch die Ereignisse, die sich erst vor drei Jahren im Corbett-Nationalpark zugetragen hatten. Daran konnten sich alle noch gut erinnern. Als der Direktor erzählte, wurde es still. Ich habe versucht, von dem Gehörten ein zusammenhängendes Ganzes zu rekonstruieren.

Ich erwähnte bereits von den Schwierigkeiten bei der Futterbeschaffung für die Arbeitselefanten. Trotz der großen Auswahl an essbarem Grünzeug sind die Elefanten doch sehr wählerisch. Es geht ihnen ähnlich wie uns, je umfangreicher die Speisekarte, umso länger brauchen sie, um sich zu entscheiden. Die Köche müssen große Anstrengungen unternehmen, um alle zufrieden zu stellen. Nicht anders ergeht es den Nanchchars und Futterschneidern, die weite „Reisen" unternehmen, bis sie alles für eine gute Mahlzeit zusammengetragen haben.

In jenem Winter war es ungewöhnlich kalt. Im März gab es erst spärliche Zeichen des Frühlings. Die Elefanten wurden in Dhikala nicht so früh wie sonst am Morgen für den Ausritt bereitgestellt. Chetana war an diesem Morgen mit ihrer Ladung Touristen erst um 8 Uhr hinausgegangen und bereits um 10 Uhr wieder zurückgekommen. Um 11 Uhr hatte sie schon wieder Dienst. Mahesh, der Futterschneider, hatte sie ausgewählt, um das Futter zu tragen, das er für die anderen Elefanten zu besorgen hatte. Da Chetana erst um 3 Uhr nachmittags wieder ausreiten musste, blieb genügend Zeit. Aber Chetana und Mahesh kehrten nicht zurück.

Kallu, der Mahawat von Chetana, meldete dies im Office, mehr der Form halber, denn erst als die beiden am Abend immer noch nicht eingetroffen waren, machte sich Kallu wirklich Sorgen. Er informierte Ramesh Chandra Nautiyal, der für die Reitelefanten verantwortlich war, woraufhin dieser die anderen Nanchars ausfragte, ob sie etwas über den Verbleib der Vermissten wüssten. Alle waren rechtzeitig zurückgekehrt und auch die Elefanten, die mit den Mahawats im Dschungel gewesen waren, waren alle wieder vollzählig.

Oft gehen die Futterschneider in Gruppen in den Dschungel. Mahesh war jedoch allein in südliche Richtung gegangen, vermutlich zum Chua Sot. Dort war ein Wasserloch angelegt worden. Erst vor einigen Tagen hatte Nautiyal es besichtigt und fünf Arbeiter mit der Reinigung beauftragt. Mahesh, der dabei gewesen war, hatte von einem großen Banyanbaum berichtet, der sich ganz in der Nähe befunden hatte und als Futterbaum für die Elefanten sehr vielversprechend zu sein schien. Dies alles erfuhr Nautiyal bei der Befragung. Er war im Augenblick der ranghöchste Beamte in Dhikala und es war ihm klar, dass er eine Suchaktion starten musste.

Die Neuigkeit, dass ein Futterschneider mitsamt Elefant vermisst wurde, verbreitete sich schnell in Dhikala und sorgte für Aufregung, auch bei den Touristen. Man versammelte sich vor der Rezeption, beriet sich und wartete auf Neuigkeiten.

Die Nanchars buken die Tikkads für ihre Elefanten. Mit den Gedanken waren sie jedoch woanders. Wie so oft, war auch jetzt wieder kein Fahrzeug verfügbar, denn der Minibus der Parkverwaltung war mit Touristen auf dem Weg nach Ramnagar. Ein anderer Tourist erklärte sich bereit, seinen Jeep zur Verfügung zu stellen, um das fünf Kilometer entfernte Wasserloch anzusteuern. Drei Nanchars und drei Arbeiter wurden mitgenommen, dazu Hira Singh, der mit einer Flinte bewaffnet war.

Am Zielort suchte man vergebens nach Mahesh. Man rief auch mit vereinten Kräften mit hoher Stimme langgezogene Laute. Diese „Kuka"-Methode ist die beste Möglichkeit, sich im Dschungel, wo Geräusche von der dichten Vegetation verschluckt werden, bemerkbar zu machen. Das Suchteam war auch mit Taschenlampen ausgerüstet, denn es war längst dunkel geworden. Ihre Lichtkegel leuchteten jedoch nur die dunkle Leere aus.

„Maheeeesh! Maaaaaheeeesh!", schallte es. Die erhoffte Antwort kam nicht. Wenn Mahesh irgendwo in der Nähe war, dann hätte er es hören müssen. Aber was tut ein Futterschneider mitten in der Nacht bei einem Wasserloch im

Dschungel? Konnte man ernstlich ein Lebenszeichen von ihm erwarten?

Ob Mahesh vielleicht nach Khinnanauli gegangen war, was immer ihn dazu veranlasst haben konnte? Vom Chua Sot führte der Kamar-Patta-Weg direkt nach Khinnanauli. Dort hielten sich zurzeit ein paar Parkbeschäftigte auf, ein Forest Guard, ein Forest Guide, ein Chowkidar, ein Mahawat und ein Nanchar. Man fuhr die acht Kilometer nach Khinnanauli und stellte fest, dass auch diese Hoffnung getrogen hatte. Um 23 Uhr war man nach Dhikala zurückgekehrt.

Zur gleichen Zeit, als der Jeep zu seiner Suchfahrt aufgebrochen war, hatte eine nicht motorisierte Suchmannschaft mit den zwei Elefanten Mauli und Gomati die Suche aufgenommen. Die erfahrensten Mahawats Kallu, Saradari und Sharafat saßen auf ihnen, dazu die zwei bewaffneten Wildhüter Bhala Dutt Pande und Tripathi, außerdem der Straßenarbeiter Ram Ratan, dem Mahesh tags zuvor von dem Banyanbaum berichtet hatte.

Sie wählten den direkten Weg durch den Dschungel, dabei konnten sie einen unwegsamen Pfad benutzen, den sicherlich auch Mahesh benutzt hatte, als er zum Wasserloch hinausging. Das verrieten auch die Spuren. Man rief wiederum nach Mahesh und Chetana, leuchtete mit Lampen die Nalas und das Unterholz aus, jedoch, es war vergebens. Um 1 Uhr nachts kehrten sie müde und hungrig um.

Das Verschwinden von Mahesh und Chetana war rätselhaft. Die wahrscheinlichste Erklärung schien zweifellos zu sein, dass Mahesh beim Futterschneiden vom Baum heruntergefallen war und sich dabei so verletzt hatte, dass er sich nicht bewegen konnte. Vielleicht war er sogar bewusstlos geworden. Und Chetana? Sie irrte im Dschungel umher und war schon so weit weg, dass sie die Rufe nicht mehr hören konnte. Im dichten Unterholz braucht es keine große Strecke, bis Geräusche völlig verschluckt werden.

Kaum einer der Parkleute brachte in dieser Nacht ein Auge zu. Nautiyal saß mit den anderen zusammen, um mit ihnen über die weitere Vorgehensweise zu beraten. Dabei rauchten sie zur Beruhigung eine Huhkah.

Am frühen Morgen mobilisierte man alle zur Verfügung stehenden Kräfte. Alle acht Elefanten von Dhikala, dazu Rambha von Khinnanauli, wurden gesattelt und mit einem Wildhüter, nebst der übrigen Besatzung, besetzt. Um 7 Uhr setzte sich der Trupp in Bewegung.

Auf der Kamar Patta Road fand Kallu eine Spur, die offensichtlich Chetana gelegt hatte. Sie verlief quer über die Straße in Richtung auf Dhikala zu. Chetana muss in großer Eile gewesen sein, denn ihre Fußspuren hatten sich tief im Wegrand eingegraben. Es sah so aus als wäre sie die Böschung auf der anderen Seite des Weges hinuntergerannt. In dem Gras zwischen den Fußstapfen zeigte sich eine Schleifspur wie von einem Seil, das Chetana hinter sich hergezogen haben musste. Dafür gab es eine einfache Erklärung. Die Futterschneider binden das gesammelte Futter auf dem Rücken des Elefanten mit einem Seil fest. Chetana muss also bereits beladen gewesen sein, als sie sich dazu entschloss, sich davonzumachen. Dabei musste sich das Seil gelöst haben.

Unter normalen Umständen klettern Elefanten Steilabfälle behutsam hinunter oder umgehen sie, anstatt sich dem Risiko auszusetzen, zu stürzen und sich dabei schwer zu verletzen. Das wäre das Ende. Chetana war offensichtlich in Panik gewesen. Sie war durchgegangen und es war tatsächlich anzunehmen, dass Mahesh hilflos irgendwo im Dschungel lag. Chetana hätte demnach allen Grund für ein schlechtes Gewissen und dafür, sich verschämt im Dschungel zu verbergen. Und auch auf Rufe nicht zu reagieren.

Man folgte der Spur weiter und fand Chetana endlich in einem Pilugesträuch, ungefähr einen Kilometer weiter weg. Sie machte keinen Mucks. Aber abgesehen davon: Elefanten verstehen die Sprache des Mahawat wenigstens zum Teil. Leider gilt das nicht umgekehrt. So blieb nichts anderes übrig, als in die Richtung, aus der Chetana gekommen war, zurückzulaufen. Ein Mahawat ritt Chetana nach Hause.

Auf einem Anstieg sichtete man dann schließlich den Banyanbaum, von dem Mahesh gesprochen haben musste.

Die Elefanten hatten den Baum noch nicht erreicht, als man einen Tiger in einem der Büsche entdeckte. Als der die Elefanten kommen sah, lief er ohne große Eile in westliche Richtung davon. Man versuchte ihm zu folgen, aber der Unterwuchs war zu dicht.

Die Spannung stieg. Die weiteren Entdeckungen verhießen jedoch nicht, das Rätsel des Verbleibs von Mahesh auf eine angenehme Art lösen zu können. Neben dem Banyan stand ein Maida lakadi. Auf einem seiner bis fast auf den Boden herunterreichenden Äste hing ein Stofffetzen. Ein Futterschneider holte ihn herunter. Es war ein Hemd. Das Hemd von Mahesh natürlich. Und auf dem Boden lag ein Päckchen Bidi-Zigaretten, halb abgebrannt, ein paar Streichhölzer und eine ausgerauchte Bidi.

Drei Bündel Futter waren beim Banyan aufgestapelt, ringsum lagen verstreut Äste, die vom Gipfel des Banyan stammten. Anscheinend hatte Mahesh zuerst sein Hemd ausgezogen, um es bei der Erntearbeit nicht durch den milchig klebrigen Saft der Banyanblätter zu verunreinigen. Dann hatte er eine Bidi geraucht, bevor er auf den Rücken Chetanas klettern wollte, um den untersten Ast des Banyan zu erreichen. Dann hatte er ganz oben seine Arbeit begonnen.

Ein Futterschneider entfernt zunächst größere Äste, wirft sie herunter und schlägt dann die kleineren Äste und Zweige am Boden ab. Diese werden dann gebündelt, sodass sie leicht auf dem Rücken des Elefanten befestigt und transportiert werden können. Für eine Ladung braucht man eine bis zwei Stunden.

Während der Futterschneider arbeitet, lässt er den Elefanten in der Nähe unangekettet grasen. Man trägt so Vorsorge, dass er den etwaigen Angriffen wilder Elefanten ausweichen kann. Die Gefahr, dass ein Arbeitselefant in den Dschungel desertiert, ist gering. Er hat sein eigenes Interesse daran, dass er sich nicht zu weit von seinem scheinbar kleinen, aber mächtigen Herrn entfernt. Der versichert sich durch gelegentliches Zurufen, dass der große Diener nicht wegläuft. Während er mit seinem machetenartigen Messer auf den Bäumen arbeitet, kann er sich nicht weiter um den Elefanten kümmern.

Mahesh hatte vermutlich bis halb zwei auf diese Weise gearbeitet, wie man von der Menge des bereits gebündelten Futters abschätzen konnte. Dann muss etwas Unvorhergesehenes geschehen sein.

Vom Banyan aus wurde in alle Richtungen nach Spuren gesucht. Das Gelände stieg etwas an. In einer Entfernung von ca. dreißig Schritten stellte einer der Guides fest, dass ein paar Zweige an einem Sandanbaum abgebrochen waren. Das war von Chetana, denn Kotballen lagen auf dem Boden. Aber da war noch etwas, was allen einen Schauer des Erschreckens einjagte und alle Hoffnungen, die vielleicht noch bestanden hatten, Mahesh doch noch nur leicht verletzt aufzufinden, mit einem Mal zerschlug. Da lag die Mütze von Mahesh, seine Axt gleich daneben, und dazwischen war die Erde blutgetränkt.

Eine Schleifspur führte westwärts. Nach weiteren zehn Schritten lag da die zerrissene Hose. Die letzten Zweifel waren beseitigt. Mahesh war einem Tiger zum Opfer gefallen. Die schlimmsten Befürchtungen, die niemand auszusprechen gewagt hatte, hatten sich doch bewahrheitet! Der Tiger, den man soeben noch gesehen hatte, musste der Mörder gewesen sein!

Von Mahesh selbst war nichts zu sehen, außer dem Blut, das er vergossen hatte. Nach weiteren 15 Schritten fand sich eine zweite große Blutlache. Hier hatte der Tiger sein Opfer abgelegt. Noch ein Stück weiter bot sich das gleiche Bild des Grauens. An einer letzten Stelle, wo das Gras flachgelegt und blutverschmiert war, muss der Tiger mit seinem grausigen Mahl begonnen haben.

Die ganze Umgebung wurde durchkämmt. Den ganzen Nachmittag schickte man die Elefanten durch das Gestrüpp, ohne dass man noch weitere Entdeckungen machte. Niemand traute sich, den Rücken seines Elefanten zu verlassen. Nach zehn Stunden äußerster Anspannung kehrten die Männer um 17 Uhr nach Dhikala zurück.

Die schlechten Nachrichten versetzten Dhikala in eine depressive Stimmung. Zur Trauer kam ein Gefühl der Unsicherheit und Angst, wie man sie vor einer wirklichen, aber doch nicht genau bestimmbaren Gefahr hat. Ein Tiger hatte einen Menschen getötet und aufgefressen. Ein Maneater war geboren und niemand wusste, wann und wo er wieder zuschlagen würde! Man konnte nicht einmal sicher sein, ob er nicht bald schon vor Dhikala auf der Lauer liegen würde. Nein, eigentlich konnte man sicher sein, denn Dhikala war die nächstgelegene menschliche Ansiedlung. Es war zu erwarten, dass der Tiger, wenn es sich um ein gesundes Exemplar handelte, zu seinen normalen Ernährungsgewohnheiten zurückkehren und keine weiteren Menschen belästigen würde. Aber sicher war das keineswegs.

Einige Touristen befürchteten gar, er könnte geradewegs in den Touristenkomplex marschieren und nichts könnte ihn davon abhalten. Nautiyal hatte Mühe, die Leute zu beruhigen. Die Tatsache, dass der Tiger Mahesh aufgefressen hatte, bedeutete nicht automatisch, dass er auf eine Abwechslung in seinem Speiseplan angewiesen war. Allerdings war Chua Sot nicht weit entfernt und es war nicht auszuschließen, dass der Tiger tatsächlich vor Dhikala auftauchen würde.

Es war klar, dass alle Aktivitäten um Dhikala herum verboten werden mussten, auch die üblichen Abendspaziergänge innerhalb des Touristenkomplexes. Ausgangssperre! Aber die Touristen hätten ohnehin von sich aus darauf verzichtet! Hinaus in die dunkle Nacht, die ungewisse Nacht, die geheimnisvolle Nacht, mit Hochspannung erwarten, was einen erwartet, welch ein Nervenkitzel! Dieser Werbeslogan würde wohl nur auf Extremabenteurer anziehend wirken. Nein, danke!

Reservierungen wurden bis auf weiteres storniert, was viele bereits auf der Anreise oder in Ramnagar befindliche Touristen nicht allzu sehr verärgerte, als sie die Gründe erfuhren. Ein Fahrzeug hatte allerdings schon den Checkpost passiert. Es würde bis Dhikala innerhalb des Parks noch 50 Kilometer zurückzulegen haben. Aber die Insassen hatten nichts zu befürchten. Auch nicht, wenn sie irgendwo auf der Strecke anhielten, denn der Tiger war im Moment jedenfalls nicht hungrig!

Das letzte Mal, dass vorher ein Mensch im Park von einem Tiger getötet worden war, lag angeblich schon zwanzig Jahre zurück. Damals hatte ein Waldarbeiter, der Bäume markierte, auf einen Tiger getreten, der unter einem Nar- guldickicht schlief. Ein Unglück, das sich auf ähnliche Art vielleicht jetzt wieder ereignet hatte. Der Tiger hatte damals den Mann zwar getötet, ihn aber sonst nicht ange- rührt. Dieses Mal war es anders.

Am nächsten Morgen setzte man die Suche fort. Man stieß auf einem weiteren Blutfleck am Fuße eines Salbaumes, 60 Meter westlich von der Stelle, wo die Hose gelegen hatte.

Anscheinend hatte der Tiger hier seine Lefzen an der Baumrinde gescheuert. Der Richtungswechsel brachte den Suchtrupp auf die richtige Spur.

Zwanzig Meter weiter fanden sich wieder Blutflecken, dazu eine Fußspur des Tigers. Etwas weiter weg lagen Überreste einer halb verdauten Portion Reis und Fisch. Das war die letzte Mahlzeit Maheshs gewesen. Sie war ihm aus dem Mund gefallen, als ihn der Tiger mit festem Griff wegschaffte.

Dreißig Männer unter dem Schutz bewaffneter Guards untersuchten das Dickicht ringsum in ständiger Erwartung eines Angriffs. Jeder von ihnen verdrängte den Gedanken, der nächste zu sein, den der Tiger anfallen würde. Er würde so schnell auftauchen und zuschlagen, dass keine Zeit zu reagieren war. Und ehe die Guards einen gezielten Schuss abfeuern konnten, wäre der Tiger mit dem Opfer im Maul schon wieder im Dschungel verschwunden.

Wenn der Tiger Mahesh am Vortag nicht ganz aufgefressen hatte, war es sehr wahrscheinlich, dass er jetzt wieder über seinem Mahl saß. Dann würde er auf jede Störung aggressiv reagieren. Einen Axishirsch von 60 Kilogramm frisst ein Tiger an zwei Tagen. Dann bleiben nur die größten Knochen übrig.

Was man von Mahesh nach einer Stunde Suchens in einer Bodenmulde fand, war weniger als das. Für alle, die Mahesh gekannt hatten, war es bedrückend und schwer zu fassen, was sich bis zu diesem Zeitpunkt, seit dem letzten Zusammensein mit Mahesh, innerhalb von zwei Tagen abgespielt hatte.

Noch unklar war, wie es zu der Tragödie gekommen war. Was hatte den Tiger, der gewiss schon jahrelang durch diesen Forstblock gestreift war und bestimmt schon hunderte Male Waldarbeiter, Ranger, Futterschneider und Touristen unbehelligt an sich vorbeiziehen lassen hatte, dazu veranlasst, diesen Mord zu begehen?

Dort, wo Maheshs Axt und die Mütze gelegen hatten, befand sich ein Dickicht. Sicherlich hatte der Tiger darin gelegen. Von hier aus hatte er seine Attacke gestartet. Unwahrscheinlich ist, dass Mahesh ein Geräusch gehört hatte, welches ihn veranlasste, in dem Gebüsch nachzusehen. Tiger verursachen keine hörbaren Geräusche und Futterschneider sind nicht so dumm, bei einem Verdacht provokant die Nase ins Gebüsch zu stecken. Wenn der Tiger aber in den Büschen gelegen hatte und die ganze Zeit Mahesh dabei zugeschaut hatte, wie er den Banyanbaum aberntete, dann hätte er nur etwas warten müssen, bis Chetana sich ein wenig entfernte und Mahesh wieder vom Baum herunterkam. Dazu musste man ihm böse Absicht unterstellen. Oder war er doch erst später und ganz zufällig auf der Bildfläche erschienen?

Ein anderes Rätsel war das Verhalten Chetanas. Sie war bekannt für ihre Courage. Schon bei der ersten Begegnung mit einem attackierenden Tiger war sie nicht zurückgewichen. Das konnte Idu, ihr damaliger Mahawat, bezeugen. Der Tiger war im Begriff gewesen, Chetana anzuspringen, doch sie hatte mit den Vorderbeinen nach ihm ausgetreten und sein Fauchen mit lautem Trompeten beantwortet. Der Tiger hatte das Feld geräumt.

Doch diesmal war sie allem Anschein nach einfach davongerannt. Es war ihr nicht entgangen, dass Mahesh von einem Tiger angegriffen worden war. Genau das musste der Grund gewesen sein, warum sie davongerannt war. Vielleicht hatte Mahesh versucht, wegzurennen, als er den Tiger unmittelbar vor sich im Gebüsch sah. Das erweckte jedoch den Jagdtrieb für einen kurzen Moment, der lange genug war, um es zu diesem Unglück kommen zu lassen. Mahesh wollte Chetana um Hilfe rufen, doch als die sah, wie der Tiger Mahesh packte und mit ihm im Maul davonsprang, bekam sie einen Schrecken. So könnte es gewesen sein.

Dass sie nicht einfach auf den Tiger zurannte, erklärt sich aus der Psyche der domestizierten Elefanten. Sie haben ihre Selbständigkeit zugunsten des Menschen aufgegeben. Damit haben sie auch einen Teil ihrer Majestät und Überlegenheit verloren. Dafür müssen sie keinen Kampf ums Überleben mehr führen. Sogar die Futterbeschaffung wird ihnen teilweise abgenommen. Der Mensch ist wie der Hausvater, der für seine Familie sorgt, dafür wird er respektiert und seinen Anweisungen Folge geleistet. Genau das tut ein zahmer Elefant. Wenn ihm niemand zeigt, was er zu tun hat, verfällt er in alte Gewohnheiten. Als Chetana bravourös einem Tigerangriff standhielt, saß ihr erfahrener Mahawat Idu auf ihr. Er wusste, was er zu tun hatte, und weil er es wusste, wusste es Chetana auch. Sie tat lediglich, was Idu von ihr erwartete. Ohne Führer verhielt sie sich so wie jede wilde Elefantenkuh, die kein Junges bei sich hat und auch sonst von allen Artgenossen verlassen, elefantenseelenallein, im Dschungel ist. Bei Begegnung mit einem gefährlichen Tiger wird die Flucht angetreten.

Bis hierher hatten wir der Erzählung des Direktors gespannt zugehört. Jetzt drängten sich jedoch einige Fragen auf. Doch der Direktor ließ sich nicht unterbrechen und fuhr fort.

Chetana war gleich zwei Kilometer weit gerannt, dann aber mitten im Dschungel stehen geblieben. Sie wartete offenbar darauf, dass Mahesh oder ihr Mahawat kommen würde, um sie zu holen und nach Hause zu bringen. Wie alle Arbeitselefanten von Dhikala war sie ein gehorsames Tier. Als der Suchtrupp sie gefunden hatte, war sie schon 18 Stunden so dagestanden, obwohl sie imstande gewesen wäre, die restlichen drei Kilometer nach Dhikala alleine zurückzulaufen. Sie hatte auf ihr Abendessen von 10 Kilogramm gebackenen Tikkads aus Weizenmehl verzichtet und seither auch keinen Schluck Wasser getrunken. Sie hatte einfach gewartet.

Als Chandra Bhanu Singh von Ramnagar zurückkehrte, beschloss er, den Tiger einzufangen und in einen Zoo zu schicken. Das hatte er schon einmal bei dem Maneater von Banga Jhala praktiziert.

Zwei Büffelkälber wurden an zwei verschiedenen Stellen angepflockt, ganz in der Nähe des Chua-Sot-Wasserlochs das eine, am Banyanbaum das andere. Das Kalb am Wasserloch wurde von einem Tiger geschlagen und fortgeschleppt. Man band ein weiteres Kalb an der gleichen Stelle fest. Der Tiger machte wieder seine Aufwartung. Dieses Mal wurde er dabei von dem Direktor beobachtet, der auf einem Machan auf einem Sadambaum saß. Man hatte zwar zwei Kälber geopfert, um den Killer anzulocken. Wie aber konnte man sicher sein, dass man den Killer auch tatsächlich vor sich hatte? Die Frage stellte sich umso mehr, als sich zwei Tiger die Beute teilten!

Man kann sich die Verwunderung vorstellen, die den Direktor befiel, als er sich zwei Tigern gegenübersah! Einem schwer gebauten „Fatman" und einem leichtfüßigeren „Slimman". Welcher von beiden war der Menschenmörder? Der Direktor wollte sich nicht festlegen und so blieb die Büchse still.

In den folgenden Tagen wurde in der Nähe von Dhikala mehrfach ein Tiger gesichtet, den die Mahawats und Pachhuwas, die bei der Suche dabei gewesen waren, als das gleiche Tier identifizierten, das in der Nähe des Tatorts davongelaufen war. Dieser Tiger, so stellte man fest, hielt sich öfter am Chua Sot und im angrenzenden Bichchu Bhoji auf.

Dann fand man unmittelbar hinter Nautiyals Residenz einen Axishirsch, der von einem Tiger getötet worden war. Zwei Tage später lungerte ein Tiger spätabends in der Nähe der Kantine herum. In diesen Tagen verschwand man so schnell wie möglich hinter der Haustüre, wenn man einen Tiger zu sehen bekam. Es ist nichts Ungewöhnliches, dass sich Tiger in Dhikala oder Khinnanauli in der Umgebung menschlicher Behausungen aufhalten, wenn die Regenzeit angebrochen und das Gras feucht und hochgewachsen ist. Aber jetzt war alles anders. Ohne bewaffneten Begleitschutz traute sich keiner mehr in den Dschungel. Die Futterschneider machten noch weitere Wege als sonst, um ihre Futterbündel zu beschaffen. Natürlich war man nie alleine unterwegs und mied den Bhichchu Bhoji und die angrenzenden Forestblocks, besonders den Chua Sot.

Der Höhenzug des Sutta Kal ist die südliche Begrenzung zu dem Gebiet, in dem die meisten touristischen Aktivitäten um Dhikala herum stattfinden. Das ansteigende Gelände am Nordufer des Ramganga ist die nördliche Grenze, als äußersten östlichen Punkt hat man Khinnanauli und im Westen den Staudamm. Dieses Gebiet, das ungefähr 10 Kilometer lang ist von Ost nach West und fünf Kilometer breit von Nord nach Süd, besteht etwa zu einem Viertel aus Flusslandschaft, einem Viertel aus Steppe, das sind die Chauds, und zur Hälfte aus Wald und Dschungel. Darin ist Lebensraum für zehn Tiger. Da sich die Reviere der weiblichen Tiger überlappen, stehen ihnen ungefähr zehn Quadratkilometer zur Verfügung. Männliche Tiere durchstreifen ein noch größeres Gebiet. Wenn der Maneater vom Chua Sot am äußersten Ende seines Reviers zugeschlagen hätte, würde er auch in Dhikala auftauchen können. Handelte es sich um ein Männchen, könnte er überall auftauchen. Der Tiger, den man gesehen hatte, war ein Weibchen gewesen. Die Frage war nur, würde er weiter Jagd auf Menschen machen? Dann würde er sich an keine Grenzen halten.

Wenn der Tod Maheshs ein Unfall war, dann war bei einem Wildbestand in dem 50 Quadratkilometer großen Gebiet um Dhikala bei einem Bestand von viertausend Axishirschen, 300 Sambar, 400 Schweinshirschen und 700 Wildschweinen keine Wiederholung zu befürchten.

Der Direktor hatte seinen Bericht unterbrochen. Er nahm einen kräftigen Schluck aus der Teetasse. Wir wollten wissen, wie es weiterging. Er stellte nüchtern fest, dass es ihnen gelungen sei, das für den Mord verantwortliche Tier zu fangen und wenn wir Lust hätten, es zu sehen, müssten wir nur nach Kanpur reisen.

„Mörder steckt man hinter Gitter. So ist es auch dem Maneater vom Chua Sot ergangen."

„Im Zoo?"

„Ja, Kanpur ist der einzige Ort, wo sie zwei Maneater auf einmal sehen können!"

Aber warum war der Tiger zum Killer geworden? Das war mir nach wie vor nicht klar. Es schien mir schwer verständlich, dass ein Tiger, der noch nie vorher unangenehm aufgefallen war, sich in einen Busch gesetzt hatte, um zu warten, bis der Mensch, den er ab sofort als seine Beute betrachtete, vom Baum heruntergestiegen war. Aber vielleicht war der Tiger ja aus den benachbarten Bergen eingewandert, gar stammte er aus Nepal! Wer wusste schon, was für eine Vergangenheit er hatte!

Mein Denken wurde abgelenkt durch mein Rückbesinnen auf meine Exkursionen in den Bhichchu Bhoji und nach Paterpani, die im Nachhinein eine neue Bewertung erfuhren. Hatte man wirklich den Maneater gefangen? Bestand zwischen dem Tod Maheshs und dem Tod des englischen Ornithologen ein Zusammenhang? Aber beides lag mehr als ein Jahr auseinander. Der Engländer war nur getötet worden. Die Tatorte lagen 5 Kilometer voneinander entfernt. Nicht eben viel. Liefen am Ende zwei gefährliche Tiger durch eben diese Gegend, oder wartete nur ein Wiederholungstäter auf sein nächstes Opfer? Der Ranger, der mich am ersten Tag gewarnt hatte, wusste kaum mehr als der Direktor. Ihn brauchte ich nicht befragen. Aber vielleicht wüsste er mehr zu berichten! Dass es mehr zu berichten gab, das war allerdings zutreffend!

Chandra Bhanu Singh bemerkte, dass ich nachdenklich geworden war und sagte:

„Bei uns ist längst wieder der Alltag eingekehrt. Die Ereignisse liegen schon lange zurück. Eigentlich sind die Tiger nicht das Problem. Die Elefanten machen mir mehr Sorgen. Sie haben seit Bestehen des Parks schon mehr Menschen in Mitleidenschaft gezogen als alle anderen Naturereignisse zusammengenommen! Außerdem demolieren sie in frecher Regelmäßigkeit unsere Einrichtungen. Für Touristen besteht keine Gefahr, wenn sie sich an die Anweisungen des Personals halten..."

„...und wenn sie nicht überhandnehmen!"

Erst später kam mehr Licht in das Dunkel um den Maneater von Chua Sot. Erst später erfuhr ich von Arjun Singh, einem Lodge-Besitzer, der sich auch als Naturschützer einen Namen gemacht hatte und, zugegebenermaßen, nicht so gut auf Chandra Bhanu Singh zu sprechen war, dass es zu der geschilderten Geschichte noch eine Vorgeschichte und ein Nachspiel gab.

Der Tiger von Chua Sot war möglicherweise gar kein Unbekannter. Es gab die Geschichte von Shiru zu erzählen, denn so hieß der große, mächtige Tiger, der unter Verdacht stand, Mahesh getötet zu haben. Es war Chandra Bhanu Singh selbst, der Shiru seinen Namen gegeben hatte. Er war beeindruckt von dem Erscheinungsbild dieses Tieres, der alle Eigenschaften verkörperte, die einen Tiger zum Souverän des Dschungels machen. Shiru wurde zum Vorzeigetiger.

Noch bis in die frühen 8oer Jahre war es eine weit verbreitete Unsitte, die Tiger mit Baits und Beats den Touristen zu präsentieren. So auch im Corbett-Nationalpark. Der Tiger wurde von mehreren Elefanten gejagt, bis er keine Ausweichmöglichkeiten hatte und von dieser von ihm ungeliebten Kombination Mensch-Elefant umringt war. Früher hätte dies mit der Vernichtung des Tigers geendet, weil auf den Elefantenrücken weiße Menschen mit großen Gewehrbüchsen lauerten. Nun aber hatte der Direktor, dieser andere Regent im Revier, seinen Gästen ein anderes Schauspiel zu bieten. Shiru, der Herrscher des Dschungels, aber nur von Menschen Gnaden.

Der Tiger ist, jedenfalls für die Shikaris, die Berufsgruppe der Jäger, das männlichste aller Tiere. Zu früheren Zeiten war es für manche Jäger erstrebenswert und verlockend, einem wilden Tiger mit der Waffe in der Hand zu begegnen. Das Ärgernis der Überlegenheit des Tigers blieb erhalten, weil man sich ja nur mit Hilfe der Technik als der Stärkere behauptete. Nach der Shikarzeit konnte man den Tiger nur noch durch aufdringliches Imponiergehabe ärgern. Dazu gab es bei den Beats ausreichend Gelegenheiten. Auch eine Art Männlichkeitswahn.

Man stelle sich einen Ranger vor, der mit dem zur Schau gestellten Tiger in einem lauten Ton kommuniziert, den dieser gelegentlich sogar erwidert, wenn auch angewidert.

Denn das sind augenscheinlich und hörbar Missfallenskundgebungen. Für den Fremdenführer musste es ein befriedigendes Ritual in Ausübung seines Amtes sein, seinen persönlichen Gästen, die von weit her, aus meist tigerfreien Wohngegenden, gekommen waren, zu zeigen, wer der wahre Herr im Hause sei, in welchem der imposante Tiger die Rolle eines untergeordneten Familienmitgliedes einzunehmen hatte. Ob der Ranger zu Hause bei seiner Frau und Schwiegermutter auch so große Töne spuckte, sei einmal dahingestellt.

Tiger hassen Treibjagden und jegliche Konfrontation mit Menschen. Das Äußerste was sie dulden mögen, ist die pazifistische Nähe der Menschen. Dazu müssen sich diese aber verhalten wie ein Chamäleon, von dem man weiß, dass es nur Fliegen etwas zu Leide tun kann. Deshalb benimmt es sich auch nur kurzfristig auffällig. Auf Treibjagden benehmen sich Menschen andauernd auffällig und zwar auffällig daneben. Tigerhatzen neuerer Zeit unterscheiden sich hierin nicht von denen früherer Zeiten. Wer dabei war, wird wissen, mit welchen Worten auch Shiru von seinen männlichen Gegenspielern herausgefordert wurde. Immerhin wurden jetzt keine solchen Veranstaltungen mehr durchgeführt. Man hatte gelernt,

Tiger sind intelligente Tiere, die sich ihrer unangreifbaren Position unter den Dschungelbewohnern bewusst sind. Sie sind eher dazu geschaffen, mit Würde durch ihr Reich zu schreiten, als herabwürdigend behandelt zu werden und aus ihrem Reich vertrieben zu werden, um Zuflucht zu nehmen in den Gassen der Dörfer, wo sie die Straßenköter bekläffen.

Auch wenn es nur eine innere Emigration ist, sie gehen daran zu Grunde, wenn sie nicht versuchen, auszubrechen. Menschen wollen ihrer Art entsprechend behandelt werden, ihren Bedürfnissen soll Rechnung getragen werden. Sie fragen nicht danach, sie verschaffen sich diese Bedürfnisse wie selbstverständlich aus den Ressourcen der Natur. Aber auch Tiere wollen ihrer Art entsprechend behandelt werden, auch wenn sie es nicht artikulieren können. Gerade Parkdirektoren sollten das wissen. Die neue Art von Parkdirektoren ist meistens das, was sie sein sollte, wenn ihr Hauptinteresse dem Naturschutz gilt.

Es gibt keinen Zweifel, dass Shiru durch das Kesseltreiben, die Elefantenrunde, das Geschrei und die Beleidigungen verärgert und gereizt wurde. Er verabscheute die wöchentlichen Shows, zu deren Teilnahme er gezwungen wurde. Er ließ es über sich ergehen, bis es ihm zu dumm wurde. Man hätte ihm mehr Respekt zollen müssen. Man hätte ihn in Ruhe lassen sollen!

Shiru wusste, wie er sich Achtung zu verschaffen hatte. Wer weiß, vielleicht blickte er eines Morgens in sein Spiegelbild am Wasserloch von Chua Sot und stellte fest, dass es durch den Ärger und die Erniedrigung verunstaltet worden war. Jedenfalls hatte er die „Schnauze voll"!

Die Elefanten, die nicht seine natürlichen Feinde waren, von den wahren Störenfrieden zu unterscheiden, war leicht. Es waren die schmächtigen, erdfarbenen Gestalten, wenn sie nicht gerade grell – oft in unnatürlichem Weiß - gekleidet waren, wann immer sie in Begleitung der Elefanten im Dschungel auftauchten. Ja, Shiru konnte sogar die Dorfleute von den Leuten auseinanderhalten, die mit dem Park und dem Tourismusgeschäft etwas zu tun hatten. Es waren die Lärmquellen der Nachmittage, die immer lästiger wurden.

Die ersten Zeichen der Aggressivität offenbarte Shiru im März gegenüber einem Schulfreund Rajiv Ghandis. Es war nur wenige Wochen, bevor Shiru Mahesh anfallen würde, als er sich darum bemühte, nähere Bekanntschaft mit einem ehrenamtlichen Wildhüter namens Brijendra Singh zu machen. Was dieser keineswegs zu schätzen wusste, obwohl es ihm doch gerade recht kommen musste. Hatte er sich doch auf einem eigens aufgebauten Machan niedergelassen, um filmisch zu dokumentieren, wie sich der Tiger um den Bait, den er bereits gerissen hatte, reißen würde. Shiru hatte aber das Interesse an dem Bait verloren, als er gewahr wurde, dass da ein echter Honorarnaturschützer „greifbar" war. Er hatte sich schon immer gewünscht, einmal unter vier Augen mit einem zu sein, dem er es zu verdanken hatte, dass er seinen Lebensraum behalten durfte. Und deshalb wollte er ihm Dank abstatten. Oder vielleicht wollte er auch nicht, dass ihm bei seinem Mahl zugeschaut wurde. Man hätte ihn fragen sollen, ob ein Film davon gedreht werden durfte.

Vielleicht verlief auch das Zwiegespräch zwischen den beiden nicht wie gewünscht. Jedenfalls sprang Shiru, etwa wie ein junger Hund, der nach langer Zeit wieder seinen Herrn begrüßt, nur viel gewaltiger, in die Höhe, bis auf drei Fuß an Brijendra Singh heran. Dem war das nahe genug. Er hatte die Filmerei längst eingestellt. Wieso eigentlich? Er verbrachte eine unruhige Nacht auf dem Machan, von dem er am nächsten Morgen errettet wurde. Shiru hatte in der Zwischenzeit den Bait samt Seil, an das der Bait gebunden war, weggeschafft.

Eines sollte doch klargeworden sein, Shiru war fertig damit, den zurückhaltenden Vorzeigetiger zu spielen, der immer nur die Zähne fletschen durfte und ansonsten den Schwanz einzuziehen hatte. Aber einige hatten das doch noch nicht verstanden.

Mahesh, der Futterschneider, war für seine Dreistigkeit bekannt. Vermutlich hatte er Shiru an seinem letzten Erdentag, sobald er ihn gesehen hatte, ganz entsprechend der gängigen Praxis laut beschimpft und ihn mit Stöcken beworfen, um ihn zu vertreiben! Einen Tiger mit Stöcken bewerfen! Dafür kann man kein Verständnis haben!

Es war nun endgültig vorbei mit den Schmähungen! Chandra Bhanu Singh war jedenfalls überzeugt davon, dass Mahesh den Tiger provoziert hatte. Er musste es ja wissen! Immerhin, er war der Protektor und Shiru sein Günstling!

Das hielt man Shiru auch zugute. Es wurde von weiteren Maßnahmen abgesehen, nachdem es nach den ersten Versuchen, den Mörder von Mahesh zu identifizieren, noch keine Klarheit darüber gegeben hatte, ob wirklich Shiru dafür verantwortlich war. Er war ja die Hauptattraktion des Parks, der Duzfreund des Direktors.

Aber hatte der Direktor nicht gesagt, dass er den Tiger gefangen und in den Zoo von Kanpur verfrachtet hätte? Vorerst nicht!

Zwei Jahre später, also erst vor einem Jahr, ging ein anderer Futterschneider namens Subedar Ali mit zwei Elefanten hinaus zum Chua Sot. Inzwischen gab es keine Baits mehr und Shiru war nicht mehr belästigt worden. Offenbar hatte auch er kein Bedürfnis mehr, mit Menschen in Berührung zu kommen.

Es geschah keine dreihundert Schritte von der Stelle weg, wo Mahesch Howard zu Tode gekommen war, als Ali von einem Tiger angegriffen wurde. Er hatte sich sicher geglaubt, da er sich vier Meter über dem Erdboden auf einem Ast befand. Trotzdem genügte Shiru ein einziger Satz und er war oben. Einen Augenblick später hatte er Ali heruntergezerrt.

Ali schrie laut um Hilfe, in seiner Verzweiflung griff er dem Tiger ins Maul, kniff ihm in die Zunge mit der einen Hand und mit der anderen ins Auge. Zuletzt biss er ihm in die Nase, die bei Tigern besonders empfindlich ist. Das konnte für den Tiger dennoch nur ein interessantes Vorspiel gewesen sein. Katzen spielen ja gerne mit der Maus, bevor sie sie verschlucken!

Ein Tiger kann mit jeder Art von Belästigung schnell fertig werden, wenn er nur will. Wenn er aber nicht entschlossen genug ist, wird er in solchen Fällen couragierter Wehrhaftigkeit doch am ehesten von seinem Opfer ablassen, besonders aber, wenn ein Elefant plötzlich auftaucht, mit dem der Tiger nicht gerechnet hat. Suheli, einer der Elefanten, hatte nämlich die Hilferufe Alis gehört und war, anstatt die Flucht zu ergreifen, wohl aus Neugierde herbeigeeilt. Dieses Mal war es Shiru, der flüchtete. Ali brachte es fertig, schwerverletzt auf seinen Elefanten zu steigen und noch Dhikala zu erreichen, bevor er die Besinnung verlor.

Subedar überlebte, wie man nach einigen Monaten endlich feststellen konnte. Er verlor nur seinen Skalp und die Lust, wieder seiner alten Tätigkeit nachzugehen. Man hatte ihn unverzüglich ins Hospital nach Ramnagar gebracht. Da man dort noch nie mit solch großen Stichen genäht hatte, wurde er weitergeschickt nach Kashiput. Es bedurfte jedoch der Mitwirkung von Brijendra und seines Freundes Rajiv Ghandi persönlich, um den mittellosen, im Sterben liegenden Futterschneider in eine Spezialklinik einweisen zu können, die ihn wieder zusammenflickte. In Indien gibt es viele Menschen, die sterben müssen, weil sie einfach nicht genug Geld haben, um zu überleben.

Eines hatte der Direktor offenbar gelernt. Tiger finden keinen Gefallen daran, mit Menschen einen Wettstreit um die Dominanz auf dem Platz einzugehen. Der Tiger ist ein König. Der Direktor nur sein Verwalter, und auch nur dann, wenn er sich wie ein würdiger Bediensteter der Natur benimmt. So herum ist es richtig. Der Mensch soll die Natur nicht ausbeuten, sondern verwalten. Die Treibjagden, Zurschaustellungen, Baits und Beats wurden endgültig eingestellt.

Arjun Singh wusste jedoch zu berichten, dass es damals wegen der Schilderungen des Überlebenden Zweifel daran gegeben habe, dass es Shiru gewesen war, der Mahesh überfallen hatte. Zur Wahl stand: eine Tigerin, die ihre Jungen dabeihatte! Der Parkdirektor stand vor einer schwierigen

Entscheidung. Sollte er endlich Shiru pensionieren, den prächtigsten aller Tiger, die er im Stall hatte, eine Touristenattraktion, von der man sagen konnte, dieser sei ein Maneater? Aber er begann so allmählich das Parkpersonal zu dezimieren und die Moral der verbliebenen Parkbediensteten zu unterminieren. Oder aber sollte der Direktor eine Tigerin, die Junge hatte, zur Schuldigen machen? Dies hätte zur Folge gehabt, dass man einen Tiger mitsamt Nachwuchs entfernt hätte! Chandra Bhanu Singh entschied sich dafür, sich von Shiru zu trennen. Auch beim Naturschutz werden politische Entscheidungen getroffen.

Das bedeutet also, dass möglicherweise eine Tigerin mit zwei Jungen, mittlerweile Zweijährigen, im Park frei herumlief, die ihre tätige Abneigung gegen Menschen an ihren Nachwuchs nachdrücklich weitergegeben hatte. Nun, Touristen klettern nicht auf Bäume, um Futter für Elefanten herunterzuschneiden. Sie tasten den Lebensraum der Tiger, den Herrschaftsbereich des Dschungelkönigs, nicht an.

Aber was war dann wieder ein Jahr später geschehen? Der Zwischenfall mit dem englischen Ornithologen! Die Tatorte lagen nur wenige Kilometer auseinander. Wie die Begleiter des Engländers zu berichten wussten, war er einer Tigerin, die zwei Junge bei sich hatte, zu nahe gekommen. Waren es Einjährige?

Und nun das Erstaunliche. Nicht die Tigerin wurde eingefangen und in den Zoo von Kanpur gebracht, sondern ein im betreffenden Revier angeblich ortsansässiger männlicher Tiger namens Banga! Ich sagte „angeblich ortsansässig", denn gerade männliche Tiger sind nicht sehr sesshaft zu nennen. Sie treiben sich einmal hier und einmal ganz woanders herum, weil sie darauf aus sind, möglichst viele Weibchen zu befruchten. Wenn ein Tiger bemerkt, dass in der Nachbarschaft ein Weibchen auf ihn wartet, macht er sich auf den Weg. Wenn ein Tigermännchen von heute auf morgen nicht mehr da ist, freuen sich die anderen Männer und den Damen ist es egal, wer der Vater ihrer Jungen sein wird, wenn er sich dann nur nach der Begattung wieder verzieht, damit er nicht dem Nachwuchs gefährlich wird. Ja, nicht nur menschliche Väter sind manchmal gefährlich für den eigenen Nachwuchs! In Indien, vor allem in Rajasthan, sind es meistens die Väter, die darüber entscheiden, ob ein weiblicher Nachwuchs überhaupt in die Welt gesetzt werden soll. Wegen der Mitgift, die der Vater der Braut in eine Ehe geben muss, haben sich in Indien viele Familien hoffnungslos verschuldet. Eine zweite Tochter würde da als Katastrophe gelten müssen. Und so wird in vielen Familien nach Feststellung, dass das Kind weiblich ist, abgetrieben, oder, wenn das Geld für eine Abtreibung fehlt oder vorher schon für die Untersuchung gefehlt hat, kann man das Kind auch noch nach der Geburt entsorgen.

Im Entsorgen des weiblichen Menschen haben sich die Inder als findungsreich und nicht als zimperlich erwiesen. Wenn die versprochene Mitgift nicht auf dem Konto eingeht, wird die Braut, nachdem man sie ausgiebig benutzt und ausgebeutet hat, einfach unter Zuhilfenahme von Benzin oder Spiritus verbrannt. Apropos spiritus – so weit ist es mit der Spiritualität des spirituistischsten Kontinents.

Aber Indien ist weder ein echter Kontinent noch mit dem Spirit weit fortgeschritten, sonst würde die Umweltzerstörung und ebenso die Umweltverschmutzung nicht so weit gekommen sein. Die indische Naturlandschaft schmilzt immer mehr zu kleinen Inseln zusammen. Diese haben sich dann von den Wochenendausflüglern auch noch die Bombardierung mit leeren Getränkedosen und Düsen und dem ganzen anderen Picknick-Wohlstandsmüll gefallen zu lassen. Bei den meisten Leuten ist es mit der Spiritualität gerade einmal nicht weiter, als dass es ihnen keinesfalls dämmert, dass es unverzeihlich ist, wenn man seinen Müll von zu Hause mitnimmt und ihn dann einfach sorglosablädt und sich dann auch noch nicht einmal bewusst ist, dass der Müll eine Naturidylle weniger schmückt. Doch dann marschieren sie wieder zu ihrem Gott und geben ihm eine Kokosnuss, dass er ihr Kind heilt. Der Gott, wenn es ihn gibt und wenn ihm am Wohl des Menschen etwas liegt, wird, wenn er Anstand besitzt, dem Bittsteller höchstens so etwas gerne auf den Weg geben: „Mach du deine Hausaufgaben, dann komme wieder zu mir!"

Was bilden sich Menschen eigentlich ein, mit was für einem Hanswurst-Gott sie es zu tun haben, wenn sie die Natur behandeln, wie wenn sie der letzte Dreck wäre, um den man sich kümmern muss, mit dem Ergebnis, dass man den letzten Dreck daraus macht? Nein, Gott ist nicht ein willfähriger, korrupter höherer Erfüllungsgehilfe, vergleichbar mit den beamteten Autoritäten, mit denen es der Inder tagtäglich zu tun hat, wenn er auf andere zutreten muss, weil er etwas von ihnen haben will. Gott ist unbestechlich und vor allem, Gott ist nicht vulgär. Er hat Sitte und Anstand. Er ist heilig, gerecht und gut. Also alles das, was wir Menschen nur ansatzweise haben und was uns gemahnen sollte, unseren Eifer daran zu setzen, uns so weit fortzubilden, dass wir an Heiligkeit, Gerechtigkeit und Güte eher zunehmen als abnehmen. Umweltverschmutzung und Umweltzerstörung gehören zu den Entwicklungshemmern. Wer die Natur missbraucht und ausbeutet und zu einem Schuhabstreifer degradiert, wird den ganzen Zorn der Natur zu spüren bekommen. Das muss nicht durch einen Tiger ausgelöst werden, was das heißt. Dazu reicht schon, dass der Mensch krank wird und ihm seine Götter wieder nicht helfen.

Mussten die männlichen Tiger als Bauernopfer für die Reizbarkeit der weiblichen Tiger herhalten? Kaum vorstellbar, wenn man an die Notwendigkeit der Erhaltung der genetischen Vielfalt dachte. Oder gaben geschäftliche Beziehungen zum Zoodirektor den Ausschlag? Ein großer männlicher Tiger, der auch noch als Menschenfresser deklariert werden konnte, macht sich natürlich vor dem Publikum besser, obwohl er in Wirklichkeit harmlos war, was auch die Tierwärter freuen durfte. Nein, auch das war kaum vorstellbar! Oder doch?

Ich erfuhr diese Einzelheiten erst, als ich längst wieder das Patalidun verlassen hatte. Arjun Singh hat seine Lodge im Dudhwa-Nationalpark. Aber eines war mir klar. Es konnte möglich sein, dass im Corbett-Nationalpark eine Tigerin oder vielleicht auch zwei oder vielleicht auch drei Tiger, zwei davon drei Jahre alt und schon selber Selbstversorger, herumliefen, die man besser nur von Ferne in Augenschein nahm. Und man durfte bezweifeln, ob immer die Tiere eingefangen werden, die sich ihre Pensionierung wirklich verdient haben.

Eine lebenslange Haftstrafe ist jedoch für einen Tiger nicht immer besser als eine Kugel. Davon bekommt jeder eine Vorstellung, der diese Tiere in indischen Zoos gesehen hat und ihren Artgenossen in freier Wildbahn begegnet ist.

Jim Corbett, der Jahrzehnte im Dschungel verbracht hat, ehe er erkannte, dass man die Jagdbüchse in die Ecke stellen sollte, wenn man etwas für das Überleben der Wildtiere tun will, verstieg sich zu einer seltsamen Aussage. Er sagte:

„Wenn der Schöpfer die gleichen Gesetze für Menschen gemacht hätte wie für das Volk der Dschungeltiere, dann gäbe es keine Kriege, denn das Starke im Manne würde dieselbe Betrachtungsweise für das Schwache haben, wie es das etablierte Gesetz des Dschungels vorsieht."

Mit „Schöpfer" ist anscheinend eine Person gemeint, die verantwortlich dafür sei, dass es Mensch und Tier gibt. Diese Person taucht in den melancholischen Überlegungen der Menschen immer dann auf, wenn es darum geht, einen Sündenbock für die eigenen Versäumnisse zu finden. Das ist auch bei dieser Aussage anzunehmen. Sinnigerweise ist der Schöpfer für Christen nicht zufällig identisch mit dem Sündentilger, der ja bekanntlich Christus ist. Der war aber auch ganz genau *nicht* der Sündenverursacher. Der Schuldige sucht immer im Unschuldigen den Schuldigen und trifft vortrefflich den, der ihn von der Schuld befreit. Das ist perfekt.

Da sucht also einer, der selber schuldig geworden ist, nach einem „höheren" Schuldigen und beklagt sich, dass derjenige, der perfekte „Dschungelgesetze" erlassen hat, nicht in der Lage gewesen zu sein scheint, auch perfekte „Menschengesetze" zu erlassen, obwohl doch der Menschendschungel viel gefährlicher und verrohter ist als der Tierdschungel. Tiere sperren zum Beispiel niemanden ein und verhalten sich nicht grausam und quälen niemanden aufgrund gedanklicher Kurzschlüsse, wie man die Dogmen der Menschen auch nennen könnte. Die Kleinigkeit, dass es gerade Corbetts Mitmenschen sind, die das unzivilisierte Verhalten ihrer Artgenossen als Befolgen des Gesetzes des Dschungels bezeichnen, dürfen wir hier außer Acht lassen, weil es auch Corbett außer Acht ließ.

Es ist aber merkwürdig, dass Corbett behauptete, es gäbe für Tiere Gesetze, die der Schöpfer für Menschen nicht gemacht hat. Wie kommt er zu dieser These? Es könnte ja sein, dass es solche Gesetze gibt, aber sich der Mensch nicht daran hält! Ist dann der Gesetzgeber schuld oder der Gesetzesübertreter? Man stelle sich vor, ein Wilderer erschießt einen Wildhüter und rechtfertigt sich mit dem Hinweis, es gäbe kein Gesetz, das dies verbietet. Deshalb habe er sich die Freiheit herausgenommen, sich selbst Gesetz zu sein. Das wäre reichlich unsinnig, aber genau in solcher Logik gedacht zu haben, muss man Corbett unterstellen.

Natürlich gibt es so etwas wie ein „Gesetz des Dschungels" gar nicht. Was Corbett mit „Gesetz" meinte, sind Regeln, an die sich Mensch und Tier durch Überlegung oder Instinkt halten sollen. Corbett liebte die Natur. Deshalb lebte er mit ihr und es zog ihn immer wieder zu tagelangen Streifzügen durch den Dschungel. Aber er hielt sich auch an kein Gesetz des Dschungels, als er ein Tier nach dem anderen abknallte. Er tat es teils, um sich und die Dorfbewohner zu ernähren, teils aus Spaß und um eine Jagdtrophäe vorweisen zu können. Wem will er also vermitteln können, wie sich Menschen verhalten sollen? Sollen sie sich abschauen, wie der Tiger seine Beute schlägt? Na dann, Feuer frei! Es reicht offensichtlich nicht, nur eine romantische Vorstellung von der Natur zu haben, wenn man nicht auch sieht, dass es in der Natur nicht romantisch zugeht. Der Mensch verhält sich genauso wie die Natur, mit dem Unterschied, dass seine Fehler noch gnadenloser zu Buche schlagen.

Da der Mensch, den Corbett als hochentwickeltes Tier zu betrachten geneigt war, nach Überlegungen zu handeln in der Lage ist, kann er auch bewusst gegen irgendwelche Regeln zuwiderhandeln. Menschen haben sich immer selbst Regeln auferlegt, ohne sich immer daran zu halten. Aber andere sollen sich immer daran halten. Insoweit kümmern sie auch die Corbettschen Gesetze des Dschungels nicht. Auch Corbett folgte ja nur seinen eigenen Vorstellungen, was denn nun das „Gesetz des Dschungels" sei. Es lässt sich bei ihm erkennen, dass ein Wunsch Vater der Idee von der guten Mutter Natur war. Es ist der Wunsch, dass bei aller eigenen Überlegenheit auch dem Schwachen ein Lebensraum einzuräumen sei. Man kann das Bedauern Corbetts teilen, der unter dem Eindruck des Weltkriegs stand, dass Menschen die Rücksichtnahme auf Schwächere regelmäßig vermissen lassen! Aber diese Rücksichtnahme gibt es unter den wilden Tieren auch nicht mehr als beim Menschen! In Wirklichkeit ist es so, dass der Mensch jederzeit das Gesetz des Dschungels, dass man zusehen muss, wo man abbleibt, befolgt, sogar, wenn er nie seinen Fuß in den Dschungel gesetzt hat. Und wenn ein Bestandteil des Gesetzes ist: Leben und leben lassen, so darf man nicht übersehen, dass das nur die eine Seite ist, die andere Seite heißt: Sterben und sterben lassen!

Daraus folgt aber eine wichtige Schlussfolgerung: Das Corbettsche Gesetz des Dschungels von einer Rücksichtnahme kennt der Dschungel nicht! Selbst wenn es im Dschungel jemanden gäbe, der es lesen und verstehen könnte, würden sich nicht mehr Tiere daran halten als Menschen. Tiere sind nicht die besseren Menschen! Sie sind vielleicht seine Nachahmer, sie werden aber nie seine Vorbilder sein können, weil sie zu ethischem Handeln nicht in der Lage sind.

Corbett kannte das darwinistische Denken. Nicht, dass Corbett den Konkurrenzkampf ums Dasein leugnen wollte. Aber er unterstellt, dass im Reich der Tiere dem Schwachen Raum zur Entfaltung gelassen würde. Ein bisschen Menschlichkeit bei Tieren, damit Grausamkeiten nicht an der Tagesordnung sein müssen. „Fressen und gefressen werden" nur nach sorgfältiger Prüfung des Corbettschen Gesetzes! Quasi als Notausgang und letzte, stets zu vermeidende Konsequenz. So ist es nicht! Es ist genau umgekehrt. Es ist der Mensch, der Abstriche von der Ichbezogenheit nimmt, Kraft seines eigenen Willens und Erkennens.

Wenn Corbett eine Ahnung davon hatte, dass es in der Natur nicht nur um das Überleben geht, denn Schwäche zeigen und Rücksichtnahme oder gar Verzicht zu üben, können das eigene Leben gefährden, dann hat er etwas erkannt, was den Darwinisten verborgen geblieben ist. Wenn es aber dieses andere noch gibt, Koexistenz und Kooperation, was im Tier- und Pflanzenreich häufig vorkommt, dann kann niemand die geistigen Phänomene ignorieren, die zuallererst bei Menschen auffällig sind, nicht bei Tieren. Woher weiß denn Corbett, dass es so etwas wie Fürsorge, Güte, Hilfestellung, Nachgiebigkeit gibt? Doch nicht von Tieren, sondern von Menschen! Tiere tun Dinge, die danach aussehen, aber sie haben nicht die Kapazität dazu. Wenn sie es tun, müssen sie einem inneren Gesetz folgen, das jemand in sie hineingepflanzt hat, ebenso wie den Menschen. Eine Ameise hat ihre Aufgabe in ihrem Ameisenstaat nicht deshalb eingenommen, weil sie eingesehen hat, dass sie sonst nicht überleben kann, sondern weil sie dabei einer eingespeicherten Verhaltensweise folgt, über die nachzudenken sie nicht in der Lage ist. Der Mensch ist es. Er ist dazu in der Lage.

Menschen, die vorgeben, Menschen zu hassen oder gegenüber ihnen gleichgültig zu sein, aber Tiere zu lieben, kann man vielleicht verstehen, insbesondere, wenn sie nicht von Tieren, sondern meist von Menschen Böses erfahren haben und „enttäuscht" worden sind. Aber wenn sie das finden wollen, was sie bisher bei Menschen vermisst haben, finden sie es doch auch nur bei eben den Menschen, zumindest aber sind sie dazu aufgefordert, es dort weiter zu suchen. Ein treuer Hund ist gerade auch auf der Jagd ein guter Begleiter, aber die Verpflichtung, die man gegenüber seinem Hund hat, kann nie so groß sein wie zu irgendeinem beliebigen Exemplar der eigenen Art. Und während Hunde vielleicht

Reißaus nehmen würden, wenn sie den Durchblick auf die charaktermäßige Verfassung ihres Herrchens hätten, können Menschen den Wert der Treue an sich erkennen und sie sogar schlechten Menschen entgegenbringen.

Für die Juden, die große Naturliebhaber sind und schon immer waren, war das seit Anbeginn ihrer Volkswerdung schon klar. In Ihrer Torah heißt es, dass man Gott lieben soll. Aber das zweitwichtigste Gebot steht dem nicht nach, nämlich den Menschen zu lieben. Es heißt sogar, dass das gesamte Gesetzeswerk der Juden von diesen beiden Geboten zusammengefasst wird. Es gibt keine Alternative zum Menschsein für Menschen und damit auch keine Alternative zum Menschlichsein. Ein bisschen Liebe reicht nicht. Auch nicht für die Schöpfung! Sie muss gewaltig zunehmen!

Corbetts Vorstellung von irgendwelchen Gesetzen der Nachsicht stammt ja auch aus seinen Gedanken, aus seiner Erziehung, aus seiner Lebenserfahrung. Er trägt sie in sich, wenn er in den Dschungel hineingeht, und was er herausnimmt, ist auch aus seinen Gedanken entstanden, nicht in einem Ameisenhügel.

Es verwundert, dass gerade Jim Corbett, der jahrzehntelang im Dschungel lebte und Zeuge zahlreicher Tragödien geworden ist, wo der schwache Mensch den erbarmungslosen Naturgewalten zum Opfer gefallen ist, zu solchen Aussagen kommt.

Wenn also der Schöpfer den Tieren einen Instinkt eingepflanzt hat, der sie ein „Gesetz" befolgen lässt, demzufolge sie sich nicht immer zum Vorteil der Arterhaltung verhalten, dann wäre die Frage zu stellen, wo dieser Instinkt beim

Menschen geblieben ist, wenn es nicht genügend Beispiele dafür geben würde, dass Menschen eben jenes Verhalten, das nicht zu ihrem Vorteil dient, viel öfter zeigen als Tiere. Denn auf wen hofft ein Mensch, der sich im Dschungel verirrt? Ein Affe wird ihm eine Banane reichen und ein Elefant Wasser herbeischaffen! Aber wie ein barmherziger Samariter daherkommen, das kann nur ein Mensch. Nur er kann Geborgenheit, Schutz und Fürsorge, vielleicht sogar Liebe geben. Ob er es tut, ist eine andere Frage.

Die Behauptung Corbetts enthält jedoch noch einen anderen Aspekt. Man muss Corbetts Besorgnis, seiner natürlichen Zuneigung für die Wildnis und seiner Abneigung gegen alle Eingriffe von außen Rechnung tragen. Im Krieg war das Schlagwort verbreitet worden, der Feind habe das „Gesetz des Dschungels" einführen wollen. Gegen solche Formulierungen protestierte Corbett. Er hatte eher den Eindruck gewonnen, dass Menschen sich weniger an Gesetze halten als Tiere. Aber gerade, weil sie ihre eigene Wahl auf eigene Entscheidungen haben, steht es ihnen auch zu, moralisch oder unmoralisch zu handeln, gegen Gesetze oder im Einklang mit ihnen. Das Tier hat diese Wahlmöglichkeiten, die dem Anschein nach Freiheiten sind, nicht. Weil es sie nicht hat, kann es auch keine Gesetze des Dschungels geben, außer den Naturgesetzen, die im gleichen Maße jedoch auch für Menschen gelten. Wozu sollten Handlungsgesetze gemacht sein, gegen die sowieso niemand verstößt? Gesetze sind nicht für die gemacht, die sich daran halten - soweit es um Verbote und Gebote geht, sondern für die, die das Gesetz brechen!

3. Kapitel: Alptraum

> *To be, or not to be, that is the question:*
> *Whether 'tis nobler in the mind to suffer*
> *the slings and arrows of outrageous fortune,*
> *or to take arms against a sea of troubles*
> *and by opposing end them.*
> *To die, to sleep, no more;*
> *and by a sleep to say we end*
> *the heartache and the thousand natural shocks*
> *that flesh is heir to.*
> *'Tis a consummation devoutly to be wished.*
> *To die, to sleep;*
> *to sleep, perchance to dream.*

Bekannter Verfasser

Es war in Kumuli. Ich wusste gar nicht so recht, warum ich eigentlich hier saß, in der Hütte, in der stickigen Luft, in der bedrückenden Enge. Aber jetzt gab es kein Zurück mehr. Ich hatte ja unbedingt mitgehen wollen, als mir der Shikar das Angebot gemacht hatte. Er hatte mir gesagt, bei den Kumulis habe sich ein Cattle-lifter, also ein Tiger, der sich von Weidetieren der Dschungelleute verköstigte, zu einer Plage entwickelt. Er habe den Auftrag bekommen, dort einmal nachzuschauen, wie schlimm es wirklich war und ob man etwas dagegen tun könnte. In Wahrheit hatten natürlich die Dorfleute eine sofortige Lösung des Problems im Sinn, als sie in die Stadt gekommen waren und ihrerseits Erkundigungen einzogen hatten, wo denn der Shikar anzutreffen sei.

„Das ist nicht so einfach!", sagte Da Costa. „Zunächst hat man eine Genehmigung bei der Distriktverwaltung einzuholen. Und die gibt es nicht, wenn die Forstverwaltung nicht zugestimmt hat. Die Dorfleute stellen sich das so einfach vor. Wenn man dann hinausfährt und sich die Sache genauer ansieht, ist es ein Rudel Hunde, die eine alte Milchkuh zu Tode gebissen haben, die ohnehin nur noch saure Milch gegeben hat. Gelegentlich ist es auch ein Panther, mag sein, aber in beiden Fällen kann man gleich die Sache als erledigt betrachten, denn einen Panther erwischt man nicht, er ist heute hier und morgen in dem Bundesstaat, der nicht an unseren Bundesstaat angrenzt. Und Hunde sollen die Dorfleute selber verjagen. Dazu muss man keinen Shikar bemühen. Und dann haben die Dorfleute kein Geld. Fünfhundert Rupien Vorschuss wollten sie mir gleich hierlassen! Nur gut, dass ich es nicht des Geldes wegen tue! Ich nehme den Dorfleuten nicht einmal ihre zweimal fünfhundert Rupien weg!"

Und dann fuhren wir doch hinaus nach Kumuli, oder besser gesagt dahin, wo die Straße aufhört, denn das letzte Stück, bald eine Tagesreise für sich, mussten wir zu Fuß gehen. Und nun saß ich hier in dieser brüchigen Hütte und hatte mehr als böse Vorahnungen.

Aber ich erzähle doch besser alles der Reihe nach, obwohl es mir schwerfällt, mich zu konzentrieren, denn die Erschütterung sitzt mir so eingemeißelt in meiner Erinnerung, dass sie schon wieder beginnt, mich zu plagen. Ich spüre, wie sich meine Poren öffnen, der Ausbruch kalten Schweißes steht unmittelbar bevor. Ich schwitze schon wieder.

Da Costa hatte gerade seine Büchse, die alte „high power express 410 lb. Rifle" zur Reparatur weggegeben. Da er aber sowieso nicht damit rechnete, dass sie zum Einsatz kommen würde, packte er eine „12 bore" ein, die er eigentlich dazu benutzte, essbares Wild zu erlegen. Die „12 bore" ist kein Cattle-lifter-killer.

Wie er mir augenzwinkernd versicherte, würde sie ausreichen, um ein paar räudige Hunde zu vertreiben und uns das Abendessen im angrenzenden Waldstück zu sichern, obwohl er doch offiziell seit drei Jahren kein Wild mehr erlegt hatte. Solange war es auch her, dass er den letzten Leoparden, ebenfalls einen Cattle-lifter, der auch eine Frau getötet hatte, zur Strecke gebracht hatte. Das beunruhigte mich nicht sehr. Ich hatte nichts dagegen, mich mit dem Geschmack von Wildbret bekannt zu machen. Und ich zweifelte nicht daran, dass es wahr war, wenn es hieß, ein Shikar verliert nichts von seinem Jagdinstinkt und wer ein guter „Shot" ist, der bleibt es auch.

Ich war begierig, das Angebot anzunehmen, Da Costa zu begleiten. Das versprach ein famoses Abenteuer zu werden, noch dazu ein kostenloses. Es wurde auch famos, aber kostenlos wurde es nicht. Undenkbar jedenfalls, es auszuschlagen! Ich hoffte auch, dass wir vielleicht doch in den paar Tagen, in denen wir draußen bei den Dschungelbewohnern sein würden, eine größere Ursache der Viehverluste feststellen könnten, als es ein paar Hunde sein konnten. Dann würde ich dabei sein, wie der alte erfahrene Shikar auf Spurensuche ging und die Jagd organisierte. Für die eigentliche Jagd wäre meine Zeit leider zu kurz bemessen. Die konnte Tage und Wochen dauern. Da Costa meinte dagegen, es würde ein noch kürzerer Ausflug, als ich hoffte. Wenn die Sache ernst sein sollte, wäre sie sowieso nicht auf die Schnelle zu bereinigen. Zumindest müsste man eine geeignete Flinte besorgen.

Auf der Fahrt nach Kumuli erklärte mir Da Costa, es sei unwahrscheinlich, dass wir es bei dem Problem von Kumuli mit einem Panther zu tun hätten. Er hätte die Dorfleute gefragt, ob in letzter Zeit Hunde verschwunden wären. Sie verneinten es. Panther vergreifen sich oft an den Dorfhunden, wenn sie sich an das Weidevieh machen. Manchmal sogar, bevor sie sich an das Weidevieh machen.

Kumuli erwies sich als ein kleines Dorf, eher ein Weiler, auf dem Sattel eines Höhenzugs. In dieser Gegend gab es noch dichten Dschungel von der Sorte, die ein Durchdringen nicht ratsam, aber auch nicht wünschenswert erscheinen lässt. Überwiegend stacheliges Gestrüpp und Dornbüsche, wie sie sich nur in Gegenden ausbreiten, wo die Niederschläge nicht zu mehr Blattgrün ausreichen. Kumuli lag augenscheinlich in der Trockenzone, die nur während des Monsuns richtig erblüht. Die Gegend sah eigentlich so trostlos aus, dass ich daran dachte, der Monsun sei hier das letzte Mal nicht vorbeigekommen. Ich konnte mir nicht vorstellen, dass hier ein Tiger seine Aufwartung gemacht haben sollte.

Auf dem dreistündigen Marsch nach Kumuli sahen wir kein einziges Wildtier, das größer gewesen wäre als ein Mungo.

Da Costa versicherte mir jedoch, dass hinter den Höhenzügen auf der dem Westen zugewandten Seite noch größere Waldgebiete lägen. Jedenfalls sei das letztes Jahr noch der Fall gewesen, als er das letzte Mal in dieser Gegend war. Dieser Wald war ein bevorzugtes Jagdgebiet der wohlhabenden Leute aus der Stadt. Nicht selten bereicherten aber auch die Leute aus den angrenzenden Dörfern ihren Speiseplan mit Wildbret. Eine alte Flinte ließ sich noch überall auftreiben. Wenn ein Tiger sich nach Kumuli verirrt haben sollte, dann konnte er nur aus diesem Waldgebiet stammen.

Die Regierung hatte in dieser Gegend so etwas wie ein Viehzuchtprogramm initiiert, um den Leuten eine „sichere" Zukunft zu geben. Eine bessere Idee hatte man nicht. Jedenfalls wollte man versuchen, zu verhindern, dass noch mehr arme Landleute in die Städte drängten.

Falls der „Killer of Kumuli" ein Tiger war, dann war jedenfalls klar, was ihn aus dem Wald in das Weidegebiet um Kumuli und Palni, dem Nachbarort, getrieben hatte. Ein großzügiges Angebot an Fleisch, das relativ leicht zu bekommen war. In den Wäldern knallten ja die Jagdgesellschaften herum. Dass sich die Forstbeamten nicht blicken ließen, könnte in einem Zusammenhang damit stehen, dass sie bei einer Gelegenheit die Hand aufgehalten haben, die ihr niedriges Einkommen in einer Zeit, wo der Mittelstand sich anschickte, statt den Tempel der Lokalgottheit immer öfter den Konsumtempel aufzusuchen, aufzustocken in der Lage war.

Der Fußmarsch auf einem ausgetretenen Pfad war anstrengend. Es war Mittagszeit und die Sonne stand hoch. Dazu ging es bergan. Ich fand es außerordentlich reizvoll, in das Einflussgebiet eines Tigers zu kommen, der sich an menschlichen Besitztümern vergriff. Natürlich hatte ich keinen Gedanken daran, dass er uns jetzt in der Mittagshitze über den Weg laufen würde, um die Neuankömmlinge zu begrüßen. Ich war auch nicht recht in Stimmung dazu. Ich hatte mich noch bereit erklärt, außer meinem Rucksack, der die nötigsten Utensilien für den Aufenthalt in einem Dschungeldorf für zwei, höchstens drei Tage enthielt, auch noch das Shotgun zu tragen. Man fühlt sich mit so etwas sicherer, aber die Last drückt doch nach einigen Kilometern auf den Schultern.

Der Erfolg des Ausfluges konnte sich sehen lassen, als wir in Kumuli ankamen. Da ich in letzter Zeit nicht mehr längere Wege gegangen war, hatte ich eine Sammlung schmerzender Blasen an den Fersen. Doch dies erschien mir zunächst unerheblich angesichts der Neuigkeit, die uns in Kumuli erwartete.

Eine Frau hatte am Mittag ihrem Mann das Essen auf die Weide bringen wollen. Normalerweise nehmen die Dorfleute ihr Essen für den ganzen Tag morgens mit. Doch die Weide lag nicht weit vom Dorf entfernt und wäre sogar in Sichtweite, wenn nicht überall das Dorngestrüpp die Sicht versperren würde. Sie war beinahe bei ihrem Mann angekommen, als sie ein Tiger anfiel. Das jedenfalls berichtete sie und das hatte auch ihr Mann bezeugt. Der war ihr auf ihre Schreie zu Hilfe geeilt, worauf der Tiger von ihr abgelassen hatte und so schnell wieder verschwunden war, wie er aufgetaucht war. Und das war gerade eben erst geschehen und der Weiler mit seinen zwei Dutzend Bewohnern war noch in heller Aufregung, als wir ankamen.

Da Costa ließ sich sofort alles genau berichten und verlangte selber mit der Frau zu sprechen. Wir gingen in die Hütte hinein, wo sie lag. Man hatte ihre Wunden schon verbunden. Sie war bei vollem Bewusstsein. Ich bemerkte aber am Gesicht von Da Costa, dass die Sache nicht so gut zu stehen schien. Er meinte, sie sei jetzt zwar noch transportfähig, aber spätestens in einer Stunde nicht mehr. Zur Straße war es weit und es bestätigte sich die Vermutung, dass keiner der Leute bereit gewesen wäre, sie bis zur Straße zu tragen. Da draußen ging ein Tiger um, der sich nicht mehr mit den Weidetieren begnügte! Nur der Mann der Frau hatte sich sogleich auf den Weg nach Palni gemacht, um den Dorfdoktor hierher zu bewegen. Er würde es ihm verschweigen müssen, was wirklich geschehen war. Die Ayurveda-Medizinmänner sind eher der Sorte abergläubischer Schamanen zuzuordnen, die immer dann große Erfolge erzielen, wenn sich der natürliche Heilungsprozess nicht mehr unterbinden lässt. Wenn sie aber selber in Schwierigkeiten kommen, wer sollte ihnen dann helfen?

Einen Tiger vertreibt man nicht mit einem Mantra! Das weiß niemand besser als die Mantraschmiede und die Priester, die sie benutzen.

Nach dem, was die Frau ihm erzählte, kam Da Costa zu dem Schluss, dass sie eher zufällig auf den Tiger gestoßen sein musste, als dieser sich an die Weidetiere anschlich. Vielleicht wollte er das auch nur glauben, weil es das Wahrscheinlichste gewesen sein musste. Später wusste Da Costa, hätte er abgewartet und den Mann gefragt und wäre er hinausgegangen, um die Spuren zu untersuchen, wäre er zu einer anderen Schlussfolgerung gekommen.

Der Tiger hatte sich bereits etliche Stück Rinder geholt in den letzten Wochen. Er hatte anscheinend schon einmal vor Monaten zugeschlagen. Da dann aber eine Weile nichts mehr geschehen war, war man davon ausgegangen, dass der Tiger weitergezogen war. Doch dann war er wiederaufgetaucht. Niemand fühlte sich jetzt wirklich sicher. Auch hatte er seine Gewohnheiten geändert. Jetzt holte er sich die Rinder bei hellem Tage. Er wurde immer unverschämter. Man hatte trotzdem, sobald man ihn herumschleichen sah, versucht, ihn mit Steinwürfen zu verjagen. Doch damit hatte man nur am Anfang Erfolg.

Dieser Tiger war einmal als feiger Tiger betrachtet worden. Jetzt war es ein gefährlicher Tiger geworden. Er hatte hinter einem Gebüsch gelegen, bevor er die Frau angegriffen hatte. Auf der anderen Seite des Gebüschs hatte sich aber der Mann befunden, der deshalb seiner Frau schnell zu Hilfe eilen konnte. Die Weidetiere standen ein Stück weit ab davon. Hätte der Tiger sich eines der Tiere holen wollen, dann wäre es am günstigsten gewesen, von der anderen Seite her anzugreifen. Das war ihm jetzt offenbar gleichgültig. Wie die weiteren Ereignisse zeigen würden, war die wahrscheinlichste Erklärung, dass es der Tiger zuerst auf den Mann und dann auf die Frau abgesehen hatte. Aber das wusste jetzt bei Ankunft im Dorf noch keiner von uns.

Da Costa trat mit mir wieder aus der Hütte hinaus und sagte mir, dass die Wunden der Frau bald septisch würden, ihr stünde eine schlimme Nacht bevor. Er hätte dergleichen öfter schon gesehen. Die Frau wäre aber vergleichsweise glimpflich davongekommen. Er habe zwar die Wunden nicht gesehen, aber das, was er gesehen hatte, ließ die entsprechenden Schlüsse zu. Die Frau war nicht ohnmächtig geworden. Sie hatte keinen zu großen Blutverlust erlitten und sie war immer noch ansprechbar. Sie hätte gute Chancen zu überleben, selbst wenn man nichts weiter täte als den Verband zu wechseln und die Wunde zu versorgen. Dennoch war es natürlich notwendig, ärztliche Hilfe zu holen. Es war klar, dass kein Arzt aus den Kleinstädten in nächster Nähe bereit war, das Risiko einzugehen, jetzt nach Kumuli zu kommen. Ein Arzt aus der nächstgrößeren Stadt musste geholt werden. Ihm würde man eine Fantasiegeschichte auftischen. Fleischwunde durch Holzbeil oder Buschmesser, so etwas von der Art. Es blieb also nichts anderes übrig, als so schnell wie möglich Kumuli wieder zu verlassen, um Hilfe zu holen.

Als er mir das sagte, fing ich erst wieder an, richtig nachzudenken. Bisher hatte ich die vorgefundene Situation in Kumuli nur erstaunt zur Kenntnis genommen. Da Costa war der erfahrene Shikar. Ich war bestenfalls ein Jäger mit der Kamera, der es vielleicht noch nebenbei schaffte, in Not geratenen Menschen Hilfe anzubieten, ohne sie immer leisten zu können. Hier gab es aber noch eine Komponente an Ereignissen, die mir eher in Büchern besser aufgehoben zu sein schien, wo man sie auch ohne Schaden zum Vergnügen oder Missvergnügen, nachdem man sie herausgeholt hat, wieder zwischen die Buchdeckel klemmen kann. Was also schlug Da Costa, der „experienced hunter", vor?

Was er sagte, war das einzige, was man berechtigterweise sagen konnte. Er würde zurück zur Straße laufen. Bevor es Abend wäre, müsste er dort sein. Dann würde er in die Stadt zurückfahren und einen Arzt dazu überreden, mit oder ohne die Begleitung eines Polizeipostens nach Kumuli zu kommen. Er selber würde eine geeignete Waffe holen. Als er das sagte, schaute er nachdenklich. Das war also das Problem, eine Waffe holen, seine Büchse stand ja nicht zur Verfügung, sonst hätte er sie ja gleich mitgebracht. Mit der Flinte, die wir dabeihatten, konnte man keinen Tiger erledigen. Man konnte ihn damit allenfalls noch mehr reizen.

Mir fiel ein, dass ich kaum in der Lage war, die ganze Strecke gleich anschließend nochmal zurückzulegen, schon gar nicht in dem Tempo, das Da Costa vorlegen würde. Ich saß in Kumuli fest. Ausgerechnet jetzt, wo es nötig gewesen wäre, lauffreudig zu sein! Ich war meist gut zu Fuß, aber ein altes Knieleiden hatte sich wieder gemeldet. Ich würde mit Da Costa nicht Schritt halten können. Aber war es überhaupt nötig? Ich konnte überhaupt nichts zur Sache beitragen, was nötig gewesen wäre. Ich konnte daher ebenso gut hierbleiben. Ich hatte ja nicht vor, meine Nase in das Gebüsch zu stecken, wo gerade der Tiger drinsteckte.

Nur noch dies sagte Da Costa zu mir, bevor er sich auf den Weg machte: „Eines macht mir Sorgen!"

„Was ist es?"

„Bisher hat der Tiger meistens nachts seine Besuche bei den Herden abgestattet. In letzter Zeit ist er dazu übergegangen, bei Tag aufzutauchen. Das heißt übrigens, dass er heute Nacht nicht wiederauftauchen wird."

„Wieso? Er ist doch verjagt worden und ist noch hungrig!"

„Gerade, weil er verjagt worden ist, wird er jetzt in einer anderen Gegend sein Glück versuchen. Trotzdem hat er jetzt begonnen, wenn auch vermutlich unabsichtlich, Menschen anzufallen! Mit weiteren Zwischenfällen ist zu rechnen!"

Wie Recht er hatte!

Eigentlich tat es mir leid, dass der Zwischenfall eher dafür gesorgt hatte, dass der Tiger meilenweit weggelaufen war. Er wusste ja, dass er etwas angestellt hatte, was Tiere keinesfalls dürfen: einen Menschen anfallen. Vielleicht hat ihnen das ihr Schöpfer ausdrücklich verboten. Allerdings ist das schon so lange her, dass sie sich nur noch dunkel, wenn überhaupt, daran erinnern können. Wenn sie eine schlechte Kinderstube haben, ist es ganz aus mit der Erinnerung! Zwar handelte es sich bei „unserem" Tiger nur um einen Cattle-lifter. Aber auf jeden Fall war höchste Vorsicht geboten. Er hatte eine Frau angefallen.

Die Inder glauben ja, dass der Tiger das Reittier der Göttin Durga ist. Sie bekam es bei ihrer Geburt vom Himalaya geschenkt. Kein Wunder, wenn die Dorfleute einen Hausaltar für Durga hatten, falls sie den Tiger fürchteten. Durga war bekannt als furchteinflößende Göttin. Sie sollte vielleicht

einfach einmal damit aufhören und mal zur Abwechslung
Vertraulichkeit verströmen.

Ich sprach die Sprache der Leute nicht und sie sprachen
meine Sprache nicht, sonst hätte ich mehr in Erfahrung
bringen können. Für Da Costa war keine Zeit mehr zu verlieren mit den Leuten, die alle verständlicherweise noch in
großer Aufregung waren, vernünftig zu palavern. Er klärte
sie lediglich darüber auf, dass er hoffte, spät in der Nacht
oder am nächsten Morgen wieder zurück zu sein. Sie wollten ihn erst gar nicht weglassen. Anscheinend glaubten sie,
ohne die Kunst eines Arztes auszukommen, aber nicht ohne
die Kunst eines „experienced Shikar". Er war ja zu einem
anderen Zweck gekommen! Er wollte sie auch nicht wirklich
davon überzeugen, dass „meine" Flinte nicht ausreichte. Sie
sollten ja in dem Glauben gelassen werden, dass sie jetzt
sicher waren, dass zumindest etwas getan werden würde,
um sie von dem Schädling zu befreien. Immerhin schienen
sie dann einverstanden zu sein, als Da Costa auf mich deutete.

Ich bemerkte in dem Augenblick, dass ich das „Shotgun"
noch in der Hand hielt. Aha! So war das gedacht. Ich war
der Ersatzshikar, der große weiße Jäger, der sie zu beschützen hatte und sicherlich mit einer einzigen Ladung den Tiger noch vor dem Dinner erledigen würde! Das hatte er sich
fein ausgedacht! Dann würde er endlich wieder eintreffen
und die Sache doch selber in die Hand nehmen – mit einem
richtigen Gewehr, weil der weiße Jäger nichts ausgerichtet
hatte!

Die Waffe blieb hier. Da Costa meinte, ich wüsste ja bereits, wie sie zu bedienen sei. Er würde zusehen, dass er so schnell wie möglich wieder hier wäre. Ich hoffte, dass er unterwegs nicht auch eine Begegnung mit dem Killer von Kumuli hatte. Es war unwahrscheinlich, dass ihm irgendeine Gefahr drohte, aber man konnte ja nie wissen. So oder so, es musste das getan werden, was getan werden musste. So liefen die Dinge nun mal.

Da Costa grüßte und ging! Er war ein großartiger Mann, dachte ich. Erst später erfuhr ich, dass er gar keine Genehmigung hatte, hier einen Tiger zu schießen. Solche Genehmigungen werden seit langem überhaupt nicht mehr ausgestellt, wenn die Tiger nur Cattle-lifter sind. Nicht einmal ein versehentlicher Zusammenstoß mit einem Menschen, so wie jetzt in Kumuli allem Anschein nach geschehen, reichte dazu aus. Es sei denn vielleicht, wenn es sich um eine hochgestellte Person handelte? Da Costa war ein alter Shikar. Ein Shikar braucht keine Genehmigung für das, was er tut. So denken die Shikars. Würde er einen Tiger erlegen, müsste man das ja nicht an die große Glocke hängen. In unseren Tagen werden Tiger, deren man unbedingt habhaft werden will, professionell mit einem großen Aufgebot an Hilfskräften aufgespürt. Es ist absolut unüblich, wie in früheren Zeiten einen noch so arrivierten Jäger zu beauftragen, als könne er diese Dinge alleine erledigen.

Da Costa machte sich auf den Weg, klopfte mir aber vorher noch auf die Schulter, grinste und sagte dabei: „Schieße also nicht daneben!"

Meinetwegen sollte er gehen. Ich mochte auch nicht daran glauben, dass ich mich hier auf einen längeren Aufenthalt einrichten müsste. Als der Mann der verwundeten Frau mit dem Medizinmann auftauchte, veranstaltete dieser, als er die Patientin sah, ein Theater und schimpfte so giftig, dass ich ernsthaft daran zweifelte, ob er die Frau nicht auch noch vergiften würde. Ich sah aber, dass er von der Wundbehandlung offensichtlich etwas verstand. Ich gab mir also einen Ruck und zeigte ihm meine Fersen.

Ein feiner Großwildjäger war ich! Ausgestattet mit einer Flinte, mit der vor vielen Jahren einmal Fasane geschossen worden waren, und rosaroten Fersen! Die waren von den wenigen Stunden Laufen entstanden. Ausgerechnet heute ließen mich meine Fortbewegungsmittel im Stich! Der Mediziner bestand darauf, mir sein Pulver draufzustreuen. Er sagte mir auch, wie ich weiter verfahren sollte. Mangels Übersetzer verstand ich es aber nicht. Dennoch nickte ich, dankte ihm und beobachtete ihn, ob eine seiner Gesten so gedeutet werden könnte, als wolle er Geld für seine Dienste verlangen.

„Da bin ich und es gibt nichts für mich zu tun!", dachte ich. Der Mann der Frau dachte nicht so. Er war der Ansicht, dass es für mich hier noch etwas zu tun gab und ich strengte mich erst gar nicht an, ihm verständlich machen zu wollen, dass nicht ich der Shikar wäre, auch wenn ich vielleicht so gekleidet und ausstaffiert war. Vielleicht war es gerade mein Hut, der auf ihn Eindruck gemacht hatte. Und natürlich das „Shotgun". Er brachte mich hinaus auf die Weide und zeigte mir den Platz, wo das Unglück geschehen war. Er war in allem ziemlich aufdringlich. Ständig zerrte er an mir herum, schob mich hierhin und dahin. Widerwillig, wenn auch nicht uninteressiert, ließ ich mir alles zeigen. Und tatsächlich, da war ein Blutfleck und deutliche Spuren eines Kampfes, eines kurzen Kampfes! Angesichts der fortgeschrittenen Stunde blieb aber nichts anderes übrig, als ohne einen Schuss abgegeben zu haben wieder umzukehren.

Die Bewohner von Kumuli hatten keine Gewehre, sonst hätten sie sich vielleicht schon selbst darum bemüht, den Tiger zu vertreiben. Bei diesen Aktionen wird dann auch einmal ein Tiger getroffen, mit der Folge, dass er noch aggressiver wird und unter Umständen sogar zum Man-killer wird. Vom Man-killer, der gelegentlich tötet, zum Maneater, der regelmäßig tötet und zum Schrecken einer ganzen Landesregion werden kann, ist es dann nicht mehr weit.

Der Schrecken von Kumuli befand sich in seiner Entwicklungsstufe irgendwo zwischen Cattle-lifter und Man-killer. Die Frage war nur, ob man ihn vorher umerziehen konnte, notfalls auch durch eine gezielte Kugel, bevor er zu einem Man-killer auswachsen würde. Jedenfalls hatte ich die „gezielte Kugel" nicht, das stand fest! Aber das war keiner meiner Gedanken, denn das alles ging mich ja gar nichts an! Ich würde mich in der Rolle des stillen Beobachters einrichten.

In Kumuli war man gerade dabei, die Gesprächsrunde vor dem Haus des Opfers aufzulösen. Offensichtlich hatte man die einzigen Waffen zusammengetragen, die aufzutreiben waren. Man konnte sehen, dass die Leute nicht sehr kriegerisch waren. Einige Viehhüter hatten ihre mit eisernen Spitzen bewehrten Stäbe bei sich. Aber die waren so stumpf wie irgendeines der Gartengeräte, mit denen sonst Yamwurzeln aus der Erde befördert wurden. Wollten die Kumulis versuchen, ihren Weiler zu verteidigen, dann hätten ihre Speere nicht viel mehr bewirkt als die Mantras des Dorfschamanen. Meine Flinte, genauer das Schießgewehr unter meiner Obhut, musste geradezu einen magischen Eindruck auf sie machen! Niemand hatte sie aufgeklärt, was meine Funktion war, nämlich gar keine. Nicht ich war der Jäger, sondern ihr Landsmann.

Ich war froh über einen Pott Tee und einen Teller Reis mit Gemüse. Ein Dorfältester war noch vorbeigekommen und hatte mir eine Flasche des örtlichen Geistes gegeben, Arak. Anscheinend war man der Ansicht, dass ich geistigen Beistand notwendig hatte. Oder vielleicht dachte man daran, dass ich den bösen Geist mit einem weniger bösen Geist, den Bel mit dem Beelzebub, austreiben könnte. Wenn die Flasche eine Überproportion Methylalkohol enthielt, den Blindmacher unter den Geistern, wäre mir persönlich der Tiger lieber. Der bläst gleich das Lebenslicht ganz aus!

Der Mann zeigte mir an, dass ich bei ihm in der Hütte nächtigen sollte. Aber das wollte ich wirklich nicht. Der Mann war mir unsympathisch. Außerdem war die Luft schon stickig genug, als am Tage noch die Tür offen gestanden hatte. Überall war es besser als hier. Die Frau war zwar in einen Schlaf gefallen. Aber sie würde in der Nacht einen fiebrigen Traum haben. Daran wollte ich nicht teilhaben. Ich wünschte mir doch lieber ein Einzelzimmer. Dazu hätte ich eine eigene Hütte haben müssen. Ich ließ es mir in guter Hoffnung also gefallen, als mich die Nachbarn hinauszogen.

Sie würden mir vielleicht meine Hütte geben. Gut, sie würde keine Duschgelegenheit und kein Moskitonetz haben.

Es stellte sich heraus, dass sie es nur für sicherer hielten, den vermeintlichen weißen Shikar mit seinem Schießgewehr in den eigenen vier Wänden für alle Fälle bereitzuhalten. Hatte ich auf einen Platz für die Nachtruhe gehofft, so sah ich mich auch jetzt wieder in einer schlichten Hütte mit schlechter Luft. Drinnen waren drei Männer und zwei Frauen. Der Hausbesitzer mit seiner Frau, seinen Eltern und seinem jüngeren Bruder. Mir wurde ein Schlafplatz auf einer Matte direkt vor der Tür zugewiesen. Das war mir recht. Ich würde Luft schnappen gehen können, wann immer ich wollte. Ich wollte nicht, wie sich herausstellte, und trotzdem würde ich in der gleichen Nacht noch hinausgehen. Die Tür aber wurde von innen verriegelt.

Es wurde Abend und es wurde dunkel. Aber nur ganz langsam. Draußen im Dschungel kamen jetzt die Wildkatzen und Mangusten aus ihren Tagesverstecken gekrochen und das Volk des Dschungelgeflügels machte sich mit unverständlichen Schreien bemerkbar. Abgesang auf die untergehende Sonne. Für wie viele Kreaturen wäre es der letzte Sonnenuntergang? Schon bald würden die Nachtschwalben ihre jenseitigen Rufe im Vorbeiflug zwischen den Hütten vernehmen lassen, im Gegensatz zu den lautlosen Geschwadern der Fledertiere. Und schließlich war da nur noch der Pfau, der endlich auf seinem Ruhebaum saß, zu hören. Auiih! Auiih! Auiiiih!

Und in der aufkommenden Dunkelheit veränderte sich die Umgebung. Irgendwie, so kam es mir vor, war ich in der falschen Vorstellung. Dies war ein Traum und ich würde gleich aufwachen.

In den Hütten gab es keinen Strom. Da war kein Lichtschalter, den man einfach anknipsen konnte. Außer denen meiner Taschenlampen. Ich hatte nämlich zwei, meine eigene und eine größere von Da Costa, die er bei mir gelassen hatte. Nach den beiden Hütten zu urteilen, die ich von innen gesehen hatte, waren die Hütten auch sehr klein gebaut und schienen mir eine nicht sehr solide Konstruktion zu haben. Neben den jetzt im Raum allesamt auf Matten auf dem Boden liegenden Bewohnern, insgesamt 6 Personen, war nicht mehr viel Platz. Da gab es nicht einmal eine Feuerstelle.

Wegen der Enge wurde draußen gekocht. Ich habe mir sagen lassen, das sei wegen der zur Befeuerung verwendeten Dornbuscharten. Sie enthielten explosive Ladungen, die einen starken Funkenflug verursachten. Um andauernd abgebrannte Hütten wiederaufzubauen, dazu gab der Dschungel nicht genug Bauholz her. Es gab auch noch eine andere bauliche Besonderheit.

In dieser Gegend Indiens sind die Hütten unten offen. Damit in der Nacht nicht Termiten hochklettern können, um dann am nächsten Tag ihr Zerstörungswerk an der Hüttenkonstruktion anrichten zu können, lässt man die Wände einige Zentimeter über dem Boden abschließen. So bleibt ein Spalt frei. Vor Ratten haben sich die Leute auf dem Land weniger zu fürchten als die Stadtbewohner. Ich bekam die ganze Nacht über keinen einzigen nagenden Plagegeist zu sehen, der durch den Spalt hindurchgepasst hätte, obwohl ich die meiste Zeit, wie sich herausstellen sollte, nicht schlief.

Ich konnte das verschwindende Tageslicht durch den Spalt sehen. Irgendwann war es stockdunkle Nacht. Ich sah nichts. Aber ich spürte doch einige kleinere Vielbeiner, die über meinen Körper liefen. Für die Ameisen der Hütte musste ich eine willkommene Abwechslung im nächtlichen Einerlei sein. Bei der Hitze, die sich den Tag über in der Hütte aufgestaut hatte, war meinerseits nicht daran zu denken, sich unter einer Decke zu verkriechen. Ich lag, so wie ich angezogen war, auf meiner Bastmatte. Mein Rucksack diente als Kopfkissen. Der Wasserbeutel lag daneben. Er war mit schwarzem Tee gefüllt. Nicht gerade ein Schlaftrunk. Aber ein Wachmacher, wenn es darauf ankam. Das Gewehr lag längsseits, ebenso die Patronentasche, der Lauf zeigte durch den Schlitz unter der Hüttenwand hindurch nach draußen. Es sollte niemand darüber stolpern, wer immer für dringende Geschäfte vor die Hütte musste. Aber das würde voraussichtlich ohnehin nur ich sein. Die Weißen sind an das Dorfleben im Dschungel nicht gewöhnt.

Ich lag da, die Augen einmal geschlossen, dann wieder geöffnet, ohne einen sichtbaren Unterschied, denn die Decke der Hütte war nicht auszumachen. Ich versuchte es an der einen Wand - keine Haushaltsgegenstände zu sehen -, dann an der anderen, und ich suchte den Freiraum zwischen Boden und Wand, aber ich sah nichts, nur Schwärze, mondlose Nacht, die Sterne zu weit weg.

Ich lag da, auf dem Rücken, und dann wälzte ich mich auf die Seite. Dabei merkte ich, dass mich mein Taschenmesser in der Tasche störte. Ich ließ es aber, wo es war, weil ich es sonst am nächsten Morgen nicht mehr finden würde. Ich lag da und fragte mich, wann die ersten Wanzen herangekrochen kämen. Hier gab es frisches Blut von noch nie geschmeckter Qualität. Und die Plagegeister der Luft, die Stechfliegen? Und es gab auch Käfer, die durch die Haut rüsselten. Ich lauschte auf ihr Summen, hörte aber nur den Blutstrom in meinem Ohr. Oder war es der Arm, auf dem ich lag? Ich drehte mich auf die andere Seite.

Ich begann mich zu wundern. Immer noch keine Moskitos. Wo blieben sie denn? Ein Glück, dachte ich, dass Bremsen nicht auch nachts auf Beutefang aus sind. Draußen auf der Weide hatten sie mir nachgestellt, als ich den Platz inspizierte, wo die Frau angefallen worden war. Gewiss, ich hatte auf diese oder ähnliche Weise schon etliche Nächte verbracht, auch mit weniger Komfort als jetzt. Aber gewöhnen würde man sich als Erzeugnis der Wohlstandsgesellschaft der europäischen Mitte doch nie an die Verhältnisse im Dschungel. Das würde darin zum Ausdruck gebracht werden, dass man sich doch, wenn man gezwungen wäre, sich hier niederzulassen, wohnlich einrichten würde. Vielleicht ging es ohne Strom, na gut, aber ein Mindestmaß an Hygiene, sauberes Wasser, eine leicht zugängliche Kochstelle, ein sicherer Schlafplatz....

Ja, da gäbe es viel, was nach unseren Vorstellungen wenig zu nennen wäre, was aber hier draußen im Dschungel unübersehbare Reichtümer sind, oder auch einfach nur ein komisches Faktotum. Ein Bücherregal mit Büchern!

Ich hatte kein Buch dabei, aber ich war auch nicht in Stimmung, zu lesen. Ich hatte Kerzen und Taschenlampen. Aber wozu sollte ich sie benutzen? Dieser Umgebung war auch bei künstlichem Licht nichts Freundlicheres abzugewinnen. Die Leute schliefen, ich wollte auch schlafen, und die Tiere mit sechs oder noch mehr Beinen - oder gar keinen Beinen -, die sich die Wände rauf und runter bewegten, unter dem Dach hin und her, von der Decke zum Boden sich schwangen und auf dem Boden zwischen den daliegenden Körpern sich wanden: ich wollte sie jetzt einfach nicht sehen! Also blieb das Licht aus.

Ich wollte schlafen! Nicht einmal gewaschen hatte ich mich. Hatte der Weiler überhaupt einen Brunnen? Doch, sicher musste er einen haben. Aber wo? Ich hatte nichts gesehen. In der Aufregung des Nachmittags hatte ich offenbar eines meiner Grundbedürfnisse nicht mehr bedurft. Und jetzt fühlte ich mich unwohl in meiner ungewaschenen Haut und den festklebenden Kleidern.

Ich lauschte auf den Atem meiner Mitschläfer. Seltsam, draußen vor der Hütte war es ganz still geworden, nicht einmal Zikaden lärmten. Es war still, nur da ein Laubfrosch, der von irgendwoher knurrte, oder was sonst den Laut verursacht hatte. Merkwürdige Geräusche zwischen gestern und niemals, so weit entfernt in ihrer Bedeutung. Nein, die anderen im Raum hörte ich nicht. Im Raum machten nur zwei Geckos von sich hören. Ihr schnalzender Zungenschlag verursachte auch keine Wohlklänge.

Waren sie überhaupt noch da? War ich allein im Raum? Auch kurios, der Gedanke, der mich eigentlich erfreut haben müsste, gefiel mir gar nicht sonderlich! Diese Hütte war ungemütlich, stellte ich entschieden fest. Und sie würde auch nicht durch gutes Zureden meiner Vorstellungskraft gemütlicher!

Doch! Jetzt konnte ich zu meiner Linken, hinter mir, jemanden atmen hören. Jemanden oder etwas? Einen Hund vielleicht! Jetzt fiel mir ein, dass doch die Rede davon gewesen sein soll, ein Panther könnte Kumuli nicht heimgesucht haben, weil kein Hund vermisst wurde. Aber ich hatte gar keine Hunde gesehen. Hm, wenn es keine gab, dann konnte auch keiner vermisst werden. Die Anwesenheit von Hunden hätte mich doch irgendwie beruhigt. Warum? Weil das Dorf dann einen normalen Eindruck auf mich gemacht hätte.

Aber dieses Dorf war alles andere als ein normales Dorf. Es war ganz anders als alles, was ich bisher besucht hatte. Es hatte nämlich mit der zweifelhaften Besonderheit aufzuwarten, sich zu einer Attraktion für einen Cattle-lifter gemausert zu haben. Und als ob das nicht genug gewesen wäre, für etwas Besonderes betrachtet zu werden und einer Erwähnung wert zu sein, hatte man sich auch einen günstigen Zeitpunkt dafür ausgesucht, in der Stadt nach einem Shikar zu schicken. Denn der hatte zufällig einen Gast an seinem Tisch sitzen, der den Fehler begangen hatte, sich in den Lehnstuhl des Shikars, ein altes Erbstück, zu setzen und ihm davon zu erzählen, wie gerne er einmal mit dem Shikar in die Wälder gezogen wäre.

Moment! Was hieß hier „Fehler begangen"? Es lief doch alles wunderbar, abgesehen natürlich davon, dass dort drüben in der anderen Hütte eine Frau lag, noch keine dreißig

Jahre alt, die noch viele Wochen brauchen würde, um wieder ganz hergestellt zu sein. Den Angriff des Tigers würde sie nie vergessen. Aber sonst! Ich würde morgen, frisch ausgeschlafen, die Flinte nehmen und den Hirten beim Weiden ihrer Herde helfen. Ich würde sie „beschützen".

Aber ich hatte ja gar keine Vorstellung, wie weitläufig das Gebiet war. Ich hatte heute ja nur einen kleinen Teil gesehen. Ja, aber die Leute hätten ein gutes Gefühl, wenn da jemand mit einem Gewehr bei ihnen war. Wann Da Costa wiederkommen würde? Wenn er mitten in der Nacht käme, würde er mich hoffentlich schlafen lassen, denn es war klar, ich würde nicht viel schlafen.

Kein Glockenschlag, das Ziffernblatt meiner Uhr leuchtete doch schwach. Als ich es entzifferte, stellte ich zu meiner Ernüchterung fest, dass es erst viertel vor acht Uhr war. Noch 10 Stunden Dunkelheit! Wie lange noch ohne Schlaf? Vielleicht doch eine Kerze anzünden und die Spinnen an der Decke zählen und die Fliegen, die ihnen ins Netz gingen, oder den Geckos auf den Leim?

Die Nacht war still, so still, wie ich sie mir stiller eigentlich nicht hätte wünschen können. Wäre sie doch geräuschvoller gewesen! Denn bei der Stille konnte man nicht schlafen. Sogar die anderen Menschen in der Hütte hielten sich an die vorgeschriebene Stille. Die Stille war so undurchdringlich wie das Dunkel. Ich wusste gar nicht, wohin ich schnaufen sollte. Das Atmen fiel mir schwer. Jeder Atemzug verlangte, registriert zu werden; sein Anfang, seine Mitte, sein Ende und sein Übergang sollte zur Kenntnis genommen und überdacht werden. Ich befahl meinem Denken endlich auch Ruhe zu geben. Aber es tobte sich aus in der Stille, die drumherum war! Endlich das Feld frei loszudenken, ungestört, nur das Ich und das Nichts, das es auszufüllen gab. Und da gab es viel, mit dem es auszufüllen war.

Nein, jetzt nicht! Befahl ich! Man kann vielleicht Gedanken gefangen nehmen, jedoch nicht das Denken. Es ist schwer, sich selbst den Mund zu verbieten. Das Bewusstsein notierte mit Verärgerung, dass es gegen seine eigenen Schachzüge ständig ins Hintertreffen geriet. Da spielte irgendetwas in mir mit mir ein Spiel, das überhaupt nicht unterhaltsam war. Ja, wäre es doch wenigstens ermüdend gewesen! Es langweilte und forderte heraus auf eine gemeine Art und Weise, die einer ständigen Entgegnung bedurfte und in der Entgegnung war man immer der Verlierer, weil man ja das Bewusstsein im Wachzustand belassen musste und dem Hirn noch mehr Anregung gab.

Endlich war ich in einen tiefen, tiefen Schlaf gesunken und kratzte mich bei der überholten Vorstellung an der Nase. Sie juckte unerlaubterweise. Aber wen kümmerte das? Ein Schluck Tee, das würde helfen! Ein wahnwitziger Einfall, ausgerechnet! Doch, denn damit hätte ich nicht gerechnet, meinen Unwillen, das müde Haupt endlich hinabsinken zu lassen in die Tiefen des Seelenschlafs, in die Betten des Unterbewusstseins, matt zu setzen, indem ich ihn mit den eigenen Waffen schlug. Ich will ja gar nicht schlafen! Ich will wach bleiben, was sagst du nun, überfunktionelles Hirn!? Aufs Kreuz gelegt, wie? Ich bin immer noch schlauer als ich!

Ich griff nach links, wo ich meinen Wasserbeutel vermutete. Der war mit Tee gefüllt. Da war er nicht, dann vielleicht auf der anderen Seite – da war ein Laut, vielmehr ein Schrei! Ein Schrei? Unsinn, Wasserbeutel schreien nicht. Nein, der Schrei kam von woanders.

Aus meinem Unterbewusstsein? Eine neue Variante, wieder auf sich aufmerksam zu machen. Halt! In dem Raum bewegte sich etwas. Ja, das waren meine Mitmenschen. Sie waren ja nicht tot, warum sollten sie sich nicht bewegen. Tot? Tot! Warum? Wieder ein Schrei! Langgezogen, unwirklich, tief hinein in meine langsam wieder ganz funktionierenden Gehörgänge. Mir dämmerte rasend schnell eine dringende Frage: Was ist? Was ist? Mit der schon bereitliegenden Antwort: Schrecklich! Schrecken! „Was sind das für Schreie?"

Von außerhalb der Hütte kamen sie! Grässlich! Durchdringend! Markerschütternd! Was um alles in der Welt...? Ich war wach, im nächsten Moment war ich wieder paralysiert. Das war kein Traum! Ich war in der Hütte, in Kumuli, und etwas geschah gerade eben, vergleichbar einem schweren Schlag in die Realität eines sonst beschaulichen Lebens. Und ich war mittendrin. Worin?

Ich war betäubt. Ich konnte keinen Gedanken fassen. Alles ging schnell. Viel zu schnell, als dass ich begriff. Von dem ersten Schrei bis jetzt waren nur wenige Augenblicke vergangen. Was ging hier vor? Was war hier? Und ich? Hier?

Ich griff nach meiner Taschenlampe, ich fand sie nicht. Entsetzliche Schreie! Zwei Stimmen! Ja, das waren zwei Stimmen, eine beinahe unmenschlich, hoffentlich war sie unmenschlich, was war das sonst für ein Mensch und in welchem Zustand? Die andere unverkennbar menschlich, entstellt und versucht, etwas zu artikulieren.

Schon erfasste mich der Lichtkegel einer Lampe und blendete mich. Der Hüttenbesitzer hatte seine eigene Taschenlampe angemacht. Gerade eben waren die Leute noch unter ihren Decken gelegen, weshalb ich sie auch nicht gehört hatte. Jetzt waren sie alle aufgesprungen und riefen wild durcheinander. Ich verstand die Worte nicht, aber mir wurde deutlich, dass ihr Gesichtsausdruck, ihre Gesten nichts Gutes ausdrückten. Sie passten eher zu den Schreien, die von draußen hereindrangen. Was war denn überhaupt los?

Allmählich, in wenigen Sekunden, unendlich langsam, dämmerte es mir, was sich gerade abspielte. Und während ich mich aufrichtete, in dem chaotischen Durcheinander des auf mich einstürmenden Gestikulierens, unter dem Eindruck panische Angst ausdrückender Gesichter und den Lautausstoßungen sich überstürzender, gleichwohl beschwörender, flehentlicher Stimmen, und während mir das Gewehr in die Hand gedrückt wurde, begann ich erst zu begreifen, dass dies hier ein wahr gewordener Alptraum war! Schreie nun auch in der Hütte, direkt in meine Ohren, und Schreie von außerhalb!

Die Schreie von außerhalb kamen von der anderen Hütte. Sie stammten von der verwundeten Frau und dem Mann. Der Mann rief um Hilfe. Seine Stimme überschlug sich dabei in den höchsten Tönen. Die anderen Insassen meiner Hütte waren eher wach gewesen als ich, weshalb ich einen kurzen

Moment länger brauchte, um das, was sie mir zuriefen, gedeutet zu haben. Es gab nun überhaupt keinen Zweifel mehr:

Der Tiger! Der Tiger war gekommen. Es war auch keine Zeit dafür, es anzuzweifeln. Nur, was sollte man tun? Was hatte ich zu tun? Die Tür unserer Hütte war schon entriegelt. Aber keiner ging hinaus. Keinen drängte es hinaus. Aber mich drängten sie hinaus!

Ich widersetzte mich im ersten Augenblick. Ich lasse mich nicht gerne irgendwo hinausdrängen. Ich war noch benommen und hätte im Augenblick gar nicht gewusst, was ich überhaupt draußen in der Dunkelheit sollte. Ich schnappte mir mehr instinktiv die Lampe des Mannes, der mich am Ärmel gepackt hatte, um mich hinauszuzerren. Ich verstand, die Leute wollten, dass ich sie vor dem Tiger beschützte.

War da überhaupt ein Tiger? Ich wollte es nicht wahrhaben. Mit Tigern wollte ich es nicht zu tun haben. Heute nicht. Und unter diesen Umständen nicht. Aber was sonst als ein Tiger konnte solche Schreie bei Menschen hervorrufen? Himmel, solche Schreie! Bis hierher war wenig Zeit zum Überlegen gewesen. Es spielte sich alles in wenigen Sekunden ab. Ich hätte aber auch bei mehr Zeit nicht anders handeln können, als ich dann gehandelt habe. Ich begann wieder zu denken.

Hier war schnelles Handeln erforderlich. Aber was tun? Ich hatte zwar ein Gewehr in der Hand ... Halt! Wo war die Patronentasche? Dort lag sie ... zwei Schritte ... schnell aufgehoben ... geöffnet ... Patronen herausgenommen ... in die

Hosentasche gestopft ... wertvolle Zeit verloren ... nein! Mehr Zeit zu überlegen!

Draußen war es bedrohlich dunkel, gespenstisch dunkel. Ich drückte dem Mann seine Lampe wieder in die Hand und versuchte ihm zu bedeuten, dass er mir nach draußen leuchten sollte. Gewehr in Anschlag halten und Lampe halten, das ging nicht. Wenn da ein Tiger war, dann konnte ich ihm nicht in der Schwärze der Nacht entgegentreten, ob mit oder ohne Gewehr. Licht! Mehr Licht! Gütiger Himmel, was tat ich hier eigentlich?

Ganz egal, ich hatte etwas zu tun. Es gab nichts Schlimmeres als Nichtstun. Tatenlosigkeit ist das Ende allen Seins! Wenn ein Mann mit einem Gewehr in der Hand etwas tun musste, dann ging es erst recht um das Sein! Der Mann, der mich hinausgeschoben hatte, nahm die Lampe, ich zog ihn aus der Hütte, denn ich stand einen Meter davor, drüben, 15 Schritte weg, war die andere Hütte. Aber er trat sofort wieder zurück, gerade als ich einen Einfall hatte. Er traute der Nacht, die solche Geräusche verursachte, nicht, ich auch nicht!

Ich hob die Flinte halbhoch, in die Richtung der Hütte des Nachbarn, aber deutlich drüber, dann drückte ich ab. Eine Stichflamme schoss aus der Mündung und es tat einen lauten Knall, dass es mir in die Ohren hineinpfiff. Ich öffnete den Verschluss und lud eine Patrone nach. Ich musste handeln. Mir war so, als sei mir alles Blut in den Kopf geschossen. Mir war heiß und kalt. Ich war nun wirklich hellwach. Höchste Zeit! Als ob meine Kugel etwas bewirkt hätte, waren die hysterischen Schreie verstummt.

Ich ging auf die Hütte zu, das Gewehr in Anschlag. Der Mann mit der Lampe leuchtete mir von seinem Standpunkt auf der Türschwelle seiner eigenen Hütte den Weg. Ganz gleich was da war, ich würde herausbekommen, was da war. Was sein musste, musste sein. Ich würde dastehen und ich war entschlossen, dem Spuk ein Ende zu bereiten, so oder so. Ich hatte überhaupt keine Vorstellung, weder über das eine so, noch über das andere so.

Ich rief hinein in die Hütte. Nur noch Wehklagen war zu hören. Ich wusste nur eines: Das musste aufhören. Dem zuzuhören wäre ich nicht gewachsen. Und ich wollte auch keinen dieser entsetzlichen Schreie mehr hören. Schluss damit!

Die Tür war verriegelt. Ich ging weiter zur Linken, um hinter die Hütte blicken zu können, an der Seite, wo keine anderen Hütten mehr standen. Über freies Feld ging es in die Wildnis hinein. Wenn ein Tiger gekommen war, dann musste er von dieser Seite hergekommen sein. Aber er konnte ja nicht in die Hütte hineingelangt sein, denn die Tür war ja verriegelt. Das war doch eine positive Erkenntnis! Aber er wäre dann draußen und ich war auch draußen, eine weniger positive Erkenntnis!

In dem Augenblick, als ich die Ecke erreicht hatte und hinter die Hütte schauen wollte, erlosch das Licht! Ich stand wieder im Dunkeln! Was war geschehen? Ganz einfach. Dieser Hüttenbesitzer war von seiner Frau wieder ins Hütteninnere gezogen worden. Die Tür ging zu und das Licht aus. Ich war ausgeschlossen und brachte gerade noch den Gedanken zuwege, dass ich jetzt mit dem Tiger alleine auf freiem Feld war. Aber er konnte mich sehen und ich ihn nicht. Ich spürte einen unguten Zorn in mir aufsteigen. Dieser Idiot! Was dachte der eigentlich? Natürlich nichts! Es zeitigt immer wieder ungute Folgen, wenn Männer sich zu sehr von ihren Frauen bestimmen lassen!

Ich packte das Gewehr noch fester. Der Mensch ist der größte Feind des Menschen. Stopp! Zunächst war das Problem mit dem Tiger zu lösen. Ja, ich spürte ihn deutlich, wie er mich aus nächster Nähe ansah. Unsinn! Gleich würde er sich auf mich stürzen, noch bevor ich den Finger krumm machen konnte. Einbildung! Natürlich war das nur Einbildung, aber ich hatte keine Zeit, meine Vernunft zu befragen, was jetzt wahrscheinlich oder sinnvoll war.

Ich drückte erneut ab, die Kugel flog mit Getöse in die Luft. Ein Shotgun nur, aber der Ton klang gut. Ich mochte ihn. Ich wusste, ich hatte wieder Zeit nachzuladen. Der Kampf ums Überleben hatte begonnen. Der Tiger war jetzt nicht mehr der Feind der Dorfleute. Er war *mein* Feind!

Was war das? Ich hatte eine leere Hülse in den Fingern! Weg damit! Was für ein Shikar war dieser Da Costa? Leere Hülsen in der Patronentasche! Dieses verfluchte Land! Diese blöden Leute! Ich griff mit nervösen Fingern eine andere Patrone. Zwei Stück fanden in der Kammer Platz. Ich ging schnell zurück zur Tür, die ich gerade eben noch verschlossen vorgefunden hatte. Dabei wäre ich beinahe über einen Tonkrug gestürzt, den ich vorhin im Licht noch gesehen hatte. Noch hinfallen und mich dabei selbst erschießen! Ich klopfte mit dem Kolben gegen die Tür und rief auf Englisch hinein, der Mann solle mir aufmachen. Es schien so, als sei er der verbliebene Klagerufer, während von der Frau nichts mehr zu hören war. Zu viel für sie. Für mich war es auch gleich zu viel!

Ich käme, um zu helfen, rief ich hinein. Das war das, was mir einfiel, aber wahrscheinlich glaubte ich nicht selber daran, dass ich helfen könnte. Jedenfalls hatte ich ein dringendes Bedürfnis die Nacht *nicht* hier draußen zu verbringen.

„Open! I am the Shikar!" Jetzt war ich es tatsächlich mangels einer Alternative. „Tajewuseidu turandu wudangal!", fiel mir in der ganz ähnlichen Sprache des benachbarten Bundesstaates ein, ein nicht sehr glänzender Einfall. Noch dazu doppelt nutzlos, da das Volk in diesem Gebiet ohnehin seine eigene Sprache spricht. Komisch, die primitivsten Völker, über die in den Geschichtsbüchern keine Silbe geschrieben steht, haben kaum besondere Fertigkeiten oder Kenntnisse vorzuweisen. Aber die originellsten Sprachen nennen sie ihr Eigen! Als ob man sich in der Wildnis darüber freuen könnte! In der Wildnis und in Notlagen!

Von den Insassen der anderen Hütte hörte und sah ich jetzt nichts mehr. Die übrigen Dorfbewohner hatten sich gar nicht erst sehen lassen. Sie wussten wohl Bescheid. Nur ich wusste immer noch nicht, was geschehen war. Ganz offensichtlich war ich der einzige hier in Kumuli, der noch im Dunkeln tappte. Erstens wusste ich nicht, was geschehen war und zweitens, was mich viel mehr beunruhigte: ich tappte buchstäblich im Dunkeln. Ich war doppelt gestraft. Dabei, was hatte ich mit den Problemen Kumulis zu tun? Was ging mich die Ortschronik an? Die Welt ist ungerecht! Auch keine neue Erkenntnis!

Endlich lösten sich die Riegel an der Innenseite der Türe. Als ich mich hineinzwängte, schlug mir ein übelriechender Lumpen verbrauchter Luft ins Gesicht. Was immer die Schlitze zwischen Boden und Wänden bewirkten, Luftzirkulation war es offenbar nicht. Als ich drinnen war, schrie ich als erstes den Mann an, er solle endlich still sein, was nicht viel nützte.

Meine Nerven waren ziemlich angespannt. Ich war wütend über das Verhalten dieser Leute. Es war gewiss der Aberglaube, der sie so ängstlich machte. Es waren ja gar keine Dschungelleute, sondern Bauern, deren Vorfahren vor Jahrhunderten in diese Gegend gezogen waren und die Urbevölkerung vertrieben hatten. Damals waren sie selber noch Angehörige eines starken, kriegerischen Volkes. Jetzt waren sie seit langem nur noch Zulieferer an die gestörte Gesellschaft der Städte. Verkümmerte Instinkte, ungebildete Sinne und umgebildete Sinne, beherrscht nur noch von den ungünstigsten Überlieferungen, von Dämonie und Zauberglauben.

Ich hatte überhaupt keine Lust, die Nacht mit jemandem zu verbringen, der ohne Unterlass jammerte und lamentierte. Ich tat dem Mann unrecht. Er war einfach verzweifelt. Aber man ist vorschnell im Urteilen, wenn man zu sehr auf sich selbst schaut. Will man den Menschen helfen, darf man sich nicht zu sehr mit sich selbst beschäftigen. Ich wusste das. Aber ich war gerade dabei, meine Gedanken zu sortieren. Und sehr geduldig war ich dabei nicht.

Ich verlangte nach einer Taschenlampe. Keine Antwort. Ich fragte nach einer Kerze. Keine Antwort. Ich fragte nach... da fiel mir ein, Streichhölzer hatte ich selber in der Tasche. Ich holte sie heraus und zündete eines an.

Das Licht reichte nicht weit. Der Raum schien noch kleiner zu sein, als er mir bei Tageslicht vorgekommen war. Ich suchte nach der Frau, die an der einen Seite gelegen hatte. Der Anblick, der sich meinen entsetzten Augen bot, war grausiger als alles, was ich bisher gesehen hatte.

Ich war geschockt. Mein Ärger war mit einem Mal völlig weggewischt. Die Frau war tot und schien entsetzlich zugerichtet. Ihr Körper lag verformt an der Wand der Hütte. Ihr Sari und der Verbandsstoff bildeten ein wirres, blutgetränktes Knäuel um sie herum. Was war nur geschehen?

Ich zündete sofort wieder ein Streichholz an, um zu sehen, ob irgendwo im Raum eine Kerze war. Als das Licht aufflackerte, gab mir der Mann zu verstehen, dass er kein Licht haben wollte. Was war das wieder? Ich musste doch sehen, was hier los war! Ich ärgerte mich über meine Blödheit, dass ich nicht eine der beiden Taschenlampen bei mir hatte. Was nützte mir jetzt das Taschenmesser in der Hose? Ich wusste nicht, warum der Mann kein Licht haben wollte. Vielleicht fürchtete er ... den Tiger!

Jetzt erst bemerkte ich den schwer verdaulichen Kloß in meinen Gedanken. Natürlich war es der Tiger gewesen, der die Frau getötet hatte. Zuerst ein Tiger, dann eine getötete Frau. Das war zu viel auf einmal! Für diese Angelegenheit war ich nicht gerüstet, war meine demütige Bilanz. Ich zündete noch ein Streichholz an, vorläufig das letzte, weil ich mir den Rest aufsparen wollte. Vielleicht konnte ich sie noch gut gebrauchen. Doch im Raum fand sich nichts, was sich für eine Beleuchtung eignete. Ich versicherte mich, dass die Frau wirklich tot war.

Mir war nun endlich ziemlich klar, was geschehen sein musste. Der Tiger war zu seinem Opfer vom Mittag zurückgekommen. Das war immer noch beinahe unglaublich, wenn die Tatsachen nicht eine beredte Sprache gesprochen hätten. Es war nun unmissverständlich geworden, dass es der Tiger längst nicht mehr allein auf die Rinder der Dorfleute abgesehen hatte, sondern auf die Dorfleute selbst! Als erstes hatte er sich an einen der Männer herangeschlichen, die sich beim Stöcke- und Steinewerfen auf den Tiger hervorgetan hatten. Es könnte Zufall gewesen sein. Ebenso gut auch nicht, denn manche Tiger haben tatsächlich den Nachweis unglaublicher Gerissenheit an ihre Verfolger geliefert. Tiger haben ein gutes Gedächtnis und vieles deutet darauf hin, dass sie sich ihre Opfer mitunter aufgrund Erfahrungen und nach einer gewissen Denkleistung aussuchen.

Der Tiger von Kumuli hatte statt dem Mann die Frau angefallen. Die Frau hatte mit ihrem Auftauchen im rechten Augenblick ihrem Mann das Leben gerettet. Und wieder war der Tiger vor den Menschen davongerannt. Irgendwann machte er aber kehrt. Was sein Motiv dazu war, wird man nie erfahren. Es wird wohl weniger gekränkter Stolz gewesen sein, als sein „Wissen", dass ein Stück Wild von gerade 50 Kilo nach der Attacke sich nicht mehr weit von der Stelle bewegen könnte. Er war also am Abend auf die Suche gegangen und die Spur führte ihn geradewegs nach Kumuli! Als er bei der Hütte ankam, entdeckte er durch den Spalt über dem Boden die Frau. Oder er nahm sie mit seinen anderen Sinnen wahr. Tiger haben zwar eine sehr schlechte Nase, aber ihre anderen Sinne sind sehr gut ausgebildet. Als nächstes versuchte er die Frau durch den Spalt am Boden herauszuziehen. Dazu streckte er eine seiner Pfoten hindurch, schlug seine Krallen in die Schulter der Frau und begann sie herauszuziehen.

Ganz gleich wie tief der Gesundungsschlaf der Frau gewesen sein mochte, das weckte sie unverzüglich auf. Als ihr gewahr wurde, was da mit ihr geschah, die Lefzen eines Menschenfressers in unmittelbarer Reichweite, seine Pranken bereits in ihrem Fleisch, schrie sie laut auf. Ihr Mann wachte nun auch auf und stimmte ein in die Schreie, teils aus blankem Entsetzen, teils, um diesen dämonischen Geist in der Gestalt eines Tigers zu verjagen. Es waren weniger Schreie der Hoffnung oder um Hilfe, denn von den übrigen Bewohnern des Weilers war keine Hilfe zu erwarten. Außer dem Mann aus der anderen Hütte, den ich hinausgezogen hatte, damit er mir die Lampe hielt, hatte keiner einen Schritt aus seiner Hütte getan, um zu Hilfe zu eilen. Ich gestehe, dass ich den Dorfbewohnern dafür zürnte. Ich war nahe dabei, sie dafür zu verachten. Aber man versteht diese Verhaltensweisen nicht, wenn man den Einfluss, den der Aberglaube auf diese Menschen hat, nicht berücksichtigt. Sie sind unfrei und unmündig und deshalb auch immer gebunden, wenn es darum geht, das Gute und Richtige zu tun. Das eine hängt eng zusammen mit dem anderen. Ohne Tugendhaftigkeit gibt es nur wenige Lösungen dort, wo man den Einsatz guter menschlicher Eigenschaften besorgen muss. Der Aberglaube der Dorfmenschen fürchtet ja nicht so sehr die irdischen Gegebenheiten oder Risikoanalysen, was nach der Statistik jetzt bald wieder passieren könnte, sondern er fürchtet das nicht beherrschbare Jenseitige, das sich nicht einfach mit dem Töten zufriedengibt, sondern die ganze Seele in den Griff bekommen würde. Die Dorfleute Indiens mögen vergleichsweise ungebildet sein, aber sie haben verstanden, dass man sich mit jenseitigen Mächten gut stellen musste, weil sie mächtiger waren als alle irdischen Herrscher. Es schien für die Dorfleute von Kumuli klar zu sein, dass nur ein böser Geist von dem Tiger Besitz ergriffen haben konnte, weil ein normaler Tiger so etwas nicht tun würde.

Die arme Frau, die schon den Tag über in die Fänge des Unheils geraten war, versuchte sich dem Unheil, das seinen Rachen weit aufgesperrt hielt, um sie hineinzuziehen, zu widersetzen. Aber alles Gezeter half nichts. Es gab kein Entkommen. Sie hielt sich mit beiden Händen an einer der Bambusstangen fest, die die Hüttenwand verstärkten, und auch der Mann hielt ihren Sari festgekrallt. Letzteres nehme ich nur an. Der Tiger war natürlich stärker und zerrte die Frau nach außen. Dabei brach der Bambusstab entzwei, und das eine Ende bohrte sich durch den Sari, durch ihre Bluse in ihren Unterleib. Der Tiger hatte Kopf und Hals der Frau aus der Hütte herausgezogen und tötete die Frau. Weil aber der Körper an der Hüttenwand festhing, gelang es ihm nicht, ihn vollends herauszuziehen. Hinzu musste ihn der Lärm irritiert haben. Als ich dann den Schuss auslöste, hatte er genug. Er lief davon. Vielleicht wäre es für die Angehörigen der Frau besser gewesen, ich hätte nicht geschossen. Der Grund, warum ich geschossen habe, war nicht der gleiche

Grund, warum Jäger in der Regel schießen. Ich wollte natürlich den Tiger verscheuchen. Ich hätte ihn ja bei Nacht, selbst wenn ich ihn überhaupt gesehen hätte, nicht treffen können.

Zu dem Zeitpunkt, als ich zur Hütte mit dem Opfer ging, war er schon längst weg. Vielleicht aber auch nicht. Wer konnte das bei diesem Tiger schon sagen! Er hatte nachdrücklich bewiesen, dass er ein Tier war, das dazu neigte, nicht das zu tun, was man erwartete. Das ist das Kennzeichen aller Tiger, die zum Menschenfresser werden. Da Costa hatte sich ein zweites Mal geirrt. Aber das hatte nichts mit mangelnder Erfahrung zu tun, sondern damit, dass man bei Tieren, die irre geworden sind, keine Prognosen abgeben kann. Das weiß man aber auch erst, wenn man weiß, dass man es mit einem irren Tier zu tun hat. Jetzt war es klar! Jetzt erst! Zu spät, wie so oft!

Warum sonst hätte der Tiger zurückkommen sollen? Um nachzuschauen, was seit dem bedauerlichen Zusammenstoß mit der armen Frau geschehen war? Nein, er wollte sie abholen, um sie sich einzuverleiben. Wer konnte nun sagen, dass er nicht wiederum zurückkehrte, um sein Werk zu vollenden? Bei mir hatte jetzt erst das Überlegen angefangen. Warum sollte es bei dem Tiger jetzt anders sein. Er hatte gedacht, dass er leicht Beute machen könnte. Und dann dieser Krach und vielleicht auch der Feuerblitz in das Dunkel der Nacht hinein. War das etwas, was in den Plan über den weiteren Fortgang der Ereignisse einfließen sollte? Man sollte Tiere niemals unterschätzen! Die zahlreichen Berichte von Menschen, die mit Tigern zu tun hatten, auch indem sie sie zur Strecke brachten, zeigen eindeutig, dass es sich bei einem Tiger um ein denkendes Tier handelt.

Mir grauste vor der Vorstellung. Ich war jetzt in eben derselben Hütte, die der Frau keinen Schutz geboten hatte. Die arme Frau. Sie hatte zwar das Leben ihres Mannes gerettet, aber dabei hatte sie ihr eigenes verwirkt. Erst jetzt dämmerte mir der Gedanke, dass ich der einzige Mensch gewesen war, der es hätte verhindern können. Hätte ich es wirklich ändern können?

Meine Weigerung, in der Hütte der schwerverletzten Frau und ihres, zugegebenermaßen, nervigen Mannes zu bleiben, hatte möglicherweise der Frau das Leben gekostet – oder ihr Leiden verlängert. Es ist das Beste, auch unsympathischen Menschen Sympathien entgegenzubringen. Das war eine meiner Lektionen in jener Nacht. Damit tut man sich selber und anderen einen Gefallen. Zwar hätte ich den Zugriff des Tigers nicht verhindern können, weil ich ihn sicherlich zu spät bemerkt hätte. Aber ich hätte sofort mit einer gezielten Ladung reagieren können. Vielleicht hätte ich ihn nicht getroffen, vielleicht aber doch. Die Chancen hätten auf diese Entfernung – wenige Armlängen! – gut gestanden! Diese Gedanken waren ernüchternd. Niemand hatte wissen können, wie die Ereignisse eskalieren würden. Nicht einmal Da Costa, sonst wäre er hiergeblieben. Trotzdem war es nicht zu leugnen, dass ich in meinem Handeln nicht die beste Wahl getroffen hatte. Ich war kein Jäger, aber Mist, ich hatte ein Gewehr. Ich fühlte mich sowieso unbehaglich. Aber jetzt fühlte ich mich schlecht. Ich war bereit, in der

Hütte zu bleiben, für den Rest der Nacht. Egal was geschehen würde. Und es würde noch etwas geschehen!

Als nächstes, dachte ich, würde der Tiger, um das Drama noch zu steigern, gleich ganz in die Hütte hereinkommen. Man brauchte eigentlich die Pforte gar nicht mehr absperren. Und ich war allein mit einer blutigen Leiche und einem vor Leid und Jammer ganz verzagten Mann, der selber dringend unter die Obhut eines Nervenarztes oder Narkotiseurs gehörte. Und ich war auch nicht mehr weit davon entfernt, eine ärztliche Behandlung nötig zu haben. Oder gar keine mehr nötig zu haben. Verflixt! Das war alles total außer Kontrolle geraten. Ich griff in meine Tasche. Noch drei Kugeln, dazu zwei im Lauf. „Viel mehr als ich noch in der Lage sein würde, abzufeuern!" gab ich meinen Gedanken selber bissige Kommentare. Das war gerade das, was ich jetzt nicht gebrauchen konnte! Keine Selbstvorwürfe oder Selbstironie! Nicht die Flinte ins Korn werfen!

Ruhig überlegen! Unmöglich! Der Tiger hatte versucht, die Frau herauszuziehen. Das war nicht gelungen. Er hatte sich durch den Lärm vertreiben lassen. Ob er sich, wenn er zurückkehrte, wieder von dem Lärm vertreiben lassen würde? Es war ja ein Tiger, der immer dreister wurde, und zwar in kurzer Zeit! Wie kam ich überhaupt dazu, anzunehmen, dass er wiederkommen würde? Weil er Hunger hatte und weil ihn ein kurzes Erschrecken nicht abhalten konnte, seinen Hunger zu stillen. Diesen Tiger nicht! Es war leider zu erwarten, dass er tatsächlich noch einmal auftauchen würde. Dieser Tiger schon! Dieser Tiger ganz bestimmt! Unsere Situation war alles andere als beneidenswert. Wir mussten uns auf einiges gefasst machen. Wieso „wir"? Ich war ganz allein. Man ist immer allein in seinen schwersten Momenten.

Ich brauchte eine Lampe. Ich rief laut nach den Leuten in der anderen Hütte. Wie macht man das, nach jemandem rufen, dessen Namen man nicht kennt und dessen Sprache man nicht spricht? Ho! He! Ihr da! Torch venum! Torch konduva! Aber in der anderen Hütte regte sich nichts. Doch! Der Rückruf kam. Und ich verstand nichts. Der Mann neben mir gab Antwort. Noch eine Art Klageruf. Worüber die klägliche Konversation handelte, kann ich nicht sagen. Aber man konnte es sich denken. Hätten die Leute mich verstanden, dann hätten sie mir eine meiner Taschenlampen herüberwerfen können. Natürlich würde sich keiner von ihnen trauen, sie herüberzubringen, nachdem sie mich vorhin im Stich gelassen hatten. Das konnte man aber auch nicht von ihnen erwarten. Denn vielleicht lag der Tiger da draußen auf der Lauer. Auch mir war es in der Hütte viel lieber als draußen.

Kein Licht! Und Hoffnung? Hoffnung, dass es bald Tag wurde. Und wenn Da Costa käme? Wäre er nicht in Gefahr? Er wusste ja gar nicht, was ihn erwartete. Er war kaum vor dem späten Vormittag zurückzuerwarten. Wenn alles geklappt hatte, war er kurz vor Anbruch der Dämmerung an der Straße angekommen. Bis zur nächsten Stadt war es eine Stunde. In der Nacht war normalerweise kein Arzt dazu zu bewegen, in ein Dorf im Dschungel auszuschwärmen, erst recht nicht, wenn da das Opfer eines Tigerangriffs auf ihn wartete. Und bis Da Costa zu Hause war, um eine Büchse aufzutreiben, die geeignet für diese Zwecke war, das dauerte auch noch. Er würde sich dann zuerst schlafen legen, um nicht unausgeschlafen auf Tigerjagd zu gehen. Ich konnte es drehen und wenden, wie ich wollte, vor dem Morgen hatten wir nicht mit Hilfe zu rechnen.

Immerhin gab mir eine andere Sache doch zu denken. Ich hatte ein Gewehr! Was hielt mich davon ab, dem Tiger, sobald er seine Nase in die Hütte hereinstrecken würde, eine Kugel zu verpassen? Es konnte doch nicht wahr sein, dass ich auf dieser Entfernung danebenschießen würde. Regte sich da etwa eine Lust, zum gefeierten Helden und Trophäensammler zu werden? Ich verdrängte den Gedanken wieder, aber es war wohl doch eine Art Jagdfieber, das da kurz aufflammte. Wenn ich doch nur Licht hätte! Das war es, was mir fehlte! Es ist immer Licht, das den Menschen fehlt!

Jetzt war überhaupt nicht mehr an Schlaf zu denken. Das Bild von der Frau ging mir nicht aus dem Kopf. Ich hielt die Augen offen, obwohl es doch nichts zu sehen gab, aus Angst, ich könnte einschlafen. Vor kurzem hatte ich mich noch darüber geärgert nicht einschlafen zu können, jetzt wollte ich nicht mehr einschlafen. Der Mann und ich, wir würden eine Nacht verbringen, die wir unser Leben lang nicht mehr vergessen würden.

Dazu wäre es eine ungemütliche Nacht. Was kümmerten jetzt noch die Kleintiere und Dschungelratten, die Wanzen und Flöhe? Da draußen ging ein Ungeheuer um, von einem Kaliber ungeheuren Ausmaßes. Das konnte ich immer noch nicht richtig glauben. Und doch war es wahr. Es war eine schreckliche Wahrheit. Und so wie es aussah, hatte ich keine Statistenrolle zu übernehmen in diesem Schauspiel ohne Beleuchtung unter einem grausamen Himmel. Alles, was ich bisher geschossen hatte, war kleines Geflügel in Jugendjahren, die zu meinen Flegeljahren gehört hatten, und jede Menge Papierscheiben bei der pazifistischen Bundeswehr, deren härtester Gegner die Langeweile gewesen war. Man hatte da auf ein Ziel in hundert bis 250 Meter Entfernung geschossen, das sich nicht bewegt hat, in liegendem Anschlag, bei Tag.

Nun sollte ich ausgerechnet diese Bestie bekämpfen? Und warum war Da Costa umgekehrt? Nicht zuletzt, um eine „geeignete" Büchse zu holen. Das hieß also, dass meine überhaupt nicht geeignet war! Das waren Aussichten! Ich bedauerte den Impuls, der mich veranlasst hatte, hinaus in den Dschungel zu gehen. Aber das war jetzt nicht mehr rückgängig zu machen.

Ich stellte mir vor, wie angenehm und beruhigend es doch wäre, Licht zu haben. Dann wäre alles nur noch halb so schlimm! Wirklich? Wenn man einen Berg Bedrohung halbierte, reichte das immer noch dazu aus, darunter begraben zu werden. Wenn man eine unlösbare Aufgabe hatte, wäre die Hälfte davon auch noch unlösbar. Ich schaute auf die Uhr. Halb Zehn! Das war nicht auszuhalten. Irgendwann würde mich die Müdigkeit übermannen. Sollte mich doch die Müdigkeit übermannen, solange mich nicht die Angst übermannte und der Tiger mich überwältigte!

Eigentlich war das Gefühl nicht weit entfernt von den Gefühlen, die sich einstellen, wenn man sich an ein potentiell
gefährliches Tier im Dschungel anschleicht, wie ich es schon
so oft getan hatte. Dieses hier hatte aber noch einmal eine
andere Qualität. Es besteht ein fundamentaler Unterschied
zwischen einem Tier, das eine potentielle Gefahr darstellt
und einem solchen Tier, das eine Gefahr *ist*! Dieser Tiger
war eine Potenz an Gefahr. Eine Hochpotenz!

Die Anspannung war in etwa die gleiche. Sie lässt sich auch
nicht mehr erhöhen, wenn die Nervenenden sich so weit
ausgestreckt haben, wie es nur geht und sie alle Nachrich-
teneinheiten mobilisiert haben. Aber die Schwere, der
Nachdruck, mit dem alle Eindrücke in das Bewusstsein las-
teten, waren gewichtiger. Die Energien würden so schneller
aufgebraucht und wenn man nicht aufpasste, erreichte man
einen Seelenzustand, den man nicht mehr völlig beherrschte. Dann kann man zu sich sagen: „ich kenne dich
nicht wieder". Bald schon wüsste ich davon aus eigener Erfahrung zu berichten, hatte ich zu befürchten.

Ja, das sind eigentlich die wirklichen Gefahren, dass man
sich selbst aus den Augen verliert. Oder ist es vielleicht
nicht doch eher eine Offenbarung, sich besser kennen zu lernen und zu erfahren, dass da etwas ist, was man nicht haben
will, weil es in einen besseren Menschen nicht hineinge-
hört?!

Die Leidensfähigkeit des Menschen erreicht seine Grenzen.
Mehr gibt der Körper nicht her und für mehr ist der Geist
auch nicht bereit. Wenn es ihm zu bunt wird, nimmt er seinen Abschied. Er haut ab und überlässt den Körper sich

selbst. Wie beruhigend! Alles Leid hat ein Ende, spätestens im Tode.

In der Hütte wurde es immer enger, auch seelisch, und die Gedanken wurden nicht weiter. Sie beschränkten sich immer wieder auf die Situation. Damit musste ich fertig werden. Dem Mann ging es noch schlimmer, er hatte seine Frau auf tragische Weise verloren. Vielleicht war er dem Wahnsinn nah. Erst nachdem wir eine Weile beieinandergesessen hatten, gab es so etwas wie einen Versuch, die Kommunikation wiederaufzunehmen. Ich war mir gar nicht mehr sicher, ob dieser Mann, in seinem Leid und in der großen Angst, in der er noch zu sein schien, der gleiche Mann war, mit dem ich auf die Weide gegangen war. War ich noch der gleiche? Was wollte er mir sagen? Nur eine Kleinigkeit: dass ich den Tiger schießen sollte. Vielleicht erwartete er von mir, dass ich hinausging, dem Tiger hinterherlief und ihn liquidierte. Nichts lieber als das, wenn ich nur wüsste, wie!

Ich verstand zunächst nicht, wie Menschen, die ein so majestätisches Tier wie einen Tiger wie einen Straßenköter behandelten, plötzlich so ängstlich werden konnten. Auch wenn noch so schlimmes geschieht, wenn man sich immer benimmt, wie es sich gehört, wird man nicht so tief fallen, als wenn man sich vorher selbst erhöht hat. Der Mann hatte ja auch eine Abneigung gegen das Licht, das ich mit einem Streichholz entfachen wollte. Er meinte wohl, das würde den Tiger anziehen, weil es dann das einzige Licht in weitem Umkreis gewesen wäre. Ich sah es anders, das Einzige, was den Tiger anzog, war die tote Frau. Und das Einzige was ihn abschreckte, war – hoffentlich - mein Gewehr. Vielleicht war das Wunschdenken, aber es war zumindest Zweckoptimismus, denn natürlich hofften alle hier, dass der Mankiller nicht mehr zurückkommen würde. Er sollte wieder dahin zurückkehren, wo er hergekommen war: in die Hölle!

Die Verhaltensweise, die der Mann sonst noch an den Tag legte, besser gesagt in die Nacht, war auch nicht geeignet, mich wieder an die Menschheit glauben zu lassen. Aber auf Menschen soll man sich nie ganz verlassen. Manches muss man selber in die Hand nehmen, und gerade jetzt hatte ich ein Shotgun in meinen Fäusten. Der Mann zeigte leider eine Verhaltensweise, die mir zusätzliche Erschwernis brachte.

Die Hütte war klein genug. Ich wusste gar nicht recht, wo ich hinsollte. Naturgemäß wollte ich größtmöglichen Abstand zur Leiche halten. Aber genau das wollte auch der Witwer. Da er dabei rigoros vorging und ich ihm keinen ernsthaften Widerstand entgegenbrachte, fand ich mich bald in unmittelbarer Nähe zum Körper der toten Frau. Ich hatte Kontakt mit ihrem Sari und als meine Hand sich am Boden abstützte, wurde sie feucht. Ich wusste, das war Blut.

Mein Abstand zur Wand war gering. Würde der Tiger sich entschließen, mich als Beute auszusuchen, so musste er sich nicht anders anstellen, als er es bei der Frau getan hatte. Ich hoffte aber, er wusste, worauf er sich dabei einließ – oder vielleicht doch lieber nicht? Er hatte den Knall der Büchse gehört und vielleicht auch den Feuerblitz gesehen. Das sollte er unbedingt mit mir in Zusammenhang bringen.

Und wieder kam mir der verwegene, aber empörend leichtsinnige Gedanke, dass das beste aller nachfolgenden Ereignisse dasjenige sein würde, das den Tiger im ersten Akt dazu veranlassen würde, es nochmals zu wagen, seine Nase hereinzustecken, wenn dann auch ganz bestimmt seine Vertilgung nachfolgen würde. Dann wäre allen Menschen geholfen. Andernfalls war doch zu befürchten, dass er bald wieder zuschlagen würde, und dann wieder und wieder, viele Menschenopfer wären zu beklagen, bis ein Shikar endlich wieder die Gelegenheit haben würde und sie auch nutzen würde, den Maneater zu töten. Und in der Zwischenzeit wäre ich derjenige, den man sich zum Gesprächsthema des erfolglosen, sein Gewehr in die Luft abfeuernden Jägers machen würde. Immer wieder!

Aber auch das war ein Gedanke zwischen Beschämung und Ehrwürdigkeit. Beschämend ist jeder Misserfolg, ehrwürdig ist aber schon, wenn man einen Misserfolg gelassen bekennt. In Krisensituationen denkt man unter dem Eindruck der Ereignisse doch zuerst an die Erhaltung der eigenen Haut. Vor allem, wenn man eine andere nicht hat. Wenn man dann gründlich ausgedacht hat, sollte man aber darangehen, auch für andere zu handeln. Man sollte nahe bei dem jeweiligen anderen sein, dass man immer an ihn denkt! Ja, ja, alles schön ausgedacht, aber funktionieren musste es! Gelingen musste es!

Der Mann jammerte noch eine Weile, er war schon viel stiller geworden, dann muss ihn die Kraft vollends verloren haben. Er war eingeschlafen! Ich konnte es kaum fassen. Er schlief tatsächlich! Wozu das ganze Theater? Erst schrie er die ganze Nachbarschaft zusammen, schob mich in die gefährlichste und auch sonst ungemütlichste Ecke des Raumes, dann schlief er ein, ohne gute Nacht zu sagen. Und ich durfte jetzt auch noch Wache halten. Ich fand den Dschungel Indiens gar nicht mehr so verlockend mittlerweile! Und die Dorfbewohner konnten mir im Moment alle gestohlen bleiben. Nein, sie waren mir nicht sehr nahe!

Zu allem Überdruss bekam ich jetzt auch noch Durst. Ich hatte die ganze Zeit wie ein Schwerarbeiter geschwitzt, wie ich erst jetzt bemerkte. Ich war tropfnass und trotzdem fröstelte mir. Mein Wasserbeutel mit Tee war in der anderen Hütte. In dieser Nacht lief alles schief. Nein, es durfte jetzt nichts mehr schieflaufen.

Natürlich war es gut, dass jetzt wieder ganz Stille eingekehrt war. Wie sonst würde ich bemerken können, was sich sonst noch außer meinem Herz in der Hütte bewegte. Ich war fest entschlossen, dem Tiger, falls er wiederauftauchen würde, eine Kugel in das Fell zu jagen. Das konnte doch nicht so schwer sein. Nach und nach hatte sich meine Furcht in Ärger verwandelt. Das war gut, gut für mich und hoffentlich schlecht für den Tiger. Nanu, waren da erste Anzeichen von Geringschätzung, ernsthafter Verwegenheit und unernstem Witz? Wehe, wenn mein Ärger losgelassen! Denn dann wurde es lächerlich!

Aber der Tiger würde ja gar nicht zurückkehren! Er hatte es hier mit einer Feuerwaffe zu tun. Er war viel zu schlau, um sich der Gefahr auszusetzen, von einer Kugel gestreift zu werden. Bestimmt hatte er von seinen Streifzügen in die Waldgebiete der Umgebung schon als Zielscheibe für Wilderer, Wochenendbesucher oder selbsternannte Shikars herhalten müssen. Er würde warten, bis die weißen Jäger wieder weg wären, dann würde er sich in aller Gemütsruhe einen Kumuli nach dem anderen vornehmen!

Wollte ich das? Nein! Das konnte ich nicht wollen. Gut, wenn ich ihn erledigen würde, dann durfte er zurückkommen, sonst sollte er mir ja vom Halse bleiben. Wenn ich gewusst hätte, wie nah er noch meinem Halse kommen würde, wären mir die Nackenhaare zu Berge gestanden. Meistens ist es gut, wenn man nicht weiß, was auf einen zukommt.

Dies hier war nicht unbedingt der beste Platz, den man sich aussuchen konnte, um einem Tiger aufzulauern. Es war aber noch weniger ein guter Platz, um zu vermeiden, dass einem der Tiger auflauerte. Auf einem Machan in ausreichender Höhe sitzen und warten, ob der Tiger kommt, und vielleicht auch einschlafen dabei, warum auch nicht? Eine Kleinigkeit! Aber warten, bis er kommt, und nicht zu wissen, wann er kommt, und zu wissen, dass man wie auf einem Präsentierteller sitzt und dessen ungeachtet eine starke Neigung verspürt, einfach einzuschlafen, weil man körperlich und nervlich erschöpft ist, das ist eine ganz andere Sache. Und noch einmal eine andere Sache ist, es dabei in jeder Beziehung unbequem zu haben.

Es war in der Tat ein unpassender Ort. Und die Zeit war auch schlecht gewählt. Ich konnte mich nicht einmal richtig hinsetzen. Ich vermochte nicht, wie bei einem Shikar üblich, mit gekreuzten Beinen stundenlang und regungslos zu sitzen. Deshalb musste ich mich hin und wieder bewegen. Und genau das war das Problem. Tiger haben einen schlecht ausgebildeten Geruchssinn. Der Tiger würde mich also nicht riechen können, um irgendwelche Schlüsse zu ziehen, die ihn zum Abzug bewegen würden. Aber er würde jede meiner Bewegungen hören!

Sollte es wirklich meine Aufgabe sein, diesen Tiger zu töten? Unfug! Es sah alles danach aus. Lächerlich! Und wenn es nicht meine Aufgabe wäre, ich würde es dennoch tun müssen, wenn er mich töten wollte! Nach dem ersten Erfahrungsaustausch von vorhin war er nun vorgewarnt. Kam er trotzdem, dann war es ein verwegenes Unternehmen von einem entschlossenen Tier. Hoffentlich war er auch entschlossen, sich erschießen zu lassen!

Der Tiger würde jedenfalls eher vorsichtig zu Werke gehen. Es war ziemlich unwahrscheinlich, dass ich ihn hören würde, bevor er mich hörte. Vielleicht würde er sogar mein Atmen hören. Schlief ich, würde er sicher meinen Atem hören. Auch noch beim Atmen bewusst darauf achten, dass man leise ist! Das bedurfte zusätzlicher Anstrengungen. Jagen ist unerhört anstrengend, gejagt zu werden ist die Hölle! Und die ist heiß!

Mir kam der Gedanke, dass es gar nicht so ungünstig war, direkt neben dem leblosen Körper zu sitzen. So hatte ich am ehesten die Chance den Tiger zu vernehmen, wenn er damit anfing, die Frau herauszuziehen. Ich wäre dann auch so nah, dass ich nicht danebenschießen konnte. Wäre ich bei der Dunkelheit weiter weg gesessen, hätte ich unmöglich treffen können. Und auch eine Lampe wäre mir eher hinderlich gewesen. Denn der Lichtschein hätte mir auch nicht mehr zeigen können, als ich nicht sowieso schon wusste, wenn er mich nicht sogar blendete. Ganz zu schweigen von dem umständlichen Herumhantieren. Lampe und Gewehr konnte man nicht gut gleichzeitig bedienen.

Hätte ich doch nur etwas zu trinken! Zum Durst kam, je länger es dauerte, auch noch ein Hungergefühl. Damit fehlte es mir an der Befriedigung aller drei Grundbedürfnisse, Essen, Trinken, Schlafen! Hauptsache man lebte! Unter solchen Umständen soll man nicht auf die Jagd gehen! In früheren Zeiten ging man nur unter solchen Umständen zur Jagd: man jagte, um essen zu können – und um zu überleben. So wie ich jetzt! Oder doch nicht? Nein, lieber doch nicht!

Ich hatte das Gewehr die ganze Zeit fest in den Händen gehalten. Aber jetzt ermüdeten sie und wurden steif. Wenn sie nachher noch richtig funktionieren sollten, musste ich ihnen eine Ruhepause gönnen. Ich legte das Gewehr zu meiner Linken, zur Hüttenmitte hin, nicht rechts zur Wand hin. Gar nicht lustig, wenn der Mann sich mein Gewehr greifen würde, um damit herumzufuchteln.

Der Tiger würde auf jeden Fall Geräusche verursachen, wenn er die Frau nach draußen ziehen wollte. Sie war ja drinnen festgespießt. Über diesen Umstand war ich mir zwar nicht ganz im Klaren. Trotzdem konnte nicht geräuschlos geschehen, was schon beim ersten Mal misslungen war.

Ich saß da und wartete. Eigentlich war es ja Aufgabe des Mannes, bei der Frau Wache zu halten. Aber er war jetzt nicht mehr ihr Mann, er war jetzt Witwer. Ich war der einzige Mann hier. Und ich hatte darauf zu achten, dass ich nicht bald ein toter Mann war und der Witwer ein toter Witwer.

Essen konnte ich nicht und zu trinken gab es auch nichts. Jedoch, was war mit dem anderen Grundbedürfnis? Mein Körper signalisierte mir, dass er durchaus nicht abgeneigt war, einen Versuch zu unternehmen, nach all der Aufregung der letzten Stunden, sich einfach hinzulegen und abzuschalten. Trotz oder gerade wegen der drohenden Kalamitäten war der Vorrat an Bemühungen, den möglicherweise unmittelbar bevorstehenden großen Ereignissen erste Priorität einzuräumen, erschöpft und versank eingeschläfert in eine Bedeutung zweiten Ranges. Der Mensch kann noch so sehr sich wünschen wollen, wach zu bleiben und zu meinen, das Leben hinge davon ab, irgendwann gibt er auf und tut, was er tun muss. Er schläft. Das wollte ich mir nicht eingestehen. Aber es war Realität, dass ich keine große Lust mehr verspürte, mich gegen dieses Verlangen zu wehren. Schlafen, nur schlafen! Wer weiß, ich würde aufwachen und...

Ich durfte jetzt nicht schlafen. Aber, so sagte ich mir, ich musste hellwach sein, wenn es darauf ankam. In dieser Position konnte ich unmöglich die Nacht verbringen. Ich würde mich hinlegen! Ich streckte also langsam meine Füße aus, drehte mich auf den Bauch, den Kopf auf die überkreuzten Arme. Dabei stieß ich mit der Schulter an etwas Hartes, das nachgab. Es war ein Fuß der Frau. Ich rückte ein paar Zentimeter weg!

Ich hatte wieder einen Einfall. Falls ich doch einschlafen sollte, was nicht meine Absicht war, was aber kaum zu vermeiden war, dann sollte ich Vorkehrungen treffen. Ich wusste von früheren Aufenthalten im Dschungel, dass ich so etwas wie einen siebten Sinn „wache dann auf, wenn du aufwachen sollst" hatte. Gelegentlich war es mir auch schon gelungen, zu dem Zeitpunkt aufzuwachen, wann ich es wollte, ohne irgendein anderes Hilfsmittel zu verwenden als den Eigenwillen. Ich wusste aber auch, dass ich dann genauso oft hellwach war, wie nicht. Das Aufwachen war somit nicht unbedingt das Problem, sondern der Zustand nach dem Aufwachen. Ich wollte sichergehen, dass ich die Ankunft des Tigers nicht verschlief. Und ich musste mich darauf konzentrieren, dass ich mich nicht noch einmal umdrehen würde, wenn ich wach geworden war.

Ich tastete also vorsichtig hinüber, wo ich die Frau vermutete, langsam, Zentimeter um Zentimeter. Da war wieder die Flüssigkeit, eine breiige Masse, dann endlich hatte ich einen Stofffetzen zwischen den Fingern. Ich zog behutsam daran, er gab nach, ich zog weiter, da war kein Widerstand mehr. Ich hatte den Stofffetzen jetzt in der Hand, er war leicht und nicht groß. Es musste ein Stück von dem Verbandszeug sein, mit der man die Frau, als sie noch unter den Lebenden und Leidenden weilte, verbunden hatte.

Ich unternahm wieder eine Exkursion mit den Fingern meiner Hand. Die Frau musste heftig geblutet haben. Dann erwischte ich offensichtlich doch noch ein Stück von ihrem Sari. Dieses Kleidungsstück ist sehr großzügig geschnitten. Eine indische Frau umwickelt sich mit mehreren Metern Stoffbahn. Das letzte Stück wird über die Schulter geworfen. Die Frauen von Kumuli trugen aber gar keinen Vollsari, sondern nur eine verkürzte Version. Mein Plan ging dennoch auf. Ich konnte den Sari so weit zu mir herziehen, dass er als meine Reißleine fungieren konnte. Sobald der Tiger an der Frau zerrte, würde ich die Erschütterung, wenn nicht schon den Lärm, über die Finger verspüren, die den Zipfel des Sari festhielten. Der Tiger würde mich nicht zusammen mit der Frau zu sich ziehen, weil ich im Schlaf den Zipfel nicht fest umschlossen hielt und ihn bei dem geringsten Zug freigeben müsste. Das würde aber ausreichen, um mich in Alarmzustand zu versetzen. Fein ausgedacht! Der Plan hatte nur einen kleinen Haken. Ich hatte die Angewohnheit, mich im Schlaf hin und her zu wälzen, Rockzipfel hin, Rockzipfel her.

Die Stunden vergingen ohne ein Zeichen eines Tigers. Oder waren es wieder nur Minuten? Es ging mir vieles durch den Kopf, was gar nichts mit meiner derzeitigen Situation zu tun hatte. Eigentlich war der Beruf eines Shikar gar nicht so übel, wenn man sein Handwerk beherrschte und wenn man dadurch vielen Menschen helfen konnte. Naturschutz und Tierschutz ist gut. Menschenschutz noch besser! Und große Aufgaben ziehen große Menschen auf. Irgendwie schien es mir, dass ich noch viel zu lernen hatte, um ein großer Shikar zu werden. Es wäre doch ein Witz, wenn ich, der ich nicht viel mehr wusste, als dass es einen erheblichen Unterschied zwischen der Ladegeschwindigkeit einer Patrone und der Mündungsgeschwindigkeit eines Projektils gab, wenn ausgerechnet ich, der ich noch nie Großwild gejagt hatte, einen Tiger, noch dazu einen der menschenfressenden Art, erlegen würde. Und natürlich mit einem Shotgun, mit dem man gewöhnlich Rebhühner und Enten schießt, nur nicht ich, weil ich sie nicht treffe!

Ich kann es nicht verhehlen, mir gefiel der Gedanke. Oh ja, das wäre nicht schlecht! Da Costa, der große, renommierte Jäger, käme morgen früh und in seinem Gefolge der Polizeiposten der Stadt, und ich säße gerade beim Frühstück, die Füße auf dem Bauch des Tigers! Hochmut kommt vor dem Fehlschuss! Dass ich nur nicht selber gefrühstückt wurde! Das sollte doch meine einzige Sorge sein. So beschäftigt sich der Geist mit absurden und aberwitzigen Dingen, nur um die Zeit totzuschlagen, wenn es schon ums Töten geht! Vermutlich war nichts von alledem, was ich mir versuchte zusammenzureimen, auch nur entfernt mit der Wirklichkeit verwandt.

Diese Dunkelheit! Diese bedrückende Finsternis! Dann erschreckte mich ein Stoß an meine rechte Seite. Wie? Der Tiger? Von rechts? Er war schon in der Hütte? Was man alles in einer einzigen ewigen Sekunde denken kann! Ja, weil in der letzten Sekunde noch an vieles zu denken ist!

Der Stoß war ein Tritt. Aber die Leiche lag links von mir. Ich lag ja auf dem Bauch! Leichen treten nicht. Mein Gastgeber hatte im Schlaf nach mir ausgetreten. Danke! Sehr gastfreundlich. Und als hätte er meine Gedanken gehört, tat er einen tiefen Seufzer, zuckte mit den Stimmbändern Unverständliches, murmelte in verschiedenen Sprachen, von denen ich keine kannte. Dann war es wieder still. Das ging so noch ein paar Mal.

Von der einen Seite musste ich mich in Acht nehmen wegen des ruhelos Schlafenden, von der anderen Seite wegen eines, was mir ebenfalls meinen Schlaf geraubt hätte, um mir nur umso mehr Ruhe zu geben. Näher an die Frau wollte ich auch nicht heranrücken. Ich lag doch schon in ihrem Blut.

Die Stunden vergingen. Aber es waren doch nur Minuten und die Minuten Sekunden. Ich lag in einem tiefen, schwarzen Loch mit steilen Wänden, in einer Höhle, feucht und modrig, in die ich versehentlich hineingerutscht war, nun in der Erwartung, der besitzende Moloch würde zurückkehren. Aber das Bedrohliche ging von der Vorstellung aus, dass es aus dieser grundlosen Tiefe kein Heraus gab, keinen Fluchtweg, kein Entrinnen. Man konnte den Wahnsinn riechen, das war das Monster, das noch nicht eingetroffen war, aber es war nur eine Frage der Zeit, denn die Enge des Raumes erdrückte alles, was man noch ausstreckte, sogar die Gedanken, verzagt in der Lichtlosigkeit, schwere Luft, nicht zum Atmen, zum langsamen Ersticken nütze. Heranschleichende Qual! Gar nicht trügerisch, sondern todsicher. Eine kalte Hand, die die Seele packt und zusammendrückt und nicht mehr loslässt. Ich spürte meine Hirnströme! Ich lauschte auf mein Atmen. Da war nichts mehr. Das Herz? Tot!

Da! Meine Fingerspitze hatte gezuckt! Ich lebte noch. Ich öffnete die Augen, vielmehr ich dachte, ich öffnete sie. Nochmal bewusst! Jetzt mussten sie offen sein. Wozu? Gleich wieder schließen. Das Loch war wohl Wirklichkeit! So oder so. In einer lichtlosen Höhle braucht man keine Augen. Durch alle Körperporen kroch die Schwärze hinein in mein Bewusstsein. Wo war es hingekrochen, mein Bewusstsein? Wer war ich? Was war ich? Nur noch eine Aneinanderreihung von diffusen Denkinhalten. Nein, mein Körper war noch da. Dann nur noch ein Körper, der in den letzten Gedanken lag, Gedankenzuckungen. Wieder bekam ich einen Tritt.

Wieder einen Tritt! Gewöhne dich an die Berührungen! Sie waren ja schon sanfter geworden. Aber das war von der anderen Seite! Ach so, wieder eine Berührung an meiner Schulter. Die Frau hatte sich wieder „bemerkbar" gemacht. Wahrscheinlich war ich ihr zu nahegekommen. Das wäre gar nicht so schlimm gewesen. Was viel schlimmer war: nicht ich, sondern dieser kalte, steife Frauenfuß bewegte sich!

Er berührte mich nicht nur sachte, er bewegte sich leibhaftig! Täuschung! Einbildung! Hirngespinst! Traumbild! Wahnsinn! Das war es! Wache auf! Na also, keine Bewegung, alles still! Dem Himmel sei Dank! Kein Wahnsinn? Unsinn! Ich war doch bei Sinnen. Der Fuß bewegte sich wieder!

Ich hatte mich keinen Millimeter bewegt. Aber jetzt gefroren alle meine Absichten, auch nur an eine Bewegung zu denken. Ein Schrecken wie ein Messerstich ins Herz! Getroffen und erstochen! Die nackte Angst packte mich. Weg hier! Die Frau war tot und ich erschrak, dass sie eine lebende Tote war! Nein! Wenn sie lebte, dann war es nicht zum Erschrecken! Nein! Nachdenken! Nicht bewegen! Erst denken, dann bewegen! Denken und handeln! Ich war am Rande der Gedankenlosigkeit, noch ein Schritt in den Wahnsinn! Kalter Schweiß, kein Zittern mehr! Ich war selber der Tote?

Der Fuß und die Frau waren *nicht* zu neuem Leben erwacht. Der Mankiller hatte beide bewegt! Der Tiger war da! Er wollte ein Maneater werden. Wie konnte ich ihn davon abhalten? Gar nicht!

Der Tiger ist da! Wäre doch die Frau wieder lebendig gewesen! Der Tiger ist da! Immer wieder hämmerte es in meinem Kopf. Das Herz schlug mir im Halse! Keinen Laut konnte ich hören. Doch! Das Pochen des Herzens!

Und der Fuß der Frau bewegte sich wieder! Es gab keine Zweifel. Der Tiger konnte nicht mehr als einen, höchstens eineinhalb Meter von mir entfernt sein. Die Vorstellung war nicht realistisch, sie war unwirklich, und sie war nicht akzeptabel. Ich wusste aber: es war so, und es durfte nicht sein. Ich wehrte mich dagegen, diese Wirklichkeit ganz auf mich wirken zu lassen. Alle Fasern meines Körpers waren zum Zerreißen gespannt. Aufstehen und wegrennen aus diesem Alptraum! Das war die einzige Devise, die umzusetzen mein Körper bereit gewesen wäre. Aber aus Wirklichkeiten kann man nicht wegrennen. Sie müssen bewältigt werden. Fragt sich nur, wie! Mein Herz war gefragt! Wenn es schon wild pochte, war es ja noch lebendig!

Hier und jetzt hatte ich meine Aufgabe. Die Aufgabe lautete, mit heiler Haut davonzukommen und den Tiger nicht davonkommen zu lassen. Ob mir das passte oder nicht, hier war ich nun. Dieses Tier war tatsächlich noch einmal zurückgekommen und es stand zu befürchten, dass es dieses Mal nicht mit einer Gewehrkugel, die man in die Luft abfeuerte, wieder den Rückzug antreten würde. Das Gewehr! Wo war das Gewehr?

Ich streckte die Finger meiner rechten Hand aus. Sie berührten den Kolben des Gewehrs. Da hatte ich, was ich dringend brauchte. Nein, was der Tiger dringend brauchte! Und nun? Ich müsste es, ohne ein Geräusch zu verursachen, auf die andere Seite herüberheben, in Anschlag bringen in Zielrichtung dahin, wo ich den Tiger vermutete. Ganz langsam ging ich in den Liegestütz, meine Fitness würde sich jetzt auszahlen, ich griff das Gewehr und schob es unter meinem Bauch auf die andere Seite.

Ich konnte jetzt das Gewehr anheben, wenn ich wollte, und einen Schuss abgeben und gleich darauf noch einen. Das hätte meinem Wunsch entsprochen. Ich wollte aber nicht ins irgendwo schießen, weil ich dann nirgendwo getroffen hätte. Auf ein, zwei Sekunden kam es jetzt nicht mehr an. Meine Nerven standen unter Hochspannung, aber trotz der Belastung hatte offenbar wieder sinnvolles, zusammenhängendes Denken angefangen. Ich kannte das bereits. Unter den Umständen war es gut, Bekanntes wiederzuerkennen. Aber ich hätte nicht endlos Zeit für meine Überlegungen und Erwägungen.

Würde ich jetzt schießen, waren die Chancen gut, dass ich mein Ziel verfehlen würde. Ein Fehlschuss konnte verheerende Folgen haben. Der Tiger würde entweder in die Hütte einbrechen. Daran hinderte ihn nur ein dünner Bambusvorhang, der mit dem Begriff „Wand" zu übertrieben bezeichnet wäre. Ich hätte dann noch eine Kugel im Lauf. Oder er rannte davon. Dann würde er bald wieder einen Menschen anfallen und dann noch einen und noch einen. Das alles, weil ich danebengeschossen hätte. Das alles aber auch, wenn ich überhaupt nicht schießen würde! Ich musste also schießen, vor allem musste ich treffen. Meine Aufgabe war die eines Shikar.

Es war stockdunkel, ich konnte nichts sehen. Irgendwie musste ich herausfinden, wo der Tiger war. Meine Streich-hölzer waren nutzlos. Eine Lampe hatte ich nicht. Zwischen mir und dem Tiger war die Frau. Ich war mir sicher, dass er seine Nase in das Blut seines Opfers eingetaucht hatte, draußen wo sich der Kopfbereich der Frau befand. Er würde sie jetzt, nachdem er die Lage ausreichend ausgekundschaf-tet hatte, wieder versuchen herauszuziehen, dabei würde er noch mehr Krafteinsatz verwenden, mit dem Ergebnis, dass er mehr Lärm verursachen würde. Hoffentlich würde der Man nicht aufwachen und alles verderben!

Es gab nur eine Möglichkeit herauszubekommen, wo der Ti-ger war. Ich wusste nicht, ob die Idee verrückt war. Aber darauf kam es jetzt nicht an. Vielleicht dachte ich in meiner Unentschlossenheit, die Bewegung der Frau würde mir die Richtung anzeigen, in der sie nach draußen gezogen wurde und damit auch die Richtung, in der ich das Maul des Tigers zu vermuten hatte. Jedenfalls tastete ich vorsichtig dahin, wo ich die Frau wusste. Ein Kratzen und Lecken war zu hö-ren. Da ich nichts sehen konnte, dachte ich, ich müsste dann eben erfühlen, was vor sich ging.

Ich musste nicht weit vortasten. Meine Finger kamen an et-was Haariges, etwas Sehniges, und im nächsten Augenblick brach die Hölle über mich herein!

Der Maneater hatte sich an seine Schwierigkeit erinnert, die er hatte, als er vor ein paar Stunden versucht hatte, die Frau unter der Wand nach draußen zu ziehen. Deshalb legte er sich dieses Mal ganz auf den Bauch und streckte seine Pfote weit ins Hütteninnere, um einen festen Halt an seiner Beute zu finden. Das war das kratzende Geräusch gewesen. Als er mit seiner Pfote an meine Finger stieß, besser gesagt, ich mit meinen Fingern an seine Pfote, wusste er sofort, dass da etwas Lebendiges in der Hütte war.

Ein gewöhnlicher Tiger wäre erschrocken und davongerannt. Nicht so der Maneater von Kumuli. Er hatte sich mittlerweile darauf spezialisiert, jedem Angriff von Menschen nur noch mit brachialer Gewalt zu begegnen. Er ließ sogleich ein schreckliches Gebrüll los, nur wenige Zentimeter von mir, das mich bis in die Grundfeste erschütterte und beinahe betäubte. Ich dachte bereits, er sei über mir. Aber das war nur seine Stimme. Doch schon im nächsten Augenblick stürzte er sich auf die Bambuswand, das Holz splitterte sofort. Er war gerade dabei, die Hütte in Fetzen zu schlagen!

Das war mehr, als ich ertragen konnte! Ich schrie zurück und feuerte zweimal. Mit zitternden Händen hielt ich das Shotgun in den Händen, entschlossen, mich gegen das, was ich jetzt bei mir in der Hütte erwartete, mit dem Gewehrkolben zu verteidigen.

Als die Bestie nicht gleich kam, fingerte ich schnell noch zwei Patronen aus meiner Tasche und lud nach. So saß ich noch eine Weile, mit flachem Atem. Der Mann kauerte hinter mir. Er hatte dieses Mal keinen Mucks getan, obwohl er natürlich längst wach war. Er hatte sich bereits mit dem Schicksal abgefunden.

Ich wartete, aber zu meiner Erleichterung kam nichts mehr in die Hütte außer einem leichten Windzug durch das Loch, das der Tiger in seiner Erregung gerissen hatte. Mein Puls raste noch immer und mein Atem ging unregelmäßig! Immerhin, dem Himmel sei Dank, er ging noch! Das also war die Hölle gewesen! Durchatmen! Aber Vorsicht! Vielleicht wollte mich der Tiger nur in Sicherheit wiegen, kaum hätte ich das Gewehr gesenkt, würde er mit einem Satz angeflogen kommen und mich unter sich begraben.

Ich konnte es noch immer nicht glauben, dass es vorbei war. Die Bambuswand war dicht vor meiner Nase in Stücke gerissen worden, dass mir die Splitter nur so um die Ohren geflogen waren, es wäre dem Tiger ein Leichtes gewesen, mein Lebenslicht mit einer einzigen Geste der Annäherung auszublasen. Aber der da oben hatte es nicht gewollt. Hätte ich kein Gewehr gehabt oder Ladehemmung, im nächsten Augenblick wäre es aus gewesen!

Ich hielt es nun nicht mehr in der halb offenen Hütte aus. Keine Minute länger wollte ich hierbleiben. Ich war nun sicher, dass der Tiger nicht mehr zurückkehren würde. Ich hatte ihm eine Kugel in das Fell gejagt oder sogar aufs Maul. Womöglich lag er hinter der Hütte oder unweit davon im Gebüsch. Aber selbst, wenn er verletzt entkommen war, ich hatte es im Gefühl, dass er heute keine Gefahr mehr darstellen würde, der hatte genug! Und ich war mir sicher, dass das Gefühl nicht trog. Aber auch ich hatte genug. Ich war restlos bedient und wünschte nur noch Ruhe. Und ich sehnte mich nach einer einfachen Matte!

Dieses Mal setzte ich mich gegenüber dem Mann durch, der mich zurückhalten wollte. Ich ging hinaus, er folgte, da er nicht allein bleiben wollte. Ich klopfte so lange an der Hütte des Nachbarn, bis der endlich aufmachte. Ich holte meine zwei Taschenlampen, während der Mann hineinging. Die anderen Leute, die natürlich auch wach geworden waren, oder gar nicht geschlafen hatten, fragten mich, ob ich den Tiger erlegt hätte. Ich nehme an, das war es, was sie fragten. Wir waren ja beide noch am Leben.

Ich ging mit der Lampe wieder zurück zur Hütte. Ich bekam noch einmal einen Schrecken, als ich sah, wie der Tiger die Hütte zugerichtet hatte. Ich war um Haaresbreite um das Ende meiner Reise vorbeigekommen. Ich zog eine Matte über die Frau, oder das, was von ihr übriggeblieben war. Aber von dem Tiger fehlte jede Spur. Das war eine herbe Enttäuschung. Wie war es möglich, dass ich ihn verfehlt hatte? Hatte ich vor lauter Erregung auf kürzeste Entfernung das Gewehr falsch gehalten?

Ich hielt mich nicht lange am Ort dieser Gräuel auf. Ich ging auf die nächstbeste Hütte zu, verschaffte mir Einlass, legte mich einfach auf eine der Matten, die auf dem Boden ausgebreitet waren, und schlief auch gleich ein. Nie mehr wieder Tigerjagd!

Das Erstaunen Da Costas war groß, als er am Morgen die ganze Geschichte zu hören bekam. Für den Arzt gab es nichts mehr zu tun, als dem Witwer ein paar Beruhigungstabletten zu geben.

Da Silva meinte, die ganze Geschichte sei ziemlich unglaublich und er habe schon viele unglaubliche Geschichten erlebt, aber so etwas nicht. Stimmte, und das hier hatte er
auch nicht erlebt, denn er hatte sich ja aus dem Staub gemacht, der Experte. Ja, die Experten! Man erkennt einen Experten daran, dass er eine Sache richtig einschätzt, um sich
davonzumachen, wenn es ratsam ist. Er hatte die Sache
nicht richtig eingeschätzt und sich trotzdem aus der Angelegenheit verabschiedet! Aber was noch viel unglaublicher
war, so ließ es Da Costa verlauten, wäre die Tatsache, dass
ich aus nächster Nähe einen Maneater vor mir auf dem Präsentierteller gehabt hätte und das Kunststück fertiggebracht hätte, vorbeizuschießen. Das war in der Tat ein
schlechter Ausgang des Ganzen. Ich ärgerte mich auch maßlos, als ich einsah, dass es wirklich so war. Es war nicht ein
Tropfen Blut von dem Tiger zu finden, keine Spur, die vielleicht hinaus in sein Versteck im Dschungel geführt hätte.

„Wer weiß", sagte Da Silva und zog bedächtig an seiner Ta-
bakspfeife, „vielleicht war das gar kein Tiger, sondern ein
Geist!"

Und Geister bluten nicht! Zum Glück war es kein Geist, denn
Da Silva gelang es tatsächlich den Tiger von Kumuli zwei
Wochen später zu erlegen, ohne dass dieser vorher noch einen weiteren Menschen getötet hätte. Ich hatte einfach nur
danebengeschossen. Ein großer Shikar würde ich nie werden.

Ich hätte gerne erzählt, wie die Geschichte mit dem Tiger
von Kumuli noch weitergegangen ist, aber das ist mir leider

nicht möglich, denn an diesem Punkt angelangt, bin ich von meinem Schlaf aufgewacht. Es war ein Schlaf, der lang und tief war und trotzdem ermüdend. Er beließ mich auch unbefriedigt, denn ich wusste, was man im Traum nicht fertigbringt, das gelingt auch im richtigen Leben nicht.

Shejamullamatum payam illej
ahn khedhu arasu khedu illej

Solange man siegt, gibt es keine Furcht.
Ein wahrer Mann obsiegt!

Tamilische Weisheit

Periyar – In Indiens Süden

4. Kapitel: Periyar - eine andere Welt

> *Diese Welt, von einer höheren Macht*
> *wurde sie geschaffen*
> *zum Wohle aller Geschöpfe.*
> *Sie müssen lernen, dem Ganzen zu dienen*
> *und dabei enge Beziehungen einzugehen*
> *miteinander.*
> *Keines soll die Lebensrechte der anderen antasten.*

Aus der Isopanishad

Wenn man sich von der Malabarküste aus landeinwärts zu den feuchttropischen Tiefebenen Keralas begibt, des südlichsten Bundesstaates Indiens, muss man einem Forscherdrang nachgegeben haben, denn warum sonst sollte man der Stille des türkisblauen Ozeans den Rücken zukehren, um sich in einer dicht besiedelten Kulturlandschaft wiederzufinden, deren Unruhe ansteckt? Man kann gar nicht so viel verarbeiten, was an Eindrücken auf einen einfällt. Das Auge entdeckt jedoch schon bald hinter dem Olivgrün der Kokospalmenwälder und Heveaplantagen, dem Saftgrün der Reisfelder am östlichen Horizont, dort wohin die Winde ziehen, einen bläulichen Streifen.

Das sind die Westghats, ein Gebirge, das sich aus der Ferne als ein Wolkengebilde vermuten lässt und sich dann anscheinend erst bei der Annäherung majestätisch und steil erhebt. Seine Gipfel reckt es in Höhen empor, wo sie oftmals von bedrohlich dunklen Wolken umhüllt sind. Meist bleiben sie unsichtbar, als müssten sie etwas verbergen. Doch gerade das reizt den Mut und die Entdeckerlust, dort hinaufzusteigen, wo der Himmel mit der Erde zu verschmelzen scheint.

Doch oben erwartet einen die ganz andere Welt als die des Tieflandes, eine wunderbare Landschaft von Licht und Schatten, von glänzendem Grün und dunklem Blau, denn die Erde ist dort weitgehend unberührt und birgt die botanischen Kostbarkeiten Indiens. Und der Himmel schwebt leuchtend über den klaren Höhen.

Dort oben ist Periyar, ein Gebiet, das keine Straßen und nur wenige Wege kennt, wo nur die Pfade der Tiere und die Flussläufe und Bäche ein Fortkommen durch die Wildnis erleichtern. Die Berge, die von den Ureinwohnern als von den Göttern geheiligt verstanden werden, ragen daraus hervor, ihre Flanken sind geschützt von Dornbüschen, dichtem Gestrüpp und, wo es steil wird, von blankem Fels. Umgeben sind sie von einem Wunderland bewaldeter Hügel, das für einige wenige frühere Kolonialbeamte zur zweiten Heimat wurde, ehe sich auch ihre Spuren im Zeitendunst der Geschichte verflüchtigten. Doch als sie gegangen waren, verirrten sich nur wenige Reisende hierhin. Und sie blieben nicht.

Auch ich konnte nicht bleiben. Und doch wurde mir diese Weltgegend vorübergehend zu einem Lieblingsdomizil und Rückzugsgebiet, denn wie die reiche Flora und Fauna von Periyar kann auch ich in der Zivilisationsferne eine erquickliche Weile sicher sein vor ihren Einflüssen und mich in alle Richtungen ausstrecken, wie ich will. Hier finde ich die

Ruhe wieder, die ich bei den Menschen verloren zu haben glaube. Schon als Junge fand ich den meisten Gefallen an den Wäldern dort, wo sie am wenigsten von der menschlichen Hand berührt waren.

In Periyar erwartete mich der „Virgin forest", ein tropischer Wald, der Reize des Besonderen bot und freizeitliche Vergnügungen, solange meine Zeit dort währte. Sie bestanden auch darin, mit Spannung zu erwarten, wie sich die wilden Tiere verhalten und ob aus den Begegnungen „nähere Bekanntschaften" werden würden. Ja, ich habe manche gute Begegnung gehabt und ich verstehe, warum Bernardin de Saint-Pierre, ein schwärmerischer Bewunderer der Natur, hinausposaunt hatte: „Lieber tief in die Wälder fliehen, besser sich Tigern anvertrauen als den Menschen." Ein Frustsatz, gezeugt weniger aus Naturliebe als aus den Erfahrungen mit den umtriebigen und doch orientierungslosen Menschen. Zwei Menschen begegnen sich im Dschungel.

Sagt der eine: „Wo gehst du hin?"

„Dahin!"

„Und danach?"

„Dorthin! Und du?"

„Ich komme von ungefähr da und will dorthin vielleicht!"

Viel Vielleichtigkeit gibt es im Dschungel! Wohl dem, der weiß, wohin es mit ihm geht und dem es auch wichtig ist, zu wissen, wohin es mit ihm geht. Wohl dem auch, der Menschen hat, denen er vertrauen kann, denn solche Menschen sind kostbar und unersetzbar, aber extrem selten sind sie!

Allerdings hat Bernadin wohl kaum eine Begegnung mit einem Tiger gehabt. Sie haben keinen Sinn für Poesie! Und auch Rudyard Kipling, der Literaturnobelpreisträger des Jahres 1907, der lange Zeit in Indien war, dürfte nur zu gut gewusst haben, dass sein „Jungle Book" sehr viel vermenschlichte Tiererei feilgeboten hat. Immerhin hat er Shir Khan, den Tiger, als gefährlichen Menschenfresser gekennzeichnet. Der Periyar-Nationalpark ist der bedeutendste Naturraum für Tiger in Südindien.

Doch während Kipling und de Saint-Pierre die Eingeborenenstämme der Manan und Uralis, mit denen man es in Periyar zu tun bekommt, nicht kannten, habe ich erlebt, wie vertrauensselig und gütig die Menschen in dieser natürlichen Umgebung sind. Wen sollte es wundern, dass die Menschen, die dieses Gebiet bewohnen, die Unrast der Zivilisation nicht kennen und deshalb auch nicht ihre Sünden! Jedenfalls nicht die spezifischen Zivilisationssünden und – krankheiten.

Auch wollte ich mich so wenig wie die Eingeborenen den Tigern anvertrauen, sondern hoffen, dass man dort unmittelbar aus dem Angesicht der Natur lesen konnte, wie schön und raffiniert sie in diese Wohngegend gebildet ist. Das lässt wertvolle Rückschlüsse zu.

Meine Wanderungen in Periyar waren oft beglückend und immer sehr aufregend. Ich unternahm sie alleine, bewaffnet nur mit scharfen Augen, aufmerksamen Ohren und einem lernwilligen Geist. Dieser machte neue Entdeckungen und vergaß darüber die gewöhnlich langweilige Welt woanders.

Wenngleich es Strapazen und Gefahren, Krankheit und Erschöpfung gab, großes Leid ist mir nicht widerfahren. Ich möchte auch nicht von Entbehrungen reden, denn was sind verlorene Bequemlichkeiten, verglichen mit den Reichtümern an Eindrücken und Erfahrungen, die ich nun in Besitz genommen habe.

Ich möchte sie nicht alle für mich behalten. Deshalb erzähle ich von Periyar, einem Ort der Abgeschiedenheit, wo nicht der Mensch, sondern nur die Natur, die noch wild und roh und unbearbeitet ist, bestimmt, was geschieht.

Meine Erinnerungen beginnen immer wieder mit meinen Wanderungen durch die Wälder, wie ich dann verweile mancherorts im kühlen Schatten unter den mächtigen Urwaldbäumen und in die durchbrechenden einzelnen Sonnenstrahlen blinzle. Buntleuchtende Schmetterlinge tanzen um sie herum. Ich folge ihrem Flug, bis ich das Brummen eines großen bläulichen Käfers höre oder das Zwitschern der Minivets.

Jetzt, wo ich die Augen schließe, höre ich noch mehr. Die Papageien krächzen aus dem Krondach, in der Nähe rauscht ein Bach, der zwischen Felsen zu Tal stürzt. Ich sehe mich zwischen Baumwurzeln über graue Felsen klettern, die Luft steigt flimmernd auf, ich betrete rote Erde, aufgewühlt von großen und kleinen Grabern, gehe über raschelndes Laub auf weichem Waldboden, durch das glitschige Kiesbett des Baches, stapfe im Sand am Ufer des Periyarsees entlang und ich halte inne, trotz der gleißenden Sonne, inmitten der smaragdgrünen Grasflur!

Nun habe ich den Geruch des nach einem Regenschauer dampfenden Laubwerks in meiner Nase. Ringsherum ist Leben, tierisch, pflanzlich, im Überfluss. Ich Mensch entdecke Anzeichen dafür, dass es in der Wildnis nicht nur darum geht, zu fressen und gefressen zu werden. Wie banal und lächerlich dieser Gedanke doch ist, wenn man sich in die Komplexität der Beziehungsgeflechte in den Ökosystemen hinein vertieft! Es gibt viel mehr Lebensgemeinschaften, die einander dienlich sind und gutnachbarschaftliche Beziehungen pflegen, als rohe Gewalt.

Man fragt sich, ob nicht eine Geistesmacht, die alles durchdringt und trägt, sichtbare Spuren hinterlassen hat. Sind sie nicht zu lesen am Rüsselringen der Elefantenkinder, am Herumtollen der heranwachsenden Tiger, am verspielten Gebaren längst erwachsener Bären, an den übermütigen Turnübungen der Affen, Streifenhörnchen und Papageien, an den Symbiosen, den Lebens-, Mahl- und Wohngemeinschaften? Ist da nicht eine Handschrift eines Lebenskünstlers erkennbar, der nicht nur irgendeine Lebensform schlicht variieren wollte, sondern mit endlosem Findungsreichtum in Formen und Farben der Geschöpfe investierte, der Schönheit zur Tugend machte und Raffinesse zum Markenzeichen? Und der alles zu einer grandiosen Landschaft zusammensetzte. Er setzte die Wachstumsreize. Jedem, der seine Seele den finsteren Gesellen der blinden Zufälligkeit und der ungerichteten Beweglichkeit der Grundelemente verschrieben hat, empfehle ich, nach Periyar zu gehen und die Schöpfung aus der Nähe kennen zu lernen. Die Wunder, die ihm begegnen, können ihn sprachlos machen, wenn er nur einen offenen Geist hat.

Oft werde ich nach den Gefahren in der Wildnis gefragt. Nicht vielen Menschen begegnet man in Periyar. Warum dann die Frage? Der sogenannte Wilde weiß um die Vorzüge seiner Umgebung; der domestizierte Mensch ist unwissend und flüchtet aufgrund seiner Unwissenheit aus der Wildnis in seine teuer erkaufte Abhängigkeit in der menschlichen Gesellschaft. Er fürchtet sie, anstatt sich. Würde er seine künstlich geschaffene zivilisierte „Wildnis" doch nur ebenso fürchten, damit er weise würde! Von der Wildnis, die in ihm drin ist, will ich gar nicht reden.

Wie gut aber auch, dass er sich ängstigt, er, der die Tiere in Angst und Schrecken versetzt. Dabei gibt es nur wenige wirkliche Gefahren im Dschungel. Es gibt in Periyar keine menschenfressenden Raubtiere. Und auch von verrückt gewordenen Elefanten hört man nichts. Der Tiger, vor dem sich jedes Tier im Dschungel fürchtet, und sein kleiner Verwandter, der Panther, machen einen weiten Bogen um jeden menschlichen Spaziergänger.

Auch Old Bruin, der indische Lippenbär, würde das tun, wenn man ihn nur ließe. Die Natur hat ihn jedoch nicht mit solch feinen Sinnesorganen ausgestattet, dass er immer Witterung aufnehmen könnte, bevor er sieht. Deshalb ist es gut, wenn man selber dafür sorgt, nicht mit ihm zusammenzuprallen. Man sollte ihn schon längst gehört haben, bevor seine schwarzstruppige Gestalt direkt vor einem auftaucht. Dann bleibt nur, regungslos zu verharren und zu hoffen, dass er wieder mal vorübergeht.

Zum Glück ist der Lippenbär ein geschäftiger Geselle. Sein Nahen und Nahsein kündigt er an durch Schnaufen und

Schnuffen, Grunzen, Stöhnen und Brummen – und Summen, wenn er gerade ein Bienennest plündert. Öfters wird man sein lautes Schnaufen schon von weitem hören. Es weist ihn als Termitensauger aus. Ist man weit genug weg, kann man ihn durch Zurufen verscheuchen. Doch Vorsicht! Einmal dachte ich, dreißig Schritte wären weit genug, da machte das Tier kehrt und kam im Galopp auf mich zu.

Klettert man durch felsiges Gelände, vermutet man vorsorglich hinter jedem Felsbrocken ein Bärenfell. Vielleicht hat die Mutter auch noch ihre zwei Jungen bei sich, die sich an ihren langhaarigen Rücken klammern oder im Spiel um sie herumspringen, während sie schläft. Keine Zeit für Betrachtungen und Danksagungen über das Glück der seltenen Begegnung! Es gibt noch viele Begegnungen, über die man sich freuen kann! Hinterher!

Ich beginne meine Wanderungen oft bei Nacht, um über Tage tief genug in die Abgeschiedenheit der Wildnis eindringen zu können. Bei Nacht habe man erst recht nichts dort verloren, fragt man? Wie lohnend, antworte ich, wird ein solcher Beobachtungsgang!

Wie oft habe ich am Tage die Zeit vergessen, während ich unter einem Simal oder Mutibaum saß und vor mich hinträumte, zwischendurch mit einem Ohr dem Gurren der Tauben zuhörte, dem Trillern des Bartvogels oder dem schrillen Schrei der Elster. Und unmerklich begann es zu dunkeln, obwohl das Krächzen des Dschungelhahns „Ackkyackkack" und der Klageruf des Pfaus „Iau-auih" dies schon ankündigte. Weil die Reihenfolge eingehalten wird, melden sich die Nachtschwalben mit ihrem Tschilpen im

Vorbeiflug. In der Ferne ruft die Eule. Meine Erinnerung wird zur Gegenwart. Besonders der melodiöse Gesang des Dayah geht mir nicht aus dem Sinn. Es ist hörbar, dass er ein Verwandter der Amsel ist. Seine frohe Botschaft mit gelegentlichem Abschweifen bringt er den ganzen Tag und nun auch noch am Abend. Welche Botschaft? Hört her, ich nehme mir die Zeit, hinauszuflöten, dass es mir gut geht! Dazu lassen jetzt, wenn der Tag zur Neige geht, die Vögel, die am Tage still waren, von sich hören. Verstünde man sie doch! Ich missverstehe sie ja schon nicht mehr ganz! Ich lerne immer mehr und die gesprenkelte, graue Taube wispert dazu „gruh gruh!"

Die Sonne sinkt unter den Horizont. Noch erscheint die Umgebung in einem rötlichen Licht. Dann weicht es einem Grau, das immer dunkler wird. Und plötzlich sieht man wieder ein helles Licht, ein Stern funkelt, wo vor kurzem noch die letzten Sonnenstrahlen eine Abendwolke abtasteten. Es wird Nacht, mondlos. Aber es wird eine lebendige Nacht werden, denn die Tiere der Dämmerung sind erwacht.

Was hat der Mensch nur aus der Erde gemacht, dass ein Großteil der Geschöpfe die Nacht zu ihrem „guten Tag!" wählte? Es kann nur eine einzige Erklärung dafür geben, dass die Tiere dem Licht der Sonne, die ihnen allen ja das Leben spendet, ausweichen und ihre Aktivitäten auf die Zeit der Dunkelheit verlegt haben. Der Grund muss schon lange zurückliegen. Wenn es eine neue Erscheinung wäre, hätte sich die Wissenschaft schon längst damit beschäftigt. Mit ihren Jahrmillionen hat sie sich nämlich so heillos verzettelt, dass sie meint, aktuelle Erscheinungen liefern ihr den Schlüssel für die Vergangenheit.

Die Verfolgung der Tiere durch vergiftete Köder, Fallen oder modernere Sportgeräte, wie z.B. Feuerwaffen und die Verkleinerung ihres Lebensraumes durch Bulldozer, kam jedenfalls viel später als der Sündenfall im Garten Eden.

Der Mensch hat im Vergleich zu vielen Tieren des Dschungels ein schwaches Hörvermögen und einen noch schwächeren Geruchs- und Geschmackssinn. Aber er hat leistungsfähige Augen, um die ihn nur die Greifvögel nicht beneiden. Die Tiere haben Angst vor dem, der sie zu Wilden gemacht hat, ja, aber sie wollen ihn auch nicht mehr sehen. Deshalb weichen sie ihm aus, am liebsten, bevor er sie sieht und am leichtesten, bevor er sie hört! Auch hier gilt: es fehlt an Vertrauen! Die Kolonialherren machten in großem Stil Jagd auf die Tiere, die einheimischen Herrscher ebenfalls und die Einheimischen aus den indischen Kulturräumen haben kein anderes Verständnis für die Natur, als dass man sich aus ihr holt, was man gebrauchen kann. Es scheint so, dass die Zivilisationen eine Verrohung der Überreste an Feingeistigkeit bewirken. Die Natur wurde und wird nicht von den Kolonialherren und ihrem Gefolge zerstört, sondern vom sich immer weiter ausbreitenden Volk. Die Wälder werden gerodet und die Dörfer und Städte schieben sich immer weiter in entheiligtes Gebiet.

Kein Wunder, dass sogar der König des Dschungels, der Tiger, nachtaktiv ist. Er, der mit Leichtigkeit mit einer „Handbewegung" das Lebenslicht eines Menschen auslöschen könnte, er scheut den größten aller Schadensverursacher. Ich fand, dies Wort klingt vornehmer als Schädling. Vielleicht ekelt ihn diese Gesellschaft. Es geht ein Witz um in der Dschungelgemeinschaft, über den aber längst nicht mehr gelacht wird: der Mensch sei das intelligenteste Wesen überhaupt! Gut möglich, dass man das für lustig befand. Erklärlich, dass man irgendwann damit aufhörte, ungebührliches Benehmen zu belächeln.

Auch der Elefant, das stärkste Tier, geht nachts den Geschäften nach, die er am Tag nicht erledigt hat. Man hört ihn schon von weitem, wie er Bäume abschält, Äste abbricht und dabei den ganzen Baum mit umwirft. Mit seinem großen Gewicht lehnt er sich auf junge Bäume, bis auch die Kleinsten der Herde an die Zweige herankommen und endlich still sind. In ihren Bäuchen rumpelt es dann wie Donner hinter den Bergen. Verdauung ist das halbe Elefantenleben.

Eine Herde kann man ruhig belauschen. Aber Vorsicht, wenn ganz ähnliche Laute aus nächster Nähe an das Ohr dringen, leiser noch, heimlicher und singulär! Das Rascheln der Blätter, das mehr versehentlich, als infolge ungestümer Fresslust erzeugt wurde! Obacht! Es wird gefährlich! Wie steht der Wind? Und wenn das nun endlich erscheinende Mondlicht das Bambusgehölz erleuchtet, schwanken die obersten Wipfel? Dann mache ich mich schnell und unbedingt lautlos davon wie der Wind, der mir die Geräusche eines einzelnen Schwerenöters zugetragen hat, dem Himmel sei Dank, noch bevor er Wind von meiner eigenen Sache bekommen hat!

Wenn man aber auf diesen Augenblick gewartet hat, weil man sich vorgenommen hat, seine Angst vor lebensbedrohlichen Situationen zu überwinden, ohne dem Leichtsinn das Kommando zu übertragen, dann soll man nur in Deckung gehen. Es findet sich bestimmt ein Busch oder ein Baum, den man zwischen sich und die Geräuschquelle bringen kann. Es ist nur darauf zu achten, dass einem der Wind ins Gesicht bläst. Elefanten sehen schlecht. Sie hören und riechen dafür ausgezeichnet. Es ist deshalb unbedingt zu vermeiden, Geräusche zu machen oder den Wind im Rücken zu haben.

Solange man für das Tier geruchs- und geräuschlos bleibt, ist man ein Nichts. Vielleicht erlebt man nun das schier Unglaubliche, das für den, der es überlebt hat, um davon zu berichten, auch als unvergesslicher Moment des Glücks empfunden wird. Der Elefant nähert sich langsam, setzt seine Mahlzeit ungerührt fort, rupft sogar an den Zweigen des Baumes, hinter dessen Stamm man sich verkrochen hat, oder an dem Busch, unter den man sich duckt. Und er geht in nächster Nähe vorüber wie ein Kelch böser Überraschungen!

Still, nur still jetzt! Jetzt muss auch das Herz unbedingt stillstehen! Panik, Flucht ist zwecklos, nur stille! Und weiter stapft er, so nichtsahnend wie zuvor. Selber geht man dann mit zitternden Knien und einem unaussprechlich heiteren Geist nach Hause! Mit Vorsicht, denn bei Nacht sind alle Schlangen unterwegs!

Im Dschungel und auch noch bei Nacht! Da ist auch oft die Sprache ungenügend oder ganz vergessen. Dafür denkt man schneller, besonders wenn es so still wie dunkel ist. Das ist die geschwärzte Stille und die stille Schwärze. Die Zikaden lärmen nicht überall und auch nicht immer; wird die Erde unter ihnen erschüttert, verstummen sie. Es gilt nun, die Ohren noch mehr zu spitzen.

Die einen lauschen schweigend, die anderen beunruhigt die Stille so sehr, dass sie sich zum ersten Mal überhaupt bemerkbar machen. Das plötzliche laute „oonk, tonk!" des Sambarhirsches bedeutet meist nur, dass man nun entdeckt und für bedenklich gefährlich gehalten wurde. Ansonsten signalisiert es aber die Anwesenheit eines Tigers, dem man selber gerne auf die Schliche kommen würde, um sich von ihm entfernen zu können. Ebenso verhält es sich mit den Verlautbarungen anderer Hirscharten. Das schrille „Aijuh!" eines Axis und das Bellen des gleichnamigen Khar „Kharr, kharr!", der auch Muntjack genannt wird. Gleich weiß man, wer gemeint ist, wenn der „Holzsäger" seine Verdrossenheit über seine Entdeckung kundtut: nicht ein Waldarbeiter, ein Panther verrät vollends seine Präsenz. Sein Röcheln hört sich an, wie wenn jemand an dem Ast sägt, auf dem man gerade sitzt.

Einen Tiger wird man selten zu hören bekommen, es sei denn, er ist in der Brunft. Das tiefe Stöhnen einer ungeduldigen Tigerin, die ihren Partner sucht, hallt vielleicht durch das Tal und über die Hügel und vom Inneren des Waldes antwortet er „Aauungh, aauungh!" Das heißt „herbei, herbei!" Die Tiere des Waldes verstehen darunter „hinweg, hinweg!"

Das war auch mein erster Gedanke, als mich mein Heimweg in die schwärzeste Finsternis hineinführte und ein gellender Schrei dicht an meinem Trommelfell die Nacht und mein Herz in zwei Teile riss! Einen Nachtreiher hatte ich aufgeschreckt, der es mir gleich heimzahlte: „Twiiit, twiiiet!" Markerschütternd! Wer noch schreien kann, ist noch nicht zu Tode erschreckt!

Jedes Geräusch hat eine eigene Geschichte, Töne der Angst, das Schreien nach Hunger, das lautstarke Verlangen nach Geselligkeit und auch der Ruf zur Fortpflanzung, zum „Liebesspiel", wie die Zoologen sagen. Zu Unrecht, denn für viele Tierarten ist es eine schmerzhafte und gefährliche Tortur, der sie sich unterwerfen müssen, als ob sie darunter zu leiden hätten, dass diejenigen, die noch immer missverstehen, was Liebe ur-eigentlich bedeutet, ein Naturgesetz durch ihre Perversionen verletzen, seit die Schöpfung besteht. Sieht man sich an, was Menschen anderen Menschen zufügen, dann scheint das Projekt „Liebet einander" nicht so erfolgreich zu sein, wie man es sich wünschen könnte.

Andere gar nicht paradiesähnliche Zustände offenbaren sich in der nächtlichen Geräuschkulisse. Auch der Tod macht sich bemerkbar, im Aufbäumen eines Tieres, das nach Atem ringt, dahinsterbende Laute, noch ein letztes Schlagen mit den Hufen auf den Boden! So viel Schönes und Gutes hier überall, ist das nicht anregend und unterhaltsam genug? Wozu dann daneben der hässliche, alles zunichtemachende Tod, der wie ein Fremdling in der guten Gesellschaft das Fluchwesen der Vergänglichkeit an sich trägt, dem angeb-

lich laut Priesterkaste für den Fortbestand des Ganzen geopfert werden muss. In der Wildnis soll er naturnotwendig
erscheinen, weil er nur im Paradies nichts zu suchen hätte,
das es ja aber nicht mehr gibt.

Der Mensch muss diesen ungebetenen und ungeliebten Ver-
gewaltiger in die Schöpfung eingeschleppt haben, wer sonst
wäre zu so einer Dummheit fähig! Dass der Mensch nun
auch noch nach Ausflüchten wegen seiner Verantwortung
sucht und die Verhältnisse umkehrt, indem er sagt, der Tod
ist erfinderisch, ohne ihn gäbe es das Leben gar nicht, das
ist frech.

Ich werde meine Augen nicht vor dieser Art von offenbaren-
den Naturerscheinungen verschließen. Aber ich ziehe es
vor, die Welt da zu betrachten, wo sie noch in Ordnung zu
sein scheint. Die nächtliche Natur ist schön, sie ist geheimnisvoll, obwohl sie auch Geheimnisse des Tages enthüllt wie
eine Frau, die am Tage nur ihr Gesicht zeigt. Das andere ist
für schönere und feierliche Stunden. Wie wunderbar ist es
dennoch, wenn die Halbschlafende im ersten rötlichen Mor-
genlicht sich räkelt! Die Natur zeigt dann ein Angesicht, un-
schuldig, ebenmäßig zart, den Vögeln übergeben, zu besin-
gen, dass jener rief „Es werde Licht!" und es weiter und immer weiter rufen soll, bis es ganz Licht bleibt, weil nichts
mehr des Schutzes der Nacht bedarf.

Was erst errötete, entwickelt sich dann in den kraftvollsten
Farben in der aufgehenden Sonne. Der Morgen! Man spürt
als ihr Liebhaber deutlich ihre Reize, wie sie aufbrechen
und eine Fröhlichkeit erzeugen, die ganz unbeschreiblich
ist.

Der Morgen in den lichten Wäldern der Tropen! Ein Fest für die Sinne, welches das staubige Grau des Denkens vom Vortag und die Unsicherheiten der Nacht vergessen lässt. Welche Erleichterung! Die Welt des Lichts ist noch da!

Als müsste ich mich davon überzeugen, dass ich nicht auf einer eng umgrenzten Bühne stehe, beginne ich an jedem frühen Morgen unweigerlich hineinzuwandern in das Licht der aufgehenden Sonne zwischen den Zweigen. Mein Erwachen hält nicht lange still, es muss hinausgetragen werden mit frischen Kräften zu neuerem Entdecken. An jedem Morgen beginnt meine Freude mit neuem Leben. Ich kenne keinen Morgen, der nicht mit der Rückkehr in die Natur verbunden wäre. Dabei stören keine Gedanken aus der dunklen Seite der bürgerlichen Welt. Für eine kleine Zeit nur, hier und jetzt, gibt es das Böse nicht. So muss es am Anfang gewesen sein, nachdem gerade eben alle Dinge erschaffen worden waren. Und so entspricht der werdende Tag dem Schöpfungsbeginn, ehe die Harmonie ihre ersten Erschöpfungszustände erfuhr. Von da an begannen die Verdunkelungsstrecken, mit denen der Mensch seine eigenen Wege vernetzte, sein unseliger, bemitleidenswürdiger Gang durch die Geschichte.

Doch für einige kurze Momente winkt das Glück, die Vorstellung der Vollkommenheit des Seins schwebt herbei und kann doch nicht festgehalten werden. Sie bleibt für einen Augenblick, wie herrlich, wenn es zwei werden, wie wunderbar, wenn sie dem Bewusstsein erhalten bleiben, zum wiederholten Erleben! Dann hat man dem Himmel zu danken. Dann weiß man, die gewohnte Welt des Gewöhnlichen ist nicht das Beste. Es gibt ein Besseres zu finden, durch uns hindurch. Das Licht muss in unseren Geist hinein. Es muss viel heller sein als das der Sonne. Es ist nicht die Luftsäule, die uns die Erde mit dem Himmel verbindet: Es ist der Geist, der uns die Augen öffnet für das Bessere, sobald wir ihm ein gereinigtes Herz zur Wohnung geben. Doch woher nehmen? Man muss zu den Ursprüngen zurück. Man muss den, der die Menschen aus dem Garten Eden vertrieben hat, fragen, was man tun muss, um wieder hineinzukommen.

Zwei Dinge sind es, die mich am Morgen in Periyar am meisten beschäftigen. Könnte ich es doch nur zu meinem Beruf machen, Vögel zu beobachten und ihre Konzerte zu kritisieren. Meine Kritik würde ich am Nachmittag schreiben mit immer neuen Variationen des Preisens.

Wordsworth sprach einmal von „emotion recollected in tranquillity". Er meinte damit die Dichtung. Ich rede von mehr als Dichtung. Die Emotion, die ich in der Ruhe verwahre, ist ein stilles Glück. Vogelbeobachtungen beanspruchen und fördern den ästhetischen Schauenssinn wie Vogelgesang die musikalische Ader. Michelangelo ist in Italien schon lange tot, die Schwarzdrossel soll aber leben! In Periyar, wo man nicht auf Vögel schießt, könnten die Komponisten sinnvoll arbeiten. Beethovens „Erwachen heiterer Empfindungen" kenne ich in unzähligen Variationen. Hier hätte der Meister wieder hören gelernt!

Man kann sich in der Tat ein Leben lang mit Vögeln beschäftigen. Es schärft alle Sinne. Vor allem muss man das

Denkorgan nicht unbeschäftigt lassen, gibt es doch viele ungelöste Rätsel für den Ornithologen. Man denke nur an die Mysterien der Vogelzüge und der Brutfürsorge.

Wenn ich nur einem Vogel beim Baden zusehe, bin ich erheitert, ob ich will oder nicht. Der Gesang der Vögel aber ist wirklich Balsam für die müde Seele! Es scheint, als ob die Lebewesen zum Teil sich selbst darstellten. Und dabei tun sie auch noch etwas für die Lebensqualität der Menschen! Der Gesang von Jungvögeln ist am reichsten und vollendet vor der Geschlechtsreife, um dann erst im Herbst wieder diese Vollendung zu erreichen. Während der Fortpflanzungszeit ist er am wenigsten ausgeprägt. Der vom Standpunkt der Erhaltung der Art her funktionslose Gesang ist formal der reichste, als ob ein genialer Schöpfer seine Handschrift hinterlassen hätte. Eine schöne Handschrift hat er. Und doch ist sie manchmal schlecht zu lesen. Vielleicht sind es Tränen, die einstmals Geschriebenes unleserlich machen.

Lange bevor die Sonne schon sichtbar über den Horizont gestiegen ist, beginnt die Dajaldrossel, die in Periyar „Vanati-Kuruvi" genannt wird, mit ihrer Arie. Sie singt Monat für Monat dankenswerterweise ihre fröhlichen Lieder. Dabei kennt sie nur ein knappes Dutzend. Seltsam! Man hat nie den Eindruck, dass einem die Wiederholungen nicht mehr so gut gefallen, wie es irgendwann bei den menschlichen Kompositionen der Fall ist. Woran das wohl liegen mag? Woher weiß der Vogel, wie unsere Ansprüche sind?

Nun, wenn man Düsenflugzeuge mit Vögeln vergleicht, kommt man auch nicht gerade auf die Idee, dass ihre ohrenbetäubende Fortbewegung den lautlosen Flug der Schwäne nachahmt. Der Mensch muss sich damit begnügen, ein zweitklassiger Schöpfer zu sein. Wenn auch nur die Lerchen ihr monotones Lied singen, im Chor ist es gute Musik und als Text fällt einem dazu ein: *„und immer wieder erheben sie sich über den Staub der Erde und versuchen so lange wie möglich sich himmelnah zu halten; sie singen ihre Strophen nur im Flug."*

Donald Culroses Peattie schreibt in „The road of a naturalist": *„Ein Naturalist ist ein Mann, der einen Vogel singen hört im Tiefschlaf und daraus erwacht, wenn er nur will."* Ich füge hinzu, dass ein Naturalist es *immer* will. Ich kann nur bestätigen, dass mich der Vogelgesang schon manches Mal erweckte und es war stets ein angenehmes Erwachen. Selbst am Abend stand ich oft noch einmal auf, um ans Fenster zu gehen und das Abendständchen der Nachtigall, der Singdrossel oder des Zaunkönigs entgegenzunehmen.

In Periyar verlassen als erste die Dschungelbabbler ihre Schlafplätze. Ihr indischer Name „Sat Bhayas", „Sieben Schwestern", soll auf die Tatsache hindeuten, dass sie den lieben langen Tag miteinander schnattern und streiten und schon sehr früh damit anfangen. Sie hüpfen und flattern in kleinen Gruppen umher, bilden zusammen mit anderen Vögeln Spähtrupps zum Aufstöbern von Insekten. Sie durchsuchen den Waldboden auch für die Drongos und Fliegenschnäpper, die sich auf die aufgescheuchten Kerbtiere stürzen.

Von oben gurrt die Aschtaube wie schon am Abend. Der My-
nah diskutiert die Wetteraussichten, der Pirol lockruft sein
Weibchen und noch musiziert der Flowerpecker-Blumenpi-
cker, während er von Baum zu Baum flitzt, um sein Frühstück einzunehmen. Exponiert auf einem Strauch sitzt der
rotwangige Bülbül. Sonnenvögel, so purpur wie der Horizont, tauchen auf, ein gelbfleckiger Muni ordnet seine Federn und der Wren Warbler schimpft schon wieder. Der
grüne Bartvogel besucht bereits den Maulbeerbaum und
auch der Chloropsis hängt sehr an ihm, das kann man wört-
lich verstehen. Schneidervögel erscheinen auch noch und -
fast hätte ich sie vergessen: die Dschungelkrähe, die nie
fehlt und doch irgendwie nie so richtig ins Bild passt, obwohl sie eine allseits Angepasste ist. Sie unterscheidet sich
wenig von ihren Cousinen in Europa oder Übersee.

Endlich, da die Sonne über dem Horizont steht, ertönt der
Meistersänger: das Lied der Shama kommt aus einem Dickicht, klar und rein. Sie versucht immer noch dem Waldes-
Chor die Flötentöne beizubringen, doch der nimmt wie immer kaum von ihr Notiz. Schicksal aller verkannten Sänger!

Der Periyar-Nationalpark ist mein Lieblingsplatz in Indien.
Ich kann sogar eine ganz bestimmte Stelle nennen, die mir
am besten gefällt. Ich meine mein Baumhaus in Manakavala, wo ich die längste Zeit in der Natur in völliger Einsamkeit zugebracht habe.

Aber noch bemerkenswerter ist der Umstand, dass es in Periyar viele Örtlichkeiten gibt, die ich bevorzugt nennen
könnte, weil sie ein Verweilen zu einem schönen Erleben

werden lassen. Das gilt für „Marakilej", wo ich einen beque-
men Liegeplatz auf einem abgestorbenen Ast eines Baumriesen, direkt über dem See, mein Eigen nenne, genauso gut
wie für „Point Parumehr", von dem aus man einen herrli-
chen Ausblick auf umherziehende Elefantenherden hat und
anderes Getier, das sich in Südindien sonst nirgendwo so
frei-zügig und frei-umtriebig bewegt.

Noch artenreicher ist Periyar in botanischer Hinsicht. Das
liegt daran, dass Periyar einen Anteil der Reste des südindi-
schen tropischen Regenwaldes hat. Zusammen mit dem
laubabwerfenden Monsunmischwald, den Grasflächen und
dem See bietet sich eine abwechslungsreiche Landschaft,
die allem, was lebt und webt, eine Heimstätte bietet.

Es ist ein künstlicher Stausee, der Periyar einen einmaligen
Charakter gibt. Er beweist, dass der Mensch sehr wohl
durch Eingriffe in der Natur zum Segen, nicht nur zum
Fluch werden kann. Zwischen vielen kleinen Hügeln im
Zentrum des Parks und den großen Hügeln an der Periphe-
rie liegen kleine Tümpel und die Seitenarme des Sees. In der
Trockenzeit, wenn der Wasserspiegel des Stausees sinkt
und vereinzelt die Nebenarme abschneidet, sind dies die
häufig aufgesuchten Trink- und Badeplätze der Tiere.

Im See sieht man die aufrechtstehenden Baumleichen, die
nach 90 Jahren mit ihren grotesk wirkenden schwarzen
Stümpfen noch immer über die Wasseroberfläche ragen und
nur noch als Sitzplatz für die Schlangenhalsvögel dienen,
ansonsten den Bootsverkehr behindern. Die früher bewaldeten Täler sind jetzt zum Teil unter Wasser, geblieben sind
die bewaldeten Höhen mit den Grasfluren dazwischen. Eine

attraktive Landschaft auch für den Naturliebhaber, der an die Naturparks Ostafrikas erinnert sein möchte. Was dort fasziniert, ist hier im Kleinen vorhanden. Beschaulicher und sogar ergiebiger, zumindest für die Begeisterungsfähigkeit der Botaniker.

Nicht nur die Serengeti, auch Periyar ist bekannt für seine Elefantenherden. Es sind intelligente Elefanten, wie man feststellen kann. Wenn es einmal nur noch ein paar hundert wildlebende Elefanten in Indien geben wird, dann wird das höchstwahrscheinlich in Periyar sein. Hier sind die Voraussetzungen für ein Überleben mit am besten.

Es gibt vieles, was Periyar von anderen Parks in Indien unterscheidet. Dazu gehört auch die völlige Abwesenheit von Straßen oder Wegen. Man kann Dutzende von Quadratkilometern umherirren, ohne auch nur einen Pfad zu finden, der nicht von Tieren stammt. Der führt einen auch nur irgendwo hin, oft zum Ausgangspunkt eines Kreises.

Die Landschaft ist vielgestaltig, sagte ich - auf 20 km, dann wiederholt sich das Ganze. Grasflur – bewaldete Hügel, Grasflur – bewaldetes Tal, Grasflur – bewaldetes Tal und so weiter. Das ist wunderschön, Parzelle für Parzelle, aber taugt nicht zur Orientierung, es sei denn, man hat ein Auge für feine Unterschiede, dann kann man sich daran erfreuen. Man wünschte, halb Indien böte ein solches Bild. Dann gäbe es auch keine vom Aussterben bedrohten Tiere auf diesem Subkontinent. Die anderswo, hier nicht gefährdeten Arten sind Tiger, Gaurwildrind, Elefant und Fischotter und eine große Anzahl tropischer Gehölze, denn der Regenwald Südindiens bietet vielen Endemiten ein Zuhause.

Periyar befindet sich in den Westghats des indischen Bundesstaates Kerala, also am Südzipfel des Subkontinents, dazu noch in 1400 Metern Höhe. Im Westen fällt das Gebirge steil nach Kerala hin ab, im Osten nach Tamil Nadu, dem Nachbarstaat. Die Abgeschiedenheit brachte es mit sich, dass Periyar weitgehend von Überbevölkerung und Naturzerstörung verschont geblieben ist. Andererseits kommt das relativ milde Klima in der Höhe all jenen zugute, die Zuflucht suchen vor der brütenden Hitze der fieberschwangeren Tiefebenen, wo der Menschenschmelzkessel bald überbrodelt.

So wurde auch ich immer wieder angezogen von diesem Fleckchen Erde, das ich wie eine zweite Heimat zu betrachten pflege. Ich stellte schon bei meinem zweiten Besuch zu meiner Freude fest, dass die Hügel noch grüner und die Wälder noch höher gewachsen waren. Wo sonst überall alles abnimmt, Periyar nimmt zu! Leider wohl doch nur Wunschdenken! Aus Momentaufnahmen kann man ganze Welten aufbauen!

Auch die Menschen scheinen zugänglicher zu sein als anderswo. Der Wildhüter lud mich ein, an einem Tiger-Zensus teilzunehmen. Dabei wird im gesamten Park der Bestand der Tiger ermittelt. Bei der Gelegenheit lernt man das ganze Gebiet kennen und gelangt auch in Ecken, die einem als Tourist unzugänglich bleiben. Die Freude über dieses großartige Angebot war jedoch nicht groß, denn als Urlauber ist man oft nicht lange genug am rechten Ort. Die Pflicht ruft von einem anderen Ort. Ich konnte daher das Angebot zu meinem Leidwesen nicht annehmen. Ein anderes Mal hätte ich ein Schiff mieten müssen, um an die entfernteste Anlegestelle gelangen zu können, mit dem sonst zwei Dutzend Leute befördert werden. Ich habe dann aber doch „über See" den Eingeborenenstamm der Urali auf einer ihrer Rastinseln erreicht, weil ich mir eines ihrer Kanus geliehen habe. Das war ein besonderer Tag für sie und für mich.

Mein erstes Auftauchen im Forsthaus war kurios. Dieses Mal war der Wildhüter nicht da. Der Wildhüter-Assistent führte die Geschäfte in seiner Abwesenheit. Ein junger Mann mit der notwendigen Autorität, der stets für jeden ein Lächeln übrighatte. Beachtlich, wie geschickt er schwierige Landsleute behandelte.

Periyar ist am Wochenende ein beliebtes Ausflugsziel für indische Touristen und Schulklassen. Sie bevölkern dann die unmittelbare Umgebung des Forsthauses und machen eine Bootsfahrt auf dem See, bevor sie schnell wieder dahin zurückkehren, wo ihre gewohnte Lebensmitte ist. Inder sind sehr heimatortverbunden. Wirklich wohl fühlen sie sich nur in vertrauter Umgebung. Das Fremde und die Fremde beunruhigt sie. Gehen sie auf Reisen, nehmen sie deshalb wenigstens einen Angehörigen mit.

Sie lassen sich also mit den brüchigen Motorbooten, die bis zu 20 Passagiere fassen, hinausfahren, um die Elefanten in unmittelbarer Ufernähe grasen oder im See baden zu sehen. Die Dickhäuter lassen die knatternden Boote oft bis auf wenige Meter heran und werfen dann mit herausgerissenen

Grasbüscheln nach ihnen, was offenbar allen Beteiligten einen Heidenspaß bereitet!

Die Reichweite der Boote wird auf eine zweistündige Rundfahrt begrenzt, einmal zum Damm im Westen und zurück. Das Herzstück des Parks bleibt davon unberührt. Ausländische Touristen können sich beim Forsthaus auch einen einheimischen Führer mieten, der sie dann einen Vormittag herumführt – vielleicht auch an der Nase. Von dieser Möglichkeit wird jedoch wenig Gebrauch gemacht, denn das Erlebnisbedürfnis der Einheimischen wird meist schon durch die bequeme Fahrt über den See befriedigt. Märsche über Land sind anstrengend. Um größere Tiere macht der Führer aus Sicherheitsgründen einen großen Bogen. Das mag auch daran liegen, dass Inder meist nicht still sein können. Ihr Mundwerk ist immer in Bewegung und muss die Welt erklären. So erfährt jeder, der es will, und jeder, der es nicht will, warum die Preise für die Busfahrt angestiegen sind. Kleineren Tieren, wie z.B. den Blutegeln, die in der Regenzeit die Wälder übervölkern, können auch sie nicht ausweichen. Sobald es einmal geregnet hat, machen sie das Terrain absolut unpassierbar. Ja, es gibt Vampire! Indische Wälder sind in der Regenzeit voll davon.

Für ernsthafter an der Natur Interessierte gibt es außerdem zwei Rasthäuser innerhalb des Parks zu belegen. Das eine, „Sea Palace", liegt im Westteil einer Landzunge und ist für reiche Touristen gedacht, die sich ein halbes Jahr vorher anmelden müssen. Das andere, das den Namen „Rasthaus" bis in die achtziger Jahre kaum verdiente, lag ein paar Steinwürfe von meinem Baumhaus und war halb zerfallen. Es war auch vorher nicht sehr wohnlich und wurde meist einen Tag später, nach einer unruhigen und wenig romantischen Nacht, schon wieder verlassen. Es gab zwar noch zwei weitere Forsthäuser im Park; doch diese waren Beobachtungsstationen, die weit im Ostteil des Parks lagen und den Forstbeamten vorbehalten blieben. Für eines davon, jenes in Mullakkudy, hätte ich das Schiff chartern müssen, wenn ich es nicht anders dorthin geschafft hätte.

Als ich mich dann doch im Park einmieten wollte, war das Gedränge an der Rezeption im Forsthaus groß. Die Tickets für die Bootsfahrten wurden ausgegeben. Ich stand neben Payas, dem Assistenten des Wildhüters, und deutete auf seine Flinte, die in der Ecke stand. Das Abfeuern von explosiven Ladungen erzeugt in geschlossenen Räumen eine nachhaltige Wirkung.

„Sattam podae vendam! Ruhe!!", rief ich. Ich war nicht so leidensfähig wie Payas. Der lachte nur, vermutlich, weil meine Mundart wieder einmal unverständlich war. Aber der Lärm war so groß, dass Payas alle hinausschickte, die selber kein Ticket kaufen wollten.

Es waren immer noch genauso viele da. Darauf schickte er alle Ticketkäufer hinaus und ließ nur noch einzelne eintreten. Jetzt durften sie am Schalter ihre Wünsche vorbringen. Meine Vermutung, warum die Briten schließlich die Nerven und die Lust verloren, dies Land weiter zu regieren, ist, dass die Inder sie mit ihrer totalen Ignoranz gegenüber einigen hervorstechenden britischen Ordnungsmächten zermürbt hatten. Eine dieser Ordnungsmächte ist das Anstehen in

Schlange, das Bilden einer „queue"! Für die Briten war immer klar, ein Land ist nicht regierbar und wird nie zu höchster zivilisatorischer Reife gelangen, wenn man sich nicht in einer sauberen Reihe anstellt.

Ein Parkbediensteter verteilte die Tickets. Payas ging mit mir zur Wandkarte und zeigte auf einen Punkt, der ein beträchtliches Stück vom Forsthaus in Thekkady entfernt war. Es ging um mein Reiseziel.

„Meravidu allachana parvey!" Watchtower „Schöne Aussicht!" Das Rasthaus Manakavala müsse erst noch hergerichtet werden und so blieben mir nichts anderes als schöne Aussichten!

„Nan tanimeyaj irrukireen, only one person!"

„Und wo ist die Begleiterin?", fragte er mich.

„Es gibt Zeiten und Orte, wo ein Mann allein sein muss!"

Frühmorgens würde ich mit einem Boot an einer bestimmten Stelle abgesetzt und an einem der nachfolgenden Tage wieder abgeholt werden. Von dort sei es nicht weit zum Watchtower. Ich bedankte mich für die Kooperation und bezahlte für die Überfahrt.

Die Parkbesucher entfernen sich in der Regel nicht weit vom Forsthaus, dem letzten vorgeschobenen Posten der Zivilisation. Inder denken gar nicht daran, in den Dschungel zu gehen, wenn sie nicht einen triftigen Grund dafür haben. Abholzen wäre so ein Grund, aber jedenfalls nicht, um dort nach seltenen Pflanzen oder Käfern zu suchen. Was ausländische Besucher betrifft, so werden diese meistens von der Vorstellung beherrscht, im Walde da seien die Räuber, Tiger und Schlangen. Verirrte sich trotzdem einmal ein Tourengänger in die nähere Umgebung, dann suchte er nur nach einem Platz für das Picknick. Dazu verlässt er die offene Fläche nicht.

Trotzdem gibt es neuerdings eine Absperrung. Ein Schild weist darauf hin, dass ein Betreten des Parks jenseits und abseits des Landepiers ohne Genehmigung nicht erlaubt sei. „Danger!" „Apayam!"

Das gab es bei meinen vorherigen Besuchen noch nicht. Das Picknicken und Herumstreunen von Touristen in Sichtweite des Forsthauses war wohl doch zu einem überhandnehmenden Ärgernis geworden.

Ich habe Heimrecht! Bei meinen ersten Besuchen konnte man sich in der Trockenzeit ein paar Schritte mehr vom Forsthaus entfernen. Damals gab es noch nicht so viele Touristen.

Das Forsthaus liegt auf einer bewaldeten Anhöhe, die sich wie eine Landzunge in den See hineinschiebt. Man hat von der Anhöhe eine herrliche Sicht über den See. Seine Ufer bieten hier vor allem in der regenarmen Zeit genügend Weidegrund für alle Grasfresser und so sieht man fast den ganzen Tag über, meistens aber frühmorgens und spätnachmittags, Wildschweinrotten, Sambarhirsche und Elefanten bei der Futteraufnahme.

Tatsächlich muss man sich gar nicht erst vom Forsthaus entfernen, um alle Tiere, mit Ausnahme des Gaur, sehen zu können. Payas erklärte allen Ernstes auf mein Nachfragen, in welcher entlegenen, mit Stacheldrahtzaun umzäunten und Wachtürmen gesicherten Ecke des Parks man einen Tiger antreffen könnte: „Öffne nur frühmorgens die Tür und schau hinaus!" Also genau hier! Er hätte nicht so übertreiben sollen!

Vom Forsthaus aus sieht man den See zu beiden Seiten von bewaldeten Höhenzügen eingerahmt. Zur Linken befindet sich der Thekkady Creek, über den ein Holzsteg führt. An seinen Ufern ragen die Baumriesen bis zu 40 Metern Höhe auf und bieten eine urwüchsige, imposante Kulisse. Der „Creek" ist in der Trockenzeit sumpfig und verhindert, dass der Wald von Turnschuhgehern betreten wird. In der Mitte des Bildes erstreckt sich der See nach Süden hin wie ein Fluss. Dort liegt das hügelige Gras- und Waldland. Das ist „Ostafrika". Die ganze Szenerie ist eine Augenweide und ich glaube nicht, dass es auf dieser Welt Vieles gibt, was die Erinnerung an diesen Ausblick verblassen ließe.

Der angenehmste Platz, mein Lager aufzuschlagen, war eigentlich die Umgebung des Forsthauses. Aber leider war ich nicht der einzige, dem es hier gefiel und so wollte ich mir, wenigstens zeitweise, doch einen abgelegeneren Aufenthaltsort suchen.

Am Nachmittag wollte ich den Thekkady Creek erkunden. Ein schmaler Fußpfad führte in Schlangenlinien durch die Grasflur. Ich gelangte bis zu einer Gruppe von Büschen. Ich hätte nicht damit gerechnet, so schnell auf Tiere zu treffen, dabei musste ich nicht einmal eine Meile laufen, als ich im Waldschatten auf der gegenüberliegenden Seite des Tals einen verdächtigen Schatten registrierte. Der Hochwald war zur Südseite hin gewichen und hatte hohem, undurchdringlichem Elefantengras Platz gemacht, mit immer noch schattenspendenden Baumgruppen und dichtem Strauchwerk dazwischen. Unter einer dieser Baumgruppen, die ungefähr 150 Schritte von mir entfernt waren, hatte ich eine Bewegung wahrgenommen.

Ich richtete das Teleobjektiv meiner Kamera darauf, schwenkte es hin und her, bis ich etwas unter einem Baum bemerkte. Jetzt konnte ich es erkennen. Ein Elefant! Und da war auch noch ein zweiter, dicht dahinter!

Ich stand zwischen mannshohen Büschen. Ich war zu weit weg, um von ihnen gesehen zu werden. Aber auch mir war die Sicht nicht gut genug! Also verkürzte ich die Distanz zwischen Objekt und Objektiv. Ich verließ das dichte Gesträuch hinter mir, bewegte mich langsam von Deckung zu Deckung, bis ich mich schließlich auf allen Vieren durchs Gras schob.

Endlich hatte ich einen einzelnen Strauch erreicht, der das letztmögliche Versteck war zwischen mir und den spärlichen Büschen unmittelbar vor der Baumgruppe mit den Elefanten.

Hier konnte ich bequem liegen, in sicherem Abstand. Die beiden Elefanten rupften Blätter von den Bäumen und traten weiter nach vorne. Da! Noch zwei Elefanten hinter ihnen! Ein paar Schritte weiter weg waren drei weitere Elefanten aufgetaucht. Was mich besonders überraschte und erfreute, war der Anblick von zwei Elefantenbabys. Nach und nach kamen insgesamt zwölf Elefanten mit drei Halbwüchsigen und den zwei Babys aus dem Waldinnern. Und während die Erwachsenen einen Halbkreis bildeten und Grünzeug futterten, veranstalteten die beiden Babys vor meinen Augen Ringkämpfe. Das war überaus belustigend anzusehen. Immer wieder rannten sie sich gegenseitig an, drehten ab, um den anderen ins Leere laufen zu lassen, versuchten sich von der Seite zu rammen und traktierten sich mit den Rüsseln. Hier war reine Lebenslust! Man kann auch raufen ohne Spaß, wenn man für das Erwachsensein trainieren will. Aber diese beiden hatten Spaß! Das kam mir sehr bekannt vor!

Ich hatte einen Ringkampf mit einem knapp Halbjährigen in Bandipur, an den ich mich jetzt erinnerte. Es hatte ganz harmlos begonnen. Ich streichelte seine struppige Stirn, er langte mit dem Rüssel nach mir und ich schüttelte denselben. Das geschah alles unter der Aufsicht der Mutter, die direkt danebenstand, während der Mahout den beiden das Futter reichte. Und plötzlich stieß das Elefantenkind mit seinem Kopf gegen meine Brust. Ich stieß zurück. So ging das noch eine Weile hin und her. Und die Augen von Klein-Hatti funkelten belustigt.

Als ich am nächsten Tag über das Gelände der Parkverwaltung lief, kamen die Elefanten gerade von einem Ausritt zurück und das Kleine, das wie immer seine Mutter begleitete, brauchte nicht lange, um mich zu entdecken. Da gab es kein Zögern.

Elefanten haben ein gutes Gedächtnis! Mit einem unglaublichen Tempo rannte es direkt auf mich zu und hätte mich auch über den Haufen gerannt, wenn ich nicht rechtzeitig zur Seite gesprungen wäre. Die kleine Dampfwalze hatte mindestens das Doppelte von meinem Gewicht. Was dann folgte, war eine staubaufwirbelnde Auseinandersetzung. Colonel Hatti schubste mich herum, wobei er glucksende Laute von sich gab. Ich packte ihn am Kopf und stemmte mich dagegen. So begannen wir uns hin- und herzuschieben. Elefantensäuglinge lernen zwar schnell, aber ich hatte am Vortag deutlich gemerkt, dass dieses noch Koordinierungsschwierigkeiten hatte. Nun wollte mein Kontrahent sein überlegenes Gewicht in die Waagschale werfen. Er hatte wohl die ganze Nacht wach gelegen und den ganzen Tag auf diesen Moment gewartet, seine Kräfte zu messen und Revanche zu nehmen für die Schlappe vom Vortag.

Das große Kleine ging recht ungestüm zur Sache. Ich hatte Mühe dagegenzuhalten. Ich sah deutlich, wie seine Augen frech blitzten, und die Borsten, die an der Stirn aus der Haut ragten, stupsten mich wie Nagelspitzen. Die Mutter, die ganz in der Nähe an der Rampe Touristen ablud, sah keinen Grund, ihrem Schützling Hilfe zu leisten. Sie wusste, ihr Kind spielte und ich war harmlos. Sie nahm es nicht einfach nur an, sie *wusste* es!

Nur gut, dass Tiere nicht charakterschwach sind wie Menschen. Wenn mein Gegner im Ring ein schlechter Verlierer gewesen wäre, hätte er seine Notlage signalisieren können und dann wäre es mir schlecht ergangen. Oder lassen sich Elefantenmütter nichts vormachen von ihren Schützlingen? Dann wären sie ja noch klüger als manche Menschenmütter!

So im Status eines Spielkameraden konnte ich meinen Standpunkt ohne Gefährdung verteidigen. Ob ich das Feld hätte behaupten können, wenn der Mahawat dem Spiel nicht ein Ende gesetzt hätte? Er führte die Mutter vorbei. Die schnaubte kurz, aber heftig und gab dem Kleinen einen leichten Fußtritt im Vorbeigehen. Klein Hatti protestierte „gerade jetzt, wo ich die Sache in den Griff kriege!" Dann folgte Klein Hatti seiner Mutter. Ich bildete mir ein, dass mir ihr dunkles Auge zublinzelte.

In Periyar verfolgte ich nur als Beobachter den Ringkampf der beiden Elefantenkinder. Dabei vergaß ich wohl auch die Zeit. Die anderen Elefanten waren nicht mehr in meinem Gesichtskreis. Ich lag gut getarnt zwischen den Büschen, nur mein Objektiv ragte heraus. Ich gab mich einer gemütlichen Art der Tierbeobachtung hin.

Doch dann erschien etwas Helles am Rand meines Objektivs. Zuerst dachte ich, dass eine Blume vor die Linse geraten sei. Die Grasfluren Periyars beherbergen eine große Anzahl bunter Blumenarten. Als mein Blick von Sucher weg über die Kamera hinaus zielte, stellte ich zu meiner Verblüffung fest, dass der helle Fleck in der Linse das helle Hemd und die weiße Mütze eines Mannes war, der zwischen mir und den Elefanten stand!

Er stand einfach so da und nichts passierte! Ein indischer Sonntagstourist! Ich hätte eigentlich erwartet, ja gefordert, dass etwas passieren würde. Schließlich lag ich in Deckung, ich hatte mich zu meinem Beobachtungsposten herangepirscht und nun spazierte ein anderer seelenruhig mitten in den Sitz des Lebens, in das Zentrum der Naturbetrachtung, als ob es hier seine Wohnstube wäre! Unfassbar! Warum blitzte und donnerte es nicht wenigstens! Aber der Himmel war wolkenfrei mit Ausnahme zweier Schäfchenwolken.

Der Inder, der sich hier so heimisch fühlte, war wie ich auf dem Fußpfad von Thekkady hierher marschiert. Und er war schnurstracks auf die Elefanten zugelaufen, sobald er sie am Waldrand gesehen hatte. Klar, wenn man von A nach B gelangen will, ist der direkteste Weg der kürzeste! Ich hätte es wissen können. Aber Inder sind ja bekannt für ihre Rechenkünste! Dieser hier hatte also die nähere Umgebung des Forsthauses als Hinterhof betrachtet. Und nun betrachtete er die Elefanten aus nächster Nähe!

Als ich wieder zu den Elefanten hinsah, hatten die Elefantenkinder zu spielen aufgehört. Sie standen bei den Großen. Ich richtete mich auf und konnte es immer noch nicht richtig glauben. Ich gebe mir immer Mühe, Tiere nicht zu stören. Aber es war mir neu, dass ich dabei vielleicht doch zu vorsichtig zu Werke ging. Nein, man konnte doch nicht einfach in die Versammlung der Tiere hineintreten, als ob man dazugehörte! Kein Respekt vor großen Tieren leider falsch verstanden!

Überhaupt, was waren das für Elefanten, die das mit sich geschehen ließen! Meine Entrüstung hielt sich in Grenzen, nicht aber mein Unverständnis! Hier hatte ich es mit einem Rätsel zu tun, das meine Weltanschauung umzustürzen in Aussicht stellte.

Der indische Tourist war nicht allein. Langsam näherte sich ihm von hinten ein Begleiter, den ich bisher nicht gesehen hatte. Ich war inzwischen hinter den Büschen hervorgetreten. Wozu noch das Versteckspiel! Die Elefanten von Periyar waren offensichtlich handzahm!

Drehte sich doch der beiden einer zu mir herum und sagte zu mir, während er auf den Elefanten deutete: „Elephants!"

„Teriyam, onej, Elephas maximus! I know, I know!", gab ich kapitulierend zurück. Das war der Gipfel der Demütigung. Ich wollte gehen! Nur weg hier! Hier in dieser Gegend der Welt gab es für mich nichts mehr zu tun, denn zum Straßenbau fühlte ich mich nicht kompetent.

Ich hatte mich abgewendet, da drang ein Ruf an mein Ohr, der mir wieder Hoffnung gab. Es war ein Ruf des Erstaunens mit einem Beiklang von Besorgnis. Ich befand mich schon ein Stück weg von dem Touristen mit der weißen Mütze und seinem Begleiter, der mir in Zoologie eine Lehre erteilt hatte. Er hatte gerufen, und zwar: „Avarchal varuchirarchal!"

Man muss zugeben, dass diese beiden Worte rein lautlich betrachtet, oder vielmehr vernommen, nicht ganz unberechtigterweise eine Reaktion der Erheiterung bei einem jeglichen Zuhörer hervorzurufen Anlass gegeben haben könnte, sofern er der dravidischen Sprachen nicht mächtig gewesen wäre. Ich wusste jedoch sehr wohl, was dieser

Wortschwall zu bedeuten hatte und eben darum drehte ich mich sofort erwartungsvoll um: Jawohl, tatsächlich: „Sie kommen!"

Unter normalen Umständen hätten diese beiden Worte beunruhigend wirken müssen. Aber im ersten Moment lösten sie eine solche Reaktion mitnichten bei mir aus. Ich sah zwei Elefantenbullen auf uns zutraben. Und ich sah auch, wie die zwei Tamilen, nicht mehr zögerlich, eine überstürzte Umkehr einleiteten.

Der Mann mit der Mütze stolperte auch prompt über ein Grasbüschel. Ein Trompetensignal schien den Angriff der Elefanten anzukündigen. Mit wackelnden Ohren setzten sich die beiden Elefanten nach einem Stopp, um ihre obligatorischen Drohgebärde „Mit den Füßen stampfen!" nicht ausgelassen zu haben, wieder in Bewegung und man mochte nicht mehr daran glauben, dass sie ihren Lauf so schnell wieder abbrechen würden.

Das taten sie wirklich nicht. Mir fiel gerade nichts Besseres ein, als dazustehen und zu befürchten, dass es komisch aussah. Die beiden Inder flohen über das offene Feld. Ich stand am Rand der Buschgruppe und hätte mich eher da hineingezwängt, um mich zu verbergen, als davonzurennen.

„Kediya ponga!", riefen sie gestikulierend: „Nichts wie weg!" Ja, daran hätten sie schon früher denken können. Was sich hier gerade abspielt, meine Herren, ist eine Rehabilitation meiner Kapazität als Naturforscher! Und weil die Elefanten schnell näherkamen, fand ich es auch nicht mehr komisch. Es war abzusehen, wann sie die beiden Touristen eingeholt haben würden, und sie würden nicht fragen: „Heda! Wohin des Wegs so eilig?"

Warum waren die Elefanten so nervös? Fühlten sie sich bedroht? Warum zogen sie sich nicht einfach zurück? Zwei schmächtige Menschlein stellen allenfalls eine Störung für die Dickhäuter dar, keine Gefahr! Das nicht, sondern in den Parks und Wildgebieten hatte man die Straßenbegrenzungsposten schon lange nicht mehr weiß gestrichen!

Ich rief laut: „Take off your hat! Throw it away!" „Wirf deinen Hut weg!" „Toppiyej tuki irrinde!" Und nochmal, weil es nicht fruchtete: „The elephant wants your cap!" „Oney cap venum!"

Endlich befolgt er die Anweisung. Kopflos soll man nicht wegrennen, sondern ohne Mütze! Die Mütze flog auf einen Strauch. Ich hätte ihm auch noch empfohlen, sein Hemd zu ruinieren, nicht, weil es mir missfiel oder weil ich dachte, der bloße Schrecken wäre kein genügender Lohn für die Unvorsichtigkeit und Respektlosigkeit, mit denen diese beiden dem großartigsten der Wildtiere begegnet waren, sondern weil dieses Hemd wie die Mütze eine Spur zu hell war.

Im Corbett-Nationalpark hatte man die weißen Begrenzungsposten gegen gelbe ausgetauscht, weil diese nicht von Elefanten herausgerissen werden. Elefanten mögen nicht, was ihnen heimleuchtet. Weiß empfinden sie als Provokation.

Das Hemd blieb an. Die Elefanten hatten entweder die Lust an der weiteren Verfolgung verloren oder der unebene Untergrund war ihnen zu morastig. Elefanten müssen aufpassen, wo sie hintreten. Eine schwere Verletzung an den Beinen könnte ihr Ende bedeuten. Der Klügere gab auch hier nach. Der Ausflug der Touristen war jedenfalls beendet. Sie hatten sich doch etwas zu weit vorgewagt.

Nicht weit vor dem Forsthaus traf ich noch auf eine indische Familie, die ebenfalls zu einem kleinen Abendspaziergang aufgebrochen war. Das Kind tollte am Waldrand herum. Eine Spielwiese ebenda, wo Wildschweine, Elefanten und vielleicht auch manchmal eine größere Katzenart verkehrt! Die Inder aus den Städten sind sehr zurückhaltend, wenn es darum geht, sich mit wilden Tieren vertraut zu machen. Aber in Periyar herrschte heute Wochenendstimmung! An der gleichen Stelle, wo das Kind spielte, trat tags darauf eine Elefantenherde aus dem Wald, nur wenige hundert Schritte vom Thekkady-Steg entfernt, beinahe in Rufweite zum Forsthaus.

Auf zur Rundfahrt über den Stausee, hieß es am späten Nachmittag! Ich begab mich auf einen Dampfer, der den Namen Titanic nicht verdient hätte, weil er bereits über der Wasserlinie so aussah, als hätte er viele Zusammenstöße mit Hindernissen noch gerade so überstanden. Das war einerseits ermutigend, denn mutmaßlich war der Kahn unsinkbar. Anderseits ließ es gewisse Rückschlüsse zu auf die Fahr- und Manövrierkünste der sicherlich dauernd wechselnden und deshalb an der Erhaltung des Bootes desinteressierten Kapitäne.

Nicht, dass ich mich gefürchtet hätte, mitten in einem Urwaldgebiet über Bord zu gehen. Die Ufer waren nah und ich konnte schwimmen. Aber für die Inder, so wie ich sie kannte, waren die Ufer sehr, sehr weit weg, und der einzige, der sie ihnen im Falle einer Seenot näherbringen konnte – aber nicht alle auf einmal! - war vielleicht ich. Inder können nämlich in der Regel nicht schwimmen und wenn wir einen der Baumstämme, die knapp unter der Wasseroberfläche über Nacht endlich abbrechen, rammten, dann würden sich 20 Menschen um mich herum scharen. Wir rammten keinen Baumstamm und auch keine im Wasser tauchenden Elefanten. Und trotzdem entgingen wir dem Untergang nur knapp!

Es fing alles sehr idyllisch an. Ungefähr 20 indische Touristen, Männer, Frauen, Kinder, Tamilen und Keralis, stiegen gutgelaunt und erwartungsvoll in das schwankende Boot, das sich verdächtig tief ins Wasser legte. Dies war ein Ferienausflug! Dazu zwei Mann Besatzung, der Kapitän, der die Leinen löste, und der Steuermann, der mir gleich zu verstehen gab, dass der beste Platz für mich nicht unmittelbar über der Wasserlinie auf dem Passagierdeck war. Ich durfte dem Kahn auf das Dach steigen, ganz vorne neben der Brücke. Und dort wurde mir dann vom Kapitän, nachdem wir die Mitte der Fahrrinne erreicht hatten, in knappen befehlstonmäßigen Anweisungen mitgeteilt, was selbstverständlich meine Aufgabe hier an Bord war. Ich hatte das Steuer zu übernehmen!

Wir waren ja auf hoher See, da konnte nichts passieren! Man erlebt das öfter in Indien, dass man als Mensch aus dem Westen von den Einheimischen vor Aufgaben gestellt wird, die für einen neu sind. Es gibt ja auch nichts, was die Westler, die erkennbar sind an ihrer hellen bis rötlichen Hautfarbe und ihrer ungewöhnlichen Kleidermode, nicht können. Der Steuermann zündete sich eine Zigarette an und ließ mich machen. Die Frage nach der Bremse wurde mit Gelächter beantwortet. „Ship very slow, no problem!"

Da hatte er recht. Die Kormorane auf den Baumstümpfen hatten keinen Grund ihre Flügel zusammenzuklappen und unter Wasser zu verschwinden oder einen Versuch zu starten, ungelenk über das Wasser dahinzuflattern, um am Ufer einen sicheren Platz zu finden. Nur einmal, als wir bedrohlich nahe an eine weit vorgestreckte Landzunge kamen, kurvten zwei Otter vor unserem Bug, schwammen dann an Land und verschwanden im Wald. Ein wenig Erfahrung hatte ich mit dieser Art von Fortbewegung bereits. Ich hatte einmal ein ähnliches Boot in den Kanälen zwischen Allepey und Kottayam gesteuert. Aber da war es immer stur geradeaus gegangen.

Als wir die ersten Elefanten am Seeufer ausmachten, gab ich das Steuer wieder ab. Wir gingen sozusagen längsseits und trotz des Palavers der Leute blieben die Elefanten am Ufer stehen und grasten gemütlich weiter. Diese Elefanten hatten gelernt, dass die Menschen nicht aus ihren Booten herauskamen und nach einigen Minuten wieder abzogen. Deswegen musste man seine Mahlzeit nicht unterbrechen.

Die Elefanten von Periyar sind berühmt wegen ihrer Geschicklichkeit bei der Nahrungssuche. Sie reißen ganze Grasbüschel aus dem Erdreich und schlagen sie dann gegen die Beine, damit die Erde abgeschüttelt wird. Wenn das nicht ausreicht, schwenken sie die Büschel zur Säuberung durch das Wasser. In der Trockenzeit, wenn Brände die sowieso schon ausgedörrten Grasflächen noch weiter reduziert haben und die Hirsche das Gras weggefressen haben, treten sie das Erdreich locker und sammeln die Halme einzeln auf. Sie bündeln sie, schlagen sie gegen das Knie oder reiben sie an der rauen Haut. In Yala auf Sri Lanka habe ich sogar einmal beobachtet, wie sie den heftigen Fallwind Kachan zu Hilfe nahmen. Der ist dort so stark, dass er die Erde aus den Wurzeln herausbläst. Das Gras wird hochgehoben und fallengelassen. Bis es auf den Boden gefallen ist, pfeift der Wind durch und trennt die Spreu vom Heu.

Der Rüssel des Elefanten ist ein Wunderwerk. Er hat an der Spitze einen Greiffinger, der die diffizilsten Bewegungen ausführt und zugreifen kann wie das Präzisionsinstrument eines Feinschmeckers. Die Stirn-, Nasen-, Oberlippen- und Wangenmuskeln liegen in mehreren Schichten angeordnet. Ihre Fasern verlaufen in unterschiedliche Richtungen. Somit wird eine vielseitige Beweglichkeit gewährleistet. Zur Pneumatisierung des Schädels sind große Luftkammern eingebaut. Die schweren Stoßzähne sind fest verankert und die Muskulatur für den Rüssel ist gut befestigt. Die Nervenbahnen haben eine hohe Leitungsgeschwindigkeit und differenzierte Meldemöglichkeiten. Erleidet der Elefant eine Verletzung am Rüssel, die nicht schnell genug verheilt, geht er zu Grunde.

Bei der Komplexität des Ganzen musste alles gleichzeitig vorhanden sein, damit es funktionieren konnte, denn wenn auch nur ein Konstruktionsteil nicht fertig entwickelt gewesen wäre und zu den anderen Teilen perfekt gepasst hätte, hätte das den Tod des Elefanten bedeutet. Deshalb ist es undenkbar, dass eines der Merkmale des Rüssels erst im Lauf der Zeit über Generationen auf seine Vervollkommnung zu warten hatte. Die zufällige Entstehung aller Merkmale gleichzeitig ist unwahrscheinlich. Damit wäre aber an eine gesteuerte, programmierte Entwicklung zu denken. Ein halber Rüssel ist funktionslos und kann dem Besitzer nicht dienen. Ein Elefant mit einem nur halbfertigen Rüssel kann sich nicht einmal fortpflanzen! Unfertiges hat keine Funktion. Über Generationen angesammelte Unfertigkeiten erzeugen keine Funktion und ergeben nichts Nützliches. Nach der geltenden Lehre von Darwin soll es kein vorausschauendes Subjekt geben, das alles steuert, aber wie sonst sollen Halbheiten als solche brauchbaren Halbheiten erkannt und mit anderen Halbheiten bewahrt und später zusammengesetzt werden? Wer das Wort „Richtung" schreiben will, sucht die entsprechenden Buchstaben, weil er weiß, welche er braucht. Und er weiß auch, wie er sie aneinanderreihen muss. Er handelt also zielgerecht. In der Natur soll angeblich die Auslese das Untaugliche ausmerzen. Aber jede Form, die noch nicht vollständig ist, ist untauglich. Auch wenn ein „Zweck" irgendwann einmal emergent wird, weil ein Organ „auf einmal" eine Funktion hat, so muss das Organ doch die Fähigkeit gehabt haben, das Passende zu koordinieren und zu bewahren. Der Zufall koordiniert aber nichts.

Hier befindet sich die Evolutionslehre in einem noch nicht gelösten Widerspruch. Das zeigt das Beispiel vom hirnlosen

Holzfäller. Er steht morgens auf, aber nicht, um zur Arbeit zu gehen, denn er hat ja keinen Plan. Er weiß nicht, was er mit der Axt machen soll, die an der Wand hängt. Aber er nimmt sie dennoch mit. Er weiß auch nicht, wozu er die Säge unter den Arm nehmen soll. Er tut es dennoch. Dann packt er noch eine Flasche Wasser ein, obwohl er nicht durstig ist. Und er nimmt Brot mit, obwohl er nicht hungrig ist. Er kann ja nicht denken und fühlen. Er verlässt sein Haus, obwohl er nicht weiß, warum. Dann läuft er los und obwohl er kein Ziel hat, läuft er dennoch geradewegs zu einem bestimmten Waldstück. Kaum ist er dort angekommen, sucht er nach einem Baum. Er wählt einen Baum, der sich zum Fällen eignet, obwohl er nicht weiß, welche Merkmale ein solcher Baum hat und er auch nicht weiß, warum er überhaupt den Baum fällen soll. Und nun nutzt er auch noch die Werkzeuge, je nachdem, ob das Beil gerade passt oder die Säge. Das ist ihm alles nicht bewusst. Er zersägt und zerschlägt das Holz absichtslos und lässt es auch nicht einfach liegen, sondern bringt es ausgerechnet dahin, wo es dann gebraucht wird, obwohl er das nicht gewollt hat, denn er kann ja gar nichts wollen. Man könnte die absurde Geschichte noch unendlich weitertreiben. Man könnte eine ganze Stadt mit hirnlosen Menschen bevölkern, von denen keiner weiß, was er tun soll und warum er es tut, aber dennoch funktioniert alles in dieser Stadt wie am Schnürchen. Nach der Lehre Darwins hat sich die Organisation zufällig ergeben.

Es ist vernünftig anzunehmen, dass Elefanten schon immer solche Rüssel gehabt haben, denn das genau macht Elefanten aus. Wenn sie sich aber entwickelt haben sollen, dann ist es vernünftig anzunehmen, dass es dabei nicht chaotisch zuging, sondern ziel- und zweckgerichtet. In den Lebewesen finden hochkomplexe Vorgänge statt, wo nichts dem Zufall überlassen wird. Alles wird von Botenstoffen geregelt und angetrieben, die ihrerseits produziert worden sind, weil die Zelle Informationen umgesetzt hat. Die Moleküle folgen einer Programmierung. Die Frage ist nur noch, woher sie diese Informationen hat.

Als wir wieder einmal um eine Landzunge fuhren, stand da im Wasser ein einzelner, riesiger Tusker, ein stoßzahntragender Bulle. Er war sich zunächst unsicher, was er tun sollte. Schließlich entschied er sich dafür, an Land zu gehen. Wir stoppten unseren Kahn in einiger Entfernung. Der Bulle beobachtet uns. In der Herde hätte er keine Notiz von uns genommen. Als Einzelgänger war er misstrauisch und scheu. Auf freiem Feld, ohne Deckung, gefiel es ihm auch nicht. Also ging er wieder zurück ins Wasser. Nicht, um zu baden! Er wollte den See überqueren! Er verschwand im Wasser und gleich war nur noch sein Rüssel sichtbar wie ein Seerohr, nur, dass es zur Beatmung diente.

Im Innern des Elefantenrüssels befindet sich eine wasserdicht verschließbare Klappe. Das ermöglicht ihm diese Tauchgänge. Auf der anderen Seite des Sees, der hier sehr schmal war, kam der Bulle wieder zum Vorschein. Er verdrückte sich ohne Umschweife im nahen Wald. War er geschwommen oder auf dem Grund des Sees entlangspaziert?

Das Bild von dem Tusker mit den aufgestellten Ohren, exponiert auf der Landzunge, war auch deshalb sehr beeindruckend, weil der Hintergrund eine bedrohliche Schwärze zeigte. Es waren Wolkengebilde im Anzug, eine Nachhut des Monsuns, die sich noch abregnen würden.

Man sagt, Elefanten hätten die Fähigkeit, Wolken hervorzurufen, weil sie ursprünglich Flügel hatten. Aber sie erzürnten einen Asketen namens Dirghatapas, was so viel heißt wie „ausdauernde Strenge". Der Asket hatte seine Zuhörer gerade mit Theorien der Selbstbeherrschung beeindruckt, als der Elefant, der unter den Zuhörern war, vom Ast des Baumes, auf dem er saß, herunterkrachte. Eigentlich nicht sehr überraschend, wenn man weiß, dass Elefanten keine Leichtgewichte sind. Aber für den weltfremden Heiligen war das nicht akzeptabel. Er war so erbost, dass er alle Elefanten verfluchte. Warum diese Heiligen immer fluchen und verfluchen müssen! Wie wäre es mit Segnungen? Elefanten sind seither Regenwolken, die auf der Erde wandeln, nur, weil sich so ein Heiliger nicht zügeln konnte! Wenn der irdische Elefant verehrt wird, freuen sich seine himmlischen Verwandten so sehr, dass sie sich zu Tränen gerührt fühlen. Sie „begnaden" das Land dann mit Regen.

Auf des Gewölks Elefant getragen
Kommt einem Fürsten gleich die Regenzeit,
den Blitz als Fahne, und mit Donnerpauken
verkündet sie die Freude weit und breit,
gleich einem dunklen Lotos blauem Simmer
hat rings mit Wolken sich die Luft umhüllt,
doch wenn des Indra Bogenblitz besehnet

wie Trommeln donnernd im Gewölke schwirrt
und scharfe Regentropfen niederfallen,
wird schnell des müden Pilgers Herz verwirrt

Ritusamhara

Weil Periyar auf einer Höhe liegt, die schwere Regenwolken kaum übersteigen, fuhren wir nicht *unter* dieser Wolke hindurch, sondern mitten in sie *hinein*. Ich war schneller unter Deck, um der „Begnadung" zu entgehen, aber nicht schnell genug, um trocken zu bleiben. Davon abgesehen, blieb keiner an Bord trocken.

Wer schon einmal einen tropischen Regenschauer erlebt hat, weiß, wie gründlich man dabei durchgeweicht wird. In einer Wolke, die sich gerne mit aller Freigiebigkeit ausgießt, mittendrin zu sein, ist jedoch eine ganz besondere Erfahrung. Das Wasser kam von allen Seiten, dazu von oben und von unten. Das schmale Deck war kein geeigneter Unterstand. Das Wasser schlug böenartig von Backbord und Steuerbord herein, ganz gleich wie wir auch steuerten. Zu allem Übel war der Regen bzw. die Wolke so dicht, dass es nicht mehr zu erkennen war, wohin wir eigentlich fuhren. Die Sichtweite betrug plötzlich null und wer die Augenschlitze zu weit öffnete, bekam einen Hagel aus Nadelstichen ab.

Wir, die müden Pilger, besaßen für diesen Überfall alle keine geeignete Kleidung. Daher nahmen wir Kinder und Frauen in die Mitte und rückten ungeachtet der Zugehörigkeit zu Kaste, Religion und Geschlecht so eng zusammen wie es nur ging, denn wir froren alle jämmerlich.

Soll man hoffen, dass es allen Menschen schlecht und allen Menschen gleich schlecht geht, dass sie näher zusammenrücken, so nahe, dass keiner eine Waffe auf den anderen richten kann? Ist das ein weltgeschichtliches Konzept? Die Inder sind dabei, es zu verwirklichen, sie rücken immer näher zusammen! Sich näherkommen, ja, aber nur in der Gesinnung! Das wäre ein unermesslicher Fortschritt. Wenn man das Wohlmeinen und Wohldenken dann noch umsetzen könnte!

„Ein schlechtes Wetter!", sagte ein Kerali und lachte mich mit seinem perlweißen Zähnen an, als sei das Gegenteil der Fall.

„Man kann so sagen!"

Das Wasser lief mir den Rücken hinunter. Aber was noch viel schlimmer war, es stieg im Schiffsboden allmählich nach oben. Wir hatten mit langsamer Fahrt das nächste Ufer erreicht und gingen vor Anker.

Immerhin konnte jetzt kaum noch einer ertrinken. Das musste zur Beruhigung einiger Leute beigetragen haben. Der Regen fiel sintflutartig und unsere Lage war nicht besser zu nennen als die Noahs seinerzeit, denn wir hatten keinen Platz, wurden völlig durchgewaschen und mussten auch noch feststellen, dass es Fälle gibt, wo es keinen Vorteil bedeutet, über einen wasserdichten Schiffsrumpf zu verfügen, das heißt, wir mussten alle fleißig Wasser schöpfen, denn es kam zu viel davon von oben nach. Schiffe in den Tropen sollten semipermeabel sein. Wasser, das von oben eindringt, wird durchgelassen, nicht umgekehrt.

„Wir werden nass!", sagte irgendjemand in die Situation hinein und fast alle lachten. Gott hatte damals nach der großen Flut, die die ganze Erde bedeckte, versprochen, dass es nicht mehr sintflutartig regnen würde. Aber davon wussten meine Mitpassagiere nichts. Sie hätten es auch nicht geglaubt.

Als es endlich wieder aufhörte zu regnen, waren wir alle sehr erleichtert. Wir schöpften das Boot so weit leer, dass es wieder seefähig erschien. Wir waren dann erschöpft, aber froh. Auf dem Nachhauseweg sahen wir dann auch das Zeichen der göttlichen Zusicherung über das Ende der Heimsuchung gleich mehrfach: Regenbögen über den Buchten und darunter grasende Elefanten. Ein Bild wie aus dem verlorenen Eden.

„There is a pot of gold at the end of the rainbow", heißt es. Man möchte es glauben!

„Pulli! Pulli!", erschallte der Ruf am Landeplatz der Arche. Wir stürzten von einer Aufregung in die nächste. Die Leute liefen aufgeregt durcheinander. Der Boden am Landeplatz war aufgeweicht und glitschig. In der Hast rutschten ein paar Keralis aus, eine Frau verletzte sich.

„Jenge Pulli?" Wo ist der Tiger? Warum sollte ausgerechnet nach diesem Regen sich ein Tiger in der Öffentlichkeit zeigen? Wir waren gerade noch vor dem Einbruch der Dunkelheit zurückgekehrt. Da die Kleider noch nicht wieder trocken waren, bestand kein allgemeines Interesse für weitere Tierbeobachtungen. Die Leute verliefen sich. Ich war allein

auf weiter Flur. Am Waldrand überm See weidete ein Sambarhirsch, sonst war nichts zu sehen.

Ich stapfte ins Forsthaus hinein. Payas und die seinen saßen
vor dem Fernseher. Er war erst vor einer Woche installiert
worden. Er ist ein Gleichmacher, der bis in die letzten Winkel der Erde die Menschen zur Passivität erzieht. Ein Fenster zu einer überethischen Welt. Kein Wunder, dass gerade
Inder es leidenschaftlich öffnen. Sie wollen ja auch sonst
entrückt sein von der weltlichen Mühsal.

Man brachte mir einen Tee, den ich dankend annahm. Ich
berichtete Payas von der Hysterie wegen der Tigerwarnung.
Vermutlich ein Kalb einer heimischen Kuh, das am Waldrand im Thekkady Creek graste. Die Rinder verliefen sich
gelegentlich. Aber vor einiger Zeit soll tatsächlich ein Tiger
den Creek überquert haben.

Er war aus dem Hochwald herausgekommen. Auf der anderen Talseite befand sich eine Wildschweinrotte. Weil er sich
nicht ganz schlüssig war, was er nun als nächstes tun sollte,
blieb er eine Weile stehen. Doch dann ging er in gemächli-
chen Schritten auf die Wildschweine zu und verschwand an
der gleichen Stelle wie sie, nur etwas später, im Wald jenseits des Tals. Dabei kreuzte er auch den Rückweg zweier
Touristen, die einen Steinwurf weit entfernt ganz verdutzt
stehenblieben. Für sie hatte zu keiner Zeit Gefahr bestanden. Das ging so schnell, dass es für sie nicht einmal gereicht hatte, in Panik davonzurennen.

Ich fragte Payas, ob es jemals zu Zwischenfällen gekommen
wäre mit Tigern. Er lachte. Mit Tigern nicht, aber mit Tou-

risten. Periyar ist für Tiger attraktiv. Sie kommen auch gelegentlich von benachbarten Waldgebieten in den Park. Dann bringen sie ihre Erfahrungen mit sich und die sind meistens nicht gut. Außerhalb von Periyar werden sie verscheucht und gejagt, wann immer sie Menschen in die Quere kommen. Vor allem den Großgrundbesitzern und Plantagenbesitzern sind Tiger und andere Großtiere wie Elefanten ein Dorn im Auge. Sie verunsichern die Erntearbeiter, dezimieren den verwertbaren Ertrag oder das Nutzvieh. Und manchmal schlägt die Natur zurück, wenn auch auf Umwegen, wenn der Mensch rücksichtslos, nur seine momentanen Eigeninteressen verfolgend, mit der Natur umgegangen ist.

Die Wege, die der Mensch in die Berge hineinschlägt, sind verschlungen. Sein Schicksal manchmal auch. Von so einem Fall erzählte mir Payas, während wir eine weitere Tasse Tee schlürften. Die Geschichte soll sich so zugetragen haben, wie ich sie nacherzähle, wobei Payas' Darstellung auf die Schilderungen seines Vaters zurückgehen. Sie stimmt aber mit dem veröffentlichten Bericht eines Großwildjägers aus Bangalore überein.

Die Geschichte klingt unglaubwürdig. Aber mir wurde versichert, dass sie sich genauso zugetragen haben soll. Ich habe Indien oft bereist und bin dabei überschüttet worden mit Geschichten und Legenden, Halbwahrheiten und reinen Phantasieprodukten. Aber ich hatte auch reichlich Gelegenheit, mich mit naturwissenschaftlichen Erklärungsversuchen und westlich verbildeter Voreingenommenheit aus Vernunftgründen zurückzuhalten, weil man der Wahrheit sonst auch nicht immer die Ehre erweist, die sie verdient hat. Westliches Denken wird indischen Verhältnissen nicht immer gerecht. Manchmal ist es auch besser, stumm zu bleiben. Man sollte nie großmundig anzweifeln, was andere erlebt haben. Im Lauf der Zeit bekommt man dann vielleicht ein Gespür dafür, in welche Kategorie die Lagerfeuergeschichten einzuordnen sind. Die Geschichte von Panapatti erscheint mir größtenteils wahr zu sein, vielleicht stimmt sie ganz. Sie hat sich zumindest so oder so ähnlich zugetragen. Gleichwohl ist sie unglaublich.

Die Pujari wohnen in Dörfern am Rande des Dschungels in der Nähe ihrer Viehweiden. Sie sind einfache Leute, Dschungelbewohner, die 10 Rupien in der Woche verdienen und dazu eine Portion Reis oder Raji. Meist haben sie noch die Viehherden städtischer Großgrundbesitzer zu versorgen. So auch Kayara aus dem Dorf Panapatti.

Kayaras Frau war durch einen Schlangenbiss ums Leben gekommen. Sie hatte nachts nach dem Wasserkrug gegriffen und war dabei einer Krait zu nahegekommen, die sich um den kühlen Ton herumgewunden hatte.

Nun hatte Kayara seine kleine Tochter Mardi alleine aufzuziehen. Sie wuchs über die Jahre zu einer hübschen jungen Frau heran, auf die Kayara sehr stolz war. Mardi sorgte nicht nur für den Haushalt, sie brachte auch das Vieh auf die Weiden und abends wieder in den Kraal zurück. Sie hatte ja sonst keine Geschwister.

Viele Hirten bewarben sich um sie, aber Mardi wollte keinen von ihnen haben. Sie träumte von einem Leben in der Stadt. Ein gemeiner Pujari kam in ihren Träumen nicht vor.

Eines Tages kam Narayan nach Panapatti, der älteste Sohn von Gopalswamy aus Dharmapuri, der ein Großgrundbesitzer und Händler war und in Panapatti 200 Stück Rind besaß, die von Kayara beaufsichtigt wurden. Narayan hatte den Auftrag, die Besitztümer zu begutachten. Dazu hatte er sich von seinem Chauffeur nach Panapatti fahren lassen. Das letzte Stück von der Straße bis zur Hütte Kayaras musste er zu Fuß gehen. Dort angekommen, versuchte er sich bemerkbar zu machen, ohne den Namen des Pujari auszusprechen, denn das wäre unter seiner Würde gewesen. Als Kayara endlich kam, begrüßte er Narayan auf die übliche Weise, indem er mit der Stirn beinahe den Boden vor ihm berührte.

„Ellam serri! Swamy!" „Alles in Ordnung, Herr!", brachte er entschuldigend vor. Er war zwar krank, aber dafür war ja seine Tochter bei der Herde. Narayan überprüfte dies und so geschah es, dass er Mardi zum ersten Mal begegnete. Narayan hatte Frau und Kind, aber als er Mardi sah, vergaß er das schlagartig, denn Mardis Schönheit übte einen übermächtigen Reiz auf ihn aus und Dharmapuri war weit weg.

Mardi ihrerseits hatte noch nie mit einem so feinen Herrn zu tun gehabt – jedenfalls glaubte sie, er wäre ein feiner Herr. Immerhin behandelte er sie wie sie noch kein Pujarihirte zuvor behandelt hatte. Narayan war noch jung und zweifelsohne eine ganz andere Erscheinung als die Pujaris. Er trug auch vornehme Kleidung, ein Goldkettchen um den Hals und ein Goldkettchen um das Handgelenk. Dazu eine schmucke Uhr. Narayan fuhr wieder nach Hause zurück. Aber er vergaß Mardi nicht, und sie ihn auch nicht.

Narayan war auf einmal sehr an der Herde seines Vaters interessiert, denn er inspizierte sie von nun an des Öfteren. Er brachte Mardi kleine Geschenke mit und buhlte um sie so lange, bis er ihr endlich den Kopf verdreht hatte und sie seinen Verführungskünsten erlag. Jedenfalls wurde sie schwanger.

Sie sagte es niemandem, aber wie weit es gekommen war mit ihrem Verführer, konnte sie nicht lange verheimlichen. Die eifersüchtigen Pujaris hatten das Anschleichen im Dschungel gelernt und alles, was sie ausgekundschaftet hatten, Kayara gemeldet. Der war entsetzt über die Vorkommnisse, traute sich aber nicht, den Narayan daraufhin anzusprechen, denn er fürchtete den reichen Arbeitgeber. Als es aber klar wurde, dass seine Tochter ein Kind erwartete, stellte er den einzig in Frage kommenden Erzeuger zur Rede.

Narayan, für den Mardi nun auf einmal nur eine aufregende Abwechslung gewesen zu sein schien, packte nun vollends der Zorn. Er hatte sich bereits darüber geärgert, dass ihm dieses Missgeschick passiert war, dazu wurde ihm Mardi mit der Forderung, er müsse sie heiraten, überaus lästig. Andererseits wusste er, dass er größte Schwierigkeiten bekommen würde, wenn sein Vater etwas davon erfahren würde.

Narayan wies also die unverschämten Beschuldigungen von Kayara zurück. Er würde sich doch nicht herablassen, sich mit der Ausgeburt der niedrigsten Kaste zu verunreinigen!

Hätte Mardi doch gewusst, was für ein Charakterlump Narayan war! Wo immer auch die Liebe hinfällt, gegen sie ist kein Kraut gewachsen! Auch nicht in Indien! Auch in Indien geht es sehr menschlich zu und bei vielen Männern erlischt das Interesse an einer Schönen, sobald sie sie erobert haben.

Am nächsten Tag war Mardi verschwunden. Man begann noch in der Nacht mit einer Suchaktion. Da sie keinen Grund gehabt haben konnte, ihre Herde zu verlassen, bestand Grund dafür, das Schlimmste zu befürchten. Sie war vielleicht weggeholt worden - von einem Tiger.

Hin und wieder verschwinden Menschen und dann macht man als erstes Tiere dafür verantwortlich. Die Suche verlief jedoch erfolglos. Man hielt ohnehin mehr Ausschau nach dem Tiger als nach Mardi. Jeder versuchte, im Fackelzug nicht der letzte zu sein, denn für den letzten ... bleibt zu hoffen, dass er noch einen Schrei ausstoßen kann, um die anderen zu warnen. Wenn nicht, und zwar dann, wenn ein böser Geist sein Unwesen treibt, verschwindet einer nach dem anderen, immer der letzte in der Kolonne. Und keiner würde es merken! Vielleicht war ja wirklich ein böser Geist für das Verschwinden von Mardi verantwortlich. Aber wessen böser Geist!

Die Geschichte hätte jetzt zu Ende sein können, wenn nicht ein zufälliges Ereignis für einen dramatischen Fortgang gesorgt hätte. Ein Fuhrmann erinnerte sich nämlich, dass er mit seinem Ochsenkarren von einem Wagen in den Straßengraben gedrängt worden war. Es war an einem steilen Anstieg einer Nebenstraße ganz in der Nähe geschehen. Er war nur ganz langsam vorwärtsgekommen. Als es dem hinter ihm herfahrenden Wagen zu langsam geworden war, überholte er ihn. Die Straße war jedoch zu schmal und so rutschten die Räder des Karrens bei dem Ausweichmanöver in den Graben. Die Ladung mit den Bambusstangen löste sich und fiel herunter. Als der Fuhrmann aufblickte, sah er gerade noch einen jungen Mann im Auto und auf dem Rücksitz eine junge Frau mit einem roten Sari. Mardi hatte aber an dem Tag ihres Verschwindens einen roten Sari getragen. Das Nebensträßchen führte unmittelbar an der Weide vorbei, wo Mardi die Herde gehütet hatte.

Die Leute, die Kayara wegen Entführung und Mord verdächtigte, waren viel zu reich, als dass er hoffen durfte, gegen sie ankommen zu können. Würde er es versuchen, käme er selbst in Gefahr. Dem Streben nach Macht und ihrer Sicherung stehen Skrupel, aber nicht Korruption entgegen. Das wusste auch Kayara. Wer mehr Geld hat, hat auch mehr Macht und meist keine Skrupel. Wer mehr Macht hat, bekommt mehr Recht. Der Machtlose oder Ohnmächtige hat jedoch nicht immer einen Mangel an Gerechtigkeitssinn. Kayara war nur ein armer Pujari. Aber er war entschlossen, den Verlust seiner Tochter nicht einfach hinzunehmen. Was konnte er tun?

Wer selber schwach ist gegen Starke, muss sich mit einem Stärkeren verbünden. Kayara beschloss, gegen die finstere Macht eines Großgrundbesitzers mit der Hilfe einer noch finstereren Macht anzukämpfen. Die einzige Macht, die er kannte, war die der Magie. Kayara wartete also Amavasa ab, die dunkelste Nacht im Monat, in der böse Geister zu Fuß unterwegs sind. Dann packte er seine Fetische zusammen und ging zur Versammlung der Dorfältesten.

An diesem Abend schlugen die Flammen des Dorffeuers besonders hoch und in ihrem Flackern verfinsterte sich der wild entschlossene Gesichtsausdruck Kayaras. Er hatte Mardi verloren und nun nichts mehr zu verlieren oder zu befürchten. Rache bringt immer noch mehr Leid über die Menschen, aber das war ihm jetzt gleichgültig. Die süße Lüsternheit der Rache hatte ihn bereits verführt.

Die Spannung war gestiegen, bis endlich Kayara seinen Entschluss bekanntgab. Er würde Mardi weitersuchen und er wüsste auch, wo. Und für den Fall, dass er von der Suche nicht lebend zurückkehren würde, setzte er das Leben seiner Familie gegen das der Familie des Narayan. Und er besiegelte diese Willenskundgebung mit einem Fluch.

Der abergläubische Inder flucht nicht leichtsinnig, denn er meint die furchtbare Bedeutung und Wirkung von Verwünschungen zu kennen. Kayara war aber nicht irgendein unwissender Landmann. Er war ein Magier.

Für alle Bewohner von Panapatti war klar, dass über die Familie des Narayan unweigerlich das Unheil hereinbrechen würde. Sie gingen in ihre Hütten zurück und ließen geschehen, was geschehen musste, denn es ließ sich nicht mehr abwenden. Die abergläubischen Völker Indiens unterliegen den Zwängen und Wirklichkeiten, deren Voraussetzungen sie selber schaffen.

Kayara fuhr am nächsten Morgen nach Dharmapuri. Die Leute von Panapatti wussten es. Er kam nicht zurück. Er wurde nie mehr wiedergesehen. Das hinderte die Leute von Panapatti nicht daran, ihren gewohnten Arbeiten nachzugehen. Vielleicht war in ihrem Fatalismus doch ein Stück Voraussicht.

Ein halbes Jahr später wollte Narayans Vater, der von alledem nichts wusste, nach Panapatti fahren, um dem Pongalfest beizuwohnen. Es ist auch in Indien nicht ungewöhnlich, dass die großen Leute gelegentlich bei den kleinen Leuten einkehren. Das verstehen sie als Gunsterweis. Der Erwerb der Besitzlosen vermehrt den Besitz der Mächtigen. Und das muss gefeiert werden.

Narayan entwickelte jedoch keine besondere Neigung, seinen Vater zu begleiten. Man kann sich denken, warum. Er hatte Mardi vieles versprechen müssen, bevor er am Ziel seiner Begierden war. Dazu gehörte auch das Eheversprechen. Als sie schwanger wurde, weil er die eine Ehe vollzogen und die andere gebrochen hatte, fürchtete er, enterbt zu werden, sobald sein Vater Wind von der Sache bekäme. Die Aussicht auf Geld und Macht bestimmten seine Gedanken. Es waren schreckliche Gedanken, die schreckliche Pläne schmiedeten.

Narayan hatte Mardi mit Hilfe seines Chauffeurs entführt und umgebracht. Das Leben von Angehörigen der niedrigsten Kasten zählt nicht viel bei den Hochwohlgeborenen und schließlich operieren auch die indischen Götter mit Hinterlist und Tücke. Narayan hat Mardi dadurch erspart, mit einem Charakterlumpen die Ehe einzugehen, andererseits hat er sie um ein Leben gebracht, das reich an Erfahrungen geworden wäre.

Er selber aber machte sich das Leben zur Hölle. Zunächst kostete ihn die Freveltat nur ein Schweigegeld. Als dann Kayara auftauchte und sein Vater zufällig gerade nicht zu Hause war, war wieder ein Schweigegeld fällig und wieder bekam es der Chauffeur. Eines Tags benötigte der Chauffeur eine größere Summe Geld. Er forderte sie von Narayan. Das hätte er früher nicht gewagt.

Narayan beschloss, auch diesen Mitwisser irgendwie loszuwerden. Er plante, ihn während der Jagd zufällig zu erschießen. Unbequeme Fragen der Polizei würden mit der dicken Brieftasche seines Vaters beantwortet werden. Man sieht, dies ist eine Geschichte von Geld und Macht und der Verderbtheit der Sitten. Glaubt man es mir, dass solche Geschichten im Dschungel unter den Tieren nicht geschrieben werden?

Ja, man kann die Abneigung Narayans, nach Panapatti zu fahren, verstehen. Warum überhaupt nach Panapatti? Sie hatten ja auch noch andernorts Besitztümer, wo sie das Familienfest feiern konnten. Narayans Vater war das plötzlich abgekühlte Interesse seines Sohnes an den Herden natürlich nicht entgangen. Ob er gerade deshalb nach Panapatti zum Fest wollte? Erst dort stellte Narayans Vater fest, dass sein Sohn die Betreuung der Herden jemand anderem übertragen hatte. Der Wechsel war wegen „Unregelmäßigkeiten" notwendig geworden. Das war noch nicht einmal die Unwahrheit.

Es wurde ein großes Fest. Als es Abend wurde, verabschiedeten sich die Gäste und beschritten den Pfad, der vom Dorf zur Straße führte, wo das Auto stand. Die beiden Männer liefen vorne, die Frau Narayans mit ihrem Sohn dahinter. Dann geschah es.

Ein kurzer Laut, der die Männer veranlasste, sich umzudrehen. Was sie sahen, jagte ihnen einen derartigen Schrecken ein, dass sie einfach davonliefen. Das Kind im Maul eines riesigen Tigers!

Als die Männer wieder zur Besinnung kamen, kehrten sie um. Sie fanden die Frau ausgestreckt auf dem Boden liegen. Zwei Prankenhiebe hatten sie getötet. Der Junge lag daneben. Der Tiger hatte nur einmal zugebissen. Das war so schnell gegangen, dass sich das Kind nicht einmal bemerkbar gemacht hatte und auch die Frau hatte nur einen Seufzer getan. Der Tiger hatte wie ein Phantom und ohne jede Vorwarnung zugeschlagen.

Es gab weit und breit keine Kunde über einen „Maneater". Auch das Vieh von Panapatti und der umliegenden Dörfer war unbehelligt geblieben. Nicht einmal die Knochen von Wildschweinen hatte man im Wald gefunden. Der Tiger hatte nicht getötet, um zu essen. Es wäre ihm ein leichtes gewesen, den Jungen oder die Frau einfach wegzutragen. Seltsam war auch, dass es nach Einbruch der Dunkelheit in der Nähe eines Dorfes geschehen war, wo gerade ein Fest gefeiert worden war. Der Lärm hätte ihn fernhalten müssen. Noch merkwürdiger war aber, dass man am nächsten Morgen und auch an den folgenden Tagen keine Spur von einem Tiger fand. Er wurde nicht gesehen. Nicht einmal ein Fußabdruck konnte am Tatort oder sonstwo ausfindig gemacht werden.

Für die Leute von Panapatti war klar, was passiert war. Sie hatten bereitwillig das Fest veranstaltet, aber niemand hatte die Gäste in der Dämmerung zur Straße begleitet. Und nun würden sie weiterhin ihre Herden im Dschungel grasen lassen und ohne Angst ihrer Arbeit nachgehen - ein Beispiel für einen Aberglauben mit einer sehr realistischen Lagebeurteilung, denn sie wussten, dass ihnen von diesem Tiger keine Gefahr drohte.

Es war ja auch eigentlich gar kein Tiger, sondern Kayara, der in der Gestalt eines Tigers zurückgekehrt war, um Rache zu nehmen. Das jedenfalls glaubten die Leute. Tatsache ist, dass der Tiger, wie es Phantome so an sich haben, gerade dann auftauchte, als niemand damit rechnete und auch sonst nicht mehr zu sehen war.

Zwei Monate später verunglückte der Chauffeur. Er stürzte mit Narayans Wagen in eben den See, in den er Kayara und Mardi versenkt hatte, so wurde es erzählt, obwohl Kayara und Mardi nie gefunden worden sind. Nicht, dass ihm der Verlust des Chauffeurs zugesetzt hätte, aber Narayan wusste, was die Stunde geschlagen hatte. Er hatte mittlerweile von den Verwünschungen Kayaras gehört. Das alles konnte er nicht mehr verkraften. Er wurde wahnsinnig. Wehe dem, der sich an kleinen Leuten vergreift!

Man brachte Narayan zu den besten Ärzten, aber keiner konnte ihm helfen. Er wiederholte immer wieder die Namen Mardi und Kayara, die Namen, die er vorher auszusprechen sich nie herabgelassen hätte. Auch ein Krankenhausaufenthalt brachte keine Besserung. Man schickte ihn als unheilbar nach Hause. Eines Morgens war er verschwunden.

Viele Tage lang wurde vergeblich nach ihm gesucht. Die Pujaris gingen schon längst wieder ihrer gewohnten Beschäftigung nach. Die Hütte von Kayara stand noch immer leer. Nur der Kraal mit dem Vieh wurde benutzt. Am Morgen des fünften Tages trieben die Pujaris von Panapatti die Tiere wieder auf die Weide. Schon von weitem sahen sie über dem Pfad, der von einem Nebensträßchen zur Weide führte, die Geier kreisen.

Einer der Pujaris machte sich auf, um zu sehen, welches Tier dort lag. Vielleicht war ein Tier von der Herde verunglückt. Wenn es noch nicht lange tot war, könnte man es noch zum Verzehr nutzen. Die Geier saßen um das Aas herum. Sie hatten noch nicht angefangen zu fressen. Bei Menschen zögern sie immer etwas, bis sie sicher sind, dass sie tot sind.

Der Tote war Narayan. Er war von einem Tiger getötet worden, wie man deutlich an seinen Wunden erkennen konnte. Sonst gab es keine Spuren. Aber wen hätte das noch wundern sollen?

Zwei Tage, nachdem mir diese Geschichte von Panapatti erzählt worden war, wurde wieder einer der vermeintlich Großen von einem Kleinen heimgesucht. Wie sich später herausstellte, hatte die Mörderin an ihrem Opfer Rache geübt, weil sie es für den Mord an ihrer Familie verantwortlich machte. Als Folge davon geriet das ganze Land in Unruhe und viele hundert Menschen verloren ihr Leben. Selbst ich bekam noch Auswirkungen der Tat zu spüren. Doch davon später mehr.

Der letzte Zwischenfall mit einem Tiger, bei dem ein Mensch im Park verletzt worden war, lag Jahre zurück. Ein Waldarbeiter trug seither eine unübersehbare Narbe zur Schau. Ein anderes Mal hatte man ein verletztes Tier einfangen wollen, dabei rannte es einen Ranger um, der ein paar Wochen nicht mehr aufstehen konnte. Wenn überhaupt, dann fängt man Tiger nur noch mit einer starken Dosis Narkosemittel.

Inzwischen war mir klargeworden, warum alle um das Fernsehgerät herumsaßen. Der Grund war nicht das regnerische Wetter. Ein gewisser Mister Gandhi hielt eine Wahlkampfrede.

„Übermorgen wird er in Madras reden!", ließ man mich wissen, als ob ich daraufhin meine Reisepläne umstellen müsste. Man versuchte, mir auch einen freundlichen Kommentar abzugewinnen. Ich sagte, dass ich nichts von Politik verstünde. Dafür verstanden sie offenbar auch nicht viel von der Rede, denn die gab Gandhi in Englisch. Nicht, dass das Staatsoberhaupt etwas Besonderes leisten müsste, um in diesem Land für etwas Besonderes zu gelten. Sein Amt, seine Person, seine berühmten Vorgänger waren Leistung genug. Gandhi wurde verehrt wie ein Gott, Inder lieben ihre Götter, auch wenn sie sie nicht mögen! Man schimpft über sie und wirft sich ohne Heuchelei vor ihnen auf den Boden.

„Er ist ein Sterblicher wie du und ich!", wagte ich zu sagen. Und weil man mich fragend anblickte, wiederholte ich das entscheidende Wort „mortal" noch einmal: „Er wird sterben wie du und ich!" Hierin irrte ich. Götter sterben nicht wie gewöhnliche Menschen, hätte ich sagen sollen. Hätte ich wissen können, dass sie manchmal noch schneller sterben als gewöhnliche Menschen? Ich bin kein Prophet, denn ein Prophet weiß, dass das, was er sagt, sehr konkret in Erfüllung gehen wird.

5. Kapitel: Der Zweikampf

Am nächsten Morgen setzte sich eine Kolonne von drei Waldarbeitern, zwei Hilfsrangern, dem Assistenten des Wildhüters und einem hellhäutigen Nichtinder in Richtung Mullakkudy in Bewegung. Der Nichtinder war ich. Bei uns waren zwei schwere Karabiner. Man würde den ganzen Tag im Wald zu tun haben und erst gegen Abend wieder zurückkehren. Die Waffen dienten der Sicherheit. Sie eigneten sich dafür, Bären und Elefanten zu verscheuchen - und vor allem Poacher! - denn leider gab es auch in Periyar noch gelegentlich Wilderer.

Ich durfte mich der Gruppe ein Wegstück anschließen. Eine Erlaubnis, die Tourist-Zone zu verlassen, hatte ich jedoch nicht. Als ich mich schon bald von der Gruppe trennte, gab es keine Warnschilder mehr am Waldrand, die in der Umgebung des Landstegs beim Forsthaus so häufig waren. Ich hatte Payas versichert, dass ich nur auf Speise und Trank und ein schattiges Plätzchen aus wäre. Ersteres führte ich mit mir, letzteres sollte sich auch finden lassen. Ansonsten würde ich mich wie ein wildes Tier benehmen. Ich würde wie immer versuchen, mich unauffällig der Umgebung anzupassen!

Ich saß schon bald auf dem Stamm eines umgestürzten Baumes, der von Farnpflanzen schon fast wieder zugewachsen war und blickte in das lichtdurchflutete Blätterdach hoch über mir. Hier fehlte der Zwischenbewuchs und noch war eine kleine Lichtung vorhanden, die der umstürzende Baum gerissen hatte. Lange würde es hier nicht so licht sein.

Ein paar Minivets turnten oben herum, „whiriri, twie-twiet" - schwarzorange Blätter, die von Krondach zu Krondach flatterten. Dicht vor mir war ein großes, leeres Spinnennetz. Die Spinne, die ich wegen ihrer entsprechenden Farbenpracht und den riesigen Mandibeln Tigerspinne taufte, saß direkt unter der Spitze eines Farnblattes. Ich wechselte die Filmrolle. Die Spinnen haben verschiedene Fangmethoden und alle haben sie eine Seidenfabrik im Körper, die ganz unterschiedliche Seidenfäden produzieren, je nach Bedürfnis, die sie aus Multifunktionsdüsen herausgeben. Wie kann eine Spinne wissen, was sie alles braucht, um bei höchster Elastizität Reißfestigkeit und Dauerhaftigkeit ihrer Erzeugnisse zu erreichen? Wie kann sie wissen, dass sie ein Netz einmal kompliziert zu einem wahren Kunstwerk aufbauen muss, ein anderes Mal in ein Lasso verwandelt, mit dem sie nach Beute werfen kann? Sie weiß es nicht, sie tut es einfach, weil es bei ihr fertig abgespeichert ist. Das haben Programme so an sich. Wenn sie funktionieren sollen, ist an alles gedacht, was dazu nötig ist.

Die Chemiker haben bis heute nichts Vergleichbares zur Spinnenseide. Sie ist reißfest, zugleich ultraleicht und bioabbaubar. Die Spinnen haben vieles, wovon Bauingenieure nur träumen können. Sie hinken den Errungenschaften der Spinnen mit weitem Abstand hinterher. Spinnen haben auf vielen Gebieten des Bauwesens und der Findigkeit für technische Probleme eine hohe Spezialisierung und viel Know-how vorzuweisen.

Die Spinnenseide wird für unterschiedliche Zwecke benutzt, als Lauffaden, Abseil, Fangnetz, zum Umgarnen und Tapezieren. Netze bauen die meisten, um Beute zu machen. Wie kommen die Spinnen zu solch perfekten Jagdsystemen mithilfe ihrer Seide? Was hat sie veranlasst, mit der Seidenproduktion zu beginnen und mit dem fertigen Produkt Netze zu bauen? Das eine mit dem anderen in einen kausalen Zusammenhang zu finden, bedarf geistiger Denkleistung.

Alle Spinnen können Seide produzieren, aber nicht alle bauen Netze. Die Radnetzspinne baut ihr Netz zum Fangen von Beute. Die Fäden, die sie aufspannt, dienen ihr auch wie Antennen, denn sobald die Fäden erschüttert werden, weiß die Spinne, was in ihrem Reich geschieht.

Über der Spinndrüse am Hinterleib der Spinne befindet sich eine Siebplatte. Dadurch wird der Faden zu dünneren Fäden durchgepresst, um diesen gesponnenen Faden des Netzes wird ein Filzbelag appliziert. Am Bein der Spinne ist ein Kamm, wo der Filzbelag durchgekämmt wird. Wenn ein Insekt in den Faden fliegt, verheddert es sich nämlich in der Filzauflage. Nicht alle Spinnen haben eine solche Siebplatte. Aber viele haben eine zusätzliche Klebstofffabrik im Leib. Immer wenn der Faden aus der Spinndrüse herauskommt, wird der Faden mit einem Klebstoff beschichtet. Dieser Klebstoff kommt mit Feuchtigkeit der Luft in Berührung und das bewirkt, dass sich auf dem Faden in regelmäßigen Abständen kleine Klebeperlen bilden. Daran bleiben dann die Insekten hängen.

Die Herstellung des Fadens, an dem sich die Spinnen abseilen, ist besonders aufwändig, denn wenn sich die Spinnen herunterlassen, drehen sie sich nicht, was bei einem Einfachfaden der Fall wäre. Der Spinnfaden ist hingegen mehrsträngig verstrebt und so konstruiert, dass die Spinne auch bei Wind stabil am Seil hängt. Die meisten Spinnen können wahlweise verschiedene Spinnfäden produzieren, je nach Anforderung, Fangfäden mit sehr hoher Elastizität, damit die Beutetiere so langsam abgebremst werden, dass sie es zunächst gar nicht bemerken, wenn sie gefangen sind. Die Spinne weiß es vorher schon.

Es gibt Springspinnen und Lauerspinnen, die keine aufwändigen Netzkonstruktionen brauchen. Dafür gibt es Spinnen, die sich mit ihren Netzen anscheinend gegenseitig an Skurrilität und Findergeist überbieten wollen. Eine hat ihr Netz zu einem Wurfnetz eines Gladiators aufgebaut. Mit diesem Netz setzt sie sich dahin, wo Insekten vorbeikommen. Sie nimmt vier ihrer acht Beine und greift damit das Netz, um es dann wie ein Lasso nach der Beute zu werfen. Aber es gibt noch kompliziertere Fangvorrichtungen.

Es gibt eine Spinnenart, die etwas tut, was man sonst von keiner Tierart kennt, sondern nur von Menschen. Sie baut mit ihrem Seidenmaterial eine Spannvorrichtung, um damit zu einer Kraftverstärkung zu kommen. Mit einer Art Ratschenmechanismus wird eine Spannung für das Fangnetz hergestellt, indem der ganze Mechanismus festgezogen wird. Das Netz wird hierzu an verschiedenen Stellen fixiert, daran werden die Radien und Fangfäden installiert. Die Spinne begibt sich an eine ganz bestimmte Stelle, von der aus sie ins Netz katapultiert werden möchte, wo sie nach Auslösen des Mechanismus ihrer Konstruktion mit der

Beute rechnen darf. Mit den Vorderbeinen nimmt sie einen ganz bestimmten Faden und geht mit diesem Schritt um Schritt nach unten und spult das Material hinter sich auf. So setzt sie das ganze Netz unter hohe Spannung. Bei der Belagerung von Festungen hat man in der Antike bis ins Mittelalter solcherart Spannvorrichtungen benutzt, um Katapulte in eine hohe Abschussspannung zu versetzen. Da sie selber der Sensor der Apparatur ist, merkt die Spinne, wann eine Fliege ins Netz fliegt. Sie lässt den Faden los und das Netz fällt in sich und über der Beute zusammen, wobei das Insekt sogleich mit noch mehr Fäden in Berührung kommt. Die Spinne wird wie bei einer Zirkusvorstellung von Trapezkünstlern selber ins Netz auf die Beute geworfen.

Wer hat der Spinne erklärt, wie sie die hochkomplexe Konstruktion bauen soll und wozu? Und wer hat ihr gezeigt, wie der Mechanismus funktioniert und wie sie sich genau verhalten soll? Wie konnte sie sich das alles merken? Die Feststellung ist unausweichlich, dass alle Teile des Systems zusammenwirken müssen, damit es funktionieren kann. Fehlt auch nur ein Bestandteil, funktioniert es nicht. Da die Spinnen diese Fähigkeiten nicht selber besitzen, müssen sie von jenseits ihrer Möglichkeiten diese Informationen bekommen haben. Die Spinne scheint ja nur zu wissen, dass man Kraft nicht nur in den Muskeln hat, sondern, dass man sie in einem System etablieren und zur Energiegewinnung nutzen kann. Sie hat einen externen Kraftspeicher aufgebaut und nutzt diesen wie eine Maschine für künftig zu realisierende Projekte. Wer hat sie das gelehrt? Wieso ist die Spinne überhaupt in der Lage, sie, die zu keinen großen kognitiven Leistungen fähig ist, solche Leistungen zu vollbringen, die auf einen extremen Einsatz kognitiver Fähigkeiten hinweisen? Diese Informationen sind wie eine Software in ihren Bordcomputer eingespeist worden. Auch Menschen sind zu solchen Leistungen nicht fähig, aber sie kommen mit ihren Ingenieursleistungen diesen Werken noch am nächsten. Beim Menschen ist es zweifellos der Geist, der ihr Denken antreibt und sie solche Dinge leisten lässt. Im Falle der Spinne scheint die dazu erforderliche Geistleistung sogar noch höher einzustufen zu sein. Im menschlichen Hirn dürfen dazu keine zufälligen ungezielten Mechanismen ablaufen, aber die Spinne hat noch nicht einmal ein Hirn. Hat sie es ausgelagert?

Manche Spinne benutzen ihre Seide als Frischhaltefolie. Die Beute wird umwickelt und so lange aufbewahrt, bis sie verspeist werden soll. Manche Spinnen können sogar fliegen. Dafür wenden sie eine ganz raffinierte Technik an. Die Spinnen produzieren ihre Seidenfäden als Gleitschirme. Sie steigen an einem Glashälmchen ganz nach oben und wenn sie spüren, dass der Wind günstig ist, lassen sie einen Faden heraus und heben ab, denn der Faden geht mitsamt der Spinne auf die Reise. So wird die ganze Spinnenüberproduktion von einem Ort aus über die Gegend verteilt. So lassen sich Spinnen sogar über Bergmassive tragen, Grenzen respektieren sie dabei nicht. Sie betreiben viel Aufwand, ohne dass ihnen das bewusst ist. Nun gut, bei manchen Menschen wird das ähnlich sein...

Die Bola-Spinne baut kein Netz. Sie braucht nur wenige Fäden. Am Ende eines Fadens bildet sie aus ihrer Seide eine

Kugel. Es ist eine besondere Kugel, denn sie ist klebrig. Sie begibt sich damit auf die Unterseite eines Blattes. Dort wartet sie auf Nachtfalter, die mit der Kugel abgeworfen werden sollen. Diese Falter kommen nicht ganz nichtsahnend, denn die Klebekugel zieht sie magisch an. Sie duftet nämlich nach den Sexuallockstoffen des Falters. Wie ist die Spinne darauf gekommen? Sie ist so genial und spezifisch. Lockstoffe sind hochkomplizierte Gebilde. Man sagt, ihre Entstehung sei ein seltener Zufall. Erstaunlicherweise sind solche Stoffe anscheinend zweimal unabhängig inklusive der Anleitung, was das jeweilige Tier damit machen soll, in die Welt des Lebendigen gekommen. Wie ist es möglich, dass zweimal unabhängig voneinander, weil die Arten nicht miteinander verwandt sind, das gleiche entstehen kann? Wenn VW zwei verschiedene Automodelle vom Fließband lässt, die das VW-Emblem auf der Kühlhaube haben, wundert man sich nicht. Warum sollte man sich bei Pflanzen und Tieren wundern?

Einen Falter mit Klebstoff zu fangen, müsste eigentlich scheitern, denn die Flügel des Falters sind beschuppt. Jede Berührung lässt sofort die Schuppen abfallen. Doch unzufällig hat die Spinne sich darauf eingestellt, denn ihr Klebstoff ist ein Spezialklebstoff, der extern fließfähig ist, noch ehe die Schuppen abfallen können, hat er sich schon überall verteilt und hält alles zusammen. Die Natur treibt einen aberwitzigen Aufwand, um alle Arten, die es gibt, auf eine ganz herausragende und für sie typische Art und Weise im Kreislauf des Lebens zu behalten. Es gab einmal eine Zeit, als Spinne und Falter miteinander zum gegenseitigen Nutzen kommunizierten. Sie lebten in Symbiose, doch dann ist die

Harmonie gekippt. Ist es bei den Menschen nicht ähnlich? Da entstehen Freundschaften und mit einem Mal werden aus Freunden Feinde. Oder aus einem Liebespaar werden zwei zerstrittene, sich gar bekämpfende Menschen. So weit sind wir gekommen. Wundern wir uns, dass wir in der Schöpfung andernorts nichts Anderes sehen?

Es gibt Spinnen, die eine Taucherglocke bauen, die sie unter Wasser platzieren, in die die Spinne hineinschlüpft, wo sie auch ihre zahlreichen Kinder zur Welt bringt. Wenn die Luft ausgeht, taucht sie einfach auf und holt an der Wasseroberfläche frische Luft und transportiert sie in die Glocke. Woher weiß die Spinne das? Wie viele Spinne sind ertrunken, weil sie ja zufällig noch nicht wussten, was sie taten und gewartet werden musste, bis sich zufällig die richtige Handlungsweise etablierte? Man merkt natürlich sofort, dass es völlig überflüssig ist, auf etwas zu warten, was einem Lebewesen, das nicht von hier nach da denken kann, nichts nützt. Tieren oder Pflanzen einen Fortpflanzungswillen zu unterstellen, würde ja schon bedeuten, ihnen einen Geist zuzugestehen. Wenn es in der Natur keinen Geist gibt, wie soll dann Evolution möglich sein? Oder kann nur ein Geist das bereitstellen, was zu einer Evolution notwendig ist? Diese Fragen stellen sich immer mehr Naturwissenschaftler, weil sie immer wieder vor unlösbare Fragen gestellt werden.

Spinnen haben noch andere Körpersäfte mit besonderen Eigenschaften in der Produktion. Spinnen haben keine Verdauungsprobleme. Sie stellen Toxine her und achten dabei darauf, dass sie so mit ihnen umgehen, dass sie selber nicht zu Schaden kommen. Diese Toxine benötigen sie nämlich zur Erfüllung eines anderen Planes. Damit lähmen sie ihre Beute. Und weil sie so versiert darin sind, mischen sie in ihrem Hauslabor noch einen anderen speziellen Stoff zusammen: ein Zersetzungsmittel, womit das Innere der Beute extern vorverdaut wird. Die Spinne muss die Beute nur noch aussaugen.

Die Krabbenspinne hat die Fähigkeit, wie ein Chamäleon die Farbe der Umgebung anzupassen. Dazu sind hochkomplexe Vorgänge in ihren obersten Körperschichten erforderlich. Diese Spinne setzt sich in Blütenstände von Blumen und wartet dort auf Schmetterlinge. Dann geschieht Hässliches in einer schönen Umgebung. Es gibt aber auch unter Wasser keine Sicherheit vor Spinnen, da es auch Spinnen gibt, die Fischen auflauern.

In der Sahara gibt es eine Spinne, die Maschinenbauer inspirierte. Sie legt sich auf die Seite und läuft Rad schlagend oder sogar Flickflack schlagend die Sanddüne herunter und erreicht dabei das doppelte der Geschwindigkeit. Damit entkommt sie ihren Jägern. Wenn man das nicht auch nachbauen kann zu irgendeinem sinnvollen Zweck!

Es gibt Spinnen, die vegetarisch sind. Zwar bleiben bei allen Spinnen an den Fangfäden Pollen und Pilzsporen hängen und da Spinnen alle 24 Stunden ein neues Netz gebaut haben und ihr altes Netz einfach auffressen, bekommen sie ihre vegetarischen Portionen damit auch. Man hat aber auch bei einer Art festgestellt, dass sie sich eine Symbiose zwischen Dornenakazien und Ameisen zunutze macht. An ih-

rem Blattende gibt die Akazie Proteinkörnchen an die Ameisen ab. Das haben auch Spinnen entdeckt. Im Labor können
die meisten Spinnen mit vegetarischer Kost durchgefüttert
werden. Das ist ein Hinweis darauf, dass auch für die Spinnen nicht notwendigerweise ein Fressen von Tieren überlebensnotwendig sein muss und somit der ganze Aufwand mit
der Jagd und den Netzen einen exorbitanten Luxus darstellt,
der alles andere als zwingend erforderlich war, als er „erfunden" wurde. Es kann also eine Störung in die Geschichte
der Natur gekommen sein, die aus Pflanzenvertilgern
Fleischfresser gemacht hat. Und im Ergebnis kam es zur
schmerzhaften Vergänglichkeit der Schöpfung. Schaul von
Tarsus drückte das vor zweitausend Jahren so aus: „Denn
wir wissen, dass die ganze Schöpfung zusammen seufzt und
zusammen in Geburtswehen liegt bis jetzt. Nicht allein aber
sie, sondern auch wir selbst, die wir die Erstlingsgabe des
Geistes haben, auch wir selbst seufzen in uns selbst."

Natürlich geschah das der Schöpfung nicht freiwillig, denn
sie hat ja keinen Willen. Das einzige Lebewesen, das zu dieser Schöpfung gehört, das Geist zu haben scheint, ist der
Mensch. Es war der Mensch, der sich willig der Nichtigkeit
unterworfen hat und damit die ganze Schöpfung mitgeris-
sen hat. Nicht in den Weiten des Weltraums spielt die
Schöpfungssymphonie und die Chaos-Musik, sondern da,
wo der Mensch ist. Der Mensch soll nochmal genauer in den
Spiegel schauen, nicht in die Spiegelteleskope, die dahin
schauen, wo der Mensch nicht ist und auch nichts verursacht haben kann.

Die Schöpfung ist unfrei, weil sie der Vergänglichkeit und Nichtigkeit unterworfen ist. Und doch halten wir alle das Lebensprinzip hoch, nicht das Sterbensprinzip. Alle Menschen und alle Lebewesen kämpfen ums Überleben, als sei das Leben überaus kostbar. Das Lebensprinzip ist das dem Evolutionismus entgegengesetzte Prinzip, welches ein Sterbensprinzip ist. Wie man das in einem Kontinent wie Indien, der überbevölkert ist, den Menschen verdeutlichen kann? Man sollte aber nicht Qualitätsfragen mit Quantitätsfragen vermischen. Es soll daher jeder dabeibleiben, an seine eigenen noch nicht erreichten Qualitäten zu denken. Und dazu gehört zuallererst die Qualität des Lebens.

Ein Mensch muss sich Zeit seines Lebens fragen: wie lebe ich? Er kann aber nur das Wie des Lebens leben, wenn er überhaupt lebt. Und so bleibt ihm nur das Seufzen, weil er weiß, dass er sein Leben lassen muss. Das ist sein Hauptproblem.

Ein Pfad verlief hier parallel zum Waldesrand, der in tropischen Wäldern nicht anders als in den europäischen Mischwäldern dicht mit Sträuchern und Jungbäumen bewachsen war. Ich fühlte mich irgendwie müde und wollte langsam in Richtung Thekkady zurückgehen. Von diesem Pfad wusste ich noch nicht, über welche Umwege er mich führen würde.

Ich machte mir noch ein paar Notizen, da war es mir, als hätte ich ein Geräusch von irgendwo hergehört. Ich blickte um mich um, konnte aber nichts entdecken. Der Mensch hat

ein Gesichtsfeld von 180°. Im Dschungel muss er 360° über-
blicken, sonst hängt ihm vielleicht eine Schlange im Hemd-
ausschnitt oder er stolpert über einen Bären oder besser gesagt, der Bär stolpert über ihn.

Ein Falter schwebte an mir vorbei und setzte über das Spinnennetz hinweg. Hatte er es bemerkt oder war es zufällig,
dass ihn sein unregelmäßiger, flatterhafter Flug nicht mit
der Tigerspinne bekannt gemacht hatte? Im Waldesinnern
hatte er von den meisten Vögeln Ruhe vor Nachstellungen.
Er flog den Tierpfad entlang. Da sich Schmetterlinge nicht
an Infrastrukturen des Menschen halten, war anzunehmen,
dass der Pfad auch nicht für Menschenfüße angelegt worden
war. Das Flatterding setzte sich auf eine Bodenerhebung.
Gerade dorthin fielen gebündelte Lichtstrahlen.

Wieder hörte ich ein Geräusch, das nicht zur Szenerie
passte! Kein knackender Ast, keine raschelnden Blätter, weder Tierruf, Sägen, Klopfen noch Regentropfen. Ich kannte
natürliche Ursachen für Geräusche, die Lautäußerungen der
Tiere waren mir nicht ganz fremd. Mir war nicht ganz ge-
heuer. Sogar die Tigerspinne war auf einmal verschwunden.
Ich setzte mich wieder in Bewegung. Die Bodenerhebung
entpuppte sich als Dunghaufen. Nanu! Nashörner in Periyar? Wohl kaum! Der getrocknete Mist gehörte eindeutig einem Verwandten des kleinen Klippschliefers - dem indischen Elefanten.

Die Elefanten von Periyar waren keine bloßen Savannen-
tiere, sie durchzogen auch und mit Vorliebe die Wälder. Und

sie hatten viel größere Ohren als die Nashörner! Diese Tatsache war ein Grund für die Warnschilder „Do not
trespass!"

Meine Stimmung war umgeschlagen. Warum, konnte ich
nicht sagen. Vor kurzem hatte ich mich noch sehr wohl gefühlt. Jetzt schlich ich den Pfad entlang und meinte zu wissen, dass ich allen Grund hatte, geräuschlos zu sein. Links
von mir, zum Waldrand hin, versperrte dichtes Gesträuch
Blick und Weg, zur Rechten, zum Waldesinnern, ging es
leicht bergan, bis zu einer Höhe von zehn Metern. Um nachzusehen, was hinter der Anhöhe war, hätte ich auf dem
laubübersäten, von Farnen, Kräutern und Jungbäumen be-
wachsenen Waldboden einigen Lärm verursachen müssen.
Meine Erwartungen konzentrierten sich auf Auge und Gehör. Dass es nicht ausreichte, lernte ich im nächsten Moment, als mir ein Schreck in die Glieder fuhr!

Die nachwachsenden Bäume am Waldrand streckten licht-
hungrig ihr Blättergewirr überall hin, wo freier Raum und
auch nur geringste Chancen waren, Licht einzufangen. Auf
einem dieser Bäume hatte ein Tier gesessen. Nun war es mit
einem Satz heruntergesprungen. Das laute Geräusch, das es
dabei verursacht hatte, passte nicht recht zu meiner Vermutung, dass es sich um einen Langur gehandelt haben könnte.
Zudem hatte ich durch die Blätter hindurch einen großen
schwarzen Schatten ausgemacht. Jedenfalls hatte das Tier
vor mir die Flucht ergriffen und das zeigte mir, dass die
Welt hier noch in Ordnung war.

Diese Situation war nicht neu für mich. Wie oft habe ich
merkwürdige Ansichten der Natur verpasst. Anstatt, dass

sich die Augen weiden, „weiten" sie sich, wenn das Tier sich aus dem Staub macht. Man kann das auch gutheißen, denn im Dschungel gilt manchmal, wer zu spät kommt, der behält sein Leben.

Doch wozu hatte ich überhaupt die Kamera bei mir? Sie ist eigentlich sehr uneffektiv, wenn man ihre Einsatzmöglichkeiten mit denen des Schreibgeräts ins Verhältnis setzt, das im Gegensatz zur Kamera ein Leichtgewicht ist, nicht aber, was die Gewichtigkeit und Aussagekraft seiner Erzeugnisse betrifft.

Wer weiß, vielleicht hatte tatsächlich ein schwarzer Panther ein Mittagsschläfchen auf dem Baum gehalten. Leoparden gehen Tigern weiträumig aus dem Weg. Tiger sind menschenscheu. So nahe bei Thekkady war es daher nicht auszuschließen, eher auf einen Leoparden zu stoßen als auf einen Tiger. Leoparden sind ohnehin Kulturfolger. In den Dschungeldörfern, aber auch in den Vorstädten Bombays tauchen sie wie selbstverständlich auf, um sich eine Ziege oder einen Hund zu holen.

Ein Grund zur Aufregung? Wie oft schon war ich blind durch die Gegend getappt oder hatte ich, bei milder Betrachtungsweise, fünf Wunder der Natur bestaunt und fünf andere übersehen. Darunter könnten Raritäten gewesen sein, die kein Auge je gesehen hatte - meines auch nicht!

Zumindest wünsche ich den unbemerkten tierischen Beobachtern ein ähnliches an Belustigungen, wie ich es selbst verspüre, wenn ich derjenige bin, der auf der Lauer liegt. Denn warum sollte der Tourist für ein wildes Tier nicht eine willkommene Abwechslung sein? Etwa, wenn es ein Tourist

ist, der glaubt, sich an irgendetwas irgendwohin anpirschen oder von einer vermeintlichen Gefahrenquelle sich voreilig oder überstürzt entfernen zu müssen! Welch ein Spektakel! Schaut ihn euch nur an, diesen Wichtigtuer Mensch! Wie hölzern der Beherrscher der Schöpfung doch ist! Menschen sind wandelnde Bäume, weiter nichts, nur, dass sie nichts zur Verbesserung der Atmosphäre beitragen, und das muss man ihnen übelnehmen! Wie bedeutsam seine Bewegungen im Dschungel doch sind!

Wenn man sich ganz unbekümmert unter wilden Tieren bewegen würde, wäre das Risiko, auf Kümmernisse zu stoßen, nicht wesentlich größer. Trotzdem meine ich, man ist gut beraten, nicht so zu tun, als würde man einen europäischen Kulturwald durchwandern, wo es keine Wölfe und Bären mehr gibt – leider! Die gibt es in Indien noch und es ist immer besser, man weiß, wo sie sich gerade befinden. Dazu ist Wachsamkeit eine gute Übung! Das zeigte sich auch jetzt wieder!

Ich überlegte mir noch, ob Languren vielleicht doch auch einzeln die Wälder durchstreifen, als schon wieder ein Geräusch nicht nur meinen Gedankengang unterbrach. Dieses Mal konnte ich es identifizieren. Unzweifelhaft war hier die Verdauung eines großen Pflanzenfressers am Werk. Ich hörte außerdem sehr entfernt klingendes Blätterrascheln und Blätterrupfen. So fern war es aber gar nicht, denn von dem Elefanten, dessen Magen sich bemerkbar gemacht hatte, trennte mich nur noch ein schmaler Streifen Buschwerk!

Ich konnte den riesigen hellbraunen Leib in einer Entfernung von kaum zwanzig Schritten durch die Blätter hindurch sehen. Eine Sekunde später war ich hinter einem Baum. Auf dem Pfad wäre ich bis auf zehn Schritte an den Elefanten vorbeigekommen. Er stand draußen auf der grünen Wiese. Das Grasland reichte hier wie eine Bucht in den Wald hinein. Ich konnte noch zwei weitere erwachsene Elefanten ausmachen, dazu ein Jungtier. Hier war äußerste Vorsicht geboten!

Ich riskierte ein Bild mit der Kamera und prompt stellte die hellbraune, vom Sonnenlicht angestrahlte Elefantenwand ihre Bewegung ein, das Schmatzen hörte auf. Das Klicken der Kamera war dem Großohr nicht entgangen.

Ich wartete, bis weiter gefressen wurde, dann machte ich mich geräuscharm auf den Rückweg. Ich beeilte mich, weil ich beabsichtigte, die Einbuchtung von der anderen Seite her zu erreichen. Einen zweiten und genaueren Blick mir auf die Elefanten zu verschaffen, wollte ich natürlich nicht versäumen. Jede Elefantenfamilie steckt voller Persönlichkeiten. Und alle wurden herangebildet in der Weltabgewandtheit wie bei einem Einsiedler, nur ohne dessen weltverneinende Weltfremdheit. Echte Persönlichkeiten sind selten heutzutage. Man findet sie wohl eher in der Land- und Waldbevölkerung.

Ich trat aus dem Wald heraus und folgte dem Fußpfad durchs Grasland, auf dem ich von Thekkady hergekommen war. Die Elefantenbucht war jedoch nicht einsehbar. Den Pfad zu verlassen und in sie hineinzulaufen, war nicht ratsam, da der Wald links und rechts mit dichtem Buschwerk bewachsen war, welches kein Eindringen erlaubte. Nicht einmal einen Pfad gab es in der unwegsamen Grasbüschel-steppe. Was würde ich tun, wenn die Elefanten sich ent-schließen würden, herauszukommen? Irgendwie würde ich ihnen im Wege stehen!

Ich ging bis zu einem Vorsprung, um den herum ich spähen konnte. Ich sah nichts, hörte aber bedrohlich nahe ein Ge-räusch, sodass ich mich schnell zurückzog. Die Elefanten hatten vielleicht keine Lust, mich kennenzulernen. Was hätte ich ihnen auch bieten können? Einen fremdartigen Ge-ruch!

Jetzt blieb nur noch der Versuch, die Elefanten noch weiter zu umgehen, also wieder in das Waldstück einzudringen, diesmal aber von der anderen Seite, von Westen her. Ich verschaffte mir also Zutritt zu dem Gehölz, das an die Bucht angrenzte und fand zu meiner Überraschung ein Gewirr an Pfaden durchs Unterholz. Sie führten mich ganz offensicht-lich zu den Ruheplätzen der Elefanten, denn sie verliefen planlos und endeten meist blind an einer Stelle, die ausge-walzt und kahl war, wenn man von den Pilzen absah, die aus den Kothaufen hervorsprossen. Ich hatte einen Elefan-tenliegeplatz gefunden!

Das Gras war teilweise frisch niedergetreten, die Kotballen hatten ein sehr unterschiedliches Alter, also kamen die Ele-fanten immer wieder hierher zurück! Jetzt wäre ich erst recht in Erklärungsnot gekommen, wenn die Elefanten auf-getaucht wären! Ich halte von zu großen Vertraulichkeiten beim Umgang mit wilden Elefanten nicht viel.

Hier hatte ich nicht einmal zu Ausweichmanövern in der Vertikalen Raum. Andere wilde Tiere geben sich meist damit zufrieden, einen auf einen Baum gejagt zu haben oder hinter verschlossene Türen. Der Elefant gibt sich grundsätzlich mit nichts zufrieden. Zum Glück hindert ihn seine Furcht meistens davor, seine Reizbarkeit mit Aggressivität zu koppeln. Darauf sollte man jedoch nicht wetten.

Ich dachte mir, dass die Elefanten tagsüber nicht zu ihrem Versteck zurückkehren würden, daher wäre ich hier vermutlich sicherer als an jedem anderen Ort im Dschungel. Dennoch machte ich, dass ich so schnell wie möglich wegkam. Ich lege bei meinen Erkundungsgängen immer großen Wert auf Rückzugsmöglichkeiten, sei es ein fahrbarer Untersatz, ein Hochsitz oder auch nur ein Baum, der in Reichweite ist. Es sind wichtige Vorbedingungen, um Wagnisse eingehen zu können. Ich nenne das „kalkulierbares" Risiko. Bin ich aber allein auf weiter Flur, ziehe ich es in Gefahrensituationen vor, mich rechtzeitig zurückzuziehen. Das nenne ich „vorzüglicher Rückzug". Aber alle Theorie ist grau. Elefanten sind grauer!

Die gefährlichen Situationen, in denen ich mich mit Elefanten befunden habe, entstanden eben aus überraschenden, unvorhersehbaren Gegebenheiten. Besonders nachhaltig in Erinnerung ist mir ein Erlebnis aus dem Staate Karnataka. Das Problem war, dass der Elefant ein bestätigter Killer war und ich das nicht wusste.

Wenn ich ein paar Tage lang in den staubigen indischen Städten gewesen bin, dann kann ich es kaum erwarten, wieder in die Natur hinauszukommen. Im Bandipur-Tigerreservat angekommen, wartete ich nicht den ganzen Nachmittag auf die abendliche Rundfahrt mit dem Touristenbus, sondern schlug mich neben meiner Unterkunft seitwärts in die Büsche, weil hier ein Pfad schnurstracks in den Dschungel zu einem Wasserloch führte. Zwei Schabrackenschakale hatten es für gut befunden, mich zu begrüßen. Ich heftete mich an ihre Fersen. Der Mensch ist nun mal der Verfolger der Tiere und nicht umgekehrt!

Touristen, die ins Innere des Parks gelangen wollen, benutzen normalerweise Wege und Fahrzeuge. Hätte ich den Fahrweg benutzt, hätte mich noch vor Betreten des Parks ein großes Hinweisschild darauf hingewiesen, dass einzelgängerischen Wesen kein Zutritt gestattet wird.

Ich mag keine Beschränkungen meiner Wege, halte mich aber an Anweisungen. Bei meinem vorherigen Besuch im Jahre 1982 gab es solcherlei Beschränkungen noch nicht. Damals hatte ich die 20 km vom Mundumalai in Tamil Nadu bis nach Bandipur durch geschütztes Gebiet zu Fuß zurückgelegt und dabei anstandslos die Staatsgrenze, die Wildhüter freundlich grüßend, passiert.

Gerade Bandipur eignet sich für Erkundigungen zu Fuß, nirgendwo sonst in weitem Umkreis kann man sich vielen Tieren so annähern. Über Tiergenerationen hinweg wurden Tiere nicht mehr bejagt. Axishirschen nähert man sich an bis auf 30 Schritte auf freiem Feld, ohne dass die Tiere davonlaufen! Am helllichten Tag. Abends verlieren sie alle Scheu. Man sitzt vor seinem Bungalow, ist in seine Notizen

vertieft. Wenn man wieder aufschaut, ist man von wenigsten hundert dieser anmutigen Geschöpfe umringt. Lautlos
sind sie gekommen.

Man vermeidet jede Bewegung und beobachtet atembe-
raubt, wie die Herde das Gelände des Touristenkomplexes
vereinnahmt. Das sind kostenlose Schauspiele, die ich jeder
Theateraufführung vorziehe.

Es handelt sich um ein öfter festzustellendes Phänomen:
Tiere des Lichts fürchten sich vor den Tieren der Schatten-
welt und suchen beim Menschen Schutz, wenn die Nacht
hereinbricht. Ein Instinkt aus Urzeiten? Wann immer der
Garten Eden existierte, die Axishirsche waren dabei und sie
können sich seither nicht viel verändert haben, auch rein
äußerlich, denn ich wüsste nicht, was man an ihnen noch
ändern müsste, um die Idealvorstellung eines Hirsches zu
erreichen.

Nach und nach kommen immer mehr Tiere. Bald stehen 200
Stück um einen herum. Dies ist ihr Sammelpunkt. Tagsüber
sind sie in kleineren Gruppen unterwegs.

Und dann steht man auf. Die Hirsche, die mir am nächsten
sind, springen zur Seite, ein paar Schritte nur. Jetzt kommt
Bewegung in die Herde! Langsam, ohne Hast, ziehen sie
weiter. Sie bleiben jedoch in der Nähe des von Menschen
bewohnten Areals.

Um Bandipur herum gibt es zu jeder Tages- und Nachtzeit
Axishirsche. Meistens trifft man sie in Gruppen von 12 bis 16
Tieren, oft auch in noch kleineren Gruppen. Zahlreiche Was-
serlöcher, teilweise auch künstlicher Natur, sind vor Ort

vorhanden. Dies erklärt, warum sich in der Trockenzeit so viele Tiere hier versammeln. Der Park selbst hat ausgedehnte Monsunwälder und buschreiche Steppen mit deutlich sichtbarem Wechsel der Jahreszeiten. Er liegt nicht wie Periyar in der Feuchtzone. Wildbeobachtungen sind am besten möglich in der Trockenzeit, wenn der Bewuchs nicht so dicht ist und die ungeteerten Wege befahrbar sind.

Mein diesmaliger Ausflug ins Innere des Parks erbrachte schon bald fotogene Motive und spätestens, als ich auf einer leichten Anhöhe eine Gruppe Elefanten, die ein Junges bei sich hatten, entdeckte, wusste ich, dass die abendliche Ausfahrt nicht mehr die Hauptsache sein würde.

Ich wendete die Methode des „Buschspringens" an, um näher an die Elefanten heranzukommen, hielt aber einen gebührlichen Abstand ein. Als ich mit Beobachtungen gesättigt war, kehrte ich um. Am Fuß der Anhöhe war ein Bambuswäldchen. Gegenüber, gleich neben dem Weg, stand eine Hütte, oder besser gesagt, das, was davon übriggeblieben war. Die Wände waren teilweise eingestürzt, Fenster und Türen gab es nicht mehr und auch das Dach bestand nur noch zur Hälfte. Ein Balken war von der Decke herabgestürzt und blockierte den Eingang. Die Hütte war sonst aus Bambus und Lehm gebaut. Sie hatte einmal zur Tierbeobachtung gedient, denn zum Bambuswäldchen und zur Anhöhe hin gab es mehrere kleine Gucklöcher wie Schießscharten.

Ich verspürte ein Bedürfnis und ging um das Häuschen herum. Dabei trat ich auf eine Fußspur. Vier deutlich abgedruckte Zehen mit langen Krallen daran. Das war die markante Spur eines Bären! Ich wollte ums Haus herum wieder auf den Weg gehen, doch gerade als ich um die Ecke bog, trat ein Elefant aus dem Bambuswäldchen. Geistesgegenwärtig huschte ich ins Haus hinein. Durch die Schießscharten hatte ich einen vorzüglichen Blick.

Der Elefant war riesig. Er hatte gewaltige Stoßzähne und auf seiner faltigen Haut gab es mehrere auffällige Schrammen. Ein wahrhafter Tusker! Er blieb erst am Waldrand stehen und musterte sehr aufmerksam, um nicht zu sagen misstrauisch, die Umgebung. Ich dachte zuerst, er hätte mich noch gesehen, aber das war nicht der Fall, denn die Hütte war nicht der ausschließliche Gegenstand seiner Observation. Offenbar kannte er sie als feststehendes Charakteristikum der Landschaft.

Hatte ich zuerst noch befürchtet, dass er vielleicht herüberkommen würde, um nachzusehen, ob die Hütte leer war - eine alptraumhafte Vorstellung! - so verflogen meine Ängste doch schnell, als der „lonesome Tusker" ganz genüsslich anfing, büschelweise hohes Gras aus dem Boden zu rupfen.

Das Gras war hier saftig, weil in der Talsenke die Feuchtigkeit noch nicht ganz aus dem Boden gewichen war. Der Elefant kannte sich hier aus. Das war wohl seine Wohnstube. Vielleicht, dachte ich, war dies die Ursache für den heruntergekommenen Zustand der Hütte. Man hatte sie hierher gebaut, ohne den Elefantenbullen um Erlaubnis zu fragen, und als er versuchte, sich die Räumlichkeiten von innen anzuschauen, brach sie auseinander. Irgendwann verzichtete man dann auf weitere Aufbauversuche ohne Baugenehmigung.

An dem nunmehrigen Verhalten des Elefanten konnte ich erkennen, dass er sich sicher und unbeobachtet fühlte. Man sah es ihm an, wie er das frische Gras genoss. Mit schwungvollen Bewegungen seines langen Rüssels rupfte er die Halme auf essgerechte Portionen zusammen und warf sie in sein Maul, während seine großen Ohren Wind herbeifächerten.

Jetzt, da ich sah, dass dieser Elefant harmlos war, hatte ich nicht mehr den Wunsch, es möchten doch noch mehr Elefanten aus dem Wald heraustreten. Denn viele sind mir grundsätzlich lieber als nur einer. Einzelgänger sind stets launisch und manchmal auch bösartige Gesellen, die nicht nur Gras zerrupfen. Außerdem wollte ich mir jetzt meinen Logenplatz nutzbar machen. Meine Bedenken, dass der Bulle, der in bildformatfüllender Nähe war, das Klicken der Kamera hören könnte, bestätigten sich nicht. Er war so sehr mit seinem Mittagessen beschäftigt, dass er nichts hörte. In seinen Ohren surrten die Mücken.

Inzwischen war er fast bis zum Wegesrand gekommen und bot mir seine volle Breitseite. Ich kauerte hinter dem kleinen Fenster und wechselte hastig den Film, dann klappte ich den Deckel der Kamera wieder zu - ein peinlich lautes Geräusch! Daran hatte ich in meiner nervösen Begeisterung nicht gedacht! Wie dumm!

Der Bulle hatte schlagartig aufgehört zu fressen. Er stellte die Ohren auf. Ich brachte die Kamera wieder in Position und schob das Objektiv durch die Öffnung. Das musste er gesehen haben. Wie vom Blitz getroffen, fuhr er zusammen. Er schnaubte, wirbelte herum mit einer Wendigkeit, die ich ihm gar nicht zugetraut hätte, und rannte... rannte... rannte... auf...auf...auf... das Bambuswäldchen zu, den Rüssel und die Ohren hoch erhoben! Dabei ließ er das Grasbüschel, das er soeben noch aufgenommen hatte, nicht los. Derweil hielt ich seine Flucht im Bild fest. Der Elefant schlug eine Bresche in den Bambus und war dann meinen Blicken entschwunden.

Ich fühlte mich irgendwie befreit. Der Kerl war freundlicherweise in die richtige Richtung gelaufen. Das war nicht selbstverständlich. Einer Bedrohung erster Kategorie wird von Elefanten oft mit einer Flucht nach vorne begegnet. Mich hatte er zum Glück nicht so eingestuft! Er hatte nur eine Bewegung in der Hütte gesehen, weiter nichts. Die Schreckhaftigkeit des Elefanten konnte aber auch noch einen anderen Grund haben. Daran dachte ich in diesem Moment nicht.

Ganz traute ich dem Frieden nicht. Ich hatte nichts mehr von dem Elefanten gehört. Stand er nun im Bambuswäldchen und wartete, bis sich das Geheimnis mit der Hütte, das so sehr nach Mensch roch, lüftete? Was würde geschehen, wenn ich aus der Hütte ins Freie treten würde?

Ich wartete noch ein paar Minuten. Es tat sich nichts. Gerade, als ich hinausgehen wollte, sah ich zu meiner Überraschung einen Mann auf dem Weg auftauchen. Er war nur mit einem Lendenschurz und Sandalen bekleidet und hatte einen langen Stab mit einem spitzen Ende bei sich. Ich zog es vor, in meinem Versteck zu bleiben.

Der Eingeborene, offenbar ein Dorfbewohner, lief nicht einfach nur vorbei. Er hatte das Wäldchen im Auge. Plötzlich
verließ er den Weg und ging auf das Wäldchen zu. Ich war
gespannt, was passieren würde. Sollte ich hinausgehen und
ihn warnen? Aber er schien zu wissen, was er tat. Vorsichtig
näherte er sich dem Bambus und spähte hinein. Hatte er den
Elefanten von weitem stehen sehen? Jedenfalls hatte er
nicht gesehen, wohin er verschwunden war, denn er ging
unschlüssig am Waldrand hin und her. Eingeborene wissen
um die Gefährlichkeit einzelner Elefantenbullen. Sie würden sich nicht ungezwungen einer Gefahr aussetzen. Insoweit war das Verhalten des Mannes nicht erwartungsge-
mäß. Ich für meinen Teil würde jetzt nicht dort spazieren
gehen. Der Mann gab die Suche auf und ging weiter in Richtung auf das Parkinnere.

Das Dorf Bandipur und der Parkeingang lagen entgegengesetzt. Dahin machte ich mich jetzt auf den Weg. Ich ließ kein
Auge von dem Bambuswäldchen. Unterwegs kam mir ein
Jeep entgegen. Die Wildhüter hielten an. Sie waren bewaffnet. Sie fragten mich, wo ich gewesen wäre und wiesen
mich an, unverzüglich zum Camp zurückzugehen.

Am Abend wurde ich in das Büro des Direktors gerufen. Er
war ziemlich ungehalten. Er ließ mich wissen, dass das Verbot den Park zu betreten nicht von ungefähr käme. Erst vor
zwei Tagen hätten sie einen Eingeborenen der Feuerbestat-
tung übergeben. Er war einem Rogue, also einem bösartigen
Elefantenbullen, zum Opfer gefallen. Das war nicht weit
vom Camp geschehen. In diesem Gebiet herrschte absolutes
Ausgehverbot. Touristen würden in andere Gegenden des

Parks gekarrt, Reservierungen würden im Augenblick keine entgegengenommen werden. Ich erfuhr auch, dass sich der Bruder des Verunglückten die verrückte Idee in den Kopf gesetzt hatte, mit einem Mantra-Zauberspruch und einer heiligen Lanze bewaffnet Rache zu üben. Er suchte immer wieder den Ort des Unfalls auf. Am liebsten, erklärte mir der Direktor, würde er ihn inhaftieren und er hätte Lust, genau das auch mit mir zu tun.

Ich beteuerte, dass ich das Verbotsschild nicht gesehen hatte. Ich sagte ihm, dass ich einem Eingeborenen begegnet sei. Den Bewohnern des Dorfes Bandipur, aus dem das Opfer stammte, erklärte er mir, könnte er nicht verbieten, sich frei zu bewegen. Sie würden sich aber hüten, dort herumzulaufen, wo sie den verrückten Elefanten vermuten würden.

„Haben Sie etwa einen großen Tusker gesehen?", fragte er mich.

„Ich habe mehrere Elefanten gesehen", antwortete ich wahrheitsgemäß und versprach, in Zukunft Alleingänge zu unterlassen. Ich hielt es für besser, zu verschweigen, dass ich den Tatort kannte, um nicht noch zusätzlich Feuer zu entfachen. Erst als ich abgereist war, kam es mir, dass das ein Fehler war. Wenn man etwas weiß, was für andere wichtig ist, um eine Gefahr einschätzen zu können, soll man es kundtun. Ich habe das daraufhin immer beherzigt. Auf zahlreichen Bergtouren gab es dazu reichlich Gelegenheit. Dass „Ratschläge" nicht immer gut aufgenommen werden, ist eine andere Sache.

Einige Monate später bekam der Direktor einen Brief aus Deutschland mit zwei ansehnlichen Bildern von einem ansehnlichen Tusker, der beträchtliche Schrammen in seinem faltenreichen Äußeren aufzuweisen hatte. Ich vermute, dass dies die einzigen Bilder vom Killer von Bandipur waren. Ich habe nie erfahren, ob er noch weitere Opfer gefordert hat.

An diesem Tag in Periyar zeigte sich mir kein Elefant mehr. Dafür sah ich noch ein paar andere Tiere. Ich aß im Aranya Nivas, einer Nobelherberge hinter dem Forsthaus, zu Abend, trank ein kühles Bier und ging dann die knappe Meile durch den Wald zu meiner Unterkunft. Ich hatte nicht damit gerechnet, dass es so spät werden würde. Es war stockdunkel. Die Straße war geteert. Ich brauchte aber nur fest aufzutreten, um etwaige sich dahinschleichende und -windende andere Verkehrsteilnehmer zu verscheuchen. Es hatte am Abend geregnet, die Straße war aber bereits abgetrocknet. Ich war schon eine Weile in die Dunkelheit hineinmarschiert, als ich innehielt.

Vor mir auf der Straße war etwas großes Dunkles. Ein Busch, der so weit auf die Straße hereinreichte? Nein, ich kannte die Strecke. Also ein Tier!

Ich blieb ganz ruhig, denn eines hatte ich verinnerlicht. Es gibt zwar in Indien große Tiere, die einem auch nachts gefährlich werden können. Aber wenn man sich ihnen nähert, so wie ich mich jetzt dem unbekannten Objekt genähert hatte, würden sie entweder sofort Reißaus nehmen oder angreifen. Hier war nichts passiert. Und das war das Rätsel. Rätsel sind dazu da, dass man sie löst.

Auf der Straße von Thekkady zum Forsthaus stand ein großes Schild, das Wildwechsel in persona eines Gaur, des riesigen Wildrinds des indischen Waldes, anzeigte. Ich hätte
nie geglaubt, dass sich in diesem Teilstück des Waldes, der
tagsüber so oft von lärmenden Touristenbussen frequen-
tiert war, jemals meine Wege mit denen eines Gaur kreuzen
würden. Das größte Wildrind der Erde ist scheu und meidet
die Nähe menschlicher Siedlungen. Dennoch hatte ich bereits auf eben diesem Straßenabschnitt erlebt, wie am helllichten Tag eines dieser Tiere die Straße überquert hatte.
Ein anderes Mal sprang ein Sambarhirsch gerade in dem
Moment über die Straße, als zwar ein Fahrzeug gerade
durchgefahren war, aber das nächste schon mit Getöse um
die Kurve herumkam. Eigentlich ist nach Passieren des Dorfes nur eine Geschwindigkeit von 30 km pro Stunde erlaubt,
aber niemand hält sich daran. Beinahe kam es zum Zusammenstoß. Der Sambar rannte völlig verängstigt in den Wald,
während die vier jungen Männer in dem Fahrzeug das sehr
belustigend fanden.

Ich hielt sie an und fragte sie, ob sie sich verfahren hätten.
Das sei ein Wildpark, hinunter zur Küste hätten sie vorne
auf der Hauptstraße bleiben müssen. Zur Antwort bekam
ich, ich solle mich um die Angelegenheiten in meinem Land
kümmern.

Ein anderes Mal war ich, da ich mit meinem Motorrad langsam fuhr, beinahe von einem Schnellfahrer von der Straße
abgedrängt worden. Ich hatte deshalb beim Wildhüter vor-
gesprochen. Er sagte mir, dass regelmäßig Sauen und Hir-

sche auf den zwei Kilometern bis zum Parkeingang überfahren würden. Aber dagegen könne man nichts machen. Wenn man die Raser erwischen würde, könnte man sie zur Kasse bitten. Aber ihm fehle das Personal für solche Maßnahmen. Ich machte den Vorschlag, „Speedbraker" entlang der Strecke einzubauen. Was die Menschen wirklich benötigten, wäre jedoch ein Ignoranzbrecher.

Das große schwarze Ding auf der Straße konnte nur ein Gaur sein. Vielleicht war er angefahren worden und jetzt würde er die Gelegenheit wahrnehmen, sich zu rächen. Das Ding auf der Straße war so schwarz und rührte sich nicht - oder doch? Ich näherte mich weiter ... ich war jetzt ganz nah ... ich beugte mich vor ... da! ... da spürte ich einen warmen Atemhauch in meinem Gesicht! Da sah ich zwei große Augen dicht vor mir und zwei gewundene Hörner! Jetzt begriff ich!

„Palej madhu pesamal padukahwum!", sprach ich erleichtert in die Nacht hinein und lachte innerlich. Ich wich noch drei weiteren domestizierten Rindviechern aus, die sich auf die trockene, warme Straße zum Schlafen gelegt hatten. So spät nachts, das wussten sie, war mit Verkehr nicht mehr zu rechnen. Sie hatten den richtigen Riecher gehabt und hatten sich deshalb still verhalten: der Mensch, der da auf sie zugekommen war, war arg- und harmlos. „Alte Kuh, schlaf weiter!"

Die Weiden der Bauern von Thekkady haben keine Begrenzung. Es sind die Talauen und Wälder um Thekkady herum. Die Milch ihrer Kühe ist sehr nahrhaft.

Du sehnst dich, weit hinaus zu wandern,
bereitest dich zu raschem Flug,
dir selbst getreu und treu den andern,
dann ist die Enge weit genug.

Goethe

Am nächsten Morgen war es endlich soweit. Ich nahm Abschied von der menschlichen Gesellschaft, jedenfalls vorübergehend. Ich hatte mir in Kumuli, dem nächstgrößeren Ort hinter Thekkady, Proviant besorgt. Obst und Nüsse und eine reichliche Menge Trinkwasser. Einen Wassermangel würde ich da draußen nicht haben, wenn ich mich nicht allzu weit vom See entfernen würde. Allerdings war es nicht ratsam, das bräunliche, grüne Seewasser zu trinken.

Ich füllte meinen Rucksack nicht bis zum Rand. Es war für mich nicht ungewohnt, auch einmal für eine Zeit auf Nahrung verzichten zu können. Im Übrigen ging ich davon aus, dass mein Ausflug ins Grüne nicht länger dauern würde, als ich es plante. Hätte ich ahnen können, dass der Racheakt einer Frau, die ich noch nie im Leben gesehen hatte, die Dauer meines Aufenthalts mitbestimmen würde?

Die Stelle, an der mich das Boot absetzte, war etliche Kilometer vom Forsthaus entfernt. Eine Dschungelkrähe hätte jedoch die Strecke um ein Viertel abkürzen können. Das Gelände, das sie dabei überflog, war mir noch unbekannt. Ich sollte es noch kennenlernen. Ich dachte zu keiner Zeit, dass ich auf das Boot, das mich wieder abholen würde, unbedingt angewiesen war. Man konnte auch auf dem Landweg, am Ufer entlang, Thekkady erreichen. Wegen der Windungen des Sees wäre das ein langer Weg geworden. Oder man ging eine Abkürzung, hinter der Krähe her.

Zum Manakavala Machan, meinem Zielort, hatte ich dann noch einen Fußmarsch von weniger als einer Stunde zurückzulegen. Ich folgte einem westöstlichen Seitenarm des Sees, der sich wegen der Trockenheit auf kümmerliche Reste zurückgebildet hatte.

Ein Falkenkuckuck kreiste über mir. Will man den Indern Glauben schenken, ruft er in den verschiedenen indischen Dialekten. Jeder will etwas Anderes hören:

„Paos ala! - Der Regen kommt!" Das Hindi passte mir nicht.

„Pie-kahan! – Wo ist meine Liebe?" Das war Kanarese und gefiel mir noch weniger.

Noch zwei Hügel, das hatte mir die Wandkarte im Forsthaus gezeigt, dann war ich am Ziel. Zuvor stellte sich jedoch noch ein Problem. In der Talsenke am Wasser standen drei Elefanten, zwei Ausgewachsene und ein Jungtier. Zwischen ihnen und dem Waldrand hindurchzugehen, wäre doch verwegen gewesen. Lieber das Hindernis umgehen als darübersteigen! Der Waldrand zeigte nirgendwo eine Öffnung. Es blieb nur, einen größeren Bogen zu schlagen oder abzuwarten.

Ich setzte mich zu Boden und beobachtete das elefantöse Getue. Das war eine Weile recht unterhaltsam. Doch irgendwann wurde ich ungeduldig. Oder es wuchs das Verlangen, der Verlockung nachzugeben und es zu wagen?

Langsam ging ich weiter. Die Elefanten standen nicht mehr dicht beieinander, sondern grasten an verschiedenen Stellen. Nur das Junge war am Seeufer stehen geblieben und plantschte im Wasser. Vermutlich mochte es sein Spiegelbild nicht. Wenn ich den Eindruck hatte, dass sie zu mir herschauten, blieb ich stehen. Sobald sie mir aber den Rücken zukehrten, ging ich schnell weiter. So mogelte ich mich an ihnen vorbei und zwischendurch.

Es ist immer schwer abzuschätzen, wie nahe man sich an Elefanten heranwagen darf. Es gibt keinen sicheren Mindestsicherheitsabstand, weil Elefanten je nach Laune unterschiedlich reagieren. Hier war der Abstand nicht sehr klein. Wenn man sich aber auf freiem Feld exponiert und keine Ausweichmöglichkeiten hat, fühlt man sich äußerst unwohl. Wenn Elefanten eine schöpferische Phase bekommen, nehmen sie gerne einen Klumpen Lehm und formen ihn um, ohne Rücksicht darauf, ob etwas Brauchbares dabei herauskommt. Das ist Kunst. Der Mensch ist bekanntlich nichts Anderes als ein Stückchen Erde!

Der Manakavala Machan war hinter Bäumen versteckt. Er hatte einmal am Waldrand gestanden und einen großartigen Ausblick geboten auf das Tal mit den gegenüberliegenden Hügeln, dem See und dem Grasland dazwischen. Jetzt war er halb zugewachsen. Wie sich herausstellte, konnte man das Tal nur noch stellenweise einsehen.

Der Machan war kein einfacher Hochsitz, sondern eher ein Baumhaus. Ehe ich es inspizieren konnte, musste ich zuerst einmal den Zugang finden. Die Büsche waren drei bis sechs

Meter hoch und umschlossen das Objekt wie eine Dornen-
hecke ein Märchenschloss. Wenn der Vergleich stimmte,
konnte ich ja drinnen eine Überraschung erwarten! Sulei-
mit?

Der Pfad, der einige Male die Richtung wechselte, war ebenfalls fast zugewachsen. Jedenfalls war er früher einmal
breiter gewesen. Das konnte man auch an dem schmalen
Holzsteg sehen, der halb verrottet in dem Graben lag. Der
Graben umgab den Machan vollständig. Man hatte ihn ursprünglich zum Schutz vor Elefanten angelegt. Jetzt war er
fast schon wieder aufgefüllt. Hinüber kam ich auf einem
Baumstamm, den man quer über den Graben gelegt hatte.
Außer für den Machan war nur noch Platz für eine Feuerstelle.

Der ganze Anblick erregte ein Gefühl der Verlassenheit, weniger der Urwaldidylle. Das Baumhaus war einmal stabil gebaut geworden. Das musste von einer anderen Generation
bewerkstelligt worden sein, die damals außer auf Funktionalität auch auf Detailarbeit achtete. Mein Domizil besaß
viele glaslose Fensteröffnungen in alle Richtungen. Jedes
hatte zwei Lädchen. Die letzten Jahre schienen aber nur
abenteuerlustige Touristen hier gewesen zu sein. Und Tiere!
Auf der untersten Stufe der Treppe saß eine Bluteidechse
und sonnte sich. Ein gewaltiges Exemplar, das ich argwöhnisch beobachtete, denn es schien mich gar nicht zu regist-
rieren. Der Drache, der den Zugang zum Schatz bewachte!

Erst als ich mit meinem Sieben-Stufen-Stiefeln einen Satz
tun wollte, verschwand die Echse im verwitterten Steinfun-
dament, auf dem die vier Säulen des Machan noch immer

„ruhten". Was würde mich oben erwarten? Hatte sich eine Bärenfamilie eingerichtet? Nistete eine Fledermauskolonie unter dem Dach? Wespennester an der Decke? Vielleicht lag auch ein Panther ausgestreckt auf der Fensterbank!

Die Treppe war breit und nicht einmal so steil, dass nicht auch eine Sau mit ihren Ferkeln hochgekommen wäre, um die Hinterlassenschaften der Touristen zu beseitigen. Wären die über den Graben gekommen? Ich musterte den Graben und den Baumstamm, der darüber lag, und stellte mir verschiedene Tierarten vor, ob und wie sie es anstellen würden, um herüber zu gelangen.

Wildtiere entwickeln ein ausgesprochenes Interesse dafür, aufgegebene menschliche Artefakte in Besitz zu nehmen. Wie gibt man es seinen Waldmitbewohnern bekannt, dass man wieder zugegen ist und eine uneingeschränkte Gewalt über ein eng umgrenztes Refugium ausüben möchte – und dabei nicht gestört werden will?

Ein Radio? Nein! Das würde ganze Affenhorden anziehen! Und überhaupt, wollte ich Tiere verscheuchen oder wollte ich sie anziehen wie ein Doktor für das liebe Vieh? Nun ja, ein bisschen Ruhe vor Mensch und Tier erhofft man sich in der Waldeinsamkeit!

Ich stieg endlich die Treppe hoch und lugte in einen großen leeren Raum. Ein stiller, kühler Traum! In einer Ecke stand als einzige Innenausstattung eine Holzpritsche. Überall war Wachs vertropft. Auf den Fenstersimsen standen noch unzählige Kerzenstummel, was ich gerne zur Kenntnis nahm, denn Kerzen waren genau das, was ich in Kumuli vergessen hatte zu besorgen! Meine Taschenlampe war mir schon vor

Tagen abhandengekommen. Wie wichtig eine Lichtquelle in einer Dschungelnacht werden kann, darauf werde ich noch zurückkommen.

Der Leser mag sich darüber wundern, wie sorglos ich diese Unternehmung offenbar in Angriff genommen habe. Da ich keine „Expeditionen" durchführte, sondern Spaziergänge, wenn auch von der ausgedehnteren Sorte, und da ich der Meinung bin, dass ich mit einer Kamera genügend Naturfremdes mit mir führe, rechne ich bewusst mit Herausforderungen und gebe mich gerne der Lust zum Improvisieren hin. Man sollte sich ja ohnehin über Probleme nicht ärgern, sondern sich den Herausforderungen des Lebens stellen. Bei alledem ist es aber wichtig, sich und das Projekt richtig einschätzen zu können. Also nur kalkulierbare Risiken eingehen und das Unkalkulierbare minimieren oder ganz ausgrenzen. Dass das nicht immer gelingt, ist klar. In meinem Fall dachte ich, das Risiko meines Aufenthaltes realistisch beurteilt zu haben. Aber manchmal geschehen Dinge, die nicht nur unvorhersehbar, sondern auch extrem unwahrscheinlich sind.

Hie und da hingen Spinnweben am grünlichgrauen Gebälk meines Machan. Auf einem der Simse war eine Ameisenstraße. Als ich sie verfolgte, stellte ich fest, dass sie quer über mein Holzbett verlief. Gut! Nachts würde die Straße gesperrt! Ein paar Blätter hatte der Wind hineingeweht, sonst gab es nichts auszufegen. Nicht einmal Staub! Zur Abwehr von ungebetenen Emporkömmlingen hatte man offenbar eine Kollektion von Steinen auf dem Boden nebeneinander gereiht: Abbrüche von der Drachenbehausung. Ein Blick nach unten zeigte mir, dass der Drache wieder auf seinem Posten war. Dieses Mal eine Stufe höher, denn die Sonne war weitergewandert. Minidrachen musste man nicht fürchten, die großen Drachen waren längst ausgestorben, nachdem sie noch ein paar Rückzugsgefechte mit den Sankt Georgen und Siegfrieden ausgefochten hatten.

Jetzt am Morgen kam das Licht noch gedämpft und freundlich zu den Fenstern herein. Ich hatte freien Blick auf die zweite Etage des Waldes um mich herum. So uneingeschränkt, dass man umgekehrt ebenso gut gesehen werden konnte.

Nachdem ich mich häuslich eingerichtet hatte, was bei meiner knappen Ausrüstung schnell geschehen war, widmete ich mich dem Studium der Graffitis und erlebte eine Überraschung. Die Steine waren zur Steinigung eines Monsters vorgesehen, das allnächtlich den Machan heimsuchte!

Die Inschriften waren Zeugnisse des Überlebenskampfes jener, die im Schein ihres letzten Lebenslichtes mit letzter Kraft, den zitternden Dolch in der Hand, in das Holz die Botschaft einritzten, dass ja niemand bis zum Abend an diesem Ort verharre! Ich warf einen Blick auf die abgebrannten Kerzenstümpfe und die Steine, die mir sehr klein erschienen. Die größeren lagen bestimmt schon unten im Graben, sie hatten das Ziel verfehlt!

Auf den größten der noch unbenützten Steine wies ein auf den Boden gemalter Pfeil. Dabei stand: „FOR YOUR USE!"

Weiter oben befand sich eine Zeichnung des Monsters und unter der Überschrift „RAT HUT" stand zu lesen:

„Do not kill the rat here, you are a guest in the rat's home. The rat is a simple animal with no moral concept, yet it leaves the precious food and seeks potatoes and scraps. How often has a weakness for a certain food caused you to steal? It can be prevented with a small pile of grain meal, gratefully received!"

Ich musste also mit einem nächtlichen Anschlag, wenn nicht auf mein Leben, so doch wenigstens auf meinen Proviant rechnen.

Weiter unten in der Ecke stand:

„RAT CORNER. Please leave your offerings here, collecting time 8 pm-5 am non stop!"

Das Biest hatte offensichtlich religiöse Auswüchse angenommen. Ein anderer hatte geschrieben:

„The old rat scared the living daylight out of me when she leapt for my throat!" Das kommt davon, wenn man ihr nicht huldigt!

Ein anderer vermerkte lapidar: „No elephants, no bears, nothing but a rat!"

Aber es gab auch Poet's Corner mit erstaunlichen Bekenntnissen:

> I'm not a rat, I'm a princess
> in an - I admit - unusual dress,
> so once you do me embrace - I say,
> you really won't forget that day!

Und ein Traveller von Germany resignierte:

liege nachts wach,
fühle mich schlecht und schwach,
habe pausenlos gelitten,
bin rastlos hin- und hergeschritten,
Moskitos haben mich arg zerstochen,
dann kam auch noch eine Boa gekrochen.
- ein Assisi Franz
werd' ich sicher nie ganz!

Außer der Allgegenwart der Ratte beherrschte ein anderes Thema die Gemüter. Man war mit großen Erwartungen hierhergekommen, vermutlich zum ersten Mal im Dschungel und dann auch noch über Nacht! Natürlich erwartet man dann ein Szenario wie aus Kiplings Dschungelbuch, mit patrouillierenden Elefanten, tollpatschigen Bären, trompetengesichtigen Affen und hypnotisierenden Schlangen, und das alles mit Gemütlichkeit.

Die Wirklichkeit verlangt jedoch das Entdeckerglück, Findigkeit, das Heranpirschen, den richtigen Ort und die richtige Zeit. Das erfordert Erfahrung, die der normale Tourist nicht hat. Um sie zu bekommen, muss er Zeit und Mühen investieren. Dazu ist er aber nicht bereit und deshalb geschieht es ihm recht, wenn er regelmäßig von seinen Kurzbesuchen enttäuscht in die angestammte Zivilisation zurückkehrt. Da soll er dann auch bleiben.

Der Machan stand noch nicht einmal an einem Wasserloch oder einem Tierwechsel. Es war unwahrscheinlich, dass hier häufig die Ratsversammlung der Tiere abgehalten wurde. Und das sahen die Besucher ein, die sich eingedenk der Ereignislosigkeit ihrer Umgebung immerhin vernachlässigter Geistesgaben besannen. Die Graffitis entbehrten nicht der Komik:

„You saw a rat? If I only had!"

Hier die unglaubliche Chronologie eines Buchhalters aus Brisbane, Queensland, Australien:

9.01 - 1 Kingfisher

9.02 - 48 raging bisons

9.15 - giant moskitos

10.00 - 17 emperor penguins

10.02 - 2 great white sharks

10.15 - 3 threetoed sloth bears

12.00 - 59 running coconuts with arms

1.00 - 1 fivebanded armadillo

2.00 - 2 shetland ponies

3.00 - 6 african pigmies asking for direction

4.00 - flourescent flying unicorns

5.00 - fire breathing dragons adorned with glittering jewels

Also gab es doch noch Drachen. Noch mehr erstaunten mich die afrikanischen Pygmäen. Die mussten einen weiten Weg der Verirrung hinter sich gebracht haben. Die Eintragung zwischen 10.15 und 12.00 Uhr war unleserlich.

Darunter hatte ein Dichter seinen Kommentar gesetzt:

Oh forest, divine art your creation

what shinest thou so green

in my miserable situation

it doesn`t matter what that could mean

oder frei ins Deutsche übersetzt:

O Forst, du himmlische Kreatur,

so grün dein Schimmer,

was bedeutet das schon -

mir geht es immer schlimmer!

Hat der Philosoph sich selber damit gemeint? Dann wäre es komisch. Oder lässt er den Wald selbst reden? Dann wäre es tragisch! Es war noch etwas Platz an der Wand, also schrieb ich:

Man who passes, take off your hat
- think for a little while

here lies buried a rat -
of naughty habit and style

so if ever this way you walk
- tread softly, cautiously talk

if you wake the beast
- it will bite you at least!

Man hat das so zu übersetzen:

Wanderer, halt an! Zieh' den Hut!
Du sollst gedenken einer Ratte,
die eine Menge Unarten hatte
und endlich ruht!
Jedoch sei leise, gib acht!
Denn wenn das Biest erwacht,
wird es dich zumindest beißen,
oder schlimmer noch: mit dir verreisen!

Mein erster Ausflug brachte mich auf die gegenüberliegende Seite des Tals zu dem kleinen, halbverfallenen Häuschen, das man als Manakavala Resthouse bezeichnete. Es war verriegelt. Keine Menschenseele weit und breit.

Ich lief weiter durch den Wald zu einer Lichtung, die vielfältige Aussichten bot. Zur Rechten stand hohes Gras auf sumpfigem Grund, dahinter war Grasland, bis zum nächsten Wäldchen, das die Hügel hinaufwuchs. Zu meiner Linken befand sich ein buschfreies Gelände, an das sich weiter hinten ebenfalls wieder Wald anschloss.

Ich beäugte die Gegend durch mein Objektiv, machte ein paar Bilder, bis ich plötzlich zwei Sambarhirsche in mein Objektiv hineinstarren sah. Sie befanden sich nur dreißig Meter weit weg am Waldrand. Meine erste Reaktion war falsch. Ich ging sofort in Deckung.

Das hätte sie alarmieren sollen. Aber zu meinem Erstaunen bewegten sie sich nicht vom Fleck. Als ich mich wieder langsam aufrichtete, um zwischen den Büschen hindurchzuspähen, gab es die nächste Überraschung. Eine der beiden Kühe war nähergekommen!

Statt mit Flucht zu reagieren, wird der Neugier nachgegangen! Ich machte meine fotomechanische Büchse schussbereit. Sambars, die regungslos in die Kamera stieren, hatte ich bereits abgelichtet. Der Trick, bei Hirschen Neugier zu erwecken, indem man, selber unsichtbar, einen Zweig bewegt, funktioniert oft. Nur bleibt oft auch die erwünschte Reaktion aus. Viele Tiere haben ihr Leben verkürzt, weil sie ihre Neugier befriedigen wollten. Mancher indischer Dorfhund hat seine Nase in ein Gebüsch gesteckt, wo ein Leopard auf ihn wartete.

Diesem Sambarhirsch wollte ich eine Lehre verpassen! Die Gelegenheit war günstig, nun auch einmal Sambarhirsche auf der Flucht im Bild festzuhalten. Die beiden Sambar hatten ungefähr 50 Meter freies Feld vor sich, bis zu dem Wald auf der anderen Seite. Ich würde schon dafür sorgen, dass sie sich dahin in Bewegung setzen würden! Mit einem Mal stand ich hinter dem Busch auf!

Die Sambar brachen beinahe zusammen vor Schreck! Dann ergriffen sie die wilde Flucht! Das hatte ich vorausgesehen!

Womit ich aber nicht gerechnet hatte: die Sambar wussten in ihrer Not nicht, wohin! Sie dachten gar nicht daran, sich an meinen Regieplan zu halten. Wohl hetzte einer der Hirsche über das Feld, was ich vermuten muss, denn ich sah ihn erst wieder, als er drüben im Wald verschwand, aber ihm dabei zuzusehen und abzulichten, war mir augenblicklich nicht möglich. Meine Sorge galt dem anderen Hirsch, der völlig orientierungslos wohin rannte? Geradewegs auf mich zu! Das geschah mir ganz recht!

Ich konnte es nicht fassen! Mir blieb keine Zeit für ein Portrait, kein Gedanke an Großaufnahmen! Ich müsste mich im nächsten Augenblick auf den Boden werfen, damit er mich nicht über den Haufen rannte, oder...

... schon entfuhr mir ein Schrei, wie er in dieser Gegend noch nie gehört wurde! Und tatsächlich! Jetzt, wo es auch für den Sambar ersichtlich war, dass ich kein Busch war - denn singende Büsche in dieser Gegend sind eine Seltenheit -, schlug er einen Haken zur Seite und folgte laut bellend seinem Artgenossen. Ich konnte ihm gerade noch eine schlecht gezielte Ladung „hinterherjagen".

„Uik, akh, ohk!", war zu hören, als die Sambars wieder stehen geblieben waren. Sie protestierten noch eine Weile in verschiedenen Tönen. Ich möchte jedoch keinen weiteren Beitrag leisten zu dem Fachstreit über Lautäußerungen der Tiere, da mir die Schwierigkeiten der Transliteration bewusst sind. Jedenfalls hatte ich wieder einmal einen großartigen Moment der Tierbeobachtung - wieder nicht mit der

Kamera festgehalten! Vielleicht sollte ich entschuldigend für mein ungebührliches Verhalten an dieser Stelle erklären, dass es in den USA und Kanada üblich ist, bestimmte Wildtiere durch die Nähe des Menschen zu erschrecken, damit sie nicht zahm werden und dadurch zu einem Problem werden. Die Wildtiere sollen wild bleiben. Es ist traurig, dass sie dazu den Menschen fürchten müssen. Nur so können sie ungestört leben.

Ich bekam bereits am nächsten Tag meine zweite Chance. Ich ging völlig unprätentiös über die Plains, als zwei Sambar in gestrecktem Galopp an mir vorbeihetzten. Solche gazellenhaften Sprünge hatte ich ihnen gar nicht zugetraut. Die Verwandtschaft mit ostafrikanischen Impalas ist doch eher entfernt. Der Grund für ihr Verhalten war allerdings nicht, mich zu beeindrucken. Eine mögliche Erklärung bot das Ereignis, das sich später am Seeufer zutrug.

Es war an einem dieser namenlosen Seitenarme, die in der Trockenzeit vom See abgetrennt werden und ihr Eigenleben entwickeln. Das Wasser erwärmt sich und wird für die Fische allmählich unerträglich, sodass sie an der Wasseroberfläche nach Luft schnappen. Ein gefundenes Fressen für die Otter. Manchmal kommen auch Wildhunde ans Wasser und schnappen mit ihren Pfoten nach den Silberrücken.

Ich studierte gerade die zahlreichen Tierspuren am schlammigen Ufer, soweit sie nicht von Elefantenfußtapfen bereits zertreten waren, als ich sah, wie ein einzelner Sambar, der aus dem Wald herausgekommen sein musste, ans Wasser trat und zögernd, nach allen Seiten seine Sinne sondieren lassend, ein paar Schlucke nahm. Ich war ziemlich weit weg, in der Hocke. Jetzt stand ich auf. Das Schauspiel, das sich nun vor meinen Augen abspielte, war faszinierend.

Ein Rudel Rothunde erschien auf der Bildfläche. Sie kamen nicht alle gleichzeitig und nicht im Sechser-Pack. Sie taten auch so, als ob sie der Hirsch überhaupt nicht interessierte. Sie streunten am Ufer entlang oder, was noch auffälliger war, vollführten Richtungsänderungen mitten auf dem Grasland, zwischendurch setzten sie sich nieder. Wie sie sich zu dieser geplanten Strategie absprachen, kann ich nicht sagen. Aber das Schauspiel war beeindruckend. Ihrer gespielten Unbefangenheit war nicht zu trauen. Wildhunde sind außerordentlich geschickte Jäger. Sie können aber ihre Fähigkeiten erst im Rudel zur Geltung bringen. Das spricht für ihre Schwarmintelligenz.

Das ist ein Naturphänomen, das vor allem bei solchen Tierarten beeindruckt, deren Individuen Dinge tun, zu denen ihre Intelligenz nicht ausreichen kann.

Der Sambar, auch nicht dumm, hatte längst gerochen, dass Gefahr im Verzug war. Wenn sie ihn am Ufer umkreist haben würden, hätte er kaum noch Chancen zu entkommen. Sogar ein Seeadler, der auf einem Baumstumpf im See gesessen hatte, flog jetzt auf und davon. Offenbar mochte er die Gesellschaft von Wildhunden nicht. Der Sambar auch nicht. Er lief schräg auf den Waldrand zu, während sich die Hundebeine auf einmal wieselflink in Bewegung setzten.

Der Sambar wendete sich von seinem ursprünglichen Kurs ab. Er war nur noch hundert Meter von mir entfernt. Ich hatte den Eindruck, dass er mich längst gesehen hatte. Auf der freien Fläche vor dem Ufer stehend, hob ich mich deutlich vom Hintergrund ab. Dieser Sambar lief jetzt trotz seiner Erschrecknisse ringsum auf mich zu. Warum nicht gerade deshalb?

Es wäre nicht das erste Mal, dass Tiere beim Menschen Schutz suchen. Gehen die Erfahrungswerte oder das Denkvermögen der Individuen so weit, dass entschieden werden kann, wann die Nähe zum Menschen mehr Vorteile als Nachteile oder mehr Sicherheit als Gefahr bringt? „Wusste" der Sambar, dass sich die Wildhunde nicht so weit in die Nähe des Menschen trauten? Das hieße, Tieren ein hohes Maß an kluger Voraussicht zuzuschreiben. Worin unterscheidet sich Instinkt von gedanklicher Überlegung? Vielleicht in nichts!

Das Verhalten von Tieren gerade in Situationen, die nicht von Geburt an programmierbar sind und auch nicht durch Erziehung übermittelt werden können, zeigt deutlich, dass Tiere Entscheidungen treffen können. Wer es dennoch Instinkt nennen will, der muss in der Entstehung und Herkunft des Instinktes als einprogrammierte Verhaltensweise ein nicht geringeres Rätsel sehen.

Wenn für dieses Verhalten mancher Tiere, beim Menschen Schutz zu suchen, eine uralte Eingabe verantwortlich sein sollte, dass der Mensch der Bewahrer und Beschützer der Schöpfung sei, dann muss man zugeben, dass sie zurecht nur noch bruchstückhaft vorhanden ist, so mangelhaft wie auch das Bewusstsein des Menschen, für die Pflege und Erhaltung seiner irdischen Erbschaften geradestehen zu müssen. Aber wie gesagt, ich war ja aufgestanden.

Der Ehrenvorsitzende des Rates der Tiere, der alte Büffel, ist längst in den Dschungel zurückgekehrt, um den Schlachtmessern seines vormaligen Besitzers zu entgehen, und er sagte: „Wenn ihr Beschwerden habt, geht zum Menschen, der wird euch von eurem Leiden befreien - so oder so!"

Die Kobra soll gesagt haben: „Gehst du zum Menschen, vergiss die Zähne nicht!"

Im Dorf Bishangarh saß plötzlich Shir Khan, der König der Dschungeltiere, in einer ärmlichen Hütte. Er hatte sich an zwei Kindern, die an der Tür spielten und noch nie einen Tiger gesehen hatten, vorbeigeschleppt. Seine Wunden hatte er im Kampf mit einem anderen Tiger erhalten. Sie konnten nicht von selbst heilen. Diese Tatsache war dem Tiger nicht unbekannt. Ob Zoologen solche Wahrnehmungsprozesse bei Tieren nun wahrhaben wollen oder nicht, kümmert den Tiger nicht.

Wenn der Tiger aber darauf gehofft haben sollte, dass ihm ein Besuch bei den Menschen eine Erleichterung verschaffen würde, die an ein Weiterleben gebunden ist, hatte er sich zu weit vorgewagt in der Kunst des Spekulierens. Auch Tiger können irren! Sie „wissen", Menschen können helfen. Aber Können und Tun sind verschiedene Dinge. Der gestrauchelte König des Dschungels legte sich in die Hütte und wurde daselbst von einem respektlosen Shikari, so nennt man die Jägersleute in Indien, tödlich beleidigt. In den Dörfern regieren keine Tiger, dort regieren Hunde! Wenn man die einmalige Chance hat, einen Tiger zu töten, tut man es und man ist sich des Ruhmes sicher. Aber warum erkennt man nicht die einmalige Chance, einen Tiger zu retten, viel lieber? Weil es dafür keinen Ruhm zu ernten gibt. Daran sieht man, dass Mensch und Tier sich auseinanderentwickelt haben. Aber die Tiere ächzen und stöhnen mehr darüber als umgekehrt!

An Hunde dachte auch in einem Rasthaus in den Nilgiribergen ein Reisende, als er ein Rubbeln an seinem Zeh verspürte. Es war Sommernacht, die Tür stand offen, Kerosinlampen hingen über den Tischen. Man stelle sich das blanke Entsetzen vor, das den Eigentümer des Zehs erfasste, als er, nach dem vermeintlichen Hund stoßend, in ein tiefes, schweres Fell fuhr und der Irritation mit einem Blick unter den Tisch Abhilfe schaffen wollte!

Jeder Inder hat zumindest einmal in einem Schulbuch einen Tiger gesehen oder, falls er die Schule nicht besucht hat, wird er das Streifenmuster des Fells, auf dem Gott Shiva auf Abbildungen zu sitzen pflegt, kennen. Es ist daher nur verwunderlich, nicht wie schnell, sondern wie still und leise das Rasthaus sich leerte, mit Ausnahme des zuletzt abgestiegenen Gastes, der, man kann es sich denken, fürderhin nicht mehr ganz so gastlich behandelt wurde.

Genauer gesagt, man warf ihn hinaus, nachdem man ihn durch ein Loch im Dach mit haarspaltenden Mitteln, die jedoch nichts an Durchschlagskraft vermissen ließen, niedergestreckt hatte. Dabei hätte man den Tiger nur königlich bewirten müssen und er wäre vielleicht auf Jahre hinaus eine Attraktion dieses Gasthauses und des ganzen Dorfes geworden, die Reisende aus aller Welt zu den Nilgiribergen gelockt hätte. Das hätte man kommerziell ausschlachten können.

Nun, es ist so Brauch in den Dörfern Indiens, dass Hunde regieren. Sie dulden keine Charakterfürsten neben sich. Manchmal mangelt es den Menschen auch nur an Zeit und Geduld, sorgfältiger nachzudenken. Aber ihre anderen Charaktermängel sind zweifellos beträchtlicher.

Was Hunde anbelangt: Sie sind ja für ihre große Treue berühmt und berüchtigt. Aber sie können auch in jeder Hinsicht reichlich heruntergekommen sein. Und so muss man sich indische Dorfhunde vorstellen. Auf meinen Reisen ist mir aufgefallen, dass es einen eklatanten Bildungsunterschied zwischen Hunden in der westlichen Hemisphäre und anderswo zu geben scheint. Besonders aggressiv scheinen die Hunde in Gegenden zu sein, wo der Geister- und Dämonenglaube blüht. Dort waren mir gegenüber Hunde oft sehr feindselig eingestellt, als ob ich eine ernst zu nehmende Gefahr für die Dorfgemeinschaft darstellen würde. Tiere scheinen manchmal mehr zu wissen als Menschen!

Den indischen Rothunden würde ich auch nicht über den Weg trauen. Mir blieb jetzt auch nicht viel Zeit nachzudenken. Der Sambar lief auf mich zu und würde mich gleich in seine persönlichen Angelegenheiten hineinziehen. Dabei hatte ich gar keine Waffe, ihn zu verteidigen, nur ein Messer, das keinen großen Eindruck auf die Rothunde machen würde. Die fürchten ja nicht einmal Tiger!

Der Sambar blieb ungefähr zwanzig Schritte vor mir stehen. Die Hunde trauten sich dagegen nicht näher. Sie beobachteten mich mit ohrenspitzender Neugierde. Ich warf ihnen einen Blick zu, den sie als „Haut ab! Hundesöhne!", zu deuten hatten. Damit meinte ich natürlich, dass ich mir wünschte, sie würden abhauen, nicht, dass ich ihnen in Aussicht stellte, ihnen ihre Haut abziehen zu wollen. Blicke sind international und dennoch manchmal mehrdeutig! Ich habe nichts dagegen, wenn man die Dinge nicht ihren angeblich so „natürlichen" Lauf nehmen lässt. Ich gehe nicht konform mit brutalen, gewalttätigen Gewohnheiten und zerstörerischen Traditionen. Deshalb kann ich auch für das Fressen und Gefressenwerden nicht viel Zuneigung aufbringen. Mein Fleischkonsum hält sich in Grenzen. Aber Stechmücken töte ich bedenkenlos, ebenso wie Hunde, die mich anfallen. Ich bin kein Albert Schweitzer.

Menschen müssen schon längst in den Naturhaushalt regulierend eingreifen, wo er durch Menschen ehedem schon gestört worden ist. Aber ist es dann nicht konsequent, die Sache zu Ende zu denken? Ist der Mensch nicht von Anfang an der Verursacher des Leidens und Sterbens in der Schöpfung? Nicht erst seit der Neuzeit mit der Industrialisierung und der Überbevölkerung wird der Lebensraum der Geschöpfe zurückgedrängt. Den Dingen ihren Lauf zu lassen, ist dann eigentlich nur die Eingeständniserklärung, dass man weiter dem Verursacherprinzip Recht gibt und nicht willens oder fähig ist, die Dinge zum Besseren zu wenden. Man muss vielmehr erkennen, dass ein anderes Prinzip, das in der Schöpfung an den Rand des Bewussten gedrängt worden ist, zur Geltung gebracht werden muss. Es ist das Prinzip, dass das Ganze nur in Harmonie weiterexistieren kann, wenn man wohlwollend Anteil nimmt am Geschehen. Und wenn man das Geschehen bestimmt, kann das nur mit einer vollkommenen Ethik legitimiert werden.

Dies wird von Zoologen völlig übersehen, weil sie dem Darwinismus verfallen sind. Es scheint geradezu so zu sein, als ob er ihr Denken knechte und ihnen einen Denkrahmen vorgebe, dessen Enge sie schon deshalb offenkundig machen, weil sie so dogmatisch und gereizt auf Andersdenkende reagieren.

Anstatt der Schöpfung zu dienen, fährt der Mensch daher fort, sie weiter zu zerstören. Der Darwinismus legitimiert das Nichtstun ebenso wie die rohe Gewalt und die rücksichtslose Ausbeutung der Natur, denn es bleibt ja naturgemäß beim propagierten „survival of the fittest". Der Fitteste gewinnt doch immer, ob es der Mensch ist oder die Kakerlake! Da es keine Zielbestimmung von Natur aus gibt, ist jedes Ziel, das sich der Mensch setzt, gleich gut. Und wenn er ganz ziellos lebt, ist es ebenso gut! Das ist nach vielen tausend Jahren Menschheitsentwicklung übriggeblieben, der Darwinismus, der in so Leuten wie Stalin oder Hitler seine konsequenten Gefolgsleute bekommen hat. „Hauptsache ich überlebe!" Es scheint kein erfolgreiches Konzept zu sein! Wie Menschen mit Menschen umgehen, wenn sie auf den Kampf ums Überleben, das Recht des Stärkeren und andere zerstörerische Prinzipien setzen, hat sich in den letzten zwei Weltkriegen besonders deutlich gezeigt, auch bei denen, die den „gerechten" Krieg erklärten. Wenn der Mensch meint, dies auch im Umgang mit der Schöpfung praktizieren zu müssen, dann wird er nicht anerkennen können, dass auch sie nur überlebt, wenn eine überlegene Ethik eingebracht wird, die auf einer den bloßen Nihilismus und Materialismus ablehnenden Weltanschauung bauen muss.

Der Sambarhirsch suchte Schutz bei mir und es wäre von mir unmoralisch gewesen, wenn ich sie ihm nicht gewährt hätte. Ich setzte meinen Weg fort, weil ich sehen wollte, was geschehen würde. Dazu würde ich zwischen den Hunden und dem Sambar hindurchgehen müssen. Der Sambar hielt den Abstand zu mir, indem er langsam vor mir herlief. Die Hunde waren überfordert mit dieser Belle Alliance. Sie setzten sich nach links und rechts über die Hügel ab und bald war nichts mehr von ihnen zu sehen. Sie mochten denken, ihr Fell gerettet zu haben. Der Sambar dachte das jedenfalls. Auch er verschwand wieder im Wald, ohne ein Wort des Abschieds. Ich hatte nur meine „Pflicht" getan. Es geschieht noch viel zu selten, dass der Mensch seiner Aufgabe nachkommt, Heger und Pfleger der Schöpfung zu sein. Wenn mir die Hunde nachlaufen, wird sich für sie auch noch ein Futter finden lassen!

Als ich zur Mittagsrast in meine Baumhütte zurückkehrte, erwartete mich eine Überraschung. Wie lustig! Ein Streifenhörnchen kam mir auf der Treppe entgegen gehüpft. Das Lachen verging mir sehr schnell!

Diese Tiere sind im Allgemeinen nicht sehr ängstlich. Es fordert nicht viel Mühe, wilde Streifenhörnchen, denen man täglich Futter darreicht, handzahm zu machen. Das ist mir einmal innerhalb von wenigen Stunden gelungen.

In Indien sind zwei Arten von Streifen- oder Palmhörnchen anzutreffen. Das Fünfstreifige ist das bekanntere und am weitesten verbreitete Säugetier in Indien überhaupt. Es lebt mit Vorliebe in der Nähe von Menschen. Das Dreistreifige ist ein Waldtier, was es aber offensichtlich nicht davon abhält, harmlose Waldspaziergänger zu bestehlen. Am Ende war die Ratte vom Baumhaus gar keine Ratte, sondern ein Streifenhörnchen!

„Bleib doch hier und leiste mir Gesellschaft!", rief ich hinterher. Oben angekommen entdeckte ich den Grund für die überstürzte Flucht. Das war ja wohl eindeutig das schlechte Gewissen. Ich konnte es nicht fassen. Man bezieht eine neue Mietwohnung inmitten der gastfreundlichen, friedlichen Natur, geht nur einmal zu einer ersten Erkundung der Nachbarschaft für ein paar Stunden weg und schon wird man ausgeraubt und geplündert!

Kein Mensch würde meinen Rucksack anrühren, wenn ich ihn unbeaufsichtigt liegen lassen würde, hatte ich geglaubt. Damit hatte ich Recht. Menschen waren nicht da gewesen. Aber nun war der Boden übersät mit Erdnussschalen und im Rucksack klaffte ein Riesenloch, das das Nusshörnchen aus purer Gefräßigkeit hineingebissen hatte. Stärkstes Leinengewebe einfach zerfleddert! Dabei wäre der Zugriff durch das verschnürte Dach leichter gewesen! Streifenhörnchen besitzen nicht die Intelligenz von Bären, dafür wäre für einen Bären und mich zu wenig Platz auf der Treppe gewesen! Da verzweifelt sogar der Dichter:

Wer ist die Berüchtigste im ganzen Land
und auch noch mit Ratten verwandt?
Wer übertrifft deren Ruf noch sogar
wegen gefräßiger Werke offenbar?

Die sind zweifelhaft wie dein Geschmack,
voll niederem Instinkt und Schabernack!
Du huldigst deinem Fressgenuss,
allen andren zum Verdruss!

Für dich ist feines Betragen
durchlöchern und zernagen,
von Hosen, Hemden, Taschen,
Decken, Stiefeln, Flaschen!

Was nicht gänzlich aufgezehrt,
wird angebohrt und ausgeleert!
Man hat's versiegelt und vergraben,
sich auch noch oben draufgesetzt,
aber du? Willst alles kleiner haben!
Wüst zerkrümelt, durchgewetzt!
In alle Teile ganz zerbissen,
unterm Kopf auch noch das Kissen.

Dein Zahn ragt steil und keck,
sogar die Arche wurde leck!
Wie ist die Rettung nur gelungen?
Du bist noch schnelle aufgesprungen
als blinder Passagier
und einz'ges Ungetier,
denn eingeladen warst du sicher nicht,
sonst stünd`s im biblischen Bericht!

Der Rest meiner Vorräte war unversehrt. Ihn zu bündeln und irgendwo aufzuhängen, hätte keinen Sinn gemacht, denn Mundräuber und Fressdiebe, die zu fürchten waren, kämen überall dahin, wo auch ich hinkam.

Ich sparte den Rest der Nüsse für die Nachtratte auf. Dafür, so hoffte ich, würde sie alles andere in Ruhe lassen. Ich setzte mich hin und verspeiste ein rein vegetarisches Gericht. Wenn einem schon die possierlichen Streifenhörnchen die Nahrung wegschnappten, obwohl sie es gar nicht nötig hatten! War der Urwald etwa doch nicht so gastfreundlich?

Ich stellte mich moralisch darauf ein, vielleicht schon am nächsten Morgen nichts mehr zum Essen zu haben, aber ich weigerte mich, darüber erbost zu sein. In einem Naturparadies grämt man sich nicht. Vorerst waren meine Sinne auf andere als Gaumengenüsse eingestellt. So sprechen alle, die noch nicht ausgehungert sind. Aber sollte mein Aufenthalt schon am ersten Tag vom Trieb zur Nahrungsaufnahme beherrscht und von den Gedanken an Nahrungserwerb diktiert werden? War der Urwald im Begriff mir eine Lektion zu erteilen? Unsinn! Ich war Mensch. Menschen unterscheiden sich von Tieren hauptsächlich dadurch, dass sie sich mit anderen Dingen beschäftigen als nur mit dem Nahrungserwerb. Und ich war hier zu meinem Vergnügen!

Ich kalkulierte, dass das Vergnügen spätestens nach zwei Tagen bereits stark eingeschränkt sein könnte und stellte beruhigt fest, dass ich nach eben zwei Tagen bereits abgeholt und aus meinem Dschungelparadies befreit sein sollte. Sollte!

Gab es hier nicht genug zur Selbstversorgung? Für eine kleine Raupe vielleicht. Draußen stand ein Mangobaum. Aber es waren wilde Mangos, grün und ungenießbar. Nicht weit von meiner Hütte war auch ein großer Mahuabaum. Der hatte nährreiche Blumen, die man notfalls sogar lagern konnte. Die nach Muskat duftenden rosaroten Blumen hingen in Bündeln. Der Baum wirft seine Blüten nachts ab. Ich müsste nur jeden Morgen sammeln gehen und den zahlreichen Tieren zuvorkommen, die sich auf die Blumen stürzen würden. Ich hätte mich mit Bären und Hirschen und vielen Vögeln streiten müssen, die alle auf Mahuablumenkelche „fliegen". Die Früchte des Mahua, fleischige, grüne Beeren, reifen erst viel später. Die Eingeborenen essen die Blumen zusammen mit gepressten Feigen und den Samen und Blättern anderer Gewächse. Daraus machen sie Pudding oder sie werden vergoren und in Alkohol umgewandelt, was einen kräftigen Gin ergibt. Viele Tiere haben ihr Leben lassen müssen durch eine Kugel, weil sie ein zu leidenschaftliches Verhältnis mit den Mahuabäumen hatten.

Ansonsten gab es in der Umgebung wilde Feigen. Aber aus den Kajurifrüchten hätte ich allenfalls einen Wein erzeugen können. Und bis der gereift wäre ...

Bei dem Rasthaus auf der anderen Seite des Tals stand ein Zisiphus jujuba. Die Früchte waren ebenfalls noch grün. Im Unterholz am Waldrand wuchs die Yellari. Um aus ihren Blättern einen Tee zu machen, hätte ich zumindest einen Kessel benötigt. Und dann hätte er auch nur gegen Rheuma, nicht gegen Hunger geholfen. In der Wildnis ist man ziemlich hilflos, wenn man seine Umgebung nicht kennt. Meine bescheidenen botanischen Kenntnisse hätten nicht zum Leben ausgereicht. Ich hätte die Methode von Versuch und Irrtum anwenden müssen. Eine zweifelhafte Überlebensstrategie, wenn man bedenkt, dass die meisten Pflanzen des Waldes giftig sind. Bei vielen Früchten ändert sich die Genießbarkeit in wenigen Tagen, was man wissen muss, um die rechte Wahl treffen zu können. Ein verdorbener Magen und gesunde Verdauung schließen sich gegenseitig aus. Dennoch, genügend Essbares, wenn auch schwer verdauliches, ist als Notration jedes Dschungelbewohners in der Krume des Bodens stets vorhanden: das auf sechs oder acht oder gar keinen Beinen nicht fluchtfähige Getier! Dies für die Verzweifelten.

Die Eingeborenen der Berge sehen den Dschungel mit ganz anderen Augen. Sie unterscheiden die Grüntöne der Bäume, die Rindenmuster der Stämme, sie wissen, wann welcher Baum Früchte trägt und zu was seine Bestandteile zu gebrauchen sind. Der Wald ist eine lebendige Apotheke, ein grüner Bio-Supermarkt! Na gut, ich würde also gesund verhungern! Da die Artenvielfalt der tropischen Wälder groß ist und es keinen Baum gibt, der zu nichts nutzt, bietet der Wald einen unerschöpflichen Lebensraum auch für den Menschen, allerdings nur für wenige Menschen! Ich bedauere, dass ich nicht dazugehöre.

Der moderne Mensch, der sich zivilisiert nennt, weiß von seiner Umwelt eigentlich nur das, was ihm in seinen Bildungseinrichtungen und durch Massenmedien vermittelt wird. Also weiß er eigentlich nichts. Er weiß wenig aufgrund eigener Beobachtungen und nicht genug aufgrund eigenen Denkens. Um sich in seiner Welt zurechtzufinden, bedarf es nur Fertigkeiten bei der Bedienung von Geräten und Maschinen. Gedacht werden muss wenig. Neuerdings übernehmen sogar Computer Denkprozesse, die früher das menschliche Hirn beschäftigte. Der Mensch macht alles, was zu seinem Leben dazugehört, mehr und mehr beschäftigungslos und auch gedankenlos. Es wird nicht mehr nachgedacht, noch weniger *durch*gedacht. Dem gegenüber wird der Mensch, dessen Kultur man primitiv nennt, ganz anders gefordert. Er lebt in einer natürlichen, nicht von Menschen geschaffenen Umwelt. Er verfügt nicht über die Art von Bildung, wie wir sie kennen. Dafür fordert ihn das Leben in der Unabhängigkeit von ihr zu mannigfaltigem kreativem Denken. Er muss beobachten, Schlüsse ziehen und auf veränderliche Verhältnisse in der geeigneten Weise reagieren. Er ist also gezwungen, ständig zu lernen, schon deshalb, weil sein Überleben davon abhängt.

W.S. Langhlin schrieb dazu: *„Es gibt zahlreiche Belege ...,* *dass der primitive Mensch hervorragende Naturkenntnisse* *besitzt. Dieses Wissen erstreckt sich auf die gesamte makroskopische zoologische Welt ... Auch Kenntnisse der Gezeiten,* *allgemein der meteorologischen Phänomene, der Astronomie* *und anderer Aspekte der Natur sind gut entwickelt ..."*

Erich Fromm meinte, dass in Bezug auf das Haben von Gegenständen und der menschlichen Eigentätigkeiten, also dem Gebrauch von eigenen Fähigkeiten, dem Denken, Beobachten und Gestalten ein Verhältnis von 1 zu 100 bei primitiven Menschen angesetzt werden könne, während es für den modernen Menschen 100 zu 1 sei! Nach alledem müsste der sogenannte Primitivling dem Verbildeten weit überlegen sein!

Andererseits muss es vorerst genügen, der Natur nur einen kleinen Teil ihrer Geheimnisse zu entreißen. Die Unberührtheit kann bewahrt werden, wenn man bescheiden leben und nicht im Überfluss schwelgen will. Wer nur vom Wald lebt, baut keine Zivilisationen auf mit Mauern und Palästen. Wozu auch? Es gab einmal ein Waldvolk, das es versucht hat. Es wurde ein Fehlschlag. Die Städte der Maya sind längst überwachsen. Von ihren Errungenschaften sind nur noch Hieroglyphen übriggeblieben, die die Nachfahren der Maya nicht mehr lesen können. Wer wissen will, was Bescheidenheit ist, soll für eine Zeit lang in die Wildnis gehen!

Wir fühlen uns wohl in den Tropen, weil zu Hause der Wohlstand ohne Ärgernisse nicht zu haben ist, während man hier die Ärgernisse nicht ohne den Wohlstand haben kann. Damit meine ich nur, dass man es sich hier zutraut, was zu Hause aussichtslos ist. Das ist kein Wunschdenken und doch wohltuend! Wer zu Hause sich nicht vom Zivilisationsstress anstecken lässt, wird von ihm überrollt und bleibt auf der Strecke. So gesehen, kann man Overbeck verstehen, der 1777 geschrieben hat: *„Haben Sie Mut, Freund, so teilen Sie mit uns diesen edlen Entschluss der verderbten Brut Europens den Rücken zu kehren."*

In den Tropen gibt es nur das Notwendigste zu tun, alles andere dient der Bequemlichkeit oder Ertüchtigung, ganz wie man will. Wer den rohen Naturgewalten zu nachlässig begegnet, kann ein schlimmes Ende finden, ja, ja. Aber zu Hause stirbt man langsam und macht so viele Umstände!

Nach Kant hat die wahre Kultur des Menschen, seine Erziehung zum kategorischen Weltbürger, noch gar nicht angefangen. Mittlerweile, zweihundert Jahre später, sind wir bereits zivilisationsmüde. Ich möchte lieber im umtriebigen Europa schlafen als in den Tropen. In den Tropen macht mein Geist auf mich einen aufgeweckten Eindruck!

Ein Tag in der Wildnis ist lang und die Nacht nicht minder. Am Nachmittag hatte ich nicht weit zu gehen. In Sichtweite, auf der Südseite des Tals, war eine Herde Gaur aus dem Wald herausgetreten, so groß wie ich sie noch nie zuvor gesehen hatte. Es waren mindestens zwanzig Tiere. Der Gaur hat von weitem Ähnlichkeit mit einem Bison, weshalb er von den Indern auch so genannt wird. Kommt man näher, erkennt man jedoch, dass der Gaur um einiges größer ist. Vor dem charakteristischen hohen Buckel ist kein Büffel-, sondern ein Rindskopf. Der Gaur ist das größte Wildrind überhaupt. Er wird bis zu drei Meter lang und zwei Meter hoch bei einem Gewicht von einer Tonne. Nach Elefant und Nashorn ist er das größte Landtier Asiens.

Ich kannte den Gaur schon aus anderen Wildgebieten. Noch nie war ich ihm aber so nahe gekommen wie hier. Ein Grund dafür, dass man dem Gaur meist nicht zu nahe kommt, liegt an der besonderen Vorsicht, die man im Umgang mit diesen Geschöpfen immer walten lassen muss. Ich hatte oft gehört, sie seien reizbar und gefährlich. Jetzt hatte ich Gelegenheit herauszubekommen, wie groß der Unterschied diesbezüglich zur deutschen Kuh war.

Wenn es mir gelingen sollte, lange unbemerkt an die Gaur heranzukommen, musste ich entweder in den Wald hinter ihrem Rücken gelangen oder mich am Waldrand entlang auf sie zu bewegen. Mich über das offene Feld zu nähern, verbot sich von selbst. Dazu hätte ich nicht eine Ersatzfilmrolle mitnehmen müssen und auch die Stiefel hätte ich zu Hause lassen können, denn ohne sie bewegt man sich im sumpfigen Gelände schneller fort.

Der Wald hinter der Herde stieg zu einem Hügel an und schien undurchdringlich und pfadlos. Es war kein Hochwald, bei dem die Stämme weit auseinander stehen und infolge des Lichtmangels auf dem Waldboden nicht viel Unterwuchs vorhanden sein kann. Ich umging das stehende Gewässer im Talgrund in östlicher Richtung, beeilte mich dann, den gegenüberliegenden Waldrand zu erreichen und pirschte mich langsam näher an die Herde heran, die in einer Einbuchtung graste. Ich nutzte jeden Strauch und kroch tief gebückt die letzten Meter zum letzten Busch vor der Einbuchtung. Es war windstill. Ich konnte mich sicher fühlen, dass die Gaur in einer Entfernung von nunmehr 50 bis 100 Schritten mich nicht wittern würden. Allerdings war meine Position nicht die beste, denn wenn sich die Tiere plötzlich entschließen würden, weiter auf die Talebene herauszutreten, würden sie direkt an mir vorbeilaufen. Ich hätte kaum die Möglichkeit mich seitwärts in die Büsche zu schlagen, denn es handelte sich um Sejaim-Dornbüsche, die auch „wait a bit" genannt werden, zu Deutsch: „Warte nur ein Weilchen ..."

Auch die Gaur fühlten sich sicher. In ihrer Mitte lagen einige Tiere auf dem Boden. Was mochte wohl in ihren mächtigen Häuptern vorgehen? Vielleicht genossen sie nur einfach das schöne Wetter! Ein paar Kälber tollten um sie herum und der Rest der Herde graste friedlich. Die Bullen ganz draußen nahmen dabei ihre Wache nicht sehr ernst. So schien es. Sie hatten ihre Nasen in den saftigen Grasbüscheln. Sobald sich eines der Tiere hinlegte, stand dafür ein anderes auf. Ein interessantes Beispiel für Gruppenordnung! Die Gaur haben nur einen Feind und der fordert regelmäßig seinen Tribut. Der Tiger nimmt sich einen beträchtlichen Teil der Kälber. Ich drehte mich um! Nichts! Mich mit einem Rindvieh zu verwechseln, was für ein tragischer Irrtum!?

Als einer der Bullen bis auf dreißig Schritte an mich herankam, wurde mir unwohl. Ich versuchte, in das Gebüsch zu meiner Linken hineinzukriechen. Das war nicht nur ausgesprochen mühevoll, es ging auch nicht ohne Geräusche. Ich schaute zu dem Bullen hin - und er schaute zu mir oder doch wenigstens in meine Richtung. Ich stellte jedes weitere Geräusch ein - bis er weitergraste.

Er hatte in die Luft geschnuppert und keinen Tiger gerochen. Wie Recht er hatte! Wenn er aber gewusst hätte, was direkt vor seiner Nase im Gebüsch lag, hätte er seine 900 kg sehr schnell in Bewegung gesetzt. In die eine oder andere Richtung!

Meine Lage war nun aber doch unbefriedigend, um nicht zu sagen prekär. Der Gaur machte sich nichts daraus, beim

Grasen näher an das Gebüsch zu kommen, hinter dem ich, der Mensch, saß. Er, das Schwergewicht, hatte ja nichts zu befürchten. Tiger greifen keine erwachsenen Gaur an. Der Preis, den sie dafür bezahlen müssten, wäre in jedem Fall zu hoch. Aber ich hatte etwas zu befürchten und deshalb kroch ich wieder aus dem Gebüsch heraus.

Meine Kleidung war jetzt schon übel zugerichtet. Ich hatte jedoch keine Lust, vorzeitig den Rückzug anzutreten und so beschloss ich, tiefer in den Wald vorzudringen, sodass ich mich vielleicht von einer anderen Seite an die Herde heranschleichen konnte. Gedacht, versucht! Ich ging ein Stück zurück, von wo ich hergekommen war, bis ich Einlass im Dickicht fand, der endete jedoch blind.

Beim dritten Versuch kam ich endlich ins Waldesinnere, wo aufrechter Gang möglich war. Ich machte eine kurze Leibesvisitation. Im Allgemeinen war es in dieser Jahreszeit für die berüchtigten „ticks", Zecken, zu feucht, für die „leeches", Blutegel, zu trocken. Besucht man Periyar einmal im Oktober, kann man keinen Schritt in den Wald tun, ohne von Blutegeln angegriffen zu werden. Dann ist der Dschungel wirklich nur ein Ort der Plage, es sei denn, man ist ein Vogel oder Schmetterling.

Selbst hier am Hang erreichte die Vegetation noch nicht einmal die gewohnte Halbwüchsigkeit. Ich ging so weit, bis ich glaubte, hinter die Herde gekommen zu sein, dann arbeitete ich mich wieder durch die Strauchschicht nach außen. Das Gelände war sehr uneben. Es gab unüberschaubare Vertiefungen und Mulden. Das kannte ich von heimatlichen Gefilden, nur hatten dort Bombentrichter für die fußbrecherischen Unebenheiten des Geländes gesorgt. Hier blieb mir die Ursache unbekannt. Nach außen hin war alles dicht zusammengewachsen, es gab kaum ein Durchkommen. Aber die Gaur hatten es ja auch nach außen geschafft. Wo war der Pfad, der nach draußen führte?

Ich wollte gerade wieder zurück und den Hang hinauf, als ich jählings innehielt. Der Schrecken war so groß, dass er mir die Glieder lähmte. Und das war gut so, denn keine zehn Meter von mir entfernt war eine riesige Schlange aufgetaucht. Sie glitt schnell und lautlos den Hang herunter - ich verfolgte es fassungslos und ungläubig. Dann war sie auch schon wieder verschwunden, ohne Notiz von mir genommen zu haben. Ich wusste von Rattenschlangen, dass sie harmlos waren. Sie können eine Länge von zweieinhalb Metern erreichen. Meiner Schätzung nach war dieses Reptil, das so lautlos an mir vorbeigeglitten war, mindestens 3 Meter lang gewesen und dicker als mein Unterarm. So hatte ich mir eine Königskobra vorzustellen! Der graue Körper, der Kopf ...

Dieses Gelände bot ideale Versteckmöglichkeiten für die größte Giftschlange der Welt. Die Schlange war in die Richtung weggeglitten, von der ich gekommen war. Eine Kobra war ein noch interessanteres Studienobjekt als eine Herde Gaur. Aber auch wenn ich Berichte von der angeblichen Aggressivität der Königskobra für übertrieben hielt, verspürte ich doch keine Lust, dem Reptil zu folgen. Ich war ja auch kein Experte, schon gar nicht für den Fall, dass ich ihr auf den Schwanz trat. Gegen Königskobras gibt es in Indien kein

Gegenmittel. Aber selbst, wenn es eines geben würde, das Gift wirkt innerhalb von wenigen Minuten, denn im Gegensatz zu anderen Giftschlangen injiziert die Hamahydrad große Giftmengen. Sie wäre sogar in der Lage, Elefanten zu fällen. Meist verschwenden Giftschlangen jedoch nicht zu viel Gift für Opfer, die sie sowieso nicht verspeisen können. Da ich mich außer in Porzellanläden nicht zu den Elefanten zählen kann, hätte mir bereits ein kleineres Quantum gereicht.

J.C. Daniel schreibt in seinem Standardwerk über die Schlangen Indiens zur Königskobra *„There is no doubt that the snake will sometimes attack without provocation"*. Andererseits ist es kaum zu glauben und doch wahr, dass burmanische Tempelmädchen auf dem rituellen Höhepunkt des Schlangentanzes die vor ihnen aufrecht stehende, also erregte Königskobra auf das Nasenschild küssen! Doch es wird kaum stimmen, dass man den Tieren nicht die Giftzähne gezogen hat. Was mich betrifft, eine solch freundschaftliche Geste durften sie – ich meine die Schlangen - von mir nicht erwarten. Ich folge dem Rat Evans: Die Kobra will in Ruhe gelassen werden, also lässt sie auch mich in Ruhe! Und für Ophiolatrie, wie man die Schlangenverehrung nennt, bin ich sowieso nicht zu haben.

Ich berichtete Payas von dem Vorfall. Er lachte nur und meinte, es sei kaum möglich, Rattenschlangen mit der Hamahydrad zu verwechseln. Diese sei dick und groß, die Rattenschlange dagegen sei kleiner und schlanker und im Wald von Periyar sei sie nicht anzutreffen, weil es da viel zu wenig Ratten gäbe, wozu ich wieder etwas zu lachen hatte!

Mein Untermieter im Baumhaus! Die Experten unterscheiden sich von den Laien dadurch, dass sie etwas genauer wissen, dass man nichts Genaues weiß.

Die Königskobra ernährt sich hauptsächlich von anderen Schlangen, worauf auch ihr wissenschaftlicher Name Ophiophagus hinweist, und die gibt es im Wald von Periyar ja genug. Was die Länge einer Schlange betrifft, so überschätzt man sie meist. Payas blickte mich eine Weile wortlos an, dann sagte er, ohne mit der Wimper zu zucken: „Hat sie dich gebissen?"

Das war überaus witzig! Ich antwortete: „Ich wünsche dir, dass du demnächst beim Duschen nicht allein bist!"

Die Beobachtung der Gaurherde erschien mir nach der Begegnung mit der Schlange spielerisch leicht zu sein. Ich fand nicht den Mut, hinter der Schlange herzukriechen, dafür endlich den Weg nach draußen und so verkroch ich mich hinter dem Rücken der Rinder in einem Gebüsch. Hätten sie mich gerochen, hätten sie als erstes ein Warnschnaufen von sich gegeben.

Aber während die Kühe grasten, begannen die Bullen nun mit einem anderen Ritus. Sie brüllten sich an und hoben dabei ihre Köpfe, um damit zu zeigen, was für einen beträchtlichen Kopfschmuck sie aufzuweisen hatten. Ich erwartete schon, dass zwei von ihnen aufeinanderstoßen würden, stattdessen fing der eine an, den anderen zu lecken! Das kannte ich nicht einmal von deutschen Kühen! Nicht schlecht als Verhaltensweise für zwei miteinander verfeindete Menschen, die sich eben noch Rindviecher geschimpft haben - In der Ehe mag das ja noch funktionieren: sich anbrüllen, dann aufeinander zugehen und sich kosen.

Die Gaur wähnten sich unter Ausschluss der Öffentlichkeit. Wenn ich jetzt aus meinem Versteck herausgetreten wäre, hätten sie natürlich alles abgestritten. In dieser Welt gibt es keine Heimlichkeiten mehr! Nicht einmal im Wald von Periyar.

Ich wartete gar nicht ab, bis es zum famosen Chaos meiner Entdeckung kommen würde, sondern setzte mich rechtzeitig ab. Ein Sunbird „Shakarhora" verdross mich mit seinem „Chickwie!" Ruhelos war er hin- und hergeflogen, auffällig funkelnd wie ein Edelstein im Sonnenschein. Unter anderen Umständen hätte ich seine akrobatischen Turnübungen an einem Zweig über meinem Kopf zu schätzen gewusst. Ich war mir nicht klar, ob sein Kopf-nach-unten-hängen mir galt oder den blassgelben Blumenkelchen um mich herum. Bevor das Interesse der Gaur an dieser kleinen Privatvorführung geweckt wurde, zog ich besser ab.

Erst am See machte ich wieder Halt. Ich benötigte dringend ein Bad. Außerdem hatte meine Kleidung eine Generalüberholung nötig. Mit Rütteln und Schütteln, wie es der „Pale Harrier"-Falke über mir mit seinen Kunstflügen praktizierte, war es nicht getan.

In der Mitte des Sees gab es eine kleine Felseninsel. Dorthin watete ich. Der Untergrund war verschlammt. Auf der Insel legte ich die Kleider ab, ich wusch sie und legte sie zum Trocknen aus. Bald schon kam ein „Previs hierta"-Falter, ein gelbschwarzer Blitz mit einem tiefblauen Auge. Er setzte sich auf meine Wäsche und leckte Mineralien, meinen Körperschweiß, der nicht vollends herausgewaschen war. Violette und grüne Libellen aus Metall mit den schreckenerregenden Namen Brachythermis und Trithermis flitzten sehr kurzfristig um mich herum. Und gerade, als ich mir die Nachmittagssonne auf den Bauch scheinen ließ, näherten sich fünf Kreaturen mit spitzem Maul und spitzen Ohren auf schlanken Beinen.

Diese Handvoll war mir doch am Vormittag schon über den Weg gelaufen! Es waren bestimmt die gleichen Rothunde, die den Sambar auf mich zugetrieben hatten. Allmählich würde ich meine Nachbarn kennenlernen! Das erste Tier kam bis zum Wasser getrottet, während die anderen zurückblieben. Es schnupperte kurz am Wasser und trank dann.

Ich saß nicht allzu weit von ihm weg. Auf dem Inselchen hielten sich sonst nur Seevögel auf, vielleicht einmal ein Otter mit seiner Familie. Nicht der mir nächste Hund entdeckte mich, sondern einer der zurückgebliebenen. Ein kurzes Aufjaulen, schon verständigte er die Vorhut. Die zuckte sichtbar zusammen und trat den übereilten Rückzug an. Auf der nächsten Anhöhe verweilten sie noch kurz, schauten zu mir herüber und jaulten abwechselnd. Sehr gemeingefährlich schienen sie mir jedenfalls nicht zu sein. Als ich aufstand, war das für sie das Signal zum endgültigen Aufbruch. Die Hunde verschwanden dahin, wo sie hergekommen waren. Ich fühlte mich bestätigt, noch Mensch geblieben zu sein.

Rothunde sind nicht zu unterschätzen. Sie vertreiben sogar Gaur, Tiger und Leoparden von der Tränke. Ich habe von einem Fall gehört, wo ein Tiger sich zunächst weigerte. Er bewies zwar Sportsgeist, doch besonders klug war sein Entschluss zu kämpfen nicht. Er tötete sieben und behauptete das Feld. Aber man fand den toten Körper des Tigers ganz in der Nähe. Er war den schweren Bisswunden erlegen. Rothundrudel umfassen bis zu 20 Tiere. In Periyar habe ich nie mehr als 7 Tiere auf einem Haufen gesehen.

Der Pale Harrier hatte anscheinend den Abzug der Rothunde verfolgt. Erst jetzt, als sein Schatten auf mich fiel, wurde ich der nahen, stillen Gegenwart dieses Falken über mir gewahr. Er hatte über mir geschwebt, drehte jetzt aber rücklings ab. Er flog über die Grasfläche, verlor langsam an Höhe und verschwand im hohen Gras. Die Tiere hier verhalten sich merkwürdig, fand ich, aber vielleicht hatte ich die Topographie durcheinandergebracht. Als ich dann am Waldrand eine Rotte Wildschweine heraustreten sah, hatte ich das Gefühl, dass es höchste Zeit war, das Feld bzw. den See zu räumen. Es ist nicht gut, sich mit Wildschweinen um eine Wasserstelle zu streiten. Außerdem war es nicht mehr lange hell.

Auf dem Heimweg fiel mir das Dilemma mit der spärlichen Beleuchtung für die Nacht ein. An der Feuerstelle beim Machan war kein Feuerholz gelagert. Zum Sammeln war ich nicht nach Manakavala gekommen. Dazu war jetzt auch keine Zeit mehr. Ich schnitt mir einen dicken Stock, ohne genau zu wissen, für was. Mir blieb nichts zu tun, als mit dem letzten Licht des Tages mein Abendbrot einzunehmen und der Dinge zu harren, die nun kommen würden.

Wie immer in den Tropen wurde es wieder zu schnell Abend. Die Tiere des Tages entfalteten noch einmal hektische Betriebsamkeit. Wenn der Tag so schön war, warum ihn nicht in Ruhe ausklingen lassen? Oder sich der Muse hingeben wie die Bartvögel, die jetzt ihren Gesang erklingen ließen!

Der tropische Wald quillt nicht über von ergiebigem Futter. Wenn ein Baum endlich in voller Blüte steht und ein anderer seine Früchte reichlich produziert, werden sie auch gleich Anlaufstellen von kleinen und großen Konsumenten. Sonst aber müssen die Tiere lange suchen, bis sie ihren Schnabel vollkriegen.

Auch die Tiere des tropischen Regenwaldes sind wählerisch, trotz der Fülle des Nahrungsangebotes. Für die Singvögel bleibt keine Zeit, zwischendurch ein Lied zu trällern, die Jungen warten hungrig. Der Grund, warum es im Regenwald so wenig hochbegabte Sänger gibt im Vergleich zu unserem eher eintönigen europäischen Laubwald, scheint tatsächlich die knappe Versorgung mit verwertbarem Futter in den Tropen zu sein. Die Artenfülle entspricht dem Bestreben, das Wenige, das vorhanden ist, optimal auszunutzen. Wäre viel vorhanden, würden sich nur wenige Arten am besten den Bedingungen des Lebensraumes anpassen. Ob der Urwald dann für die anderen, weniger gut angepassten, noch eine Bleibe wäre?

Nach Sonnenuntergang beginnt die lange Zeit des Wartens. Dafür machen sich die Tiere der Nacht bemerkbar. Nun würde auch der Rudilobusch vor meinem Baumhaus bald seine Blüten öffnen und seinen jasminartigen Duft in die Nacht hinaus verströmen. Der Schöpfergott Indra soll ihn in seinem Garten Indralok nachträglich eingepflanzt haben, weil er nicht daran gedacht hatte, dass er auch Nachtinsekten geschaffen hatte, die Nektar sammeln mussten. Krischna stahl den Rudilo aber und brachte ihn zu den Menschen. Wer Rudilo pflückt, begeht ein Verbrechen, sagt man in Nepal. Man muss dieses Verbrechen nicht begehen, wenn man ein Mittel gegen Rheuma, Fieber und Schlangenbisse benötigt, denn Rudiloblüten liegen jeden Morgen abgefallen auf dem Boden.

Ich platzierte meine Kerzenstummel eingedenk der zu erwartenden nächtlichen Besucher an strategisch wichtigen Stellen meiner Waldhütte - und sammelte sie dann wieder ein! Wenn ich zu viele zugleich brennen hätte, wäre das letzte Licht schon bald erloschen.

Die erste Nacht im Dschungel würde neue Erfahrungen bringen. Ich wusste nur nicht, welche. Ich wollte noch eine Weile in der Dunkelheit abwarten, bevor ich das erste Licht anzünden würde. Was würde bis dahin geschehen? Was würde danach geschehen? Ich hatte keine Ahnung. Ich war doch der einzige Fremdkörper hier in dieser Wildnis im Umkreis von vielen Quadratkilometern. Indras Garten musste einmal ganz anders ausgesehen haben. Wie wäre in dieses Durcheinander oder Nebeneinander von Fressen und Gefressenwerden eine sittsame Ordnung hineinzubringen?

Die Eingeborenen verriegeln nachts ihre Hütten. Am Tage kreuzen sie ungerührt die Wege von Tigern und Elefanten. Des Nachts trauen sie ihnen nicht. Sie sagen auch, böse Geister hausen in den Gehölzen und nehmen die Gestalt wilder Tiere an.

Ich hatte nichts zu verriegeln. Vor Elefanten, die ich den ganzen Tag nicht gesehen hatte, schützte mich der Graben um mein Baumhaus. Und vor den Geistern? Amawasanacht, die dunkelste Nacht unmittelbar vor Neumond, stand noch an. Sie wird von den Kuttisheitan, den kleinen Teufeln, nach dem Aberglauben der hiesigen Leute bevorzugt zu Aktivitäten genutzt. Sehr unbeliebt ist das Dämonenpaar Munispuram, das Menschen sehr gefährlich werden kann. Ich habe mir aber sagen lassen, dass um drei Uhr alle respektablen Geister verschwinden müssen. Auf meine Nachfrage, ob es auch nicht respektable Geister gebe, hieß es: Geister tun, was sie wollen.

Schon die alten Römer fürchteten die nachtaktiven Geister der Verstorbenen, die Lemuren. Es war gut möglich, dass über mir ein Lemur lauerte. Aber nicht auf mich, sondern auf Insekten. Als Lemuren bezeichnen die Zoologen die Schlankloris, kleine affenähnliche Wesen mit großen Augen, die außer in Südindien nur noch auf Sri Lanka vorkommen. Sie sind natürlich völlig harmlos und tragen den Namen Lemuren zu Unrecht, wenn man von ihrem kryptischen Verhalten, bei Gefahr regungslos zu verharren, absieht. Sie bewegen sich wohl auch deshalb so langsam, weil sie damit weniger Energie verbrauchen. Das wiederum ist in einem nährstoffarmen Regenwald von Vorteil.

Die Nacht war dunkel und das war äußerst unangenehm! Ein Wind wehte vom See das Fröschekonzert herüber. Sonst trieben sich die Nachttiere still herum, als wäre ihnen das so vorgeschrieben von einem unbestimmbaren Nachtwächter. Plötzlich verstummten die Frösche. Ein großes Tier war zum Trinken ans Wasser gekommen. Es dauerte einige Zeit, ehe die Frösche wieder zu hören waren.

Die Fensterläden ließen sich nicht schließen. Die Zweige der benachbarten Bäume verhinderten dies. Ich hatte die Nacht „im Freien" zu verbringen. Wenigstens hatte ich ein Dach über dem Kopf, das von vier Balken getragen wurde, und einen Holzboden fünf oder sechs Meter über der Erde.

Auf meiner Hand kribbelte irgendetwas. Eine Termite? Wie lange wäre mein Hochsitz noch ein „Hoch-Sitz?" Wann würde er zur „Nieder-Lage?" Etwas lief meinen Rücken hinunter! Nur die Schweißperlen? Aber es lief jetzt waagrecht! Dann kitzelte es unten am Bein. Ich würde meine Stiefel doch wieder anziehen müssen, aber das wäre sehr unbequem. Und wenn in der Zwischenzeit ein Skorpion hineingekrochen war? Skorpione haben eine Vorliebe für das Innere von Stiefeln! Man muss nur ausschütteln. Aber mit Schlangen gelingt das nicht immer! Dafür sind sie selten in Stiefeln aufzufinden.

Alles Unsinn! Im Dunkeln lässt es sich schlecht denken. Schlangen sind nachtaktiv und geräuschlos. Wenn es hier Ratten gab, dann waren Schlangen auch nicht weit. Aber ich wusste ja bereits, wie ich mit Schlangen im Schlaf umgehen musste - einfach weiterschlafen! Das Einschlafen war also das Problem, nicht das Weiterschlafen!

Die Holzpritsche war hart und mein Rucksack nicht das geeignete Kopfkissen. Gerade als ich beschloss, die erste Kerze anzuzünden, sprang etwas auf das Dach und trappelte über mir vom Fuß- zum Kopfende. Es kam, was kommen musste! „Es kommt, was kommen muss!", entfuhr es mir.

Die eigentliche Bewohnerin des Hauses war eingetroffen, um den Mietzins zu erheben. Meine Linke schloss sich fester um den Stock, den ich mitgebracht hatte. Ich entzündete das Licht und bemerkte, wie gerade eben am Fenster etwas verschwand - vielleicht eine Fledermaus. Das Getrappel hörte auf. Aber nicht für lange!

Ich war entschlossen, meine Essensvorräte zu verteidigen und wenn ich es mit einer Bandikutratte zu tun hatte, der größten und gefräßigsten aller Ratten überhaupt. Wo kommen wir Menschen hin, wenn wir diesen gemeinen Räubern das Feld überlassen? Wenn man nicht einmal eine Ratte einschüchtern kann, wie soll man dann überleben? Der Kampf mit der Ratte konnte beginnen.

Ich nahm mir drei der Steine und legte sie neben meinen Schlafplatz in Griffweite. Dann legte ich mich wieder hin und versuchte zu schlafen. Wenn es losgehen würde, würde mich die Ratte schon wecken.

Allzu bald machte ich mit der Kampfweise der Ratte Bekanntschaft. Sie hatte Erfahrung im Dschungelkampf mit Touristen aus unzähligen Nächten und wusste, wie sie mich zermürben konnte. Die Ratte war einmal hier, einmal dort, über mir, unter mir, überall, aber zu sehen bekam ich sie nicht. An Schlaf war natürlich nicht zu denken.

Ich bin einer festen Überzeugung: die gute Laune eines normalen Menschen wird erheblich beeinträchtigt, wenn man ihm zwei Dinge auf Dauer vorenthält; Nahrung und Schlaf. Auf beides war die Ratte aus. Letzteres wollte sie mir rauben, um an ersteres besser heranzukommen. Man könnte denken, um ans Futter zu kommen, hätte sie mich in Ruhe schlafen lassen können. Aber mein Kopf lag ja auf dem Rucksack!

Durch ihre zahlreichen Erfolge war sie es außerdem gewohnt, dass man ihr die Reverenz erwies, unter Überlassung von Konterbande klein beizugeben. Sie war sozusagen auf den Geschmack gekommen, ein bestimmtes Ritual dem Verzehr von Touristenfutter vorausgehen zu lassen. Und das machte sie mittlerweile mit einer für mich indiskutablen Geringschätzung. Was sie im Schilde führte? Nicht mehr und nicht weniger, als dass ich mich dem Schicksal beugen sollte, das sie inszenierte! Aber damit forderte sie meine besten Charaktereigenschaften heraus!

Ein Kerzenstummel nach dem anderen brannte herab. Nicht, dass mich das erschüttert hätte, schrieb doch bereits Iqbal vor langer Zeit sinngemäß und in meinen Worten:

Der Mond wird zur letzten Stunde doch verblassen,
alle Freunde werden dich verlassen,
dein eignes Herz ist das Kerzenlicht,
du bist das Selbst, die anderen nicht,
hast an Wahrheiten der Welt genug,
der Rest ist Selbstbetrug!

Ein Blick auf die Uhr zeigte mir, dass ich etwas gegen die Ratte unternehmen musste, denn im Dunkeln war sie mir überlegen. Allmählich wurde ich ungehalten. Aus der mäßigen Verdrossenheit wurde eine unmäßige Wut, als die Ratte dazu überging, mich planmäßig zu entwaffnen. Sie tauchte nämlich plötzlich auf dem Sims neben der Kerze auf. Das Vieh hatte keine Angst vor Feuer! Das war keine normale Ratte!

War es überhaupt eine Ratte? Ich reagierte spontan und warf einen Stein. Er verfehlte das Ziel, schlug auf das Fensterbrett, die Kerze fiel herunter und erlosch. Es war stockdunkel. Eilig zündete ich die nächste an. Dabei verbrannte ich mir die Finger von der Stichflamme des Feuerzeugs. Ich bedauerte, nicht noch mehr Steine eingesammelt zu haben. Jetzt hörte ich hinter mir auf dem Boden ein Geräusch! Aha! Angriff von hinten!

Schon krachte der nächste Stein auf das Holz! Ich hörte so etwas wie ein Knurren.

Vielleicht war es auch nur das Knarren des Holzbodens! Ich klopfte mit dem Stock meine Protestnote hinterher. Ob die Ratte mit dieser Gegenwehr gerechnet hatte? Oh, ich würde zäh wie ein Wildhund sein! Hätte ich doch die Wendigkeit einer Wildkatze!

Wenn ich nun geglaubt hatte, sie verjagt zu haben, so sah ich mich getäuscht. Wo blieben nur die Schlangen des Dschungels? Wie konnte man noch Respekt vor ihnen haben? Nein, dieses Problem musste ich selber lösen. Noch zwei kleine Kerzenstummel hatte ich. Ich türmte das Wachs am Docht empor, um die Frist zu verlängern, die mir noch blieb.

Eine Kerze stellte ich brennend auf den Boden. Einen Schritt davon entfernt legte ich einen Apfel und ein paar Nüsse, direkt neben meinen Liegeplatz. Dann setzte ich mich an das Fußende. So weit reichte das Licht der Kerze kaum. Ich hatte beschlossen, die Ratte zu erschlagen. Ich wollte ihr Fell. Ich wollte es an den Treppenaufgang heften. Was hatte der Aufenthalt von noch nicht einmal 24 Stunden in der Wildnis aus mir gemacht? Einen Großwildjäger!

Ich schnitt den Apfel in zwei Hälften, packte die eine Hälfte wieder ein, biss von der anderen Hälfte ein großes Stück herunter und legte den Rest zu den Nüssen. Dann wartete ich einsatzbereit, den Prügel in der Hand und auf die Schulter gelegt.

Nichts regte sich. Ich lauschte angestrengt. Nichts zu hören. Doch! In der Ferne die Frösche und ein Käuzchen. Ein gutes Zeichen, denn das war die Verkündung des Todes! Des Todes der Ratte!

Ich war müde. Es war erst 24 Uhr. Seit fünf Stunden war es dunkel. Halbzeit! Die zweite Spielhälfte musste die Entscheidung bringen. Ich würde noch im Sitzen einschlafen. Endlich hörte ich sie wieder! Sie spazierte auf dem Dach herum. Jetzt erst fiel mir ein, dass Ratten im Allgemeinen keine Einzelgänger sind. Vielleicht gab es hier eine ganze Rattenkolonie und die Tiere wechselten sich ab bei der Verteidigung ihres Besitzrechtes. Das hatten sie sich fein ausgedacht! Mich zermürben wollen und selber dabei einen spaßigen Zeitvertreib haben!

Da lagen der Apfelschnitz und die Beilagen im Schein des Kerzenlichts. Ich hörte nichts mehr. Meine Augen fingen an zu tränen. Warum bekam der Kerzenschein auf dem Boden plötzlich vom Rand her eine Einbuchtung? Das Licht flackerte! Ein Schatten? Nein! Das war sie! Endlich! Die Ratte!

Sie schob ihre Nase aus dem Dunkel herein ins Licht: Wie hässlich sie war! Mein Puls begann, sich zu beschleunigen. Mit einem Schlag war ich hellwach, mit dem nächsten Schlag wäre die Ratte mausetot. Mein Kopf war leer. Ungewöhnlich, wenn man andere große Kämpfe damit vergleicht, die der Mensch mit den Ratten zu bestehen hatte.

Schon Tartarin von Tarascon, der auf seiner berühmten Afrikareise in seinem Hotelzimmer vor einer ähnlichen Situation gestanden hatte, fühlte sich zu dem unvergesslichen Ausspruch genötigt: „Le repas c'est moi!", zu gut deutsch: "Das Abendbrot, das bin ich!", ehe er mit seiner Flinte dicht neben der Ratte ein Loch in den Türrahmen schoss.

Die Ratte ist in der indischen Mythologie das Vahana, Reittier, des Elefantengottes Ganesha. Sie soll über jedes Hindernis auf dem Weg zur Erlösung steigen und könne so auch gerade dem schwerfälligen Elefanten behilflich sein. Momentan schien die Ratte eher für mich ein Hindernis zu sein, auf meinem besonnenen und geduldigen Lebensweg. Heldische Entschlossenheit sprach aus mir: Ganesha soll zu Fuß gehen!

Ich war mucksmäuschenstill. Ganz langsam holte ich mit meinem Stock aus. Hierher! Das ist die falsche Richtung!

Das Vieh tapste auf die Kerze zu! Sie würde das Licht löschen und sich dann die Nüsse holen! Schlag zu!, dachte ich. Stattdessen atmete ich tief durch und blieb, wo ich war.

Wenn ich jetzt versucht hätte, die Ratte zu erledigen, hätte ich aufstehen und einen Schritt nach vorne machen müssen, währenddessen wäre die Ratte längst davon gewesen. Sie schnupperte am Boden, jetzt bekam sie Wind von ihrer Henkersmahlzeit. Sie kam ganz ins Licht. Es war keine fette Ratte, sie war nicht einmal sehr groß. Schlank und drahtig sah sie aus. Egal, jetzt war sie gleich eine tote Ratte!

Sie trippelte heran, bis sie bei den Nüssen war. Sie roch kurz daran, doch da gab es ja noch die Apfelschnitte! Ich zögerte, doch dann sauste mein Stock mit großer Wucht nieder!!!!

Es tat einen lauten Schlag. Der Wald erzitterte und verstummte schlagartig. Die Ratte - zu meinem Erstaunen ungeteilt! - ließ einen Satz in die Luft, quietschte laut, ergriff die Flucht, überschlug sich dabei, verschwand aus dem Sichtfeld, kreischte noch an der Wand entlang, bis sie den Ausgang gefunden hatte und war dann jedenfalls nicht mehr in meinem Baumhaus. Ich hörte nichts mehr von ihr.

Vermutlich war sie dermaßen geschockt, dass sie in die Tiefe gesprungen war. Im ersten Moment hatte ich geglaubt, sie getroffen zu haben. Aber sie war ja geflüchtet. Mein Stock hatte lediglich den Apfel zerquetscht, vor der Nase der Ratte. Vielleicht hatte ich ihr auch ein paar Tasthaare abgehauen. Ich war mir sicher, die kam heute nicht mehr.

Ich behielt recht. Als ich wieder das Krabbeln der Ameisen an meinem Körper spürte, wusste ich, dass ich nun beruhigt schlafen konnte. Und das tat ich auch. Es war einer der größten Siege, die die Menschheit in diesem Waldstück über die niederen tierischen Instinkte errungen hatte!

Irgendwann hatte der morgendliche Geräuschpegel eine Stärke erreicht, die genügte, um mich aufzuwecken. Das Konzert der Frösche! Sicher waren jetzt am Frühmorgen wieder Tiere an der Tränke unten am See. Bei Tageslicht sah auch meine Behausung freundlicher aus als letzte Nacht, obwohl die Überreste des Kampfes noch zu sehen waren. Überall war Kerzenwachs vertropft. An der Apfelschnitte hatten sich längst Ameisen zu schaffen gemacht. Im Urwald ist der Bewuchs so dicht und es gibt so viele Gerüche, dass Aas nicht ohne weiteres entdeckt wird - außer von Ameisen und zufällig vorüberfliegenden Fliegen.

Die unversehrten Nüsse steckte ich wieder ein. Jetzt war es mir ganz recht, dass nicht auch die Ratte dalag. Von ihrem Ableben hätte ich nicht mehr Vorteile gehabt als von ihrem Verschwinden. Schon Sir Edward Arnold hatte in „Das Licht Asiens" geschrieben:

„Kill not - for pity's sake and lest ye slay
the meanest thing upon its upward way

- töte nicht, schon um des Mitleids Willen
und selbst wenn Du das gemeinste Ding erschlägst,
vielleicht ist's auf dem Weg nach oben!"

Ich entdeckte am Tatort zwei kleine bräunliche Flecken auf dem Holzboden. An der Türschwelle fanden sich die gleichen Spuren. Ich war im Zweifel. In Indien braune Flecken zu finden, ist nichts Ungewöhnliches. Das ganze Land ist übersät von braunen Flecken. Egal, ob auf dem Land oder in der Stadt, die Straßen, Hauswände und Böden, öffentliche und unöffentliche Gebäude, alles ist voll davon, denn die Inder lieben es, Betelnussblätter zu kauen. Sie sind geradezu verrückt danach. Und weil dabei Unmengen von braunem Speichel entsteht, müssen sie immerzu spucken. Das Dromedar ist in Indien fast verschwunden. Die Betelnuss nicht.

Aber die Flecken waren eigentlich zu klein, um von einem indischen Menschen zu stammen, schon eher von einer indischen Ratte. Da ich von ihr aber keine weiteren Spuren fand, kümmerte ich mich nicht weiter um das Mysterium und machte mich auf, zur Morgenwäsche am See.

Am See fand ich viele Tierspuren. Die Nacht über schien er gut besucht gewesen zu sein. Aber davon hatte ich nichts mitbekommen und wahrscheinlich war auch kein Ton von meinem Titanenkampf mit dem Ungeheuer von Manakavala bis hierher gedrungen.

Ich beschränkte mich auf das Wesentliche, zumal ich mir nicht sicher war, ob das bräunliche Wasser nach dem Abwasch nicht sauberer war als vorher. Dann ging ich zurück zum Frühstück.

Der Wald machte nun, da die Sonne noch immer nicht sichtbar war und irgendwo hinter den Baumwipfeln steckte, einen freundlicheren Eindruck als am Abend zuvor und auch die Umgebung machte ein heiteres Gesicht.

Rama sagte eines Tages zu Sita: *„Wenn ich auf die Schönheiten dieser Hügel schaue, sorgt mich der Verlust meines Königreichs nicht mehr und auch die Trennung von meinen Freunden verursacht keine Schmerzen mehr!"*

Das sagte er, als er seine Geliebte bei sich hatte. Ein anderer hatte ein anderes Lied gesungen, damit es die Vögel in ein fernes Land trugen:

Bin fast zum Einsiedler geworden,
ohne Trennungsschmerz und Angstgefühl,
doch träume ich vom hohen Norden
und von der Liebe viel.
Sie zieht mich wieder in die Ferne,
hat mit rücksichtsloser Macht
mich vom Licht der Sterne
zu ihr zurückgebracht.
Ich verliere meine Wehen
zwar täglich in der Waldesflur,
kann immer weitergehen
auf meiner eignen Spur,
doch seh' ich wieder dann mit Schrecken
die Gestalt, die mir vertraut,
dass die Wolken nicht verdecken,
was meinen Augen graut!
Die Schöne mit den schwarzen Locken
in meiner Heimat, immer noch!

> *Hier lässt sie meinen Atem stocken*
> *Liebe ist es, also doch!*

In den Büschen um mein Baumhaus herum zwitscherten vergnüglich die Vögel. Sie mussten wohl aus Neugierde so zahlreich erschienen sein, denn natürlich hatte es sich längst herumgesprochen, dass ein unangemeldeter Gast eingetroffen war.

„Sieh, die Nachtigall! Wie lieblich zu lauschen! Horch! Von den Sonnenstrahlspitzen des Bobaumes, welch ein Himmelhochjauchzen, welch Freudenausbruch, das Leben triumphiert! Doch bedenke, welche Pein hier unten!", beklagte sich ein Dichter zu Recht.

Noch ein Tag zum Dichten und Denken, ein Tag der Lebensschule. Schnell und reichlich hatte ich zu frühstücken, um für eine Tagestour ohne menschliche Begleitung gerüstet zu sein. Wenn nicht hier und jetzt, wo und wann sonst würde das Herz übergehen vor Eindrücken, die es nicht fassen konnte? Weil doch nur einem Weisen das Bodhi-hydridaya, das „Herz der Erleuchtung" schlagen kann, muss ein anderer wenigstens das Unfassbare vorbeistreifen fühlen!

> *Längst vergess'ne Urwaldsteigen locken,*
> *Entdeckerwünsche fliegen vor mir her,*
> *verdächtige Geräusche, Atemstocken,*
> *das Auge brennt, der Gang wird schwer.*

Verschnaufe in des Waldes Kühle!
Halt' ein im bangen Lebenslauf!
Verlor'n geglaubte Hochgefühle
steigen in die Sinneswipfel auf.

Der Instinkte Urwaldriesen zu erklimmen
zum poesieerfüllten Blätterdach,
fordern mir vertraute Stimmen,
mein Arm ist stark, der Zweifel schwach.

Hänge um die Furcht Lianenschlingen,
geb' sie gegen Dreistigkeit zum Tausch,
schon wachsen meiner Stimmung Schwingen,
hab' Geschmack am Höhenrausch.

Wordsworth erkannte diesen Mangel an Naturverbundenheit der Menschen und die damit verbundene Gefühlsarmut. Über das Wahre im Leben schrieb er:

„Die Welt ist zu viel mit uns, früh bis spät verschwenden wir unsere Kräfte, aber von unserer Natur sehen wir wenig. Wir kennen aber keinesfalls die Welt besser als die Natur in uns. Unser Kennen ist äußerlich, fragmentarisch."

Hier nun war die Welt nicht mehr „mit" mir und ich wollte meine Kräfte darauf konzentrieren, meine eigene Natur, meine eigenen wirklichen Notwendigkeiten zu erkennen.

In den tiefsten und zugleich höchsten Gedanken erkennt der Mensch, dass alles unvollkommen Erscheinende den Keim der Vollkommenheit in sich zu tragen hat, um sich entfalten zu können. Dass die Grenzen der Beschränkungen nur überschritten werden müssen, um das Unendliche anzuschauen.

Nur über das Wie ist er sich nicht im Klaren. Was stoppt die Prozesse, die uns das Dasein verleiden? Wer ist der Brückenbauer über die Kluft? Das Böse in der Welt ist nur das Ergebnis der missbräuchlichen Anwendung des Unvollkommenen und ist Herausforderung, überwunden oder lieber noch umgewandelt zu werden!

Alle Brücken brechen zusammen, wenn die tragen sollenden Teile fehlerhafte Weltanschauungen und Lebensmaxime sind, von Baumeistern, die das Know-how und den Baustoff nicht haben, mit denen man sich am Jenseitigen befestigt. Es gibt keine brauchbaren Brücken, es sei denn, sie werden uns bereitgestellt von größeren Geisteskompetenzen.

Schöpfung bedeutet laut Tagore: *„die fortwährende Harmonie zwischen dem unendlichen Ideal der Perfektion und der ewigen Kontinuität ihrer Realisierung".*

Diese monumentalen Wortgebilde hätte er einfacher zusammenfassen sollen: wir seien dabei, vollkommener gemacht zu werden! Es fällt schwer, von Harmonie zu reden, wo so viele dauerhafte Mängel sind. Allenfalls sollte man an Wachstums- und Warteprozesse denken. Will man die Schöpfung als Entwicklungsvorgang verstehen, dann müsste man wegen all der aufkommenden Übelstände erkannt haben, dass die Realisierung jederzeit zu einem besseren Zustand führen könnte. Mit anderen Worten, es ist eine bessere Harmonie denkbar.

Wenn ich darauf verzichte, einen Baum zu fällen, kommt das der Atmosphäre zugute. Man hat in aller Welt zu sehr darauf verzichtet, Gutes zu tun. Tagore, der Nobelpreisträger, sagte weiter: *„True creation is realisation of truth!"* Es komme also jedenfalls nicht so sehr darauf an, etwas mit den Händen zu tun, als die Wahrheit zu erkennen. Ob dem Ghandi zugestimmt hätte? Mag sein, dass man in Indien sogar durch das Gewahrwerden der Wahrheit einen Antrieb bekommt, schöpferisch tätig zu werden, um dadurch noch mehr Wahrheiten erkennen zu können. Aber mindestens genauso gilt: „Realisation of creation is truth!"

Das Gewahrwerden der Schöpfung führt zum Gewahrwerden der objektiv erforschbaren Wahrheiten in der Schöpfung. Und dann besteht vielleicht Aussicht auf das Wahr-Werden des Endziels der Schöpfung und von dem, was ist, was war und was wird, auf das Erkennen der wirklichen Zusammenhänge und Ursachen zu schließen, denn die Schöpfung hat eine Spur zum Schöpfer gelegt.

Die Welt ist nicht eine bloße Aneinanderreihung oder Summierung von Realitäten und Fakten! Sie offenbart vielmehr ein beabsichtigtes symphonisches Ganzes, das noch unfertig auf die Vollendung zu warten scheint. Wer zuhört der Musik, die sie anklingen lässt, erschrickt und ist enttäuscht, wenn sie unmittelbar abbricht. Doch bleibt die Hoffnung, dass der Meister sein Werk vollendet. Wir sind nicht die Noten, die gespielt werden, sondern Musiker mit eigenen Instrumenten, die zu dem Werk beitragen können. Es fehlt nur der richtige Dirigent. Das Orchester muss sich klarwerden, welchen Dirigenten es will. Aber noch wichtiger ist es für das Orchester, zu reifen, dann wird es nur noch nach einem Dirigenten verlangen, der große, vollendete Musik spielen kann.

Ein Glück nur: wo immer etwas in der Welt passiert, hier in Periyar ist es belanglos. Revolution in Mexiko! Die Makaken halten ihren Mittagsschlaf. Regierungswechsel in Ägypten? Der Bobaum wirft sein Laub ab! In Delhi protestieren Moslems gegen Hindus? Die Fischkatze döst in der Sonne und der Satbhaya baut sein Nest. Und was macht der Gärtner derweil?

Wo ist der große Gärtner? Ich hoffe, ihn irgendwo auf meinen Wanderungen aufzuspüren. An den einsamsten Plätzen soll er mir die Methoden seines Schaffens erklären. Aber ich würde nichts weiterverraten. Die Welt ist nicht bereit, einen Gärtner so hoch einzuschätzen, dass sie sich in wesentlichen Dingen des Lebens belehren lassen würde! Sie sucht ökonomischere Straßenbauer und Architekten ihres Willens, nicht die Ansichten eines Gärtners, der seine Gärten so hoch über die Wege wuchern lässt und nicht verhindern zu können scheint, dass sie ausgeplündert werden und verwildern. Der Gärtner wird bald das Blumenbeet seiner Gewächse umgraben und neu bepflanzen müssen, damit wahr wird, was Adalbert Stifter sagte: *„In den Gewächsen der Erde ist kein Trotz und Laster."*

Man freut sich, wenn man eine Blume im massigen Grün und Grau des Dschungels entdeckt. Sie hebt sich wohltuend hervor als Besonderheit, die mehr Interesse und Bewunderung hervorruft als alles andere. Geradeso möchte auch der Mensch sich anschicken, in der Gesellschaft durch besondere Qualitäten aufzufallen. Nur wem? Und wenn die Gesellschaft nur duldet, was der Masse angepasst ist?

Wann, oh Gott, werd' ich einsam leben,
still und ruhig, ohne alles Streben,
mit nur einem Trinkgefäß, der Hand,
mit der Luft als einzigem Gewand?
Wann, oh Gott, werd' ich fähig sein,
mich von leeren Handeln zu befrei'n?

nach Radschashekara (9. Jhd.)

An einem strahlenden Maimorgen befand ich mich zu sehr früher Stunde am verabredeten Treffpunkt, um wieder mit dem Boot abgeholt zu werden. Die Sonne stieg über den Hügel in meinem Rücken und warf nun ihre Sonnenstrahlen auf den grau-grünen See. Der gab ganze Wolken an Wasserdampf ab, die Grundlage für den tropischen Wald um den See herum.

Ein Reiher war vom anderen Ufer herübergeflogen und stand nun gar nicht weit von mir entfernt, als wollte er mit mir warten. In der Ferne sah ich zwei Sambarhirsche im Ufergrund grasen. Ich hatte noch einen halben Liter Trinkwasser bei mir. Gut abgeschätzt, dachte ich. Ich wartete. Immer wieder ging mein Blick zur Landzunge, hinter der das Boot hervorkommen musste. Aber es kam nicht. Der Reiher flog wieder ab.

Ich befand mich an einer Stelle, an der die Route aller Boote, die zum Damm im Westzipfel des Parks fuhren, vorbeiführte. Aber es zeigte sich kein einziges Boot. Ich konnte mir das nicht erklären. Die Tiere, die ich aus dem Waldrand heraustreten und darin wieder verschwinden sah, störte das überhaupt nicht. Sie hatten sich zwar an den Bootsverkehr gewöhnt. Aber sie vermissten ihn nicht so sehr wie ich. Sie warteten nicht auf Post oder Besuch oder eine Warenlieferung. Ihnen wuchs die Nahrung ins Maul. Mir war hingegen der Proviant ausgegangen.

Je länger ich wartete, desto höher stieg die Sonne. Und das bekam ich zu spüren. Der Fußmarsch zurück zum Forsthaus, den ich nun ins Auge fasste, würde eine schweißtreibende Angelegenheit werden. Ich hatte die Wahl, entweder am Seeufer entlang zu laufen, was mich ungefähr zwanzigtausend Schritte kosten würde. Oder ich nahm den kürzeren Landweg „querfeldein". Ich entschied mich für Letzteres. Ich kannte ja die Richtung. Es war offensichtlich, dass aus irgendwelchen Gründen heute keine Boote fuhren. Das war rätselhaft, aber nicht zu ändern.

Ich baute ein kleines Steinmal und klemmte ein Papier dazwischen mit einer Nachricht, falls das Boot doch noch kommen würde: „R.N. 22.5. 10.00 am, try to go the landway back to Thekkady."

Ich war noch nicht über den ersten Hügel gelaufen, als mir zwei Eingeborene entgegenkamen. Sie sprachen kein Englisch, aber überreichten mir einen Brief, der an mich adressiert war und von Payas unterzeichnet war. Er bat mich, mich den beiden „Guides" anzuvertrauen, da unvorhersehbare Ereignisse eingetreten seien. Der letzte Satz in dem Brief lautete: „The God is dead!"

Nach zwei Stunden waren wir im Forsthaus. Hier bestätigte sich meine Vermutung. Das ganze Land war in Aufruhr, der Verkehr auf den Straßen war lahmgelegt. Verbrecherische Banden und aufwieglerischer Mob zogen mordend und plündernd durch die Gegend. Öffentliche Verkehrsmittel wurden erst gar nicht eingesetzt, darunter zählte auch der Bootsverkehr auf dem Periyarsee. Außerdem hatte die Regierung nicht nur den Notstand ausgerufen, sondern auch einen Staatstrauertag. Was war geschehen? Eine durch Hass manipulierte Frau hatte in Madras das Staatsoberhaupt Rajiv Gandhi ermordet. Das war das Fanal für verdorbene Geister, sich auszutoben.

Poeten beginnen ihre Werke im Namen
des Barmherzigen und Gnädigen,
ich dagegen will mich bei ihm beschweren,
denn wohin ich auch schaue, überall sehe ich
eine Schöpfung, belebt oder unbelebt,
sinnevoll und unempfindlich, Baum, Blume, Blatt,
Vögel, Tiere, Mensch, angekettet sind sie,
und doch beseelt, vom Begehren frei zu werden,
geboren um zu leben und doch in Zerfall und Tod
zu enden, am Leben sich zu entzücken und doch
dazu bestimmt zu verzweifeln und zu leiden,
mit der Erde verwurzelt und doch
nach dem Himmel sich streckend!
Und hingestellt ein Rätsel zu lösen,
dass sie nicht frei sein können.
Warum? Fragt der neugierige Mensch?
Ist Gott es wirklich, der das Übel will? Wozu?
Die Flamme flackert in der Erde.
Die ganze Schöpfung, ein Fragewerk
Alle Dinge sind Fragezeichen,
Symbole der Klage und des Wehleidens

die die Weisheit der Schöpfung
in Frage stellen.

Mirza Ghalib (1797-1869)

Ghalib war ein Fragender wie wir alle. Man muss auf eine Antwort kommen, wenn man die Weisheit der Schöpfung in Frage stellt. Man sieht den Reichtum der Gestaltungen und die Komplexität der Ausführung, man erkennt Planung und Zweckbestimmung. Und doch, bei aller „Begeistung", die dabei ein bestimmendes Prinzip zu sein scheint, und sei es nur so aufdringlich in unserer Vorstellung, die Frage nach dem Grund des Unvollendetseins und der Unvollkommenheiten in der Schöpfung stellt sich in unberuhigender Weise. Sie ist herausfordernd! Sie berührt uns im Innersten. Und wir wissen, dass unsere Existenz irgendwie davon abhängt. Nicht allein, dass wir den Unvollkommenheiten unterworfen sind. Vielmehr scheint die Art und Weise, wie wir uns unseren Fortbestand vorstellen möchten, ganz von dem Wunsch beseelt zu sein, diese Unvollkommenheiten beseitigen zu können. Wir wollten Architekten unseres Glücks sein, wenn wir es könnten. Da wir aber in den Grenzen der Elemente und der Naturgesetzmäßigkeiten eingebunden sind und da wir nicht sicher wissen, was unser Glück eigentlich sein könnte, geht alles weiter seinen dunklen Lauf.

Kein Zweifel, es muss uns gesagt werden, was gut für uns ist. Wir brauchen eine Offenbarung. Wir können uns nicht selbst Gott sein. Wir haben längst bewiesen, mit unseren besten Absichten, dass wir es nicht können. Das Unternehmen, selber bestimmen zu wollen, von welchem Baum der

Erkenntnis wir uns die Früchte nehmen, selber bestimmen zu wollen, was gut und weniger gut ist, dieses jahrtausendealte Unternehmen ist gescheitert.

Wir müssen zurück zum Ursprung. Es ist ein harter Weg, aber im Gegensatz zu dem harten Weg, den wir hinter uns haben, als wir selber bestimmt haben, wo es langgeht, ist er der Weg, der aus dieser Sackgasse herausführen kann.

6. Kapitel: Grüne Hügel und Wälder

Wenn ich nach langer Zeit wieder in die Wildnis von Periyar zurückkehre, ergeht es mir, wie wenn ich mich an eine alte Freundschaft erinnere. Es ist der Wald, in dem ich einen Freund wiedersehe. Die Vorfreude lässt mich schon lächeln.

Mein Freund ist oft verschwiegen, wenn ich ihm begegne. Aber es ist nicht Verschämtheit, sondern stille Vornehmheit – er ist ja ein indischer Freund, der glaubt, dass es meine Bestimmung sei, alte Freunde wieder aufsuchen zu müssen, die gute, verlässliche Freunde sind. Und tatsächlich, der Wald hat mich noch nie enttäuscht.

Nur öfters bin ich entsetzt, was meine Menschenbrüder mit meinem Freund gemacht haben. Wie achtlos sie mit ihm umgehen! Aber sie achten ja auch nicht auf mich. Und so behandeln sie meinen Freund auch nicht besser.

Eigentlich bin ich es, der meiner Freude weniger Ausdruck verleiht. Zwar lege ich mich schon einmal auf einen umgefallenen, moosweichen Baum alle Viere ausgestreckt und lache über meine Träume. Aber es ist mein Freund, der mich stets mit seiner friedlichen Stimmung umarmt, der mir das Beste aus seinem reichen Wesen zugutekommen lässt. Und wenn ich mich seinen Annäherungen verschließen möchte, so steigt mir doch der süße Duft seiner Blumen und Früchte in die Nase, und seine Boten, wenn er Frühling macht – nämlich jeden Morgen von Neuem – die Vögel, zwitschern mir ins Gewissen, dass ich den nicht abweisen darf, der mir nichts Böses will.

Wenn ich so in sein weites Haus zurückkehre, treffe ich alte Bekannte wieder, denen ich Rede und Antwort stehen muss, was ich die ganze Zeit in meiner Abwesenheit getrieben habe, woher ich jetzt gerade komme und wie lange ich zu bleiben gedenke.

Natürlich will ich meine Sprachkenntnisse noch verbessern, damit ich noch aufnahmefähiger und kenntnisreicher werde. Ich halte lange Zwiegespräche und leihe meine Stimme auch den Stummen des Waldes und vergesse nie, zu bedauern, dass ich weiter fortmuss, weil meine Zeit begrenzt ist, weil ich noch alle Völker des Waldes begrüßen muss, auch die scheuen Einzelgänger, die mir noch nicht vollends trauen, darf ich nicht vergessen.

Zu den ersten des Begrüßungskommitees gehört oft der „eitle Schuljunge". So nennen die Inder die Malabarpfeifdrossel, weil sie pfeift wie ein Junge auf dem Schulweg, gerade wie es ihr in den Sinn kommt, die Tonleiter hinauf und herunter.

„Du pfeifst immer noch wie ein Schuljunge, sing doch mal wie ein Vogel!", begrüße ich sie wieder. Es ist gleich, was ich sage, denn: „Du bist älter geworden, ich nicht!", bekomme ich jedes Mal zur Antwort.

Wie es mir in der Welt der Menschen ergangen ist, will sie von mir wissen. Ich gehe langsam weiter, während die Spottdrossel an meiner Seite bleibt und dabei von Busch zu Busch fliegt. Sie ist neugierig und braucht neuen Stoff für ihre so menschlich klingenden Melodien. Man muss aufpassen, was man ihr sagt, sonst pfeift sie Vertrauliches von den höchsten Baumwipfeln und bald weiß es das ganze Tal.

Einmal sagte ich zu ihr: „Ich habe gearbeitet, bis ich wieder hierherkommen konnte." Und natürlich weiß ich, was sie darauf antworten wird: „Ich arbeite nicht und bin immer hier!"

„Weil du hier zu Hause bist. Aber ganz ohne Arbeit kommst du auch nicht aus. Jetzt ist doch die Zeit, wieder ans Nestbauen zu denken!"

„Das ist keine Arbeit. Das ist Dienst an meinem Weibe, die unbedingt Kinder will." Und wenn ich dann an den Aufwand der Nestlingsaufzucht denke, zwitschert mir sie zuvor: „Sie später füttern ist ein Aufwand, den ich gerne betreibe. Ich will das Revier an meine Kinder weitergeben!" Fragt sie mich etwa, wie es mit den Drosseln im fernen Europa bestellt ist?

„Sie fühlen sich dort nicht so zu Hause wie du hier. Ihr Lied klingt immer trauriger in meinen Ohren. Wenn sie könnten, würden sie wohl mit mir ziehen und hier bei ihren Verwandten in Indien bleiben."

„Warum tun sie es nicht?"

„Die Einreiseformalitäten!"

Davon versteht die Drossel nichts. Sie wundert sich vielleicht nur manchmal über die Eile der Zugvögel! Sie bleibt lieber im Lande und nährt sich redlich! Warum denn in die Ferne schweifen... von Erdteil zu Erdteil, ich weiß, sie hüpft von Busch zu Busch und es ist ihr immer Sommer dabei!

Und meistens dauert es nicht lange, bis mir der umtriebige, nackengestreife Mungo über den Weg läuft, ein Vetter des außerhalb des Waldes häufig anzutreffenden, gemeinen Mungos.

„Wieder mit keiner Schlange gerungen!", lautet sein ironischer Gruß, bilde ich mir ein. Er schien sehr belustigt, als ich ihm vor Jahren erzählte, die Touristen glaubten, seinesgleichen würde sich mit Vorliebe auf Tänze mit Kobras einlassen.

„Du bist wieder sehr blass. Du brauchst wieder ein paar Tage indische Sonne und Waldluft, um frische Farbe zu bekommen. Erzähle mir von da, wo du herkommst!" Ich sage dann, dass es nichts Neues zu berichten gebe, von da, wo ich herkomme!

Er lacht in sich hinein und verschwindet im Gebüsch – bis später.

Der Pfau hat etwas länger gebraucht, um seine Scheu vor mir abzulegen. Die Neugierde hat ihm geholfen. Außerdem hat er bemerkt, dass er in meiner Nähe Schleichkatzen nicht zu befürchten hat.

„Gut siehst du aus, wie immer!", lobe ich ihn, als er sein Rad vor mir schlägt.

„Ich gebe mir Mühe. Wie ist die Mode in Europa?"

„Man trägt wieder Pfauenfedern, hie und da!"

„Diese Barbaren, aber sie haben Geschmack! Und du verbirgst doch nicht ergraute Haare unter einem Hut?"

„Nein, sie sind noch nicht ergraut, obwohl ich vor Sorgen manche Federn lasse. Ich trage ihn der Sonne wegen!"

„Die Sonne erst gibt dem Gefieder seinen Farbglanz! Sah ich nicht in deinen Haaren sogar goldenen Glanz, den die Sonnenstrahlen entzündet haben?"

„Zu viel Sonne bleicht und macht müde ..."

„Ich dachte immer, es sei der Geist des Menschen, der da leuchtet, nun aber begibst du dein Gesicht unter Schatten und ich weiß nicht, ob du es bist."

Ich ziehe den Hut vor dem Pfau und verbeuge mich.

„Er ist immer noch der Alte!", entdeckt er.

„Wer?", fragt das Muntjack-Hirschlein und tritt hinter dem Baumstamm hervor.

„Ich bin`s, der dir wieder nicht folgen kann, bin zu sperrig fürs Unterholz."

„Lass` dir einen Bären aufbinden oder noch besser einen Elefanten, Menschenskind, dann kommst du besser durchs Leben!", lautet seine Weisheit. Er inspiriert mich, weil er so klein und zart wirkt, aber immer in Bewegung ist. Er will Geschichten hören, aber nur, wenn sie amüsant und unterhaltsam sind und sein schreckhaftes Herz nicht zu sehr strapazieren. Ich erzähle ihm also, dass schon wieder ein Jahr vergangen ist und ich wieder nichts Bedeutendes geleistet habe. In meinem Garten habe ich ein Blumenbeet gepflanzt und in meinem Haus ein großes Fenster eingebaut, dass ich das Blumenbeet im Garten besser sehen kann. Und: „Ein Bild von dir habe ich an die Wand gehängt."

„Doch hoffentlich in Lebensgröße! Das ist wenig für ein Jahr! Na gut, ich komme morgen wieder!", sagt er und verschwindet. Er hat wie die Vögel des Waldes kein ausgeprägtes Zeitgefühl, außer wenn es um die Fortpflanzung geht.

„He, Trauergesicht!" – eine Stimme von oben! Eine Affenschar! Makaken!

„Hast du uns etwas mitgebracht, worüber wir lachen können?"

„Ich muss überlegen. Eigentlich sollt ihr mich zum Lachen bringen, deshalb bin ich hier!"

„So weit musst du reisen, um einen Spaß zu haben?" Das war ein gelungener Scherz, die Affen brüllen und halten sich die Bäuche. „Genug für heute, genug!", japst ihr oberster Lacher.

Wenn ich zu übermütig bin, frage ich den Adler: „Wie sieht die Welt von oben aus?"

„Sehr klein!", gibt er mir zur Antwort.

Die Friseure des Dschungels sind die Webervögel, bei uns als „Spatzen" in Verruf. Sie wissen alles und verschweigen nichts. Man darf ihren Tratsch nur nicht so ernst nehmen. Sie sind es auch, die als erste das Gerücht von meiner Ankunft in Umlauf setzen, auch wenn ich noch gar nicht gekommen bin.

Bei einem Bauhinia-Gehölz flattert mir immer der schwarzliedrige und keinesfalls liederliche Minivet um die Ohren.

„Hast du mir dieses Mal endlich blauen Lidschatten und Schminke mitgebracht?", will die Zierliche wissen.

„Du hast das gar nicht nötig. Nachher wollen es alle haben!"

„Aber ich will aussehen wie der Pfau, zumindest wie ein Star!"

„Dann frag´ die, wie sie sich zurechtgemacht haben!", hatte ich ihr schon zuletzt geantwortet.

„Was soll ich die Eitelkeiten fragen, was sie nicht wissen können? Sind sie doch alle wie aus dem Ei geschlüpft. Aber du bist es nicht, du wirst am ehesten wissen, wer uns gemacht hat, wie wir gemacht sind."

Das brachte mich in Verlegenheit. Und manchmal schon haben mich die Minivets und die Barbets verspottet.

„Der nicht weiß, wer ihn gemacht hat, ist hier!"

Man hat auch immer aus Gewohnheit, wenn ich ankam, die Eule geweckt.

„Weißt du was deine Bestimmung ist?", hat sie mich zu fragen.

„Was kümmert es dich?"

„Ich könnte dann endlich ruhig schlafen tagsüber!"

„Hast du sie endlich gefunden, die Zeit, die dir fehlt?", befragen mich die Papageien.

„Nein, ich weiß nur, dass sie mir hier bei euch abhandenkommt."

„Wir helfen dir suchen.", behaupten sie und flatterten auf den nächsten Baum und haben es schon wieder vergessen.

Ich möchte auch vergessen lernen, was dem Herz so schwer fällt, zu vergessen, was es gar nicht gern behalten möchte.

Am liebsten rede ich mit Everett, der Dschungelratte. Sie ist nicht sehr ansehnlich, aber dafür auch nicht dumm.

„Am besten ist", meint sie, „man ignoriert die Menschen o-der geht ihnen ganz aus dem Wege." Ich glaube, es ist wahr, was man sich über Everett erzählt. Sie sei das klügste der Dschungeltiere. Klüger noch als die Elefanten, die dauernd essen. Der Tiger, sagt man, hat sie nur deshalb nicht zu sei-nem Berater gemacht, weil er Ratten gerne frisst und kluge Ratten erst recht!

Der Wald von Periyar, er ruft mich mannigfach, mit vertrau-ten und auch mit vielen fremden Stimmen, von denen ich noch viel erfahren möchte. Hätte ich doch die Zeit, noch mehr zu lernen!

> *So bist du nun zum Weitergang gerufen*
> *Trete ein durch jegliches Wahrnehmungstor*
> *beschreite weitere Wachstumsstufen,*
> *immer steiler hebe dich empor.*

Der Wald hat mich gerufen, schon kam ich gelaufen, mir helfen zu lassen, meine Sinne zu schärfen und ihre Lust zur Erlebnisfähigkeit zu steigern. In den Siedlungen der Men-schen gehen die Türen zu. Dort kehrt die Stille ein. Periyar ist ein geheimes Tal und ich bin der einzige Wanderer darin. Mit gespannten Sinnen trete ich ein in das weit geöffnete Tor des Waldes. Dies war schon längst mein Haus, vielmehr mein Spielplatz, die Schule, mich zu lehren. Alle Pfade möchte ich begehen, keine Winkel übersehen und alle Bewohner des Hauses kennenlernen, ohne zu stören. Ich will große Strecken bewältigen, aber immer nur einen kleinen Raum für meine Betrachtungen einnehmen, sanft und ruhig sitzen, wenn mich die Freundlichkeit des Ortes dazu einlädt; duftende Blumen entdecken, beachtungswürdige Gewächse ertasten, auf meine inneren Wachstumsprozesse lauschen, äußere Bedenklichkeiten auf meinen Geist wirken lassen. In diesem Überfluss ist viel Kleines, das herausragt, weil es zur Großartigkeit genügt, die im Innern steckt.

Im Wald von Periyar kann man das Haupt aufrecht tragen und laut denken. Geist muss nicht im öden Wüstensand versickern oder in den stickigen Gemäuern, wo Menschen hausen, träge zu toter Gewohnheit sich beugen und unfrei dem Herkömmlichen versklavt sein. Hier gilt es, vorwärts zu den Horizonten seiner Gedanken geführt zu werden, zu erstarken, damit mutig gedacht werden kann, entfernt von Alltagssorgen, den Winzlingen, die dem Vergessen anheimfallen sollen.

Der ausgedorrte, unsanfte Boden, wo sich die kreativeFantasie untätig niedergelassen hat, wird in Periyar wieder angefeuchtet. Manchmal schiebt man einen Riesenfarn unter einem hohen Baum beiseite, um die Sicht auf das Verborgene freizumachen und erhält von oben einen Schauer aus gestautem Tau oder einen feinen Regen aus dem Überquellen eines Blütenkelchs. Es gibt die Sammelstellen Erfrischung spendenden Nasses für viele Geschmacksrichtungen. Doch müssen die wirklich ergiebigen Fundstellen immer nur abseits der Pfade gesucht werden, wo sie nicht geplündert sind. Dort, wo die breiten Trampelpfade sind, sind die Herden, wo man mitgetrieben, aber nie wirklich satt wird.

Immer verraten mich die Späherstimmen; von Bäumen, aus Büschen, aus der Luft rufen sie, dass ich komme! Doch manchmal verstummen sie ganz schnell. Ich bin gemustert und für zu harmlos befunden worden, um der Warnung wert zu sein. Bin ich denn zu bedenkenlos, um gedenkenlos zu werden?

Auch die Tiere können ihr Misstrauen ablegen. Der Hirsch äst unbekümmert weiter, wenn er merkt, dass der Tiger heute keinen Hunger auf das Jagen hat. Wäre es anders, würde der Tiger nicht offen herumspazieren. Er verstellt sich nicht. Er ist kein Betrüger. Man weiß, was man an ihm hat. Man weiß, wann man ihm aus dem Weg gehen kann! Und doch gibt es auch das Tarnen und Täuschen. Wer oder was hat diese Gabe der sinnvollen Umgestaltung entarten lassen? War sie doch einst nur zur Vielgestaltung des Lebendigen im Einsatz und wird nun doch zum Teil benutzt, um anderen eine Falle zu stellen, oder um zu verhindern, dass man selber gefällt wird. Und dennoch vollzieht sich alles nach einer wundersamen Ordnung.

Und ich? Ich komme zur Erkundung meiner selbst, auch wenn ich mich den Tieren nähere, lieber noch, als dass ich mich von ihnen „nähre". Ich sehe sie mit Freuden leben und hoffe, dass sie nicht vor Schreck wegen meiner touristischen Aufmachung sterben. Da gibt es mehr zum Verwundern als zum Fürchten, wenn ich nervös an meinem schwarzen Kasten mit den Klick-Geräuschen herumhantiere, Verrenkungen mache, mich durch Unterholz und Schmutz winde, während ich versuche, allernächste Nähe zu gewinnen – oder auch nicht! Und umgekehrt ebenso! Meine Artgenossen bedrohten sie mit der Flinte, mich sollten sie nur verwunderlich zur Kenntnis nehmen – aber dabei ruhig bleiben!

„Er kommt! Aufgepasst! Was er jetzt wieder anstellt!"

Und richten sich auf mich Antennen und Augen, nicht bloß Augenpaare, denn auch die dreiäugige Spinne überm Weg registriert meinen Schatten; dazu der blinzelnde, halb ausgeschlafene Lemur unterm Baumdach und die Erdhörnchen, die kurz zwischen den Grasbüscheln hervorlugen. Sie gehen gleich wieder ihren Geschäften nach. Nichts Besonderes, aber immer noch wichtiger als einem Zweibeiner weiter Beachtung zu schenken. Und der Tiger gähnt auf seinem Lager. Und der Adler zieht weiter seine Kreise und ruft: „Es bleibt sich gleich!" Von oben sehen sie alle gleich und unbedeutend aus. Durch Beobachtung wissen die Adler, dass die Menschen nicht fliegen und aus einer anderen Quelle, dass sie es gerne möchten!

„Halt!", sagt der letzte, kleinste in der Wildschweinrotte, die vorübertrottet. Einen Augenblick noch, der hier – dabei schnuppert es in meine Richtung – riecht anders. Und das Makakenkind, das sich im Bauchfell seiner Mutter festklammert, versteht es so: Bis jetzt kenne ich nur die nackten, braunen von der Sorte, dieser arme Kerl ist bleich, bestimmt ein ausgestoßenes Einzelkind. Man sollte ihm ein paar Früchte hinunterwerfen!

Und so stapfe ich beobachtet und oft nicht einmal beachtet durch den Wald. Und forsche ich zu sehr im Innehalten, könnte es als unbeholfene Nahrungssuche aufgefasst werden. Harmlos! Kurios! Unbeholfen! Ich bräuchte mich dann nicht zu wundern, wenn es Kokosnüsse regnete oder, weil es die in Periyar nicht gibt, wilde Mangos. Aber mit denen wäre mir nicht geholfen, sie sind in der Wildform sauer. Der Dschungel ist grausam!

„Achtung, er kommt!", das dürfen sie wohl sagen. Aber nicht „Er geht, na endlich!" Ich möchte keine Schrecken verbreiten.

Und doch wird es sich nicht vermeiden lassen, wenn der Herr über die Schöpfung, der Mensch, auf den „König der Tiere" trifft! Der König, von dem ich rede, ist ungekrönt und nur eine menschliche Erfindung, seit der Löwe in Indien abgedankt hat. Dieser hat sich schmollend und grollend über seine Schwächen, sich in Indien nicht behaupten zu können, in ein kleines Gebiet in Gujarat zurückgezogen, wo er an den Wegen zu den Dörfern lagert, um Vieh zu stehlen.

Warum die Krone auf denjenigen übergehen sollte, den beim leisesten, entferntesten Brüllen des Tigers das große Zittern befällt, vorausgesetzt, es sitzt ihm kein Menschenkind auf dem Rücken, um ihn zu beruhigen? Aus meinen Erfahrungen kann ich die Frage nicht beantworten.

Ich rede von seiner Majestät dem Elefanten. Es ließ sich kaum vermeiden, dass ich ihn oder gleich ein Dutzend von seinesgleichen irgendwann, irgendwo, auf dem Wege oder daneben erschrecken würde, weil ja mein bloßes Erscheinen schon zum Davonlaufen war. Aber ich habe keine Veranlassung seiner zu spotten, denn ich höre jetzt schon mein Herz pochen, wenn der wahre König des Dschungels, der Tiger, mir einmal den Weg verstellt.

Freilich, es genügt mir zu einem stillen Ton auch schon die Kobra, die vor mir auf dem Waldpfad liegt. Ich warte dann brav, bis sie sich seitwärts in die Büsche schlägt, weil sonst *ich* mich seitwärts in die Büsche schlage!

Die Tiere räumen zu sehr das Feld vor den Menschen und am Ende wird das Feld ganz abgeräumt sein und der Mensch hat ausgeträumt, doch noch einmal in Harmonie mit der Schöpfung leben zu können.

Nein, ich habe es den Tieren selbst überlassen, ihren König zu wählen. Er, der Tiger, herrscht nicht über sie, aber er taugt als Ärgernis für die Menschen, die sie ärgern. Der Tiger ist das stärkste und vielleicht auch klügste Tier im Dschungel, wenn man einmal von Everett, der Dschungelratte absieht. Aber die kümmert sich nur um ihre eigenen Angelegenheiten. Dabei ist die kleine Sumpfmücke das größte Ärgernis für die Menschen! Aber ihr schmales Haupt bietet keinen Platz für die Krone. Außerdem ärgert sie durch ihr unadeliges Benehmen auch all die anderen Tiere. Der Tiger hingegen geht dauernd im Krönungsornat, dem gestreiften Fell, umher, besitzt Adel und Souveränität in jeder Bewegung, die andere Tiere vermissen lassen, wenn sie eines

Menschen ansichtig werden. Und wenn er durch den Dschungel schreitet und seinen Ruf vernehmen lässt, dann machen ihm zu seiner Huldigung alle Tiere Platz. Alle, außer Everett, der sich um seine eigenen Angelegenheiten kümmert; und dem Adler, der fortwährend über den Dingen schwebt, den nichts Irdisches berührt.

Der Tiger fürchtet nichts und niemand – außer den Menschen.

Aber es ist keine Furcht aus Notwendigkeit. Es ist eine Furcht, die ihm eingepflanzt ist, ein Erbe, das auf jene Zeit zurückreicht, als der Mensch Fürchterliches tat, als er ihn zwang, sich vom Fleisch anderer Tiere zu ernähren, als er ihn aus der Behaglichkeit des Gartens Eden vertrieb, wo ihm die Früchte ins Maul gewachsen waren. Wie ein treuer Haushund liebte er seinen Herrn. Doch dann verlor er das Vertrauen zu ihm, der allen Geschöpfen das Wohnrecht in jenem Garten zunichtemachte. Manchmal wendet sich die Furcht gegen den Erzeuger. Hätte er den Tiger doch Gras fressen lassen. Wenn der Tiger es satthat, sich fürchten zu müssen, fällt der Mensch ihm zum Opfer. Er ist es schließlich, der ihn ausrottet!

Hätte doch der Mensch auch mehr Furcht! Mehr Furcht, dass sein unordentlicher, planloser Umgang mit der Schöpfung ihm selbst ein Ende mit Schrecken bereiten wird oder im Falle, dass er auf diesem Planeten doch weitervegetieren kann, ein Schrecken ohne Ende! Was anderes wäre ein Leben, wo nur das von Menschenhand Geschaffene übrigbliebe, um unter einem grauen Himmel von einer nebelverhangenen, blutroten Sonne beschienen zu werden, wenn die Aufwärts-Evolution endgültig widerlegt sein wird, weil die Schöpfung degeneriert ist von der Vielfalt zur Einfalt, vom Belebten zum kurz vorm Unbelebten und nur der Mensch bleibt, um dies festzustellen und auszukosten, was er sich tatlüstern und umweltschonend eingebracht hat. Mehr Ehrfurcht vor dem Leben! Nicht, wie es Albert Schweizer predigte, weil man die lästige Sumpfmücke nicht vertilgen dürfe, sondern weil man sich der Verantwortung um die Schöpfung bewusst sein muss, denn wer sonst könnte sie tragen und ihren Forderungen nachkommen?

In Indien wurde das Nicht -Töten und Nicht-Schädigen von lebendigen Wesen erstmals im Jinismus schon vor mehr als zweitausend Jahren zum großen Gebot Ahimsa erhoben. Tiruvalluvar schrieb in seinem berühmten Kurral sogar: „Wenn ein Mann seine Nahrung mit den Lebewesen teilt und sie dazu beschützt, das ist der größte Akt der Tugend."

Der Mensch darf nicht einfach in die Welt hineinleben und glauben, die Evolution habe ihn zufällig an Land geworfen. Vielleicht ist es ja gerade seine Aufgabe, diese Insel im Weltall wohnlich zu machen. Er sollte lieber an den Charakter des Ewigen in seinem Tun denken, denn Ursachen zeitigen Folgen und so geht es immerfort, auch wenn man selber nicht mehr Bestandteil der Folgenkette ist. In der Gedankenlosigkeit der Naturausbeuter steckt der Keim zur Selbstauslöschung, nicht wie Buddha sie lehrte, sondern so, dass man einen Samen legt, der Schande hervorbringt, die bleibt.

Und so raubt der Mensch die Jungen aus dem Nest des Adlers, fällt den Baum und zündet schließlich den ganzen Wald an. Am Ende raubt er sich selbst allen Lebensraum. Wie gut, dass er sterblich ist! Was wäre das für eine Welt, von lebensverachtenden, unsterblichen Wesen bevölkert! Es stimmt, was manche Philosophen sagten: Eine schreckliche Vorstellung, dass der Mensch, so wie er ist, unsterblich wäre. Es würde eine Verewigung des Unerträglichen bedeuten. Entweder der Mensch ändert sich oder er soll weiter sterben.

Schade nur um die Mühen der Weberameisen! Sie waren über jeden Zweifel erhaben!

Sei stille, mein Herz,
diese großen Bäume sind Gebete

Rabindranath Takur

Für die Inder ist ja ein Gott namens Vischnu zuständig für die Erhaltung und Bewahrung der Natur. Muss nun der Mensch mit Vischnu unzufrieden sein oder ist es umgekehrt? Was nützt ein Gott, der sich nicht kümmert? Was nützen Gottesanbeter, die eine andere Agenda haben als Gott? Im Walde sind die Shivagläubigen in der Mehrzahl. Shiva ist der Hindugott der alles zerstört, was Brahma geschaffen und Vischnu bewahren sollte. Vischnu ist schon längst tot oder zumindest entmachtet. Brahma zeigt sich nicht mehr, seitdem er die Welt erschaffen hat. Nur Shiva kommt in Inkarnation des Axt schwingenden Räubers Mensch. Der setzt sich schon bald auf das letzte Tigerfell, seinem Vorbild zur Verehrung. Shiva sitzt ja traditionsgemäß auf einem Tigerfell. Da haben die indischen Seher doch einmal recht vorausgeblickt. Und die einsamen Waldsadhus, die knöchernen Einsiedler mit dem verfilzten oder kärglichen Haarwuchs sind meistens Shivaanbeter. Dieser Shiva hat ja auch einen Dreizack wie der Teufel, der stets bereit ist, wieder jemand anzustacheln, nur nicht zum Naturschutz.

Und die neuzeitlichen Hindudichter sind zu anderen Überlegungen angestachelt und stöhnen und ächzen dabei: *„Brahma, erwecke Vischnu von den Toten, oder stehe selber auf, oder schicke deinen Sohn in den verwilderten Garten, dass er Yama, den Gott des Todes, vertreibt."*

Wie bemerkenswert, dass es schon eines Gottessohns bedarf, um das Ganze ins rechte Lot zu bringen! Der Mensch opfert diesen indischen oder anderen Göttern und er opfert ihnen die Schöpfung. Ghandi schrieb dazu: *„Es ist mein beständiges Gebet, dass auf Erden irgendein großer Geist, Mann oder Frau, geboren werde möchte, der von göttlichem Erbarmen angefeuert uns von dieser schrecklichen Sünde befreit und das Leben von unschuldigen Geschöpfen rettet..."*

Er meinte die Sünde der Zerstörung des Geschaffenen. Aber laufen nicht alle Sünden auf die Zerstörung oder Verschlechterung des Geschaffenen hinaus? Muss da nicht der Schöpfer höchstpersönlich eingreifen, die ganze Welt von ihren Sünden befreien, weil die Menschen nicht in der Lage sind, sich selbst zu befreien? Ihre Maßstäbe sind verworren und dienen immer nur wenigen. Das freilich sieht der indische Geist nicht, ihn hat schon seit jeher die Selbsterlösung beschäftigt, ohne dass er sie endlich erfunden hätte, so scheint es. Was beim hochgeistigen indischen Weisheits- streben bisher herauskam, das sieht man in den vier Elends- vierteln Indiens allüberall. Es stimmt nicht, dass das der Spiritualität geschuldet wäre. Wer den Geist und das Geis- tige betont, vernachlässigt seine Umgebung eben gerade nicht. Die indische Gesellschaft ist ganz wie jede andere menschliche Gesellschaft durch und durch materiell und egoistisch. Wer etwas anderes sehen will, belügt sich selbst. Die Inder sehen sich selber gerne in einem spirituellen Kon- tinent. Wenn sie damit ihre vielen menschenverachtenden Geister und gewalttätigen Dämonen und selbstsüchtigen Scheinheiligkeiten meinen, haben sie vielleicht Recht, denn ihnen werden sogar Altäre gebaut. Das schöngeistige Poten- tial des Menschen zeigt sich nicht darin, wie vielen Göttern er huldigt und wie viele Altäre er baut oder wieviel Opfer- blut er auf ihnen vergießt, sondern darin, was aus seinem Herzen liebend und fürsorgend ausfließt.

Das Kastenwesen Indiens lässt Nächstenliebe nicht zu und betrachtet es sogar als hinderlich, das Karma zu erfüllen. In der nächsten Geburt wirkt sich aus, ob man seine Pflichten erfüllt hat, nicht ob man Nächstenliebe gewirkt hat. Und da man auch als Tier wiedergeboren werden kann, werden Tiere als gescheiterte Menschen betrachtet, denen weder Mitleid noch Fürsorge entgegengebracht werden muss, es sei denn da, wo es Pflicht – Darma ist. Die Pflicht ergibt sich aber nicht aus der Ethik, sondern aus der gesellschaftlichen Stellung. Wenn der Mensch die Natur ausbeutet, tut er es zu Recht. Es gehört zu seinem Karma. Buddhistisches Gedan- kengut brachte in dieses harte Denken eine Milderung, da man auch gegenüber der Schöpfung eine wohlwollende Einstellung haben soll. Aber der Buddhismus ist keine Religion der Tat, sondern der Gedanken und spielt in Indien ohnehin nur eine untergeordnete Rolle. Selbst in Nepal herrscht der Hinduismus vor.

Der Schöpfergott Brama spielt nur eine untergeordnete Rolle. Dabei bräuchte man ihn ganz dringend mit seinen schöpferischen Kräften. Es braucht einen überragenden, allmächtigen Geist, der für Ordnung und Gerechtigkeit und Ausgewogenheit sorgt, für die Gedanken, aber auch für das praktische Handeln. All das ist in einer gewaltigen Schieflage auf dem Kontinent der Möchtegern-Spiritualität. Umso kostbarer und weltfremder sind die Rückzugsgebiete der Natur, die dann am reichsten ist, wenn sie nahezu unberührt ist, denn da kann sie sich entfalten. Und das sind in Indien die Wälder, wo sie noch dicht und artenreich sind und der Mensch nur selten gesehen wird.

„Hast du nicht seinen leisen Schritt gehört?", flüstert eine Stimme hinter mir. Was Wunder, wenn der Schöpfergott seinen Fuß gerade hier auf die Erde setzen sollte? Dass er die stille Abgeschiedenheit sucht, wo seine Schöpfung noch am ursprünglichsten ist, eine freundliche Umgebung, die voller Leben, aber ohne Lärm und Aufdringlichkeit ist?

Vielleicht steht er hinter dir, Wanderer, er blickt dir über die Schultern auf dein Spielen im Staub. Aus allen Blatt-Enden, Wurzelspitzen und Tierkehlen soll es klingen: „Er kommt! Er kommt wieder, der große Brama, der große Schöpfergeist!" Ja, er bringt Tage, lichter als im Frühling, in denen alles Unvollendete zum Ganzen sich entfaltet. So träumt die Natur vor sich hin, oder bin doch nur ich es?

Und wenn man die Augen schließt, die Luft tief einatmet und auf den Gesang der Shama hört, hat man Teil an diesem Traum. ER kommt! Irgendwann! Doch bald!

Nur ich, ich kann nicht solange warten, ich darf keine Zeit verlieren, es eilt der Tag herbei ... ein Leben, das in ein besseres mündet!

> *Ich seh' die Axishirsche ziehen,*
> *im Lichtperlenglanzgewand.*
> *Da sie nicht vor mir entfliehen,*
> *ist dieses mein gelobtes Land.*

Vielleicht ist das Fernweh hier in dieser Wildnis-Idylle am besten zu ertragen, denn zu heilen, ist es nie. Hier, wo tausend Verlockungen für einen Forschergeist auf engstem Raum stecken, wo man, was man gesucht hat, immer wieder sucht, Kurzweil, Sinnesfreuden, Stille, Affentheater, Abenteuer, Erholung, Entdeckungen, Überraschungen, alles, was man immer wieder findet. Das ist Glück! Vorläufig!

Der Wald sprudelt voller Quellen, die die Seele laben. Man braucht nicht anderswo nach ergiebigeren graben. Und man beachtet den Aar gar nicht mehr wie sonst, als er schmerzhaft daran erinnerte, wie leicht ihn seine Schwingen in die Höhe tragen, während wir mit dem Irdischen verhaftet bleiben, aus dem wir geformt wurden: Aus Dreck!

Zum Urwald ist man als Fremder gekommen und bleibt es auch, auch wenn die Umgebung vertraut wird. Zum wohnlichen Heim müsste man ihm erst noch einrichten. Aber dann würde aus dem Fernweh, im Falle, dass man sich entfernte, ein Heimweh. Also muss man seinen neuen Erfahrungsschatz zusammenklauben und zu einer späteren Zeit wiederkommen, wenn die Hände wieder frei sind und der Kopf vom Fernweh wieder schmerzt.

Die Inder fürchten sich vor dem Wald, unsereiner nicht. Unsereiner zieht es unwiderstehlich immer wieder hinein, als ob dort unsere Bestimmung wäre! Nichts anderes als der unermessliche Wald eignet sich als Seelentröster! Er wächst aus dem Jenseits. Das macht ihn mystisch. Und wir meinen, auch noch unsere Sehnsüchte hineinprojizieren zu müssen. Mystisch sind auch die Feuerameisen, deren rastloses Tun ergründet werden sollte, denn es gibt nichts Sinnloses in der Natur. In allem steckt ein tieferer Sinn, der nur aufgeschlossen werden muss.

Im Flimmerlicht, im Waldschatten haben schon manche Fabelwesen ihre Köpfe in das Diesseitige gesteckt. Oder waren es doch nur wirkliche Geister? Ich werde sie fragen. Aber wenn ich hinzutrete, verschwinden sie ja doch!

Einmal ist einer auf seiner Flucht gestolpert. Ich rief: „He da!", bekam aber keine Antwort. Wen wundert's?

Für die Geister ist der Dschungel wohl eher ein langweiliger Aufenthaltsort. Dort gibt es keine Menschen, die man ärgern könnte. Keine Gelegenheiten, Böses zu tun. Ich behaupte nicht, dass Schwerverbrecher geläutert werden, wenn man sie statt in die zuchtlosen Anstalten in den

Dschungel sperren würde. Aber nach einiger Zeit würden sie menschliche Gesellschaft wieder in ihrer bescheidensten Form zu schätzen wissen und im Laufe der Zeit könnten sich ihre hitzigen Charakterköpfe merklich abkühlen, um dafür bereit zu sein, einige einfache Lebensregeln aufzunehmen.

Verbrecher suchen meistens ihresgleichen, damit ihr Gewissen nicht geweckt wird. Man will es nicht hören. Im Walde ist man allein mit seinem Gewissen. Ob man will oder nicht, man muss zuhören. Und man versteht! Oh ja, es gibt eigentlich keinen Grund; sich selbst zu betrügen, hier in der Wildnis, wo man durch der Hände Arbeit sein Lebensnotwendiges tut. Bösartig sein? Man wird es verlernen müssen. Oder wird man den Fisch an der Leine zappeln lassen, damit der Hunger größer wird? Eine famose Bösartigkeit! Und stehlen? Das schon: den Bären ihre Beeren und sich selbst die Zeit, um endlich verstehen zu lernen.

In früheren Zeiten, als es in Mode gekommen war, mit Wanderkinos auch die entlegensten Dörfer im Dschungel zu besuchen, konnte man eine interessante Feststellung machen, die jedem Cineasten zu denken geben sollte. Wenn die Dorfleute zum ersten Mal überhaupt einen Film zu sehen bekamen, handelte es sich meistens um einen der seichten, mit Gewaltszenen „angereicherten" Filme aus der ausufernden Filmindustrie Indiens. Diese folgte seit jeher dem Vorbild des Westens.

Die Reaktion der Zuschauer war oft Ablehnung bis Entsetzen. Sie verließen während der Vorführung nach und nach ihren Sitzplatz. Die ungebildeten, zurückgebliebenen, unzi-

vilisierten Leute waren noch unverdorben in ihrem Urteils-
vermögen. Ich hörte es selber, wie einer der Dorfältesten zu
dem Filmvorführer sagte, er solle keine weiteren Filme vor-
führen und auch nicht mehr ins Dorf kommen. Was sie in
dem Film gesehen haben, hätte sie irritiert und ihnen
Bauchweh bereitet.

Sind wir so abgestumpft in unserem natürlichen Empfinden
dafür, was recht und gut ist, dass wir gar nicht mehr bemerken, was mit uns geschieht? Ja, so ist es. Der zivilisierte
Mensch ist verroht, er ist gar nicht wirklich zivilisiert, er
hat den Pfad der Tugend schon längst verlassen, weil er tu-
gendlosen Göttern huldigt. Nach und nach wird er Anstand
und Sitte verlieren. Was Wunder, wenn dabei auch noch der
Sinn für alles Gute und Schöne auf der Strecke bleibt? Wer
heute Heranwachsende fragt, was für sie Moral bedeutet
und was ihr Schönheitsideal ist, wird meist deprimierende
Antworten bekommen. Kein Zweifel, die Menschheit befindet sich auf ihrem absteigenden Ast. Computer lösen dieses
Problem nicht!

Nein, der Dschungel ist kein Trainingsgelände für Verbrecher, eher eine Schule für Heilige. Eine Bleibe für Heilige ist
er freilich nicht. Den indischen Asketen zieht es zwar in die
Waldeinsamkeit. Aber die Vollendung seiner Gedanken erreicht er anscheinend nicht, sonst würde er schnell bemerken, dass die besten Taten, ethische Taten und die besten
ethischen Taten jene sind, die man am und für den Mitmenschen tut. Zu dieser Erkenntnis ist das brahmanische Denken nirgendwo gekommen oder hat es zumindest nicht als

hohe Erkenntnis über seine Gefolgsleute ausgebreitet. Auch das buddhistische Denken ist nicht viel weitergekommen. Man hat die Waldschule für egoistische Selbsterlösungsversuche missbraucht. Dazu taugt sie nicht. Auch der Mensch taugt dazu nicht. Auch die indischen Einzelakrobaten, die sich in den Wald zurückzogen, um ihren Göttern zu dienen, dienten nur sich selber und sind nicht viel gescheiter gegangen, als sie gekommen sind, sonst hätte man etwas davon erfahren. Stattdessen immer nur das gleiche ermüdende Gefasel von sublimiertem Denken und dem Schweben über der verlausten Webdecke.

Ganz bestimmt aber ist der Wald ein Platz für Weise, die rechtes Denken lernen wollen, ein Platz für Weise, die sich die Fragen stellen:

das Lied der Wälder singen, sich ganz hineinleben oder zu Hause sitzen bleiben und die Kunstsprachen der Gelehrten lernen?

Den Geist frei fliegen lassen wie einen Vogel? Oder ihn einsperren in die vorgefertigten Denkrahmen?

Unheilige Ordnung bei den Weisen der Welt! Bei ihr wird der Geist nie das Fliegen lernen, bei ihr wird er kraftlos und lahm, des ursprünglichen Antriebs beraubt.

Den Schwalben gleich mit luftigem Vergnügen,
erfüll´n den alten Menschheitstraum!
von absturzfreien Höhenflügen
und unbegrenztem Freiheitsraum

Für jeden Baum im Wald ein Gebet zum Himmel! Dass der Mensch weniger im Überfluss denkt, damit Bescheidenheit sich in seine Seele senke, denn Demut ist besser als ein übereifriges Herz – und schon steigt das Denken wieder himmelwärts, denn wahrhaftem, tiefem Denken, muss Demut vorangehen und Ehrfurcht vor dem Leben und Achtung vor den Dingen, die das Leben lebenswert machen.

Es stärkt der Bäume ungeschmeckter Säfte
still und heimlich den Lebensüberfluss,
erneuert Selbstgestaltungskräfte,
danach zu dürsten, welch Genuss!

Ich sehe die schwankenden Wipfel, das Auf- und Ab der Zweige und Blätter und denke an den Lauf der Zeit, die Zufälle im Leben, die Geschichten machen. An ihnen sehe ich, dass es keine völlige Vorherbestimmung geben kann, denn wer oder was sollte ein Interesse daran haben, dass sich dieses oder jenes Blatt im Winde bewegt?

Vernünftiges Denken fängt mit bescheidenen Schritten an, um sich große Wahrheiten erschließen zu lassen. Sind wir nicht auch Blätter, die von jedem Wind, der uns erfasst, bewegt werden? Darüber hinaus haben wir aber einen großen Spielraum zur Eigenbewegung, das beweist die Tatsache, dass ich kaum Verrückte treffe im Urwald, währen die Straßen der Städte doch voll davon zu sein scheinen! Unser Wille macht einen Unterschied! Zwar ist der Willen nie ganz frei, aber er ist sehr eigen und kreativ. Er schafft Welten und schafft sie wieder ab. Er baut auf und reißt wieder nieder. Wir haben keine Entschuldigung! Und deshalb haben

wir auch kein Lob, geschweige denn eine bessere Welt verdient. Wir sind das Übel, nicht der, der uns in die Welt gesetzt hat. Hier muss das Denken ansetzen!

Die seltenen Begegnungen im Dschungel mit Menschen haben oft etwas Besonderes, sind immer eine Anekdote wert.
Die Menschen im Wald sind nicht so wie die Menschen draußen. Und auch wer von draußen hereinkommt, wird nicht
mehr so sein wie er vorher war.

Unsere Eigenbewegungen hängen davon ab, ob wir uns den
Herbst aufdrängen lassen wie die Masse des Laubs, Unter-
gangsstimmung, ohne Aussicht eines nächsten Frühlings, o-
der ob wir uns von eigenen Gedanken bestimmen lassen,
der Schwerkraft entgegengesetzt. Wenn schon der Mensch
als irdisches Wesen nicht höher steigen kann als bis zur
Spitze der Bäume, wie auch die Waldmaus, so können doch
zumindest die Gedanken höher fliegen, den umgekehrten
Weg der zerfallenen Blätter nehmen, aufgrünen und reifen
zu Charakterzügen der Stärke; nicht solchen der Schwäche
folgen, die uns immer wieder hinab ziehen. Der Mensch
steht durch seinen Geist über der Natur, obwohl er ein Teil
von ihr ist. Das muss er verantwortlich nutzen, zum Nutzen
beider, von ihm selbst und der Natur. Der Mensch muss zu
einem Heger und Pfleger der Natur werden und dann erst
wird er auch groß und versteht, was Größe ihm sein muss.

Ich suche die Charakterblüte,
zur Frucht, die schnelle Reife bringt,
ein Samenkorn der reinen Güte,
ein Licht, das Schatten überspringt.

Draußen kann man noch so schönen Straßen nachgehen, es ist einerlei. Drinnen, im großen Wald, ist jeder Pfad eine Offenbarung, selbst wenn man ihn mehrmals geht.

Viele Pfade steh´n noch offen,
wo ist die Fährte, die als richtig sich erwies?
beharrlich will ich weiter hoffen
auf das urweltliche Paradies.

Noch viel zu hoch über unseren Köpfen, als sei es zwischen den Baumwipfeln beheimatet, weil es uns nur jetzt in den Sinn kommt, schwebt ein Bild, eine Vorstellung, das Ideal einer besseren Welt, die vielleicht verloren wurde, aber jedenfalls wiederherzustellen sein soll. Vorerst ein Wunschtraum, den wir uns gerne in die letzte Wirklichkeit des noch zu Erlebenden verwandeln lassen würden. Oder es ist sogar eine geistig in uns verwurzelte Wirklichkeit, die noch nicht nach außen in das reale Raum-Zeit-Gefüge durchgedrungen ist und deshalb unsere Fantasie sogar im Schlaf anregt und paradiesische Gedanken nach außen projiziert, Gedanken, die das Schöne und Gute suchen und sich dabei an die geschaffene Natur annähern. Das wäre freilich hoffnungsvoll! Aber was hat die Schöpfung, die nur lebt und webt, mit unseren Idealen zu tun? Was gibt es da für ein geheimnisvolles Band?

Was inspiriert uns so zu unseren Sehnsüchten? Im Wald ist es ein Sonnenstrahl vielleicht, der Wärme bringt und die Schmetterlingsschwingen zu neuer Bewegung entfaltet; oder das in allen Grüntönen schimmernde Blätterdach, die symmetrische, ebenmäßige Architektur des Einzelnen und die symbiontische Vielfalt des Ganzen oder nur ein metallisch, in allen Regenbogenfarben leuchtender Käfer auf dem Boden. Und weil das Auge sich erfreut über die Fülle anreizender Eindrücke, vernimmt das Ohr den symphonischen Gesang der Vögel, ein Konzert nicht aufeinander abgestimmter Individualisten, das vollkommener nicht harmonisieren könnte. Welcher Geist orchestriert das Ganze? Welche Schwarmintelligenz steckt dahinter?

Bei der Schwarmintelligenz handelt es sich um ein emergentes, also aus dem Unsichtbaren auftauchendes Phänomen einer Art kollektiven Intelligenz, das man vor allem bei Tieren beobachten kann. Bei der Schwarmintelligenz können Gruppen von Individuen, unabhängig von der Intelligenz der einzelnen Mitglieder, Dinge tun, die infolge intelligenter Entscheidungen getroffen werden können, aber bei denen intelligente Entscheidungen nicht nachweisbar und in Bezug auf die Individuen auch nicht wahrscheinlich sind. Ameisen und Bienen bilden einen hochkomplexen Staat mit Aufgabenteilung, obwohl keines dieser Tiere über die erforderliche Intelligenz verfügt. Wer hat also die intelligente Entscheidung getroffen? Das gibt es auch bei Ameisen: Es halten sich manche Blattschneiderameisenarten, wie z.B. Acromyrmex octospinosus Pilze in ihrem unterirdischen Bau, um sich von ihnen zu ernähren. Damit die Pilze nicht verhungern, sammeln die Ameisen Blätter, zerkauen diese und füttern damit die Pilzkolonien. Damit es den Pilzen immer gut geht, wird um die Pilzkolonien aufgeräumt und die Ameisen sekretieren bestimmte Chemikalien auf die Pilze, damit diese sich keine Krankheit einfangen. Das ist Schwarmintelligenz.

Oder: Fische bilden zusammen eine Kugel, damit sie bessere Überlebenschancen haben gegenüber Fressfeinden. Nicht nur eine ernste Sache für Fische, sondern auch für Biologen, Philosophen und sogar Theologen. Oder Stare und Tauben wechseln alle zusammen blitzschnell ihre Flugrichtung, viel schneller als es die Addition der einzelnen Reaktionsgeschwindigkeiten erlaubt. Es gibt den Anschein, als sei etwas Metaphysisches, etwas Geistiges präsent! Der Hirnforscher und Nobelpreisträger Eccles hat herausgefunden, dass das Hirn Reaktionen erscheinen lässt, die sich erst danach molekular vergegenständlichen, und ist zu dem Schluss gekommen, dass das Hirn ein Instrument ist, mit dem ein Geist wirkt. Wenn also schon bei uns ein Geist präsent ist, warum sollte das Geistige nicht auch die übrige Schöpfung durchwalten?

Und das kann man auch auf die Herausbildung und Entwicklung der Sprache übertragen. Zwar können Menschen ihre Kultur durch ihre Tradition weitergeben, aber auch da geschieht vieles unbewusst und unbeabsichtigt. Auch die historisch beobachtbaren Sprachen haben sich über die Jahrhunderte verändert, ohne dass das irgendjemand beabsichtigt hat. Es gab diesen Griechen nicht, der irgendwann einmal vor dreieinhalb Tausend Jahren auf die Idee gekommen ist, das Wort für Gott sollte nicht mehr „diu" ausgesprochen

werden, um dann Millionen von Griechen davon zu überzeugen, dass das nun ab sofort umgesetzt werden müsste und
man nur noch Ze - us sagen sollte.

Das Phänomen, dass in der Natur etwas Überirdisches, außerhalb von dieser Welt stammendes am Werk sei, hat seit
jeher die Völker angesprochen und sie haben sich auch ver-
schiedentlich dazu ausgesprochen. Vieles ist legendenhaft
und erscheint als pure Fantasie. Jedoch gibt es auch in sich
schlüssige Denk- und Glaubenssysteme. So zum Beispiel
ragt die Bibel aus den Überlieferungen der Religionen heraus durch ihre entmythologisierende, nüchterne Ge-
schichtsschreibung, die durchsetzt ist mit realistischen, un-
geschmückten, kritischen Darstellungen, wie der Mensch
tatsächlich ist. Auch die Ansichten der Natur sind naturwis-
senschaftlich nicht zu widerlegen, wenn nicht sogar verifi-
zierbar. Das gilt auch für die Behauptung, dass Gott der
Schöpfer aller Dinge ist.

Einen Hinweis nicht auf Schwarmintelligenz, sondern ihrer
Ursache und ihres tieferen Verständnisses könnte im bibli-
schen Brief an die Hebräer vorleben, einer Schrift aus dem
ersten Jahrhundert. Da heißt es über den, der der Schöpfer
aller Dinge ist und durch den alles gemacht ist, dass Er die
Ausstrahlung der Herrlichkeit Gottes hat und Abdruck Seines Wesens ist und *„alle Dinge durch das Wort seiner Macht
trägt"*. Hier ist von dem göttlichen Logos die Rede, dem großen Planer, der die Schöpfung in Gang gesetzt und einstmals
ins Leben gerufen hat. Und der, der einmal wirkt, kann jederzeit auch weiterwirken, wenn er will. Der Weise von
Tarsus hat in seinem Brief an die Kolosser sogar betont,

durch diesen Logos, „sind alle Dinge geschaffen" und „alles besteht durch ihn". Als der Weise von Tarsus auf dem Areopag in Athen sprach, bezog er sich auf einen für die Athener unbekannten Gott: *„Denn in ihm leben wir und bewegen uns und sind wir".* Dieser Auffassung sind auch die Inder, dass man nie wirklich außerhalb von Gott ist. Den strengen Dualismus, den manche lehren, gibt es hier nicht. Gott ist allgegenwärtig. Kein einziges Elementarteilchen bewegt sich außerhalb Gottes Hand. Und keines entgleitet ihm! Auch kein Haar auf unserem Kopf! Und das macht diesen, den die Inder Brahma nennen, auch so befremdlich, weil er uns so nah ist. Er umschließt uns und durchdringt uns.

Und vielleicht haben wir hier das Missing Link, die Lücke im Verständnis, weil wir in unsere Lösungsfindungen nicht das mit einbeziehen, was uns aufgezogen hat und weiter zu sich zieht. Und dann gibt es dazu noch so Phänomene wie die Spinne, die eine Duftkugel baut, um einen Falter, der nur auf diesen Duft geeicht ist, weil es sich um einen Sexualduftstoff seiner Art handelt, geradezu „heimtückisch" einzufangen. Machen wir uns nichts vor, das zu entwickeln, kann ein chaotischer Geist ebenso wenig leisten wie der Zufall.

Ist in die Natur Baumeisterliches und Ingenieurskunst von Anfang an hineingelegt, auch die Entwicklung von Leidens- und Tötungsmaschinerien? Oder ist der geistige Input ein fortwährender, weil sich der Geist, der alle Schöpfung durchwaltet, nie aus der Schöpfung zurückgezogen hat und sie gnädig, aber auch höchst richterlich begleitet? Wenn die Schöpfung eine geistige Verursachung hat, muss man sich nicht wundern, dass sie auch geistig organisiert ist und von Geist „getragen" und durchwirkt ist. Geist gibt ihr Halt, er hält sie am Leben und gibt ihr den Input, den sie benötigt, damit sie nicht zu schnell zerfällt. Denn dafür sorgt doch gerade der, dem man am ehesten zutrauen sollte, dass er auch Baumeisterliches und Ingenieurskunst zum Erhalt der Schöpfung einsetzt. Stattdessen zerstört er die Schöpfung. Die Auswirkungen davon sind ja besonders in den letzten einhundert Jahren immer deutlicher geworden: Tierschutz, Klimaschutz, Umweltschutz und sogar die Menschenrechte, die immer wieder rund um den Globus eingefordert werden müssen, zeigen, auch wenn sich die Menschheit technisch weiterentwickelt hat, so wuchs auch zugleich ihr Zerstörungspotential.

Wir müssen wieder einen Sinn für die Sinnfülle des Geschaffenen bekommen. Stattdessen sezieren wir das Leben und bekommen doch nur immer kleinere und kleinste Teile desselben, bis gar nichts mehr an Lebendigem da ist. Ja, selbst die Materie verschwindet, je mehr wir nach ihr forschen. Die Quantenphysik hat sie uns genommen und wir sitzen auf einem ungewollten Trockenen! Und das nennen wir dann Entwicklung. Oh, notvolle Gedankenverengung zur Spitze des Nihilismus!

Auch die kleinen, anscheinend unbedeutenden Dinge sind aus der Nähe betrachtet Wunder über alle Maßen. Und deshalb hält uns der Geist, der über allen Wipfeln ruhelos forschen möchte, wach. Er erinnert uns an die alte, immer wieder auflebende Idee von einer Welt, in der das Unerklärliche, Unermessliche erklärlich und fassbar werden wird und die wahren Dimensionen der Wirklichkeit offenbart werden. Das, was wir sehen, das, womit wir uns immer so sehr bemühen, ist nämlich eine ganz offensichtlich sehr eingeschränkte Wirklichkeit, mehr Schein wie Sein. Zum wahren Sein fehlt uns noch der Zugang, deshalb fehlt uns auch noch der Einblick in das Wirkliche. Das Wirkliche hat höhere Qualität als das, womit wir uns herabbegeben. Das Wirkliche ist geistig, weil der Urgrund des Seins geistig ist und unsere oberflächliche Umgebung hervorgebracht hat. Wir müssen stiller werden, um die Stimmen hören zu können, die wir bisher überhört haben. Im Walde ist Stille. In der Tiefe steckt die Wahrheit und das wahre Wirkliche, die Quelle allen Seins und Lebens.

Es ist uns nicht bewusst, was uns bedrückt und erfreut zugleich, wenn wir uns diesen Strömungen aussetzen, die in der von menschlichem Wirken nicht verunreinigten Luft spürbar werden, in dieser Atmosphäre zwischen verlorenem und wiederaufzufindendem Paradies, diesem dem Geist vorschwebenden Garten Eden, der aus der Wildnis in uns und um uns herum wieder neu erstehen soll. Warum? Weil wir es wollen oder weil der Wille, es zu wollen, in uns angelegt wird.

Es gibt sie schon, die kaum hörbaren Stimmen, die unserem Unterbewusstsein zurufen, den „Weg des Lebens" zu nehmen, damit vielleicht doch alle Lebensformen mit den Menschen überleben und einmal friedlich vereint sein werden.

Der viel zu irdische Mensch soll dazu am überirdischen Gefallen finden. Leider ist sein Geschmacksorgan noch nicht soweit gereift. In seinen Paradiesgärten soll immer nur lustgewandelt werden, von einer verbotenen Frucht zur nächsten, dabei fallen einem am richtigen Ort alle reifen Früchte mit der Zeit von alleine zu. Man darf nicht den zweiten Schritt vor dem ersten tun. Das lernt man schon als irdisch verhaftetes Menschenkind. Im geistigen Wachstum ist es nicht anders. Auf den Mond zu fliegen, ist eitel, wenn man in seinem Vorgarten noch so viel zu tun hat. Wer weise werden will und es nicht abwarten kann, gelehrt zu werden, wird im Chaos enden. Da, im Chaos, denkt er, soll es ja auch einmal bei ihm angefangen haben. Da hat er recht, der Urknall war seine voreilige Entscheidung, gleich autonom nach seiner Nase zu tanzen, noch ehe er richtig laufen gelernt hat. In diesem Stadium befindet er sich deshalb noch.

Geschmäcker sind verschieden. Der eine ist sehr sozial eingestellt. Er macht Karriere für die Welt und zur Befriedigung der eigenen Eitelkeit. Der andere macht eine Stufenleiter nur für sich, ganz wie es ihm gefällt. Er will doch auch sehen, wie hoch er darauf steigt. Beide kümmern sich nicht darum, warum Blumen duften oder warum Vögel singen. Eigentlich haben sie es noch gar nicht richtig bemerkt, was um sie herum geschieht.

Der Urwaldriesenblütenduft kommt von hoch oben her, da hinauf auch zieht die Spur von hohen Gedanken, denn das Denken kann sich nicht damit begnügen, immerzu nur die gewöhnlichen tagtäglichen Entscheidungen wie abgefallenes Laub hin und her zu wenden und damit den Geist zu füttern wie Bodengewürm. Der Mensch ist darauf angelegt, über sich hinauszuwachsen. Das kann er aber nur, wenn er seinen Geist dazu benutzt. Und der will die Geschmackssinne stärken. Der menschliche Geist ist dazu geeicht. Er weiß von seinem nicht abzuschüttelnden Erbe. Es ist in seinem Ansinnen stets gegenwärtig und abrufbar. Die Natur gibt ihm doch nur Anstöße! Sie erinnert ihn.

Die Zukunft der Menschheit liegt nicht in einer materialistischen Welt, sondern in einer Welt, die in Einklang mit der Natur steht, einer nur durch einen hochentwickelten Geist zu befriedenden Natur. Es ist der Geist, dem sich anzuvertrauen allen Geschöpfen wieder furchtlos möglich sein wird. Aber wer hat ihn gesehen? Wir haben eine Spur von ihm, denn unsere Vorstellung, ja bereits der Wunsch, gibt ihm das Willkommen. Er „will kommen". Wir müssen ihn nur kommen lassen!

Anstatt nach Lebensunterhalt zu jagen,
fängt der Panther Blütenstaub im Wind,
zu ahnungslos fürs Beuteschlagen,
Verhaltensweisen wie ein Kind.

Die indischen Weisen müssen eine der Taparanas, der Schulen des Waldes, suchen. Nach Ansicht der Hindus sitzt in ihnen die Göttin der Erkenntnis und Gelehrsamkeit. Ich halte Sarasvati für viel zu schön, um wahr zu sein. Die Wahrheit blitzt nicht verführerisch mit Reizen, sie hat oftmals ein hässliches Gesicht, auch weil wir sie in uns selbst erkennen.

Sarasvati sitzt auf einer Lotusblume, damit wohnt sie im Zentrum der Schöpfung, im Herzen des Universums, nach altindischer Auffassung. Aber sie ist noch immer sitzen geblieben und gibt nichts von ihrem universellen Wissen frei.

Mein Taparana war der Wald selbst, mein persönliches Rückzugsgebiet und Meditationszentrum. Wer meditieren will, braucht keine Götzen oder Gurus, nur sich selber und die ständige Gegenwart der Gedanken oder anderer Wirklichkeiten, die von den Wundern der Schöpfung Zeugnis geben.

> *Lernt die guten Geister jemand kennen,*
> *der mit Fleiß die Falschen stets beschwor?*
> *sich endlich von den alten Götzen trennen,*
> *müssen Hand und Stirn und Herz zuvor.*

Das über sich selbst Nachdenken, kann jedoch nur die erste Stufe der Besinnung – oder besser Umsinnung – sein. Was dann folgen muss, kommt von höher oben als die Wipfel der Bäume reichen, es wohnt hoch über den Wolken. Wohl dem, dem es sich zeigt.

> *Auch wenn Elefantenohren lauschen,*
> *nur Wehen, Sorgenseufzer der Natur,*
> *und der Windesbrandung Blätterrauschen,*
> *nicht Erlösung, nur verwehte Spur...*

Wenn man mit seinen Lehrstunden im Wald beginnt, bemerkt man bald, wie wenig man wirklich weiß und wie trefflich man seinen Platz zum Lernen gewählt hat. Dies gilt nicht allein für die „Woodcraft", die Kenntnis über den

Wald. Wer sich mit der Natur nicht geduldig beschäftigt, lernt freilich überhaupt nichts von ihr. Sie gibt nur denen, die willigen Herzens sind, dann aber beständig und reichlich. Was Wunder, dass sie zu einem „Giri-vana-priya", einem Waldliebhaber werden. Zufriedenheit und frohes Erleben als intensives Erlebnis stehen im Gegensatz zu den Erfahrungen in der Kunstwelt der Menschen. Solche Stimmungen ließen sich auch übertragen auf andere Menschen, vielleicht ist die Natur sogar stärker von uns beeinflusst, als wir ahnen.

Was ist der fröhliche Gesang eines Singvogels anderes als Ausdruck der Lebensfreude? Es ist lächerlich, den Hauptzweck in der Proklamation des Reviers zu sehen. Als ob eine Nachtigall des Nachts ihr Revier verteidigen müsste, stundenlang, obwohl sie die einzige in ihrem Tal ist! Und wie leicht erheitern uns solche Ausdrucksweisen der Lebensfreude! Und so wäre es wünschenswert, wieder einmal einen Neuanfang zu machen, in Ruhe, ohne Streit und Feindschaften. Gott muss in seinem Garten Eden wieder spazieren gehen können. Ohne, dass wir ihn dabei stören und ohne, dass er uns als Störung vorkommt. Das Böse wird sich immer am Guten stören.

Der Mensch verspürt keine Neigung, seinen Sorgen nachzugehen, wenn er sich um Harmonie mit der Natur bemüht. Sie werden, wenn er sie auch nicht ganz vergessen kann, doch wenigstens nicht mehr die Breite des gedankenvollen Raumes einnehmen.

Ich hatte einen gemütlichen Gang, einen „Ghoom", wie man auf Urdu sagt, auch da, wo ich die Pfade verließ, um über die baumlosen Talsohlen abzukürzen, um ein anderes Wäldchen zu erreichen. Ich lief sehr weit. Aber nur, weil ich gesättigt war. Ein kühler Trunk und ein reichliches Menü sind das, was einen Mann wieder motiviert. Es macht den Unterschied aus zwischen grüblerischen Gedanken und zwanzig Meilen zu Fuß. Wenn der Körper kräftig ist, meint die Psyche, wieder auf ihn nicht mehr Rücksicht nehmen zu müssen und stärker zu sein als er. Das kommt daher, weil Seele und Leib eins sind. Sie gehören zu dem einen Phänomen des Selbst, das jeder Mensch darstellt.

Es soll aber nicht verschwiegen werden, dass gerade eine über das gewöhnliche Maß hinausgehende Beanspruchung mit einem besonderen Gefühl der Stärke und der Fähigkeit, Hindernisse als überwindbar einzustufen, belohnt wird. Es vermag eine gewisse Immunität einzuimpfen gegen Überempfindlichkeit, so dass man gegen weitere Eventualitäten hoher physischer und psychischer Anforderungen gewappnet wird. Geistiges Training verursacht vielleicht selten Freudensprünge. Aber die Erfahrungswerte bleiben!

Waldeinsamkeit hält wohl geborgen
wer friedvoll weilt in ihrer Welt,
sie beut ihm süße Frucht am Morgen
und Schlaf zur Nacht, wo`s ihm gefällt.

Wer kann verstehen, dass Einsiedler glücklich sind? Nur wer selber einmal Einsiedler war und feststellte, dass es keine schwereren Lasten gibt als die von Mitmenschen aufgebürdeten! Keine Missstimmung, wo die Stimmung gut ist – von Natur aus. Wie schade, dass man erschrickt, wenn man seine Mitmenschen sieht, wenn man gerade damit begonnen hat, sie nicht mehr zu missen.

Dass sie nur Manakavala meiden! Dorthin gehören keine Menschen, auch ich nicht. Ich war wohl oder übel dort. Mir zum Wohle! Aber nur vorübergehend war ich hier mit meinen Ansprüchen, die morgen wieder andere sein würden. Mehr konnte man dem Wald nicht zumuten. Aber ich fand keine menschlichen Spuren, wohin ich auch ging. Und das brachte mir die Menschen wieder näher.

Ganz anders ist es, wenn ich auf ihre Hinterlassenschaften, das Ergebnis ihrer Werke, stoße. Sie geben oft Aufschluss über Charakter, Alter und Geschlecht. Eine Blume könnte von einer jungen Frau gepflückt worden sein. Wurden die Blütenblätter abgezupft, dann kreisten ihre Gedanken sicher nicht um die Schönheiten der Natur. Eine Blume, die man zerpflückt, gibt nichts mehr her für den Schönheitssinn. Wie weit muss ein Mensch abgestumpft sein, um das nicht mehr verstehen zu können!

Ein abgetrennter Ast verrät einen Jugendlichen, der seine Unsinnskraft erprobte. Ausgerissene Grasbüschel zeugen von einem unsteten Lebenswandel, der nicht nur an der Umgebung keinen Gefallen finden kann. Deutet ein sorgsam zu einem Ring geflochtenes Zweiglein auf Langeweile oder Verspieltheit? Zigarettenreste und andere Erzeugnisse der

Müllindustrie – nur Gedankenlosigkeit und Leichtsinn? Nur! Armer Mensch, der im Wald gedankenlos umherrennt!

Für eine kleine Zeit gehörte dieser Wald nur mir. Kein Mensch, der ihn mir streitig machte. Was für eine Anmaßung! Wer will mich dafür strafen? Ich bin zudem noch neu hier, ein Novize, der zu lernen bereit ist, ein Herr des Waldes, der nichts vom Herrsein und nichts vom Herrschen weiß. Beste Voraussetzungen für hochwertige Lektionen!

Die Welt außerhalb von Periyar war mir auf einmal sehr weit entfernt. Was hatte ich mit ihr zu tun? Im Moment jedenfalls nichts! Dies war nicht mein Heim, aber es war mir auch nicht unheimlich. Ganz ohne menschliche Gesellschaft, wie lange würde das gut gehen? Gesellschaftliche Zwänge sind misstönende Glocken, die einen steten Lärm verursachen. Hier in der Wildnis hörte ich ihn nicht. Erkenntnis ist nur wahrhaft, wenn sie unsere tiefsten Stellen im Herzen anspricht!

Hier nützen keine Bürgerpflichten,
ohne Uhren läuft die Eile fern,
nur nach dem Sonnenstand sich richten,
zur Gedankenfreiheit sich bekehr`n.

Keine Regeln und Tristessen,
an Sitten nichts nach Menschenart,
kann selber meine Kunst bemessen,
die Unabhängigkeit bewahrt.

Lass` verkümmern die Gesetzesstrenge
mit umweltfreundlicher Moral.
Der Freisinn scheut die Enge
gesellschaftlicher Qual.

Von dieser Geist-Essenz noch mehr entdecken,
allüberall in eigner Brust,
zum Übersinnlichen hinauf sich strecken
mit Wahrheitssinn zur Lust!

Sind die Vorzüge der menschlichen Nähe am Ende nur Einbildung? Dann bilde man sie um in der Schule der harmo-
nieschaffenden Natur. Sie gibt einer Sichtweise Raum, die
den harmoniebedürftigen Menschen als das erkennen lässt,
was er wirklich ist.

Wem Selbstfindung gelingt,
kann einen Weg beschreiten,
der die Horizonte zwingt,
sich vor ihm auszuweiten.

7. Kapitel: In der Waldschule

Im Walde ist es, wie es mir gefällt. Zumindest gefällt es mir im Wald besser als in den abgeholzten Steinwüsten der Menschen und mein Denken fällt mir im Wald auch leichter als bei den Menschen, die mich mit allerlei Beschäftigungen plagen, die ich kaum für lebenswichtig und schon gar nicht für lebenserfreulich halten kann. Man kann so weit gehen und das Lebenserfreuliche durchaus für so wichtig halten, dass das Leben ohne dies kaum noch erlebenswert wäre. Umso mehr wächst dadurch der Wald in meiner Wertschätzung. Ich hege für ihn große Sympathien. Ich denke über ihn schon fast wie über eine geliebte Person.

In *„Wie es euch gefällt"* schreibt Shakespeare: *„Sind nicht diese Wälder von Gefahren freier als der neidische Hof?"* Von solcherlei Gefahren gänzlich frei, so möchte man sagen, die das Leben in der menschlichen Gesellschaft verleiden. Und man sage nicht, die Gefahr der Langeweile sei größer! Im Wald – ich könnte mich unaufhörlich an seiner Luft berauschen. Wenn man sich aber gerade nicht an ihm berauscht, dann gibt man seinem Geist freien Lauf, sich zu beschäftigen.

Aber ach, welche Menschen verfügen noch über einen Geist, den man nicht mit der Lupe suchen muss! Bei vielen, befürchte ich, reicht ein normales Vergrößerungsglas nicht aus. Und die Entdeckungsreisen, um doch etwas aufzuspüren, verlaufen oft ernüchternd. Man müsste Wüsten durchqueren, in der Hoffnung einmal auf eine Oase zu treffen, auf einen Brunnen, der Erfrischung bringt, man müsste Ozeane überqueren und träfe doch nur auf kärglich bewohnte Inseln, auf denen das Verbleiben nicht lohnen würde. Ja, die geistigen Errungenschaften des Menschen!

Freilich, den Geistlosen rate ich nicht, in den Wald zu gehen, sie sind bei den Menschen besser aufgehoben. Aber es besteht noch Hoffnung, denn man trifft auch gelegentlich „Arme im Geiste" an und stellt mit Verwunderung fest, dass ihr Geist gar nicht arm ist, sondern sich großzügig bemerkbar macht. Geist hat in der Tat nichts mit weltlicher Bildung zu tun.

„Und die Gefahr durch wilde Tiere?", fragte mich einmal ein Professor, nachdem ich bemerkt hatte, dass der Mensch zu den Wurzeln der Natur zurückkehren müsse. Ich hatte allerdings nicht an eine Vorexistenz gedacht wie der Professor, zwischen Australopithecus und Homo Sapiens gelegen, sondern eher an einen Garten, in dessen Mitte ein Baum steht, von dessen Früchte zu kosten so viel bedeuten müsste, wie den Blick auf den Urgrund des Seins und damit allen Glücks der Irdischen und der Überirdischen zu werfen.

Die Angst vor Tieren? Ich zähle auch die Vorfahren der Menschen nicht dazu. Daher schätze ich sie nicht gar so groß ein. Tiere, ich meine, wirklich existierende Tiere, denen man in der Wildnis draußen begegnet, haben mir beileibe nicht so viel Schaden zugefügt wie Menschen.

Eine Rücksprache mit Shakespeare ist derzeit nicht möglich. Aber die alte Sitte, die das Leben süßer macht – vor den Menschen in die Natur entfliehen – hätte der Dichter noch weiter loben können. Sind nicht diese Wälder fruchtbarer für den Geist als die Universitäten des Gelehrtentums und unterhaltsamer als die Schauspiele aller Bibliotheken?

Der Wald, er ruft mich mannigfach, mit vertrauten und auch mit vielen fremden Stimmen, von denen allen ich noch viel erfahren möchte. Hätte ich doch die Zeit, noch mehr zu lernen!

Unterm Bodhibaum nur dies Erwecken:
wer pythonträge sein Geäst beschwert,
kann nicht sich in die Höhe recken
wer weise ist, den hat der Wald gelehrt.

Orientierung ist eine Kunst. Wo Straßen sind, mag sie sich nicht entfalten. Ich verliere lieber den Weg, den ich auch auf der Straße nicht finden mag und bahne mir einen eigenen, unterm blauen Himmel durch fließende Wasser, den Vögeln hinterher, Elefantenpfaden entlang, von Blume zu Blume, von Blickeswürdigkeit zu Sehensgenuss, von Duft zu Duft, quer ein, quer aus, von Schatten zu Lichtstrahl, von Lichtung zur Kühlung. Mein Geschmack, mein Trachten und Entspinnen hat einen unsichtbaren Weg in sich, dem die Beine eine Spur geben sollen.

Ich finde meistens leicht, wohin die Reise gehen soll, denn meine Nase ist gerade und ein wunderbares Organ. Meine Augen sind scharf und neigen zur Voraussicht und meinen Ohren bleibt nichts übrig, als sich zu entspannen. Sie warten noch auf Anweisungen, sich nützlich zu erweisen.

Bin nicht taub, hör` jedes Bärenbrummen,
bin fledermäuseohrig feingesinnt,

die geraden Wege, nicht die krummen,

führ`n aus dem Dschungellabyrinth

Vielleicht gehe ich deshalb gerne in den Wald, weil ich mich dort nie vermisse. Ich bin ein Waldmensch und die Tiere wissen es auch schon. Das heißt, ich bin´s nicht ganz, wenn ich erst einmal nicht mehr herausfinde! Dann werde ich davon berichten und mich vielleicht zum Stadtmenschen wieder machen müssen.

Wer nichts riecht und sieht und hört, sollte ganz zu Hause bleiben. Er ist nur für die Studierstube geeignet. Er wird es nie lernen, wie man eine Blume zum Blühen bringt, aber er darf darüber schreiben. Er wird nie ihren Duft unterscheiden können, nur das Grobe in ihrem Farbenspiel, und es wird ihm auch nie gelingen, die Nektarvögel zur Befruchtung der Blüten herbeizulocken, weil er ihren Gesang nicht versteht, aber er darf ihnen einen toten lateinischen Namen geben!

Der Wald ist mir auch nicht ganz unbekannt. Was im Wald vor sich geht, ist in mir: der Lärm der Affen – ich kenne ihn noch von früher. Ich erinnere mich an den Streit mit den Gelehrten, das Schweigen der Fische im Wasser, meine stummen Wände zu Haus. Was aber noch nicht in mir ist, ist der Spaß der Streifenhörnchen beim Nussballspiel, die Lebensfreude im schmetternden Gesang der Robinsonvögel und die Gewissheit, wohlbehütet zu sein, wie das Tigerjunge im Maul der Mutte:, „Es ist sich gewiss, ein sanft zupackendes Gebiss.“

Der Irrtum der Tiere ist geringer als der unsrige. „Wir hätten gerne etwas von ihrer Lebensweisheit", hörte ich einmal einen Zoologen sagen, der von seinem klugen Dackel berichtet hatte. „Aber sie bleibt uns unzugänglich", seufzte er. "Der Irrtum ist immer geringer", sage ich, "wenn man weniger weiß als einer, der es wissen müsste." Und wenn der Mensch sein Denkorgan verschenkt, er bleibt vom Lebenssinn stets abgelenkt!

Wollen wir auch noch erwarten, dass uns die Geschöpfe, die offensichtlich wir um ihren Lebensgenuss bringen, nicht irgendeine anonyme Mutter Natur, recht zu leben, lehren? Sie, die doch viel eher darauf warten, dass ihre Oberaufseher endlich damit aufhören, sich gegenseitig nach darwinistischen Prinzipien um die Zukunft zu bringen. Sie könnten sich, ausreichendes Denkvermögen vorausgesetzt, wirklich ein besseres Beispiel wünschen. Grausame Natur – des Mensche! Sie orientiert sich an ihm. Er ist das Vorbild. Witz hat er, er kümmert sich rührend um sein Erbe, dabei wird es nur heil, wenn er vorher selber heil wird. Rettet den Tiger? Nun gut, dann fangt damit an, den Menschen zu retten.

Ja freilich, ich werde von Tag zu
Tag jünger und hebe an, zu blühen.
Ich genese.
Das macht die urtümliche Schöpfung,
die mich umwebt.

Peter Rosegger

367

Ganz wird es mit der Genesung nicht gelingen. Das vollkommene Heil ist interaktiv. Es stellt sich nicht zwischen mir allein und der Umgebung ein. Es ist eine Angelegenheit, die jeden und jedes angeht. Es machen nur noch nicht alle mit. Am wenigsten die, die noch am Geist des Materialismus festhalten. Aber auch die Pantheisten nicht, die sagen „Tat tvam asi!" „Das bist du selbst!" Die große Weltseele ist in mir und dir und damit ist genug! Genug ist erst, wenn die vielen Einzelseelen auch wirklich und nicht nur in der Vorstellung bei der Weltseele angekommen sind. Zurzeit irren sie umher im Schmerz der Welt oder liegen unter der Erde und ächzen und stöhnen, dass die, die noch oben sind, endlich damit anfangen mögen, umzudenken und umzukehren von ihrem breiten Weg des Lärmens, der auch ihnen nun laut und abstoßend herunterhallt. Es muss ein schmaler Weg sein, auf dem man bedachtsam schleichen muss, der nach oben führt, heraus aus dem Chaos. Ein Weg, auf dem man auf jeden Rücksicht nehmen muss, weil man weiß, wenn nur einer fällt, dann geraten alle andere ins Straucheln. Es braucht eine Ethik, die jedem dient.

Ich lauschte oft in den Wald von Periyar hinein, als müsste von weit her ein leises Lied hallen von einer undeutlichen Erinnerung an eine bessere Zeit oder von einer Ankündigung kurz bevorstehender Neuerungen. Dieser uralte Wald, den noch keine Axt berührt und keine Säge entweiht hatte, mit dem Greisenhaar im Krondach und den stillen Winkeln auf halber Höhe! In seinen morschen Stammhöhlen waren

Schriftrollen, Worte auf Rinden geschrieben in einer noch nicht entzifferten Schrift. Erstaunliches über uns?

Jeder Mensch müsste seinen Baum finden! Doch wo suchen? Ein hoffnungsloses Unterfangen! Daher der Eindruck des Geheimnisvollen! Und auch deshalb will man immer fort. Und wähnt man sich bewusst auf eine Spur, hält man wieder inne und erinnert sich an seine Kindheit.

Der Mensch hat aus dem Holz der Wälder sein Papier gemacht und dabei Bäume gefällt, die ehedem alle unsere Taten speicherten. Wir verbrennen das Holz, als ob wir unsere Vergangenheit auslöschen könnten!

Und um was für ein Erstaunen, um welche Art Neuerungen könnte es sich handeln? Dass das, was war, endlich doch wieder wird? Wer will das? Nein! Etwas völlig Neues, noch nie Dagewesenes! Ich bin noch nicht auf dem Holzweg, aber ich suche ihn unentwegt, einmal links, ein anders mal rechts schlage ich mich in die Büsche. Da gibt es tausend Orte, die mir viel lieber erscheinen als so manche der angenehmeren ihrer Art in Menschennähe.

Der Wald ist ein Gegenteil zur Stadt. Die Stadt ist ausgereizt, nichts wirklich Neues ist hinzugekommen seit tausend Jahren. Der Wald ist souverän geblieben, gerade so weit, wie er die Städter nicht in sich hat. Auch ich bin ein Städter und zweifle deshalb an mir. Ich wollte lieber mehr noch den Waldmenschen in mir spüren, der ein Leben lang damit beschäftigt ist, die Buchrollen zu lesen, die Geheimnisse der Natur. So aber beherrsche ich keine einzige Sprache richtig, die im Wald gerufen, geflüstert, gepfiffen, geschnaubt, geklopft und gesungen wird. Nur einzelne Worte verstehe ich. Ich versuche sie auch zu sprechen, ernte aber oft nur verständnislose Blicke und die Bäume bleiben stumm, als wollten sie noch einmal genauer hinhören, allenfalls, dass sie ächzen und die Zweige sich zu mir herunterbiegen. Etwas widerwillig, von Neigung wenig Spur.

Manchmal halte ich inne, weil ich meine, dass ich beobachtet werde. Die unsichtbaren Augen, so wie ich sie sehe, haben dann auch etwas von Milde und Güte in sich. Doch wozu? Haben die „Waldgeister" ein Auge auf mich geworfen oder lächeln sie über meine naive Dreistigkeit, ihnen so nahe zu treten?

Oh ja, ich habe manches Wesen berührt auf meinen Streifzügen! Und wenn ich unter den Bäumen geruht habe, zwischen ihren Wurzeln gebettet, beugten sie sich neugierig, vielleicht auch vielwissend, über mich und berührten meine Stirn. Das habe ich gespürt oder nur geträumt, denn ich träume ja auch bei Tage. Ich weiß, diese Geistesregungen sind in mir selbst. Es sind die Gedankenbündel, die ich noch nicht zu einem zusammengehörigen Ganzen verknüpft habe, die darauf warten, dass ich die Knüpfkunst recht erlernt habe. Die Kunst erst macht das Kunstwerk. Mir scheint, das Kunstwerk ist schon da, es muss nur noch gedanklich nachvollzogen werden.

Im Walde zu sich selbst zu kommen – nicht, weil man ständig im Kreise läuft – heißt nicht nur, über sich selbst nachzusinnen. Man muss ja auch wissen, wo dieses Selbst sich befindet. Wie ist die Welt gestaltet und was will die Welt von einem? Vielleicht stellt man dann fest, dass vieles gar nicht so wichtig ist, wie man es sich dauernd einreden ließ, denn das „ich muss überlegen" widerspricht ja immer dem „ich habe keine Zeit, ich muss schnell entscheiden" oder „es muss für mich entschieden werden!" Der moderne Mensch unterscheidet sich darin nicht so sehr von den Möchtegerngeistlichen. Man hat einmal zu einer wissenschaftlichen Studie die Hirnströme so vieler buddhistischer Mönche gemessen, dass man daraus eine statistische Aussage machen konnte. Dabei stellte man fest, dass die Aktivität des Denkorgans auf einen Zustand kurz vor dem Einschlafen, auch Dösen genannt, schließen ließ. Jeder ist seines Glückes Schmied, bloß, dass die Schmiedekunst seit langem nicht mehr ausgeübt wird! Denken ist auch eine Kunst. Manche scheinen zu meinen, dass man sie vernachlässigen kann.

Es ist auch noch lange nicht das gleiche, ob man sich zu Hause einschließt und nachzudenken beginnt, oder ob man sich weit weg begibt in eine Einsamkeit, die selbst von den zurückgezogensten Geistern – oder den umtriebigsten – gemieden wird. Doch erst da wird man von dem Strom der Einflüsse frei, dem entgegen zu schwimmen die Freidenker immer gerne können wollten. Und es ist erstaunlich, wie sich die Sorgen für das Morgen auf wenige Lebensnotwendigkeiten reduzieren lassen. Ich meine mit Freidenkern jene, die frei sind vom gebundenen, unmündigen Denken, das nur ein Hinterher-Denken ist, ein Nachäffen, ein Zitieren von Dummheiten, die andere vielleicht gesellschaftsfähig gemacht haben, die aber eigentlich in einen Eselstall gehören und noch nicht einmal als Kuhmist taugen. Es ist eigentlich noch schlimmer.

„Verschont von Zivilisationskrankheiten", preist ein Prospekt das Schicksal der im Busch geborenen. Aussichten gesund zu sterben und damit vor jahrelangem Siechtum bewahrt zu bleiben! Wie beruhigend für die Erben, wenn überraschend gestorben wird. Aber mit den Malaisen meine ich weniger die physischen Gebrechen als die Psyche. Weg von den Menschen bedeutet auch weg vom Ärger, den sie uns machen. Für viele von uns wäre es ein großer Segen, diesem Ärger aus dem Weg gehen zu können. Sie würden viele Opfer dafür erbringen, nur um dies zu erreichen. Allerdings, eine Flucht aus Feigheit vor dem Feind sollte nicht dazu führen. Vielmehr soll man seine Kämpfe mit Anstand zu Ende führen. Erst dann, mit der Weisheit der Welt als Lektüre zur Erinnerung im Reisegepäck, kann man sich die Zurückgezogenheit von den Eitelkeiten der Welt gönnen – und zu neuen Weisheiten vielleicht noch viel Größere finden.

Die indische Erfindung, dass der Hausvater, nachdem seine Kinder aus dem Haus sind, der Welt kündigt und sich in die Einsiedelei begibt, vergisst zu sehr die Frau.

Die soll wohl zusehen, dass sie nächstens als Mann wiedergeboren wird. Zum Glück befolgen die Inder dieses Vorbild nicht, sonst wäre die Einsiedelei bald mit Greisen übervölkert, die nichts mit sich anzufangen wüssten und nur deshalb für Asketen gehalten würden, weil sie sich selber so ungenügend bekochen!

Überhaupt sind Hunger und Armut Indiens kein Zeichen von hochgeistiger Vernachlässigung ungeistiger, weil körperli-

cher Angelegenheiten. Das gilt auch für ihre hervorste-
chendsten Repräsentanten, die Sadhus, dass sie nur Heilige
genannt werden, weil man das einmal so festgelegt hat.
Nicht, dass umgekehrt in einem gesunden Körper immer ein
gesunder Geist wohnt. Aber ein kranker Körper ist sicherlich dem Durchschnittsmenschen eine Bürde für geistliche
Anstrengungen. Da ist mir gelegentliche, körperliche Erschöpfung und Zurückhaltung beim Genuss des Dargebote-
nen lieber. „Der Mensch muss maßhalten", sagte einmal ein
deutscher Kanzler, der viel Gewicht auf die Waage der
Glaubwürdigkeit brachte. Askese ist maßlos oder übermä-
ßig. Sie führt zu einer Unterversorgung des Gehirns mit
Sauerstoff.

Fasten ist anders. Der Körper eignet sich gut dafür, den
Geist zu trainieren, aber nicht, wenn er gerade stirbt. Wer
aus seinem Körper den Saft herauspresst, der bekommt einen zähen Kopf, und wer ihn von Zeit zu Zeit, wenn er am
meisten sich bekümmert, unbeachtet lässt, der lernt ihn beherrschen. Es ist wie bei einem Kind. Man muss es auch einmal schreien lassen. Man kann sich nicht immer um körperliche Angelegenheiten kümmern, vor allem dann nicht,
wenn man gerade Wichtigeres zu erledigen hat.

Der Mensch hat hundert Disziplinen, die er zu meistern sich
bemühen sollte. Solche, die er perfekt gleich jetzt erwerben
müsste, wie zum Beispiel die Ehrlichkeit und wieder andere
wie zum Beispiel Unerschrockenheit, die von Fall zu Fall an
Wichtigkeit gewinnen. Über den Zustand der Welt und der
menschlichen Moral muss man erschrocken sein. Man sollte

völlig unerschrocken sein, immer Ehrlichkeit gelten zu lassen. Aber es wäre vielleicht sogar eine Einschränkung der Klugheit bei noch ungeübten Fangversuchen, einer Giftschlage ganz arglos nahezukommen.

Jener Mut, den der Mensch im Umgang mit den Naturgewalten aufbringen muss, sollte immer weiter vervollkommnet werden und es ist leicht, zu verstehen, dass er über der Unerschrockenheit steht, weil er diese, wo es sinnvoll ist, miteinschließt. Mut heißt auch, bei trüben Aussichten nicht aufzugeben, das gesteckte Ziel zu erreichen. Dazu gehört die Treue zu anderen Qualitäten, die sich allein verlassen fühlen, und sich melden, wenn man sie im Stich lässt. Bei manchen melden sie sich aber nicht, weil sie schon zu oft vergeblich etwas verlauten ließen. Der Mensch hat die schlechte Eigenschaft, auf innere Stimmen immer dann nicht gerne hin zu hören, wenn es gute Stimmen sind.

Mut zur Umkehr ist allerdings der wertvollste Mut. Er ist auch der Mut zum Eingeständnis der Schwäche. Wer nämlich auf der Pflege seiner Schwächen und auf seinem Irrweg beharrt, ist ein Dummkopf, und zwar ein ausgewachsener. Da wird es höchste Zeit, umzukehren.

Zu diesen Eigenschaften kommen Zähigkeit und Ausdauer, weil man sie bereits erfolgreich erprobt hat oder einem gutwilligen Geist verdankt. Kommen sie abhanden, wie will man dann sich selbst treu sein und ein Mindestmaß an Selbstachtung erhalten? Es erfordert einen starken Willen, hohen Anforderungen bei widrigen Umständen gerecht zu werden. Und dann noch den Blick für das Schöne und Erhabene sich erhalten! Darin soll sich jeder üben. Und jeder soll es gerne tun!

Wer´s mit vielen Widernissen aufgenommen,
schreckt auch vor Gefahren nicht zurück,
hat zumindest einen hohen Baum erklommen
und behält den Überblick!

Selbstbeherrschung oder der Mangel derselben tut sich bei vielen Gelegenheiten kund. Jeder kennt die törichte Lust, sich rücksichtlosem Eigennutz hinzugeben. Sie ist in jedem mehr oder weniger angesiedelt. Man kann sie vernunftbegründet austreiben. Wie lange kann man von egoistischen, weil der eigenen Erhaltung, oder sei es nur der Bequemlichkeit dienenden Gebaren absehen? Oder kann man sich nicht gleich auf etwas Besseres besinnen?

Das hieße, außerhalb von sich selbst was Besseres, vielleicht ein höheres Lebensprinzip erkennen! Um ein bemitleidenswertes Geschöpf zu retten, nimmt man Anstrengungen und Gefahren in Kauf, die einem teuer zu stehen kommen. Ich half einmal einer Spinne, einer aggressiven Ameise zu entkommen. Man mag die Tat unterschätzen und für blöde halten. Ich gebe zu, dass dies ein bescheidener Anfang für die angeblich angesehene, aber in Wirklichkeit wenig herumgereichte Nächstenliebe ist.

Heute wäre ich schon bereit, einen Büffel aus dem Graben zu ziehen, wenn er´s nur geschehen ließe. Von Menschen, die sich nicht helfen lassen wollen, will ich gar nicht reden. Und irgendwann in Zukunft werde ich, wenn andere Böses tun, mir das Böse ausreden – ein kleiner Schritt für mich dann noch von Gleichgültigkeit zu wohlwollender Anteilnahme fortzuschreiten. Aber ein großer Schritt, wenn die halbe Menschheit darauf eingeht.

Ja, mir schwebt ein großer Fortschritt im Kampf gegen geistige Starre und moralische Behäbigkeit vor! Mir scheint aber, der große Fortschritt beginnt nicht eher, als ich damit begonnen habe!

Wo ist der Baum des Überlebens,
der schon trägt im Morgentau,
mit Früchten unbedingten Gebens,
leuchtend aus dem Mehrheitsgrau?

Manchmal dachte ich schon, jetzt könnte ich hier in Periyar bleiben, ich sei gerüstet. Aber dann war ich doch das trübe Wasser leid. Und ich sehnte mich nach einer oder zwei Annehmlichkeiten menschlichen Erfindungsreichtums oder auch nur nach einem Pferderücken Und da wusste ich, ich war unbescheiden.

Erscheinen auf der Lichtung Sambarkitzen
in Eintracht, ohne Harm und Streit,
nur eines, was sie selbst besitzen:
ein Fell Selbstzufriedenheit.

Es ist in der Wildnis erholsam, aber anstrengend zugleich! Und durch die Anstrengungen des Geistes und der Physis lernt man viel über sich erkennen. Es zeigen sich vielleicht sogar Charakterzüge, die man gar nicht von sich kannte oder bestenfalls erahnte. Manch guter Charakterzug ist dann auch schon abgefahren – das Bahngleis ist leer, wie man sieht! Und man muss sich bei sich selber beklagen, dass das Verschwinden des Zugs, bei dem man in der Vergangenheit gerne mitzureisen vorgegeben hätte, nicht früher bemerkt, nicht eher annonciert worden war. Und überhaupt gibt es nur Dritte-Klasse-Vorortzüge, die es nicht mehr weit schaffen werden und beim Betrachter wegen ihres vernachlässigten Daherkommens nur noch ein mitleidiges Kopfschütteln verursachen.

Wenn Verlobte die Zeit des Kennenlernens verkürzen wollen, rate ich ihnen zu einer gemeinsamen Reise in den Dschungel. Sehr schnell wird man den anderen kennenlernen! Einhalt! Ich höre sie mich verfluchen, die Pfadfinder und Einsiedler, die gerne allein bleiben möchten: Sollte ich sie auch noch begehrt machen!

Die Menschen verkennen die, von denen sie lernen sollten, weil sie wahre Qualitäten erst bemerken, wenn in ihnen wenigstens eine Idee davon an das Tageslicht ihres Bewusstseins aufgestiegen ist, das sich sonst in gedämpftem Licht sehr bequemt fühlt, wenn auch hie und da ein Kissen trotzig liegt.

Deutet nicht zu viel darauf hin, dass das Leben nur etwas Vorläufiges ist, das uns hinführt auf eine, wenn auch ungewisse Fortsetzung zu einem höheren Zweck, als dass wir es leugnen könnten?

Bei gewöhnlichen Menschen, die gerne bequem liegen, ist ein Blicken über den Horizont, wozu man sich aufrecken muss, nicht erwünscht. Es bleibt daher an Oberflächlichkeiten haften. Das ist auch ein Grund, warum sich junge Menschen nicht zu früh binden sollten. Man sollte erst selber wissen, wo es langgeht, wenn man andere dazu auffordern will, mit zu gehen.

Willst du mit mir gehen, den gemeinsamen Lebensweg? So sollte man den anderen nur fragen, wenn man sich über das Ziel bewusst ist, und dies auch ein erstrebenswertes Ziel für den anderen ist. Es gibt viele Ziele. Gute Ziele sind immer die, die auch anderen Ziele sein können und doch keinen Schaden anrichten. Man gibt dann nicht einfach nur vor, dass man auf das Wohl der Mitgeschöpfe bedacht ist. So begann mancher Gewaltherrscher seine Machtantrittsrede.

Der gemeinsame Weg aller kann auch nicht überethischer Natur sein. Es kann nur ein Weg vollkommener Ethik, angereichert mit allen erdenklichen Qualitäten sein, der zur Einheit und Harmonie des Lebendigen führt.

Der beste Weg ist dahin, wo man sich mit dem unendlichen Sein im Einklang befindet, wo man die größtmögliche Nähe zur Quelle alles Geistigen hat. Die größtmögliche Nähe hat man im Einssein mit dem, was nur in Schmerzen getrennt sein kann. Dann muss diese Annäherung auch das Heraus sein aus jeder Art von jämmerlichem Dasein! Alle, die unzufrieden sind mit ihrem Dasein und ihrer Lebensweise, wissen um ihre Erlösungsbedürftigkeit, wissen vom Getrenntsein von dem, was ihnen an allen Ecken und Kanten fehlt und in die abgründige Tiefe ihres Herzens hinein muss, um es bis zur Fülle aufzufüllen. Nicht mit einem Wahn, denn nicht Wahnsinn tut not, sondern Wahrsinn.

Es bedarf eines Qualitätengebers und es bedarf Qualitäten, wie sie nur ein lebendiges Wesen haben kann, denn das Nichts interessiert sich nicht für Ethik oder Perfektion. Das Nichts ist nicht herrlich und hat keine Freude! Allen, die einem überethischen Mystizismus anhängen, sei es zugerufen, dass sie dem Gott des Nichts huldigen. Arm darf er sein in vielem, ihr Gott, aber nicht an Qualitäten, denn er muss den Durst nach wahrem Leben stillen. Alles andere schmeckt bald fahl und bitter. Was wir nicht vertragen, ist auch gar nicht für uns bestimmt. Das Beste ist gerade gut genug für uns, das soll uns gesagt werden, von dem, der uns die ideale Lebensweise vorlebt und Worte der Wahrheit spricht, geläutert und bewährt und ewig gültig.

Unsere Aufgabe muss sein, diese wahren Qualitäten und qualitätsvollen Wahrheiten zu entdecken, damit sie bei uns auch heranwachsen können. Damit anderen Durstigen auch von diesem kostbaren Wasser gereicht werden kann.

Den Weltmenschen sind die Qualitäten, auf die es ankommt, verborgen. Sie müssen erst noch lernen, auf das Wesenhafte zu schauen. Die Qualitäten, die sie in ihrem Leben suchen und ausleben wollen, erweisen sich als Muster ohne Wert. Auch wenn sie funkeln, bald ist der Reiz verflogen, das Schäbige setzt sich durch, wenn wahre Werte nicht die Oberhand gewinnen! Was bleibt bei den Praktikanten der Unmoral und den Desinteressenten, ist Enttäuschung und Ärger! Man wird älter und ärmer und fragt sich, war das mein Leben?

Aber echtes Leben nach wahrhaften Werten, kommt einen doch teuer zu stehen. Ja, das kostet nicht weniger als das alte Leben, ein Mensch mit unbezahlbaren Qualitäten zu werden, der ein neues Leben führt, angefüllt mit Qualitäten, von denen auch andere schöpfen können, Qualitäten, die auch das Leben anderer lebenswert und erfüllend machen. Nun gut, wo sind also diese Qualitäten zu finden? Oder bei wem lassen sie sich finden? Den zeige mir!

Wozu beherrschen, was doch muss untergehen,
klagt eine Stimme in und über mir,
nach alledem was schon geschehen,
dem Menschen geht es wie dem Tier!

Angst muss aus der Seelen Schlucht verschwinden,
erst dann bricht Licht in sie hinein,
und stellt ein heiteres Empfinden
sich für Mitgeschöpfe ein.

Ja, ich liebe die Härten der Natur, die Härte gegen mich selbst, die sie mir empfiehlt. Wenn nur bald wieder eine Quelle der Erfrischung in Aussicht ist! Härte allein kann bestehen in der Hitze, die Lehm zu Ton macht.

Ich verliere die Souveränität der Gedanken nicht, solange ich nicht die Orientierung verloren habe. Wenn ich aber den Himmel immer über mir habe, ist das nicht genug?

Woher ich das weiß, dass ich mich noch nicht verirrt habe? Ich dachte einmal, ich wäre desorientiert. Da wies ich den Gedanken weit von mir, dass ich die Gedanken, die mir dabei hinsichtlich der Zügelung meiner Regierungsgeschäfte weniger zur Hilfe als zum Erschrecken hinzukamen, gerne nochmals in mir kreisen lassen möchte.

Die Selbstbeherrschung gelangt an ihre natürlichen Grenzen. Wehe, wenn die Nerven nicht halten, was sie versprochen haben. Durch ständige Anforderungen werden sie ein starkes Organ. Wenn der Geist Verzagtheit an Kindesbeinen hängen ließ, werden die Nervenkräfte gar nicht erst gefordert. Es ist wie bei einem Zehnkämpfer. Es gibt Übungen, die mehrere Disziplinen stärken! Die Übung der Rast stärkt keine.

Ich bin mir nie wirklich schwach und klein vorgekommen in der Wildnis. Nicht, wenn ich durstig, nicht, wenn ich hungrig war, nicht, wenn ich unter den Urwaldriesen stand und andächtig hinaufschaute, ja, nicht einmal, wenn ich nachts den klaren Sternenhimmel bestaunte. Nein, gerade da kam ich mir bedeutend vor, weil ich wusste, dass ich mehr über die Sterne wusste als sie über mich.

Ich war lebendig und mit Geist beseelt. Sie waren kalt und tot. Nicht hinsichtlich ihrer Strahlungshitze, sondern hinsichtlich ihrer Wahrheitshitze. Zuweilen bildete ich mir sogar ein, dass ich mich ihnen nützlicher erweisen könnte als sie mir. Aber da muss ich wohl vergessen haben, dass sie mir nachts den Weg anzeigten. Ich könnte sie Himmelsmechanik und Astronomie lehren. Immerhin! Aber wozu? Sie verbessern dadurch ihre Präzision nicht.

Unter Großen wird man groß! Man soll sich nicht in die Gesellschaft von Leuten mit niederer Gesinnung begeben, außer man wollte ihnen etwas beibringen. Ist man aber selber bedürftig, sei man Bettler, der sich dort hinsetzt, wo reiche Leute passieren.

Deshalb sitze ich gerne unter den Sternen. Aber selbst, wenn sie statische Engel wären, mir ist weniger an diesen weit entfernten Gaskugeln gelegen. Wie groß muss der sein, der sie dahin gesetzt hat? Man sollte alles tun, um sich mit jenem anzufreunden, der sich das alles ausgedacht und umgesetzt hat! Nein, dann müsste man sich nicht mehr schwach und klein vorkommen!

Und wenn ich Auge in Auge mit wilden Tieren stand? Ich war noch immer groß, so groß wie ihr Erschrecken, trotz meiner Rat- und Hilflosigkeit. Ich hätte gewünscht, wie ein Muntjak klein und unscheinbar durchs Unterholz zu entwischen in manchen Augenblicken. Aber ich war zu groß, um der Aufmerksamkeit der Tiere zu entgehen. Warum blicken Tiere den Menschen in die Augen? Was suchen sie dort? Was hoffen sie, zu finden? Wollen sie die Absichten, die man hat, erkennen? Warum rennen sie dann davon vor mir?

Ich denke immer, ich sei arglos. So wenig habe ich mich noch selber erkannt! Wenn die Tiere vor den Menschen wegrennen, dann trifft meist zu, dass sie des Menschen inneres Wesen besser einschätzen, als es der Mensch selber erkannt hat. Ich behaupte, dass der Mensch zuerst sich selber erkennen muss, ehe er in der Lage ist, etwas anderes zu erkennen, was höher ist als er selbst. Selbsterkenntnis kommt vor Erkenntnis über das höchste Sein.

Das höchste Sein, der Urgrund des Seins und allen Lebens, muss das sein, wohin sich unsere Seinsweise orientieren muss, damit es selber höchstes Sein werden kann. Deshalb dümpeln materialistische Philosophen in abstoßender Weise, ihre innere Unordnung offenbarend, in den Niederungen des menschlichen Geistes herum, weil sie die geistigen Gesetzmäßigkeiten nicht kennen und den Gesetzgeber nicht akzeptieren. Eine davon lautet: Wer wie ein Schwein lebt, ist ein Schwein. Wer nicht weiß, dass er eine niedere Lebensform gewählt hat, der erkennt auch keine Notwendigkeit, sich daraus befreien zu müssen.

Viele Philosophen und sogar Religionsstifter offenbaren in ihrem Gedankenschatz, dass sie sich selbst noch gar nicht erkannt haben. Sie kommen daher zu falschen Schlussfolgerungen über ihre Natur. Es ist witzig, manches „Geistes Kind" denkt allen Ernstes, mit Materie zu denken. Sobald man dann seine Gedanken niederschreibt, sind sie plötzlich nichtmateriell, denn die Buchstaben, Worte, Sätze sind mehr als die Tinte und das Papier. Das kann niemand bezweifeln, sie sind mehr in unserer Betrachtung als nur Materie und das Betrachten und unser Erkenntnisprozess sind auch nicht materiell. Man nennt das zu verkennen auch: Den Wald vor lauter Bäumen nicht zu sehen.

Warum machen sich die Materialisten kleiner, als sie sind! Wäre es doch Demut, die dahintersteckt! Aber schaut man genauer hin, sieht man, dass meist das Gegenteil der Fall ist! Verkehrte Welt, diese materialistische Gedankenwelt, die immateriell ist und behauptet, materiell zu sein!

Nur einmal kam ich mir in der Wildnis sehr unbedeutend vor. Das war, als ich an den Geist dessen dachte, der alle Dinge erschaffen und ihnen seinen Lebensodem einge-haucht hat, er ist der große Baumeister und Weltenarchi-tekt, der überall seine Spuren und Identitätsmerkmale hin-terlassen hat! Aber gerade deshalb, weil man sich über den Stand, so tief unter der Sonne, bewusst geworden ist, muss der Blick doch wieder nach oben gehen. Ein erwartungsvol-ler Blick: Hoffnung ist mir nicht genug! Ich will nur warten, bis die Zeit reif ist für die nächste Offenbarungsstufe!

Meine Kunst ist mir zu wenig,
die Sicht ist kurz, der Horizont noch klein,
suche der Naturgewalten König,
will ein Erbnachfolger sein.

Eigentlich gibt es gar kein Geheimnis der Schöpfung, denn was der große Planer und Architekt sich ausgedacht hat, lässt sich genauso sicher lesen wie die Betriebsanleitung ei-ner Schreibmaschine. Man muss nur die Sprache, in der sie geschrieben ist, verstehen. Gewiss kann man sich in sie ein-weisen lassen. Das größere Geheimnis scheint mir zu sein, wie die Schöpfung es schafft, sich zu erhalten. Es gäbe kei-nen Sinn, wenn sie verschwände. Worin liegt der Sinn, dass sie bleibt?

Nicht, dass es für den Menschen noch von Bedeutung wäre, wenn alles Leben verloren ginge. Die Schöpfung muss einen Sinn haben, der nicht einfach mit einem bestimmten Kata-strophenjahr zu Grabe getragen wird. Die Schöpfung ist nicht bewahrt, sondern verwahrlost. Niemand, der den

Menschen in Gewahrsam nimmt, um ihn zu erziehen? Wann handelt der Gewahrsamsinhaber? Wann gibt er sich zu erkennen, damit die Verwahrlosung aufhört?

Es wäre höchste Zeit für eine Lektion: Mit Feuer spielt man nicht! Wenn irgendwo im Wald und in der Savanne Feuer ausbricht, dann steckt meist ein Mensch dahinter. Er scheint gerne auf glühender Asche zu gehen – besonders in Indien – aber bitte schön, wo ist der Gewinn dabei? Nutzloser Zauber auf den Überresten von einst wertvollem Holz.

Dabei sind Bäume wunderliche Geschöpfe! Es fehlt mir ihre Vertrautheit, die ich ständig anstrebe. Bin ich ihrem Stamm nahe, dann bin ich's doch nicht ihrer Krone. Der Wald ist Fülle, ich bin Leere, sehe immer nur einen kleinen Winkel mit meinen großen Augen, Unwissenheit schließt mich aus.

Meine Unerfahrenheit nimmt jedoch allmählich ab und so werde ich unbezahlbar reich. Derjenige, der Zutritt gefunden hat zu den Pfründen der Natur, häuft Schätze an in seinem Herzen, denn dort reifen noch ganz andere Früchte als in der künstlichen Welt der Menschen; dort sprudeln Quellen der Weisheit, die einen erfrischenden Geschmack haben und bisher unbenutzte Verstandeskräfte wecken. Und all dies kann man ungestört vom Lärm der Städte erleben.

Man muss nur einmal Abstand nehmen von der Art wie man bisher lebte, zu den namenlosen Geschöpfen gehen da draußen, die ganze Gattung Mensch in ihren Augen vertreten. Was den Menschen ausmachen sollte, das soll man den Mitgeschöpfen zeigen, der Mutter Natur, wo sie am ursprünglichsten ist und selber noch Augen hat, zu schauen, was aus dem alten Adam geworden ist. Ist er endlich schon der Neue geworden? Schnell noch alle Laster ablegen und verleugnen, jemals dieser Irrwelt angehört zu haben. *In der Welt nur sein, nicht von ihr!*

Wenn schon nicht himmelslicht-beheimatet, dann doch wenigstens nicht zu erdverbunden! Ein Geschöpf der Natur, ja, unverdorben und frei von Verunreinigungen, menschlich nur, wo das Tierische übertroffen wird. Von der Erde also, aus dem Wald, nicht heillos menschengeschlechtlich.

Wegweisend reden können: „Hier will ich warten, ob mir Besseres widerfährt. Und wenn es vergeblich ist, ist es doch ein besseres Warten." Ein Warten, bis ich weiß, wie ich wieder hinaustreten muss in die Welt, bis ich gerüstet bin, für andere nützlich zu sein. Es müsste schon ein Dienst sein, der allen zugutekommt. Muss ich lange warten? Ein Warten mit dem Gesang der Vögel! Das kann nicht vergeblich sein! Sie singen nicht, sie herolden!

Da fliegt ein Vogel aus der Morgenröte
Und setzt sich dicht vor mein Bedenken hin:
„Ich kenne keine Dauernöte,
zu leben ist des Lebens Sinn!"

Warum nicht zu lieben? Weil man das im Leben selber erfahren muss? Man kann wohl erst lieben, wenn man in der richtigen Weise lebt? Wer die Gabe des Lebens nicht achtet, kann der recht lieben? Nein! Fällt rechtes Leben und rechtes Lieben am Ende zusammen? Ja! Weil die Quelle des höheren Lebens auch der Ursprung und das Ziel der Liebe ist! Weil Liebe und Leben da höchste Qualität haben, wo sie ein Ewigkeitsmerkmal sind! Wenn dem so ist, dann ist der Mensch noch weit davon entfernt, recht zu leben und recht zu lieben. Aber erst einmal muss er lernen, dass es ewiges Leben nur gibt, wenn er bereit gemacht ist für die ewige Liebe. Liebesfähigkeit ist Lebensfähigkeit. Was soll ein Leben, das ohne Qualität ist? Erst recht gilt, was soll ein Leben ohne Qualität, das verewigt wird! Erst die Qualität, dann die Ewigkeit.

Die Musik des Waldes richtet manchen auf, der aus der Welt der Menschen gebeugt kommt. Schon dass es ihn herzieht, muss wohl einer Stimme zu verdanken sein, die sich nicht natürlicher Schallwellen bedient. Sie kann in seinem Innern nicht auf taube Ohren gestoßen sein.

Das bedeutet Hoffnung! Hoffnung für den Erschöpften, der noch gesunde, menschliche Regungen in sich hat. Kein Ort ist als Zuflucht besser geeignet als der „Virgin Forest", nirgendwo lässt sich ein besseres Versteck finden vor den vergeblichen Sehnsüchten, die einen, endlich losgelassen, wieder einholen wollen. Man muss ja zur Besinnung kommen, was es wirklich braucht, um zum vollendeten Menschen zu werden. Das sind nicht oft die Dinge, die uns täglich bewegen.

> *Immer wieder neu den Anfang wagen,*
> *erst recht tu` Unbeugsamkeit kund,*
> *wo die Bäume in den Himmel ragen,*
> *ist immergrüner Hoffnung Grund.*

Müsste ich einen Schatz vergraben, würde ich ihn in den Wald tragen. Die Wälder müssen voller Schätze sein. Auch deshalb fühlen wir uns zu ihnen hingezogen. Auf einem Baum ist das Nest mit den goldenen Eiern und unter den Wurzeln liegt das Edelmineral.

Könnten doch die Hausväter, die es von Herzen hinauszieht, ihr Haus und die Familie mitnehmen! Wer wirklich Freund ist, der mag zu Besuch kommen und wird dann auch herzlich willkommen geheißen. Die reduzierte Zahl der Besucher in der Abgeschiedenheit wird sich vorteilhaft auswirken. Schon im Buch der Sprüche steht: „Halte deinen Fuß zurück vom Hause deines Nächsten, er könnte deiner überdrüssig werden."

Wer sich also seine Freunde bewahren will, der mache sich zu einer Rarität, die nur unter Umständen aufgesucht werden kann. Treue bewährt sich in der Abgeschiedenheit. Es müssen wirklich Freunde sein, die einen weiten und beschwerlichen Weg gehen und sich die Zeit nehmen! Und selbst befindet man sich abseits der Künstlichkeiten, die in der Welt, hervorgebracht von dem vorherrschenden Denken und Tun, den Menschen bestimmen. Eine Blume des Waldes spiegelt mehr Göttliches als die Gepflogenheiten der Stadtbewohner. Daher bin ich nicht traurig, dass mich niemand im Wald besucht! Was könnte man mir bringen!

„Man muss die Mauern der menschlichen Zivilisation niederreißen, um eine gute Grundlage für einen Neuaufbau zu haben", sagte ein Philosoph; und weil er nicht ausschloss, dass man die Ziegelsteine durchaus wiederverwenden könnte, verwies er auf die Analogie bei den Eigenschaften des Geistes. Durch den Umsturz der Denksysteme und Lebensgewohnheiten allein gelangte man fortschreitend nicht zum Absoluten, weil das Absolute sich spontan finden lassen müsste. Demnach wäre die Wahrheit eine Größe des Absoluten, die im Leben eines jeden Geschöpfes aufzuspüren wäre. Ich sagte ja bereits, Qualitäten findet man nur bei einem vollkommenen Qualitätengeber. Im luftleeren Raum entstehen sie nicht und aus unseren prallen Bäuchen kommen sie auch nicht.

„Im Wald eine Spur von Gott zu finden, ist mir lieber als die Mauern in den Städten niederzureißen!", sagte der Philosoph.

„Ist es nicht noch unbefriedigender einer Spur nachzulaufen, als das Absolute erst gar nicht wahrzunehmen?", fragte ich.

„Wahres Leben ist der Weg auf diese Spur!"

„Das andere ist kein Leben?"

„Doch! Ein Leben ohne Wahrheit!"

„Dann ist der Weg die Wahrheit?"

„Nicht unbedingt, aber ohne einen Weg gibt es keinen Zugang zur Wahrheit."

„Was ist Wahrheit?"

„Die Wahrheit ist, dass wir keine Zeit haben, um unser Leben mit belanglosen Dingen zu verschwenden, dass wir unseren Geist empfänglich machen sollten für Höheres!"

„Was ist Höheres? Wenn wir schon keinen Gott sehen, dann wenigstens aus unseren Anlagen heraus einen Gott erschaffen? Ist es das?"

„Nein, nicht einen Gott, sondern ein Bild von Gott, eine brauchbare Idee von Gott!"

„Ist der Mensch da nicht überfordert?"

„Mag sein, aber er muss es versuchen, es bleibt ihm keine andere Wahl, er muss es versuchen, er muss ...“

Der Philosoph wohnte in einer Stadt. Ob nicht alle Philosophen in ihren eigenen Städten wohnen? Das Gebot „Du sollst dir kein Bildnis machen!" gilt wohl nur für diejenigen, die Gott sahen. Für die einen ist Gott der Verborgene. Sie haben keine Wahrnehmung von ihm. Für die anderen, die auf ihn hoffen, ist er ein Gott mit verborgenen Qualitäten. Er müsste sich schon selber offenbaren. Aber nicht äußerlich, weil man erst die Augen haben muss, um ihn schauen zu können. Er muss aber mit inneren Augen zuerst geschaut werden. Was anderes ist nicht denkbar. Ja, eigentlich muss Gott es uns schonend beibringen, dass er ist, wie er ist, denn er müsste von einer Qualität sein, die uns zutiefst erschreckt. Woher wissen wir das? Weil wir beim Gedanken an den Mangel unserer Qualitäten zutiefst erschrecken. Zu viel Licht schadet den Augen, zu wenig Licht macht sie nutzlos. Langsam, langsam muss uns das Lesen göttlicher Offenbarungen beigebracht werden. Lichtquantum um Lichtquantum müssen wir die Buchstaben im Buch des Lebens entziffern und Worte lesen, deren Sprache noch so schwer verständlich erscheint.

Wer gestern durch die Städte reiste
und von ihrem Endzeitlos erfuhr,
zieht heut´ mit wohlgemutem Geiste
in die Einsamkeiten der Natur.

Weg von seelenarmen Menschenmassen,
vom Lärmen ihrer Dissonanzen frei!
Allen Übereifer ruhen lassen,
dies meines Weges Richtung sei!

Wenn ich dann doch einmal dort draußen einem anderen Menschen begegne, ist mein erster Gedanke: Was will denn der hier? Aber ich erkenne meistens rechtzeitig meinen Besitz ergreifenden Hochmut und grüße freundlich und bin erstaunt, wenn ich auf meinesgleichen getroffen bin:

„Guten Tag auch!", sage ich.

„Er ist noch jung, der Tag, er wird noch älter werden."

„Wir alle werden älter, wenn wir es abwarten können."

„Warten *sie, ich* muss leider weiter, bin schon etwas spät dran."

„Ja, ich lasse mich auch immer etwas aufhalten, da drüben war´s ein alter Büffel. Gibt´s was Neues aus der Stadt?"

„Welche Stadt?"

Oder die Unterhaltung ist sachlicher:

„Wohin des Wegs?"

„Da lang!"

„Woher?"

„Vom Mangowäldchen."

„Ich will zum Elefantenpfad."

„Welchem?"

„Dort drüben irgendwo, rechts vom Mandanbaum dort."

„Zu jenem Waldstück da?"

„Nein, zu jenem dort."

„Ein schwieriges Wegstück!"

„Keineswegs!"

Manchmal gehen die Menschen aber auch wirklich wort- und grußlos an einem vorüber. Ich habe solche Farcen mehrmals erlebt. Einmal kamen zwei Touristen mit einem Eingeborenen als Führer zu mir in den Wald. Alle drei waren stark verschmutzt, denn der Weg zur Siedlung war weit, die Tropenanzüge der Touristen waren fleckig und verkratzt, dazu, dass sie untauglich waren. Ich dagegen hatte erst vor kurzem gebadet und hätte einen heiteren Eindruck vermittelt, wäre ich nicht verblüfft gewesen über den Anblick der Dreien, die so urplötzlich auftauchten und ebenso schnell wieder verschwanden, nachdem sie mich kaum eines Blickes gewürdigt hatten. Der Urwald verschluckt schnell auch die Geräusche der Ungelenken.

Ich bin geschickt dabei, keine Geräusche zu machen. Die Leute waren erschöpft und ich hätte ihnen gerne etwas zur Erfrischung gereicht! Und hätten sie nicht einen Eingeborenen dabeigehabt, hätte ich sie gerne auf den rechten Weg gebracht. Damit will ich nicht gesagt haben, dass ich es gekonnt hätte.

Viele Besucher schreckt es, weil sie bemerken, dass sie sich in der Wildnis nur verlieren würden. Nicht, dass sie sich verirren würden. Vielmehr sind sie schon vorher verirrt. Sie werden mit ihren eigenen Unzulänglichkeiten konfrontiert und das ist ihnen unheimlich. Aber auch ich lerne immer wieder neue Seiten meines Wesens kennen.

Als ich letztes Mal eintrat in das Tor zur Wildnis, zögerte ich, denn ich wurde gefragt:

„Wer bist du?"

„Ich weiß nicht!", gab ich zur Antwort.

„Dann bist du hier richtig!"

Und immer, wenn ich wieder hinaustrete, spreche ich den Abschiedsgruß: „Poijtu Vareen!" Das ist Urwaldsprache und heißt so viel wie: „Ich gehe, um wiederzukommen!"

> *Wie eine Freundin, die lange mich vermisst,*
> *breitet sie die Arme herzlich aus:*
> *„Der du nirgendwo zu Hause bist,*
> *kehre heim in dieses hohe Haus!"*

Mein Name ist weitum bekannt. Der Wald grüßt mich schon mit einem Namen: „Theriatu!" Dieser „Ich weiß´ es nicht!" besucht seinen Freund Theriam, „Ich weiß", um ihn zu bitten, auf die Frage „Yaru nan? – wer bin ich?" endlich eine Antwort zu geben.

Vor meinem geistigen Auge steht der Wald von Periyar wie ein treuer Gastgeber. Er ist mir soweit vertraut, als wären es meine eigenen vier Wände, in denen ich jederzeit „Amejdi" – Ruhe finden kann. Trotzdem ist mir seine Seele doch noch eine große Unbekannte. Sie hielt sich bisher stets zurückgezogen und lugte nur bisweilen hinter einem Baumstamm hervor oder sie machte sich kaum hörbar bemerkbar, mit Tönen, die keinem Tier zuzuordnen sind. Oder sie redete mich einfach an als meines Bewusstseins Begleiter, getarnt einmal als höhere Vernunft, ein anderes Mal als Ideengeber und Pfadfinder. Wenn wir auf alle Stimmen hören würden! Wo kämen wir da hin? Wir drehten uns nur noch im Kreise!

Ein orientierungsloser Mensch in einem großen Wald, so heißt es, kehrt immer wieder zu seinem Ausgangspunkt zurück. Ich kann das nicht bestätigen, weil ich mir immer einbilde, orientiert zu sein. Vielleicht höre ich auf die Stimmen, auf die es ankommt, damit ich ankomme. Der große Wald schickt jeden, der nichts gelernt hat, wieder an seinen Ausgangspunkt zurück, könnte man sagen. Der Wald ist freundlich und gut, solange man es selber ist. Den Streifenhörnchen gefällt er, Ratufa indica lebt nur hier und für das Flughörnchen ist die baumlose Steppe der Tod.

„Ich finde mich nicht zurecht in der Wildnis. Sie ist undurchdringlich und finster!", stellte eine Touristin fest, die ich ein Stück durch den abendlichen Dschungel zu ihrer Bleibe begleitete.

„Für so undurchdringlich halte ich die Wildnis nicht, jedenfalls nicht in einem physischen Sinne!", antwortete ich und führte weiter aus: „Sie durchdringlich machen, hieße, sie abzuholzen; die Wildnis zu zähmen, hieße, sie in einen Park zu verwandeln, mit wenigen botanischen Besonderheiten, denn der Artenverlust wäre enorm, wollte man die Wildnis kultivieren. Ich verstehe den Dschungel eher als Refugium, ein Rückzugsgebiet für Pflanzen, Tiere und Menschen. Menschen vor allem, denn sie würde der Verlust am meisten treffen."

„Und wie durchdringlich im psychischen Sinne?", fragte sie.

„Das hängt davon ab, wie sehr man seinen Geist eindringen lässt. Man mag aber nur in etwas eindringen, was man mag. Sei freundlich zur Wildnis und sie wird es dir danken. Wenn man sich mit ihr beschäftigt, wird sie sich öffnen und viele Geheimnisse preisgeben, die der berechnenden Wissenschaft verborgen bleiben. Wer weiß, vielleicht wird man dann sogar zum Liebhaber der Wildnis."

Ein paar Tage später sah ich die Touristin, die mir jetzt jugendlicher vorkam, hinter einem Schmetterling herspringen.

„Jenge ennudeja uir?"- Wo ist meine Seele?

Erst wenn ich am Ufer des Waldmeeres aufwache, merke ich wirklich, dass die Welt kein Traum ist. Nur hier gibt es Dinge, die ausschließlich nicht von Menschen geschaffen wurden. Ich will sie nicht sehen, die Rauchwolke, die ab und zu über dem Laubdach in der Ferne aufsteigt. Nur in der Stadt bleiben, in den Häuserschluchten, schränkt den Horizont so sehr ein, dass man nur mitwirkt an allem, was so grau in grau von Menschenhand geschaffen und zusammengebaut wird. Vielleicht streicht man einmal eine Fassade farbig an. Alles ist in einer scheinbaren Ordnung. Zu viel an Vorläufigem macht die Seele krank. Und selbst auf dem Land ist die menschliche Unordnung wie Wörter, die einen knappen Text ergeben, erkennbar.

In der Wildnis reicht mein Verstand jedoch niemals, um alle Seiten der Bücher zu füllen, die man unaufhörlich aufschlägt, und das Vorstellungsvermögen des Novizen, ist es einmal geweckt worden, erschrickt vor der Fülle der die Fantasie herausfordernder Bilderbögen. Schauen ist noch nicht erkennen, besonders, wenn man geblendet wird. Aber lieber geblendet als verblendet. Zuerst will rechtes Schauen gelernt sein. Es ist tröstlich, zu wissen, dass auch die inneren Augen die Funktion des Schauens haben. Am Ende sollen sie sich erfreuen, an dem, was sie sehen. Zunächst aber überwiegt ein Gedanke, dass schon bald einer vielversprechenden Fährte gefolgt werden kann.

Es ist zu hoch gelegen, das Stockwerk, wo der Geist des Waldes wohnt und zu tief in seinem Innern hat er sein „idejam" – Herzstück, versteckt. Nur manchmal meint man, dass das Herz im Gleichklang mit etwas Großem, Unerklärlichem, Unendlichem schlägt. Dann bleibt man unvermittelt stehen und bemüht seinen Kleingeist nach dem Schleier des Unfassbaren zu greifen. Doch bevor man sich zu kindlich freut, befiehlt die Stimme der Erziehung: „Sei ein Mensch!"

Und also besinnt man sich und ein Blick auf die Uhr zeigt, dass es Zeit ist. Es ist Zeit, an sein steifes Menschsein zu denken. Deshalb schwitzen und stöhnen wir und reißen uns

die Knöchel blutig, anstatt einen Waldspaziergang zu machen, bei dem wir unsere zweifelhafte Vergangenheit überdenken und gute Vorsätze verfestigen.

Ein stilles Herz im weltlichen Gedränge
Ohne Nutz´! Es schlägt sich weh und wund!
Ist nicht geschaffen für die grobe Menge,
im Walde wird es erst gesund!

Zum wahren Menschsein braucht man ein stilles Herz, weil
nur ein stilles Herz die Herzensaugen auftut und rechtes Sehen ermöglicht. Das Herz ist die Lebenskraft des Menschen,
es soll still darin werden, die Kräfte für unnütze Werke zu
verschleudern. Es muss stark werden darin, die Herz-
schläge für das Unwesentliche zu verringern. Und es muss
trainiert werden, für freudiges Schaffen zu schlagen. Ein
stilles Herz schlägt niemals nur für sich selbst. Es steht im
Dienst des gesamten Organismus. Das Herz ist der Sitz der
Seele. Die Seele kann auch nicht für sich selbst leben.

8. Kapitel: Geistreiche Entdeckungsreise

Das Einssein mit der Natur, einen hinduistischen Pantheismus oder einen monotonen Monismus zu lehren, liegt mir fern. Wozu das Einssein mit den Todgeweihten anstreben, die Festlegung auf tote Ideen und das Verschmelzen mit toter Materie? Ein totes Huhn hat nichts von einer Allseele an sich, kein Brahman ruht in ihm proportionsweise und kein Atman fällt ihm noch schnell ins Nest. Die Zweiheit, das Getrenntsein von dem, was zusammenwachsen soll, überwindet man nicht, indem man seinen Geist aufgibt und ihm tote Ideen und Hühner zu Füßen legt, sondern indem man ihn zur Vollkommenheit bringen lässt. Das wird, mit Leichtigkeit kann das behauptet werden, auch der Schöpfung zugutekommen, und sei es darum, weil es dann durch eben diesen vollkommenen, nach Hause gebrachten Geist, dieser Neuschöpfung, eine Erneuerung der Schöpfung geben wird. Es ist zu viel in der Schöpfung, das im Verfall begriffen ist, als dass man darüber hinwegsehen könnte.

Der Inder denkt, die Seele sei ein Teil der Weltseele. In jedem Wesen, in jedem Küken, in jedem Stein steckt ein kleiner Atemzug des großen Atemgebers. Jedoch das Heil kommt nicht aus dem Huhn. Es kann nur Körner picken und Eier legen. Einen Teil der Weltseele Brahman kann es nicht für sich entdecken.

Die Überwindung der Zweiheit, der Entzweiung der Weltseele mit sich selbst, sei nach Ansicht der Brahmanen darin zu finden, dass der „puranamahna akwi", der „vollkommene

Geist" mit sich selbst in Frieden ist und das für und von ihm Geschaffene diesen Frieden widerspiegelt.

Mit der Vollkommenheit scheint es so ohne Weiteres im Lauf der Zeiten nichts zu werden. Aber wenn es eine Entzweiung zwischen Urgrund des Seins und den Seinsweisen gibt, dann stellt sich die dringende Frage, wie die Einheit wiederhergestellt werden kann, zumal nur der Mensch als denkendes Wesen sich für eine Einheitsbewegung entscheiden könnte.

Ich pfeife auf dialektische Philosophie, wie der Wiedehopf darauf pfeift. Sie wird ja von Menschen ersonnen und atmet immer mit einer Brise Wahn, damit ihre künstlichen Lungen auch immer recht viel Unsinn heraushusten können. Dass wir uns nicht missverstehen, sie ist reines Denken, klar und metallisch, kalt, in Würfelform, handlich und gut genug für einen Winterabend zum Kokos Arrak. Man darf nur nicht zu viel davon nehmen, sonst hat man am Morgen danach Kopfschmerzen. Ich halte die Erfindung des Gefrierschranks für eine der Sternstunden der Menschheit.

„Der höchste Zweck der physischen Erdbeschreibung
ist Erkenntnis der Einheit in der Vielfalt.
Die Mythen von imponderablen Stoffen und von
eigenen Lebenskräften in jeglichen Organismen
verwickeln und trüben die Ansichten der Natur."

Alexander von Humboldt

Das sollten sich Naturwissenschaftler sagen lassen, dass nur durch das Ansammeln von Stoffen kein Leben entsteht! Der Mythos von der Entstehung des Lebens aus dem Nichts ist gegen die Erkenntnis der Einheit in der Vielfalt gerichtet, gegen die gemeinsame Ursache alles Lebendigen.

Ist das Naturkunde, die keine Kunde gibt über das, was die Lebenskräfte der Organismen ausmacht? Das Studium der Natur kann weder an ihrem Geburtsort noch in der Geburtsstunde betrieben werden. Daher wissen wir nicht, wo die Lebenskräfte herkommen. Wenn wir es in Erfahrung bringen könnten, würden wir besondere Erkenntnisse erhalten, die für das ganze Leben von Bedeutung sein müssen! Oder müssen wir nun darauf hoffen, die Erkenntnisse geschenkt zu bekommen, die dann auch der Schöpfung ihren Platz zuweisen?

Die Betrachtung der Natur lehrt uns ja vieles, anderes wiederum bilden wir uns nur ein. Aber sie kann nicht allein unser Lehrmeister sein, weil auch sie Prozessen unterworfen ist, die ihre Unvollkommenheit zeigen. Unvollkommenes kann nur unzulänglich lehren. Daher halte ich auch von menschlichen Religionsstiftern nicht allzu viel. Einem Gott, ja, den wollte ich hören!

Mir geht es um nicht weniger als auf alle wichtigen Fragen des Lebens eine sinnvolle Antwort zu bekommen.

Ein Buddha ist mir zu wenig, ich will ja nicht allein die Lebewesen von ihrem Leid befreit sehen. Eine friedliche Gesinnung ist mir zu wenig! Auch weiß ich um meines Unfriedens nur meine eigene Erlösung erfahren zu können. Auch glaube ich nicht an äußere Waschungen, die doch nur die

Schlangenhaut polieren. Die einen versprechen nur die Erlösung von einem selber, zum Erlöschen im Nichts – es ist immerhin ein leidloses Nichts! Die anderen nehmen irgendwie die Frauen von der Erlösung vom Dienst an den Männern aus, als sei dies das Paradies, sich von Frauen bedienen zu lassen, ohne selbst auch ihnen dienen zu dürfen; wieder andere erheben eine Kaste zum heiligen Stand und preisen bloße Erkenntnis als höchstes Gut. Gestatten, mir ist das alles zu wenig. Die ganze Kreatur jeglicher Kreaturen möchte ich erlöst sehen, das heißt, bei mir zur Vollendung ihrer selbst gebracht werden, zur Vervollkommnung, zur Versetzung in den höchsten Stand. Das ist noch jenseits der Pracht der Sterne, die doch auch nur das Firmament begrenzt erleuchten, sonst wäre es nicht Nacht.

Eines ist auch klar, es wird einen bescheidenen Anfang nehmen müssen, damit sich die Höhe ihrer Höhe bewusstwerden und nicht hinunterfallen kann, weil sie es gar nicht will. Und dann wird es keine Frage des Willens mehr sein, denn wer liebt gegen seinen Willen? Wer lieben will, ohne seinen Willen fragen zu müssen, der hat eine Ahnung von Vollkommenheit. Diese Liebe als Wohlwollen gegenüber der gesamten Schöpfung macht nicht blind, sondern schaut richtig und auf das Wesentliche. Aber sie muss bescheidene Anfänge machen, sie muss sich ihrer leidvollen Existenz inmitten einer unerlösten, lieblosen, weil noch nicht zum Ziel gebrachten Schöpfung, bewusstwerden, um die Sache der Vervollkommnungsprozesse weiter anzutreiben.

Sie scheint nur schwach zu sein, diese hingebungsvolle Anteilnahme. In Wahrheit gibt es gegen ihre Umtriebe kein Gegenmittel. Sie breitet sich stetig aus, wenn auch in unsichtbaren Schritten. Sie braucht nur eines, einen Zugang zu ihrem Entstehungsort, der Quelle aller Lebenskraft, von wo sie sich ermutigen und erheitern lassen kann. Sie braucht einen Mittler, der sie fließen lässt von oben nach unten. Und der Mensch verbreitet sie dann in der Fläche. Diese trostvolle Kraft brauchtMenschen wie wir, weil wir es sind, die den Anfang machen müssen mit den Fortschritten. Sie braucht einen Menschen allerdings mit nicht weniger als göttlichen Qualitäten. Eigentlich sollte der, der nach oben steigt, vom irdischen, noch unbelehrten Wesen, zum überweltlichen Wesen herabgestiegen sein, damit er weiß, worauf es ankommt beim Gewinnen an Höhe über die höchsten menschlichen Gipfel hinaus.

Nicht, dass man das ganze Leben wilde Beeren essen sollte, um glücklich zu sein und lächelnd zu sterben. Ich meine Lernerfolge von höherer Wichtigkeit. Z.B. sich der Vernunftgedanken bewusst zu werden, die das Leben in der Natur mit ihren Geschöpfen und Erzeugnisse fordern. Was braucht es, ein Heger und Pfleger aller Natur zu sein, sodass ein Fressen und Gefressenwerden gar nicht mehr notwendig wird? Und dann kann man zum Förderer der Schöpfung werden, weil man sich selber weiterbilden lässt.

Ich bin froh, wenn ich mich aus der bürgerlichen Enge meines Lebens hinausretten kann, wenn ich die Entfremdung mit der Natur aufhalten oder rückgängig machen kann, weil ich meine Bekanntschaft mit ihr pflege. Ich atme ihre Luft tief ein und spüre dabei, wie ich meine Sinne verfeinere. Das ist auch nötig, denn stumpfsinnige Menschen haben kein Gespür für die Schätze der Natur.

Das "Sich-Wohl-Befinden" in freier Natur ist einer der edelsten Genüsse, die man haben kann. Es braucht allerdings einen gebildeten Geist. Mit Bildung meine ich, die besten Sinne des Menschen für Schönheit, Harmonie, Witz und Tugend entwickelt zu haben, und andere, die uns erröten lassen, wenn wir sie nennen, weil sie schon in unserem Munde selten geführt werden, wenigstens kennenzulernen, ehe wir uns entscheiden, ob wir uns wirklich so sehr verändern wollen, dass wir nicht mehr ganz wir selbst, sondern mehr etwas Besseres sind! Besser sind wir, wenn wir das werden, was wir sein sollen. Eifrige Lehrlinge, aufmerksame Schüler!

Tiefer in den Waldeslustgefilden
trifft die Außen- auf die Innenwelt;
hier möchte ich mich weiterbilden,
solange wie es mir gefällt.

Und drohen auch von ungefähr Gefahren,
ich rechne es zum guten Spiel;
und liebe mehr noch zu erfahren
vom unerkannten Lebensziel.

Auch in meinem Geburtsland, einer mitteleuropäischen Region, der gemäßigtes Klima nachgesagt wird, gibt es eine

Tropenwelt zu bestaunen. Sie ist jedoch leider nicht so zugänglich wie die Indiens und außerdem fehlt ihr ihre Lebendigkeit. Ich spreche von den Grabstätten der Fossilien! Da gibt es Wälder aus Palmen, Baumfarnen, in denen Krokodile gelebt haben, Hyänen, Löwen und elefantenartige Pachydermen und vieles andere mehr, was uns nicht einmal die Märchen der Gebrüder Grimm zu bieten haben. Gäbe es diese Fossilien nicht, würden wir die Mythologien der Völker über Drachen und Tiere, die früher ein anderes Verbreitungsgebiet hatten, vollends abtun. So aber sind wir vorsichtiger mit unseren ach so klugen voreiligen Schlüssen.

„Die äußerlichen Erscheinungen werden in die
innerliche Vorstellung übersetzt."

Hegel

Was verstehe ich unter Natur? Man muss kein Pantheist sein, um in der Natur auf eine Totalität des Seienden und Werdenden aufmerksam zu werden. Existent zu sein und im Werden begriffen zu sein, hat die Natur als Eigenschaft und sie trägt es wie ein Erbe, das sie unverdient gewonnen hat, und nun weiß sie nicht so recht, was sie damit anfangen soll, denn sie lebt ja auch oft immer wieder sich selbst zuwider. Werdend ist die Natur wohl noch eher zu nennen als seiend. Ach, wie? Also doch Entwicklung? Gewiss! Aber nicht ziellos und zufällig, sondern dem großen Plan entsprechend, innerhalb der aufgezeigten Grenzen, nicht gegen die Naturgesetze. Sogar die vermeintliche Unordnung läuft ordentlich ab! Und doch haben wir nur zu Momentaufnahmen Zugang und was wir messen, ist so, weil wir es messen. Das besagt die Quantenphysik oder in die Allgemeinsprache übersetzt und auf den Punkt gebracht: Die Welt ist so, wie sie ist, weil wir da sind!

Wäre die Welt anders, wenn wir nicht da wären? Diese Frage ist vergleichbar mit der Frage: Was wäre, wenn eins und eins nicht zwei wäre! Die Welt wäre nicht anders, sondern sie wäre nicht existent.

Das Wesen des Seins und Werdens an sich scheint unbestimmbar zu sein. Das liegt daran, dass es nicht in den physischen Dingen gefunden wird als etwas, dass ihr Wesen ausmacht. Es stammt von außerhalb. Dann aber liegt der Gedanke nah, dass es einem größeren Souverän inhärent ist, als es die geschaffenen Dinge und Wesenheiten sind. Man kann es göttlich nennen. Es ist somit ein über das nach irdisch-materialistischen Begriffen belebte oder unbelebte Existieren Erhabenes.

Der erste aktenkundige Monotheist der Religionsgeschichte, der nach der Identität des Urgrunds allen Seins fragte, weil es ihn persönlich ansprach, ein Hebräer namens Mosche, bekam eine interessante Antwort, die noch mehr neugierig macht: „Ich bin, der ich bin". So der Name des Gottes Israel, in schlichten Lettern: „JHWH"! Das versteht man leicht, denn der Mensch, der nur hilfsweise feststellen kann, dass er wohl oder übel *sei* – um Descartes zu zitieren "ich denke also bin ich" – hat einen ganzen Wissenschaftszweig eingerichtet, um zu ergründen, ob vielleicht doch sein könne, was eigentlich gar nicht sein dürfte, nämlich der Mensch.

Die Existentialphilosophie ist nicht gerade weit gekommen, nur zu einem: „Ich irre, also bin ich", oder noch kürzer: „Ich bin, weil ich spinn´". Es besteht kein Grund, über so eine Sache zu lachen! Ich schreibe dies ja zur Selbstüberprüfung des Lesers. Er sollte so weit gekommen sein, dass er sich fragt, warum er überhaupt existiert, wenn er doch das Wesen des Seins nicht kennt. Und natürlich kennt es die Natur auch nicht.

Die heutigen Naturforscher erheben auch gar nicht mehr den Anspruch, der Totalität des Seienden und Werdenden auf der Spur zu sein. Sie sind bescheiden und schon froh, wenn sie dem weiten, sterilen Feld der Evolutionslehre eine neue Variante hinzufügen können, die vielleicht einen Ertrag verspricht.

Dieses „Ich bin, der ich bin!" hat mich seit jeher fasziniert, denn so habe ich bei etlichen Gelegenheiten zu mir selber gesprochen, auch um mir Mut zu machen, gegenüber denen, die einem den gesunden Menschenverstand oder genauer gesagt die Existenzgrundlage des rechten Denkens rauben wollen.

Was hat aber dieser „Ich bin..." für Qualitäten?

Darüber besagt der Name dieses Gottes nichts, außer dass für Ihn wohl das Sein eine unabkömmliche Wesenseigenschaft ist, was ihn zur Quelle allen weiteren Seins qualifiziert. Man darf bei der Suche nach der Deutung des Namens nicht an den Buchstaben hängen bleiben. Man muss die Information, die dahintersteckt, verstehen, man muss zum Wesen der Sache vorstoßen. Wie aber lautet die Frage, die man sich stellen muss, um die Antwort zu bekommen, die einem mit dem Urgrund allen Seins vorstellig macht? Diese

Antwort kann in allen Sprachen ausfallen, auch ohne pho-
netisch ausgesprochen zu sein. Es kommt ja auf die Inhalte
an. Aber diese stehen fest und können ergründet werden.

„Ich bin, der ich bin", klingt zudem verheißungsvoll, denn
der Urgrund des Seins ist auch der Urgrund dessen, was
wird. Und was wird, ist das womöglich, was werden soll?
Zur Selbstoffenbarung Gottes vom Berg Sinai gibt es in der
Tat in keiner Überlieferung der Völker etwas Vergleichbares. Sie ist geheimnisvoll, rätselhaft und erzählt doch mehr
als alle Mythen über die Heerscharen der Götter nach
menschlicher Vorstellungskraft. Jede ernsthafte Philosophie, so scheint mir, muss am Berg Sinai ihren Ausgang nehmen, weil es hier nicht nur um die Frage geht, wer Gott ist,
sondern auch, wer der Mensch ist und was er werden soll.
Hier tritt der Urgrund des Seins hervor aus der Verborgen-
heit, um mit dem Sein in seinen bescheidenen Anfängen
eine fruchtbare Wechselbeziehung einzugehen.

Es geht also darum, dass sich das Höchste überhaupt zu erkennen gibt, aus der Anonymität des in Vergessenheit gera-
tene hinein in die spürbare und erlebbare geschichtliche Realität tritt. „Ich bin, der ich bin", heißt hierbei so viel wie,
„auf mich ist Verlass", „ich bin treu", ja, überhaupt „ich"
und „bin"! Was ist das schon für eine gewaltige Bekanntma-
chung, dass da einer ist, der sich „ich" nennt wie ein Mensch
und als erste Qualität das Sein kundtut!

Wer „ich" sagen kann, ist keine abstrakte Größe, kein un-
persönlicher Weltgeist, kein brahmanischer Ungeist, auch
kein Ungeist, der nur über dem Wasser schwebt. Eigentlich
hört man auch „Ich bin genau der, der ich bin" und „außer

mir ist keiner!" Ja, was sagst du nun Mensch? „Ich bin nicht mehr wegzudenken"! Und ein solcher Seins-Gott macht auch die Menschen un-weg-denkbar. Jedes Menschen-Ich ist unwegdenkbar!

Der Eine und Einzige tritt in eine lebendige Beziehung mit denen, zu denen er spricht. Ob wohl eine Liebesbeziehung daraus wird? Dieser JHWH-Gott bleibt der „ich bin"-Gott für die Hebräer. Der Hebräer sagt üblicherweise nur „ich", wenn er „ich bin" meint. Das „Ich"-Sagen beinhaltet das Existieren. Es ist ein persönliches Existieren mit einem eigenen Bewusstsein, das zu einer persönlichen Beziehung mit Gott führen soll. Für niemand gilt das Existieren mehr als für den aus sich heraus existierenden. Darin ist er unergründlich. Ist jedoch des Menschen Existenz ergründbar? Wo kommt er her! Wo geht er hin? Über das „ich bin" hinaus geht nichts. In keine Richtung. Wer sein will, wer bleiben will, muss sich diesem existierenden Ersten und Letzten anschließen. Daran führt kein Weg vorbei!

Vom Hinhören gelangt der Mensch zum Hingehören. Das ist das Ziel, vom Unerkannten zum Unbekannten, weiter zum bekannt gemacht gewordenen persönlichen Urgrund des Seins, aus dem Zustand des „Nicht-ich-bin-sein", eben dem „Ein-Nichts-sein" zum Zustand, der wenigstens die vollkommene Qualität des Unvergänglichen hat. Es sollte nicht wundern, wenn dann noch andere Qualitäten offenbar werden und hinzukommend gemacht werden.

Wer erkennt, dass er nichts ist, hat sozusagen schon begonnen, etwas zu werden, aber nur insoweit er etwas aus sich durch einen erneuerungsbereiten Geist werden lässt. Was dieser Zielwerdung des Ganzen im Wege stehen könnte, wird ausgeschieden, indem es umgewandelt wird. Wenn nur endlich von einem gesagt werden könnte, er sei der erste, der das Ziel der Vollkommenheit erreicht hätte, dann wäre gesichert, dass es „funktioniert". Es bleibt also zu hoffen, dass sich dieser „Ich bin!" jedem irgendwann offenbart.

Der Hinduismus kennt solche Herabstiege vom Gottesthron. Aber diese Götterinkarnationen sind armselig und stehen in ihrem ethischen Verhalten noch weit unter den Menschen, denen sie eigentlich dienen sollten, indem sie sie von ihrer „Gottlosigkeit" erlösen. Wie, sollten die Menschen nicht Gott dienen? Wieso sollte Gott den Menschen dienen? Ganz einfach: Weil nicht Gott den Menschen braucht, sondern der Mensch bringt es allein nicht fertig, etwas Besseres aus sich zu machen. Er ist auf Hilfe von oben dringend angewiesen. Da braucht es Plan und Vermögen. Zufälligkeiten und natürliche Zuchtwahl helfen da nicht weiter!

Wie seltsam, dass viele eine so zweifelhafte Existenz haben, dass sie nicht sagen können: „Ich bin". Buddha behauptete von sich, er habe gar keine Seele. Im Tode höre alles auf. Was dann weiter zur nächsten Wiedergeburt führen soll, war für ihn nur die Ladung der Lebensbegierden. Er nannte sein Nirwana auch nicht Glück! Nicht Herz! Nicht Liebe! Nicht Gott, weil er nicht weiß, dass das Programm des Lebens „Ich bin!" und „Ich werde!" heißt. Besonders im Leiden lernt der Meister! Während der Lehrling noch jammert. Buddha konnte sagen: „Ich habe keinen Namen!", weil er weder Programm noch wesenhafte Existenz hatte. Er hätte sagen können: „Ich bin nichts, denn ich weiß von nichts."

Auf solches Nichts erheben wir keinen Anspruch. Wir brauchen wahrhaft Seiende! Wir brauchen Inkarnationen höchster Güte, damit wir umgekehrt zu Geistern höchster Güte werden.

Der, der sagen kann „Ich bin es!" kann der Einzige sein, der auch sagen kann, „Ich werde es auch bei euch zur Vollendung bringen, dass ihr zurecht sagen könnt, 'Ich bin es!' oder auch, 'Ich bin es geworden, wozu ich in die Welt gekommen bin. '"

Wir fordern nicht mehr und nicht weniger. Nicht mehr, weil es nichts darüber gibt. Nicht weniger, weil wir unserer Herkunft und unserer Bestimmung nicht spotten wollen. Wir haben in der Gosse nichts zu finden. Wir, die wir die Letzten sind in der Schöpfung, müssen zu den Ersten werden. Es muss uns aber ein Erster den Weg weisen.

Durch ihn, in ihm und zu ihm hin
muss alles geschaffen sein,
was im Himmel und auf Erden ist,
das Sichtbare und das Unsichtbare,
Und er ist vor allem,
und es besteht alles in ihm.
Er ist der Anfang,
damit er in allem der Erste sei.

Ich fand dieses Programm in einer altgriechischen Schrift aus dem ersten Jahrhundert. Aber den alten Griechen war dieser Urgrund des Seins schon Jahrhunderte vorher als „Logos", der „Berechnende", der „Wortgeber", der „Sprechende" bekannt, der die Schöpfung zum Ziel bringen würde. Vielmehr, er war ihnen unbekannt. Sie suchten nach ihm, scheinen ihn aber in ihrem Götterpantheon in irgendeiner Ecke abgestellt zu haben. Und seine Worte galten auch als verschollen. Die Anweisung zum rechten Leben? Das griechische Denken seit Heraklit weiß, wie bitter nötig dieser Logos wäre, wie dringend erforderlich, um die Schöpfung dahin zu führen, wo sie von sich aus nicht hingelangen kann!

Darum geht es ja vor allem. Que sera? Und quo vadis? Das „Ich bin" oder „Ich werde" ist ein unvollständiger Ausdruck und muss zum Verständnis erst noch vervollständigt werden. Der das Ewige Suchende muss auch finden wollen, was hinter dem „Ich bin..." steht oder was nach dem „Ich werde..." kommt. Keinem kann es egal sein, was „dann" und „danach" kommt.

Auch für den Menschen ist die Blickrichtung auf das, was noch nicht erschienen ist, wesentlich. Er muss nämlich erkennen, „Ich werde" – nichts ohne die Zielbestimmung. Noch suchen die Menschen nach Auswegen, nach dem Drumherum, dem törichten, selbstverletzenden, unheilvollen Daneben.

Die einen hören nur das ferne Donnergrollen einer höheren Wahrheit, man hört es wohl, aber man versteht es nicht! Erst in der Nähe wird es verständlich, da spricht eine leise Stimme unerhörte Dinge!

"Das Universum beginnt eher einem großen Gedanken zu gleichen als einer großen Maschine"

James Jeans, Physiker

Die Lebenskraft wirkt sich nicht nur arterhaltend aus, sondern auch artzerstörend. Wie ist es um den Kampf ums Dasein bestellt, der den Urwald angeblich so lebenswidrig macht? Stimmt es wirklich, dass das Prinzip des Fressens und Gefressenwerdens vorherrscht? Kommt das Leben nur deshalb so reichhaltig vor, weil der Tod eine reiche Ernte fordert? Nun, ich bezweifle, dass die durchschnittliche Lebensdauer aller Geschöpfe in freier Natur geringer ist als im Zoo unter menschlicher Obhut. Hätten die Tiere Verstand wie der Mensch, würden sie immer nur die Freiheit in der Wildnis wählen, nicht die Gefangenschaft bei den Menschen. Es sei denn, die Wildnis ist ihnen zu wild. Es gibt das Fressen und Gefressenwerden. Weit überwiegend gibt es aber ein Leben in Lebewesen, die eine unbändige Lebenskraft haben, was sich ja schon daran zeigt, dass sie sich fortpflanzen und wenn es das Einzige ist, was gelebt werden kann, weil man ein Eintagsfliegenleben hat. Die Lebewesen sind meist in einer Ko-Existenz miteinander verbunden.

Und trotzdem sind die Geschöpfe der Zerstörung und den Gefahren ausgesetzt, die sie nicht zur Ruhe kommen lassen. Das Misstrauen eines Sambarhirsches gegenüber einem Tiger wird sich nicht wesentlich von dem Misstrauen unterscheiden, das der Mensch in der gleichen Situation als potentielle Beute empfinden würde. Der Mensch kann also zu einem gewissen Grad sehr wohl beurteilen, oballes, was sich im Dschungel zuträgt, Heiterkeit verbreitet. Er hat genauso wenig ein dickes Fell wie ein Frischling, wenn er durchs Dorngestrüpp flüchten muss, weil er einem Büffel zu nahegekommen ist. Und wenn die Sorge der Tiermutter auch geringer ist als die des Kameramanns, so darf man ihre Empfindsamkeit doch nicht ganz leugnen.

Würden alle Tiere Gras fressen, müssten sie sich nicht als Fressfeinde, sondern allenfalls als Konkurrenten empfinden, und auch nur, weil dieser Zweibeiner mit dem unterbeschäftigten und unterbelichteten Geist überall auf der Welt anstelle der ursprünglichen Schöpfung eine ergraute, sich ins grauenhafte steigernde Umgebung schafft. Der Mensch ist schuld, dass die Tiere nicht mehr nebeneinander Gras fressen. Wem das übertrieben erscheint, der bedenke folgendes: Die Entzweiung zwischen den Geschöpfen konzentriert sich bei dem, der sie auf die Spitze treibt. Er fragt nie die Mitbewohner niedrigeren Organisationsgrades, ob sie bereit sind, sich von seinen Kriegen ihre Felder umpflügen zu lassen. Er ist es ja, der mit einem Geist bewaffnet ist, der sich als einzig maßgeblich dafür hält, was zu geschehen hat, im Guten wie im Bösen. Damit gibt er aber auch zu, dass nur er die Ursache der Entzweiung sein kann, der Unruhe, der Unversöhnlichkeit der Mutter Natur mit all ihren Kindern. Er ist es, der die Erde beben und die Irrtümer wachsen lässt. Was wird das am Ende geben? Nichts Gutes jedenfalls.

Die wunderbare Lebenskraft des Menschen! Im Laufe der Zeit steigerte sich nur die Selbstzerstörungspotenz. Und wenn die Erde noch vor hundert Jahren einen sicheren

Grund zu haben schien, schwankt sie jetzt von diesem Widergeist, der mit den Atomen tanzt, der alle Lebensgemeinschaften spaltet und die Wege sperrt, auf denen man sich in Sicherheit bringen könnte. Diesem Planeten ist mit dem Menschen eine Last aufgebürdet worden, die er nicht mehr lange tragen können wird. Aber da sie nicht abzuwerfen ist, wird die Erde zusammenbrechen auf ihrem Lauf um die Sonne.

Die Last müsste ihrer Laster ledig werden. Geist wiegt ja nichts, der Mensch muss also nur seinen fetten Bauch verlieren und dafür mehr geistige Nahrung zu sich nehmen. Das gibt eine Diät, die der ganzen Welt sehr gut tun wird! Bevor das geistige Haupt zu schwer wird für die Beine, die immer stolpern, weil sie nur krumme Wege gewohnt sind, werden ihm doch noch Flügel wachsen, um den alten Menschheitstraum am Ende zu verwirklichen!

Wenn es keinen Kampf ums Dasein mehr geben soll, dann muss der Mensch damit anfangen, seine Kämpfe einzustellen. Lieber mit den Zähnen knirschen, die Kriegstrommeln zerschlagen und sich zwingen, das Flötenspiel des Friedens in schöpferischer Harmonie zu erlernen. Auch wenn es schmerzt, wenn die Füße auf dem Weg in eine neue Welt über Dornen eilen! Aber eilen müssen sie. Die Theorien, die das menschliche Denken beherrschen, sind kein fruchtbarer Grund für lebensrettende Veränderungen. Ganz im Gegenteil, sie sind tödlich. Doch das will keiner wahrhaben!

Manche glauben, dass der Tod und das Leben Zwillingsbrüder sind. Ich glaube eher, dass unter den Fittichen der Natur

neben dem gerade gewordenen Leben das zukünftige, ausgewachsene Leben aus dem Nest geworfen und von einem
Pfui-Kuckuck der Tod untergeschoben wurde. Wenn der
sich erst entwickelt, dann wird auch das Jetzige nicht mehr
lange sein. Da der alten Henne jedoch die Weisheit fehlt, etwas dagegen zu tun, muss auf ein viertes neben Tod, Leben
und Schöpfung gehofft werden. Auf den anonymen Vater
der Natur, der das Zukünftige rettet!

Der gleiche Strom des Lebens, der in meinen Adern rinnt,
durchströmt die Bäume von der Wurzel bis in die Blatt-
triebe, erfüllt die frisch entfalteten Schmetterlingsflügel,
lässt die Singvögel ihren Larynx anstimmen. Wohin fließt
das Leben? Auf einen Abgrund zu, der so tief ist wie das All
weit? Aus dem Staub erhob sich einst der Keim des Lebendigen oder besser gesagt, wurde erhoben, und nun, da seine
volle Größe nicht erreicht ist, soll es wieder vergehen, noch
ehe die Früchte gebracht wurden, die für eine Ewigkeit reichen? Sicher nicht! Man denke doch nicht so beschränkt!

Ehe nicht die Welt voll Freude ist, wie darf sie dann vergehen? Vielmehr muss sie vergehen, um einem Besseren Platz
zu machen! Die Natur trägt ihre hässlichen Narben nur für
den Menschen zur Schau, der sie irgendwann geschlagen
hat. Er kann nicht stolz darauf sein das zu beherrschen, was
er unterdrückt. Er sollte auf das stolz sein, was er freisetzt
und zur Vollkommenheit bringt! Ein erbeutetes Tigerfell
lässt bald seine Haare, es wird bleich und blass und dient
am Ende nur als Totendecke!

Ihr habt nur ausgebeutet und verschwendet,
ihr stehlt euch laut und feige fort,
das Sterbenswerk nun fast beendet,
die Wüste breitet sich von Ort zu Ort.

Raubbauwillen, Drohgewalten,
Wertverkehrung und Zerstörungslust:
lasst euren Zufall weiter blind gestalten,
durch Nichts zum Nichts und unbewusst.

Die Inder glauben an das Rad der Wiedergeburten, die materialistischen Europäer an das Rad des Sterbens. Durch den Tod sei Raum für ein neues Leben, ja der Tod sei geradezu der Architekt des Lebens, weil er das Nicht-Lebensfähige ausmerzt. Der Mensch macht auch mit dem ein Ende, denn er vertilgt das Lebensfähige ebenso. Es erhebt sich der Verdacht, dass er der Architekt des Todes ist, dass er das Rad des Sterbens in Gang gesetzt hat und jetzt nicht mehr weiß, wie er es zum Halt bringen kann. Christen glauben an den, der den Tod überwunden hat und ewiges Leben gibt, an dem es nichts mehr zu verbessern oder weiterzuentwickeln gibt.

Solange er mit seinem Leben experimentiert, hat es keinen Sinn, sich mit dem Sterben auseinanderzusetzen und darin liegt der Widerspruch. Was der Philosoph glaubt, ist ohne Belang, was er weiß, nicht. Er weiß, dass sich der Mensch für sich und die ganze Schöpfung ein Grab schaufelt. Ich habe die Hoffnung, dass er zur Besinnung kommt, wenn die Grube fertig ist und er davorsteht, sich zu überlegen, ob er hineinwill.

In der Wildnis wird der Tod wieder das, was er sein sollte, ein Schrecken. Den muss ein Weiser bei den Menschen mit ihren unaufhörlichen Plagen verloren haben. Nur zu leben, ist in der Wildnis nicht genug erfreulich. Bei den Menschen reicht das „Nur" lediglich den Gedankenlosen. In der Wildnis beobachtet man die Menge der Gehetzten von einer nicht nur räumlichen Ferne. Ihr Treiben scheint einem auf aufgetretenen Straßen und staubigen Plätzen mühselig und nutzlos zu sein. Das ist es auch! In den Städten stehen stolz nur die Armenhäuser. Unentdeckt sind die Fallen falscher Hoffnungen für arge Geister. In der Wildnis gibt es keine Lügengeister, nur viele kleine Geister, die einen alle in Ruhe lassen.

Wenn die Geschöpfe eine Religion hätten, dann wäre sie schlicht, so schlicht, dass nichts Falsches darin sein könnte. Man könnte ohne Bedenken die Herzen des Wildbrets essen. In die Herzen der Menschen darf man nicht einmal hineinsehen! Was eine Schatzkammer sein sollte, ist ein Ort, der mit wertlosem Plunder vollgestopft ist. Oh, Schrecken ohne Ende!

Evolution? Unser Denken braucht eine Revolution! Ich würde bevorzugen, zu den Wurzeln direkt zurückzukehren, um sehen zu wollen, wie die Welt aus dem Nichts heraus durch Planung und hochgeistiges Geschick zu erschaffen ist. Aber dann sähe ich auch: Wie sollen die Gedanken freigesetzt und zugleich für das Ideale und Schöne und Gute „begeistet" werden? Wir brauchen eine Revolutionslehre! Wir sollten uns weniger damit befassen, wie eine Zelle funktioniert, als wie wir selber besser funktionieren, damit wir uns die rechten Ziele setzen und die geeigneten Mittel finden, sie zu verwirklichen.

Ihr wollt den Ton und nicht den Töpfer ehren
und meint die Ordnung bliebe unverletzt!
Nur zu, das Untere nach oben kehren,
auf Affenunverstandentwicklung setzt!

Eigentlich gibt es gar keine Waldeinsamkeit, denn der Einsiedler ist immer mit den Lebensgemeinschaften um ihn herum verbunden. Der Geist, der am Anfang über dem Wasser schwebte und die Geschöpfe aus dem Urschlamm hob, wirkt weiter, er ist verborgen, aber allgegenwärtig. Seine Handschrift, sein Gedankenwerk, sein Stil sind in der Natur zu erkennen. Manchmal ist sogar etwas von ihm zu sehen und in seltenen, glücklicheren Momenten in die Menschenaugen hineingesenkt. Nicht, weil der Mensch die höchste Heimstatt des Geistlichen wäre, sondern einen vorübergehenden Aufenthalt bietet, sofern es dem Geist wohnlich genug erscheint.

Ich empfand dennoch an bestimmten Stätten im indischen Dschungel eine schauderhafte Leere und Trostlosigkeit wie ich sie in keinem Fleck von Arabiens Wüste je empfand. Die Abwesenheit anderer Seelen beeindruckt weniger das Gemüt als das Gewahrwerden ihrer Ärmlichkeit!

Der Mensch sucht dauerhaftes Glück bei Menschen vergeblich. Kurzfristige Zufriedenheit kann er in der Natur finden. Die Zeit ist zu kostbar, als dass man sie damit verleben sollte, nur um der lieben Gemeinschaft willen, mit unermüdlichen Bemühungen ein Teil der Gesellschaft zu sein. Sie sind zu knapp bemessen, die Zeit und die Gesellschaft, um nicht wenigstens damit anzufangen, sich selbst zu erforschen. Aber nicht durch Sitzungen bei denen, die für die Bereitstellung ihres Mobiliars Geld verlangen.

Also hinein in die Wildnis, ihre Herausforderung annehmen und dabei zur Selbsterkenntnis vorstoßen, zumindest auf den Weg dahin vorwärtskommen. Was Menschen einander näherbringt, sind nicht die Füße. Aber zur Selbsterkenntnis sind sie zu gebrauchen. Die Seele ist weitläufig, über Berge und Tal gehen die Wanderungen und bieten abenteuerliche Aussichten und Augen öffnende Erlebnisse. Und wenn man sich selber kennt, kann man auch andere besser verstehen. Wie macht man das, was man in der Außenwelt erlebt, zur Innenwelt? Das Wandern ist nicht nur des Müllers Lust, sondern auch des Entdeckers innerer Welten!

Thoreau antwortete auf die Frage, ob er im Walde einsam sei: „Dies scheint mir nicht die wichtige Frage zu sein!" Warum fragte man ihn nicht, ob er zufrieden sei und was ihn zufrieden machte? Vielleicht reichte ihm die Nichtentzweitheit, die fast alle Vergesellschafteten vermissen, denn sie sind entzweit mit dem Urgrund des Seins und der Schöpfung. Also auch mit sich selbst. Gerüstet mit der Eigenschaft, sich selbst unvoreingenommen anschauen zu können und einen Frieden geschlossen zu haben, weil man nicht mehr von allen Bedürfnissen bekriegt wird, ausgestattet mit kontemplativen Fähigkeiten des Wohldenkens für die Mitgeschöpfe, die ethische Forderungen angesichts der grausamen Wirklichkeit ins rechte Verhältnis setzen, so ein-, aus- und umgebildet kann der Mensch die Gesellschaft befruchten und zu einer Entwicklung anleiten, die wiederum einen sozialen Frieden fördert und Selbstbesinnung fordert.

Mit Witz nach Eulenklugheit streben,
kühn entfalten schöpferische Macht;
zu einem frohen Innenleben
habt tief ins Herz hineingedacht

Jede neue Erfahrung in diesem urweltlichen Wald festigt diese unerklärliche Verbundenheit mit den Urelementen der nackten Natur, nicht mit dem durch Menschenhand und –stirn verfälschten Äußeren. Wir müssen ihr noch Kleider anlegen, dass sie nicht so beschämt dasteht, trotz ihrer Schönheiten. Nur eine zuchtlose Frau stellt ihre Schönheiten hemmungslos zur Schau. Ihre Schönheit ist würdelos.

Jede Blume, die man im Dunkeln entdeckt, blüht einen vertrauten Gedanken auf, als hätte man ihr vor langer Zeit einmal einen Namen gegeben. Doch nun hat man ihn vergessen und auch die Geschichte, die diese Blume ins Leben rief, und den Nutzen, der vielleicht einzig ist, und den Sinn, den sie mit allem Lebendigen hat: Freude erwecken und Vorfreude sein.

Und das Sterben! Gibt es wirklich, wie es in allen großen Religionen gedacht wird, den neuen Lebensraum, ausgeweitet ins Jenseitige hinein oder ist das Sterben nur eine Bedingung für das Wiederkehren der Formen, die der Mensch noch nicht erforscht hat? Schließlich ist zunächst einmal nur die Entwicklung des Menschen wichtig, denn wenn er untergeht, hat er die Schöpfung mit sich gerissen. Eine Evolution des Geistes ist notwendig, aber keine zufällige, ungeplante. Für das Warten auf Spielereivarianten ist die Zeit zu wertvoll und zu kurz. Der menschliche Geist muss planvoll und vernünftig vorgehen, sonst gibt es keinen geistigen Fortschritt und nur wenn es den gibt, kann der Mensch bestehen und die Schöpfung heil werden.

Der Natur der physischen Erscheinungen um den Geist herum nützen irre Verrenkungen des Menschen nichts. Was nutzt der Blume evolutive Betriebsamkeit des Großhirns, wenn der Mensch sie pflückt?

Hierin liegt auch die schicksalsschwere Verbundenheit. Das Wohl und Wehe der Schöpfung ist mit der Bestimmung des Menschen untrennbar verknüpft. Noch bestimmt er selbst! Es ist wenig, was er dabei an Fortschritten erzielt hat. Nur „das ist es nicht!" und „das ist es auch nicht!" Wirklich fortgeschritten ist der Mensch nur von seinem Schöpfer.

Die Annahme der Wissenschaft, dass der Mensch mit den Mitgeschöpfen eine Evolution durchgemacht hat, ist so ganz falsch nicht. Der Mensch hat nur lebhaft Sorge dafür zu tragen, dass er die Entwicklung nicht zum Stillstand bringt. Die Theorie von der Evolution stellt eigentlich nur fest, was dem Menschen zu tun wirklich nottäte: sich zu entwickeln. Doch er streitet noch darüber, was Vernunft und was Notwendigkeit ist. Er hat noch nicht einmal gelernt, mit der Natur, von der er abhängt, auskömmlich zu leben, geschweige denn mit sich selbst. So ist die Evolutionstheorie im Grunde zum Witz degradiert. Wenn man doch nur wüsste, wo und wie dieser

Quell des sich selbst reproduzierenden Lebens angefangen hat, zu sprudeln! Die Evolutionstheorie scheint ihren Ursprung bei dem Geist genommen zu haben, der stets verneint. Nicht diesem Ursprung bei der Verneinung hat sich das Denken zuzuwenden, wenn sie zu einem Ja für die Schöpfung kommen soll, sondern jenem, der die Schöpfung angefangen hat und offenbar noch nicht zu Ende geführt hat. Es soll nämlich zum Ja zum Leben und zum Ja zum gegenseitigen Miteinander werden, was da angefangen worden ist. Der um die Mitschöpfung verantwortungsbewusste Mensch braucht kein Schlafmittel, das ihm sagt, dass sich der Mensch aus dem Nichts zu nichts, was mehr wäre als eine organisierte Form von Materieteilchen, entwickelt hat. Denn dann hätte er ja die Rechtfertigung für den Nihilismus, der Verneinung der Wesenhaftigkeit alles Existenten, oder auch für den Annihilismus, der alles Existente auslöscht. Wenn es ihm nur ums Weiterleben um jeden Preis geht, dann stehen ihm ja jederzeit andere Existenzen im Weg! Und dann geht er mit der Moral, der Tugend, der Liebe und der Barmherzigkeit gerade so um, wie es ihm beliebt. Wenn sie ihm im Weg stehen, seine Ziele zu erreichen, geht er über sie hinweg, ebenso, wie er über Leichen geht.

In der Materie steckt nicht die Lösung zu den Menschheitsproblemen. Sie ist auf der geistlichen Ebene angelegt. Wo der Geist die Dinge erforscht, ist er stets allein, die Gesellschaft des Ungeistigen kann ihn nur stören. Sie verfälscht sein reines Denken und polt es um zum Unwerten und Gewöhnlichen. Der Geist darf sich nicht binden lassen und er muss Acht geben, dass er sich auch immer wieder neu entfalten will. Bei den Menschen ist es ihm oft zu eng.

Wie bringt es der Einsiedlergeist fertig, auf die Annehmlichkeiten der Zivilisation zu verzichten? Er hat sie kennen und nicht sehr schätzen gelernt. Und nun hofft er, sich in der Abgeschiedenheit zu regenerieren, in milder Freiheit, neue Ordnungen und Lebensabläufe kennenzulernen.

Leider ist die Sprache zu unbestimmt und unscharf, um Diffizilität und Maß der Objekte angemessen auszudrücken. Die Natur bietet dem Forscher zu viel für Verstand und Gefühl, um ganz verstanden und durchfühlt zu werden. Und wenn man meint, den Natursinn zu haben, der in seine Familienangelegenheiten eindringen kann, bietet sich erst recht eine Mannigfaltigkeit der Erscheinungen, die einem bescheiden ein näher liegendes Ziel als die Erforschung des Kosmos ins Auge fassen lässt.

Es ist nicht unbedingt erforderlich, viel über den grünen Forst der schier endlosen Formen und Gestalten zu wissen, um Gefallen an ihm zu finden. Es ist aber auch nicht schädlich, mit viel Einsicht in seine Einzelheiten ausgestattet zu sein, weil stets genug übrig bleibt zum Rätseln und Spekulieren, zum Fantasieren und Konstruieren, für die Fleißarbeit des Naturbetrachters.

Vielleicht kann man ja sogar die Geschichte der Menschheit in den Wurzeln der großen Bäume lesen, wenn man schon die Jahreszeiten an den Jahresringen ablesen kann. Mancher Stamm des Wissens ist noch unentdeckt und wo die Zweige grünen, mag sich ein Geheimnis offenbaren. Man sucht eine harmonische Ordnung, einem inneren Bild entsprechend, das man in sich herumträgt, wiederzufinden. Es ist aus den Erfahrungen entstanden, die man in der Natur gemacht hat.

Es ist keineswegs selbstverständlich, sondern ein biologisches Wunder, dass Ebenmaß und Schönheit in den Gebilden und Gestaltungen der Natur vorherrschen, ja, vielmehr allgemein verbreitete wichtige Formprinzipien sind. Das einfachste Blatt ist ein Filigranwerk, das die menschliche Ingenieurskunst nachzuahmen nicht in der Lage ist. Noch im Verfall zeigt sich Zweck und künstlerisches Gestalten. Als ob auch noch der Tod in einem schönen Gewand daherkommen soll. Solch verschwenderisches, über die Funktionalität hinausgehendes Wirken kehrt wieder und ist in jedem Organismus vorhanden, im ganzen Wald, in der gesamten Schöpfung.

Nun möchte man begeistert „vorsinnen", was weiter noch den Natursinn anregen könnte, wenn man schon so vieles aus der Natur übernimmt und ihre Errungenschaften nachbaut. Man meint, einen Gleichklang zu vernehmen im wiederkehrenden Treiben des Lebendigen mit sich selbst, in den Naturgewalten, obwohl das Auge doch im zwischen- und innerartlichen Kampf Bedauern über die Missstände einer potentiell untergehenden Welt oder zumindest verschwindender Naturräume erkennen muss. Ich hätte auch von Missklängen reden können, denn die Tonfrequenz verhält sich proportional zu den Schwingungen des Lichts.

Wenn man die Schwingungszahlen der Töne c, d, e, f, g, a mit dem Kreisfaktor Pi und einer Billion multipliziert, erhält man die Schwingungszahlen der Farben Rot, Orange, Gelb, Grün, Blau und Violett, so sagt man. Farben und Töne stehen zueinander also in einem Verhältnis wie der Kreisumfang zum Durchmesser. Licht und Schall haben eine gemeinsame Vergangenheit, einen gemeinsamen Vorfahren. Der Zufall ist dieser Vorfahre nicht.

Hiob, der Weise aus dem Lande Oz, hörte den Ton dessen noch (Hiob 33,8), der alles so wundersam gerichtet hat. Er kannte ihn noch, ihn, den Urgrund des farbigen und tönenden Seins, der von Licht und Wohlklängen umhüllt ist.

Manchmal kommt es einem so vor, dass im Walde alle eine Sprache sprechen, nur der Mensch versteht sie nicht! Er kann sich nur erinnern, dass er sie einst kannte. Dies spürt er, wenn er eintritt in das hohe Haus der Natur. Und es überkommt ihn zugleich das Gefühl einer merkwürdigen Vertrautheit, das die Befremdung überlagert. Es muss wohl so sein, wenn man weiß, dass man den gleichen Ursprung hat und nur ahnen kann, dass dem gleichen unbekannten Ziel zugesteuert wird. Es ist fern, aber es ist etwas Gewaltiges und Großartiges. Inzwischen ist der Mensch ein ruderloser Steuermann.

Und indem wir den Wald beobachten, weitet sich der enge Raum unseres eigenen flüchtigen Daseins, weil wir größere Zusammenhänge begreifen und uns erhoffen, einen Blick vorauswerfen zu können. Die Ordnung des Weltalls spiegelt sich im Kleinen wider. Das ist keineswegs selbstverständlich. Was wir im Kleinen erkennen, wird groß durch unsere Abstraktionskünste. Und eben darum haben wir den Geist, dass wir im kleinen Vielen, das große Eine erkennen, das alles bedingende Prinzip, den großen Ausatmer, der Lebensvielfalt ausgehaucht und viele Einatmer gezeugt hat, die liebend gerne längere Atemzüge tun würden.

Aber sie müssten wohl den Atemspender um mehr Luftzufuhr und Aufklärung über die Methoden der Beatmung bitten. Die indische Methode zu unterscheiden zwischen Brahman, der Weltseele, und Atman, der Einzelseele, die in allen Dingen wohnt, ist doch sehr untauglich, denn wie will man von einer Weltseele des guten alten Göttlichen sprechen können, wenn man auch Ungutes, Zufälligkeiten, die den Tod und Leiden bewirken, als die Welt beherrschend und durchdringend erkennen müsste! Die Geister müssen geschieden werden! Synkretismus ist nichts für reine Geister.

Was in der Wildnis erst als eine dumpfe Ahnung und unvollständige Eingabe von Eindrücken unsere Rezeption erreicht, ist doch nur das Ergebnis der denkenden Beobachtung. Wie soll daraus eine gewisse Erfahrung, ein fester Stein im Bauwerk der Weltanschauung werden?

Man ahnt mehr als man weiß, dass man Wichtigkeiten auf der Spur ist. Es stehen viele Zweifel im Wege, weil die Umrisse sinnvoller Bilder noch unbestimmt sind wie die Deutungsversuche, was der Landschaftsmaler und Formgeber wohl gemeint hat mit seiner nebulösen Darstellung.

Nur wenige beherrschen die Kunst, den Anstoß ihrer Fantasie zum realistischen und rationalen Denken über die Welt zu nutzen. Die Natur ist ein lebendiges Ganzes, das doch keine harmonische Einheit bildet. Nicht die Vielfalt ist so ungewöhnlich, sondern dass es darin auch Ordnung, Schönheit, Raffinesse, sogar Witz gibt. Das erst macht das Entgegengesetzte so störend und wieder unnatürlich!

Die Natur ist hässlich und grausam, aber die Grausamkeiten und Hässlichkeiten stehen ihr nicht gut zu Gesicht. Es ist, als ob eine Krankheit ihren wunderbaren Körper befallen hat. Man kann sich deshalb nicht über die Zerbrechlichkeit der zarten Gesamtschöpfung täuschen. Manch einem beschleicht zuweilen der Verdacht, Krankheit und Tod hätten sich erst mit dem krankgewordenen Denken des Menschen mit ins Dasein eingeschlichen. Verdacht sage ich, weil ein schreckliches Geheimnis dahinterstecken könnte. Ich wünschte mir, ich könnte dabei gewesen sein, als der ganze Organismus des Lebendigen kerngesund war.

Der Mensch sollte jedenfalls die Gesundung, nicht die Zerstörung der Natur betreiben. Er sollte nicht an ihr herumdoktern, sondern ihren Selbstheilungskräften freien Raum zur Entfaltung geben. In einer gesunden Natur lebt ein gesunder Mensch. Und umgekehrt? Gesundet der Mensch, erholt sich die Natur! Wie das geschehen soll? Man wird es nicht sehen, wenn man die Erhaltung der Natur nicht betreibt. Das rechte Hinsehen kann allerdings auch nur ein Anfang sein.

Wozu die Natur erforschen? Man trifft sehr viele altbekannte, wesensverwandte Züge. Einmal begegnete ich mir selbst, es war ein Farbenspiel von Blättern, das mich beim Näherkommen älter werden ließ, verfremdete, verzerrte ins Abstrakte und schließlich ins laubbraune Nichts auflöste. Ein anderes Mal kratzte ich mich unbewusst, neben mir tat es ein Affe gleich. Er grinste mich an und auch ich fand es komisch. Wenn ich mich hinlege, wächst bald Gras über mich. Ich werde versuchen, es hinauszuzögern. Mein Interesse, das Gras aus der Vogelperspektive wachsen zu sehen, ist ungleich größer, als es über mir zu haben.

Man muss auf Einzelheiten der Individuen achten können, aber genauso ein Organ haben, die Masse der Erscheinungen aufzufassen, und darin den Geist, der in allen Dingen gewirkt hat und jetzt uns helfen soll, über das bloße Aufnehmen der Sinneseindrücke hinaus auch etwas damit „anzufangen", denn ein neuer Anfang muss gemacht werden, von jedem einzelnen.

Das Denken braucht andere Hilfsmittel als die Axt und das Feuer. Es braucht einen stillen Platz. Manchmal habe ich ihn gefunden beim Anblick von Pflanzengemeinschaften, wie man sie sich in einem Paradiesgarten vorstellt. Dann spürte ich eine Begeisterung, als ob ich unmittelbar vor etwas stünde, was schon lange das Ziel meines Strebens war und ich kann den Grund dafür mit Händen greifen, hören, sehen, einatmen, weil jeder Sinn daran beteiligt ist und seine unnachahmlichen Eindrücke hat, die zusammengenommen überwältigend sind und keinen Raum mehr lassen für düsteres Denken.

Erfrischende Ideenquellen
erzeugen munteres Gemüt,
ihre Reizflut lässt erhellen
tiefbetrübtes Geistgeblüt.

Die Natur, wie sie ursprünglich war, könnte den Zweck gehabt haben, den Menschen zu erfreuen. Die natürliche Freude hängt nicht davon ab, ob wir tiefe Einblicke haben in die physischen Zusammenhänge des Betrachteten, es ist mehr ein Ereignis, das unsere Seele feiert.

Und auch sonst scheint die Außenwelt Auslöser dafür zu sein, dass wir den Zugang finden zu tieferem Denken, das uns unsere Innenwelt verständlicher macht. Die Bildungsfähigkeit der Natur und unsere Aufnahmefähigkeit sind aufeinander abgestimmt. Man kann noch weitergehen und behaupten, ohne uns gäbe es das andere nicht. Nun gut, das andere ist für uns da. Aber wozu sind wir da?

Die Quantenphysiker haben eine verstörende Neuigkeit für uns Oberflächliche, die wir nicht bis in die Elementarteilchen unserer Atome vordringen. Auf dieser Ebene müssen wir uns um nichts kümmern, denn dort läuft alles zuverlässig und fehlerfrei. Die Elektronen rasen mit immer der gleichen Ladung und Geschwindigkeit um den Atomkern. Alles ist in einem perfekten Gleichgewicht. Die Neuigkeit der Quantenphysik lautet, dass die Dinge nur so sind, wie sie gerade sind, wenn wir auf sie schauen, weil wir auf sie schauen. Jede Messung, jeder Eingriff, jede Beobachtung verändert das, was ist, zu dem, was ist. Daraus ergibt sich unweigerlich der Verdacht, dass das ein allgemein gültiges Prinzip ist, so absurd und unglaubwürdig das auch erscheinen mag. Die Dinge sind wegen uns da, denn wir sind die einzigen Beobachter. Und tatsächlich sind die Naturkonstanten, die man entdeckt hat, gerade so, wie sie sein müssen, damit der Mensch auf dem Planeten Erde existieren kann. Wir müssen aber auch erkennen, unsere Messungen und Eingriffe in die Natur reichen nicht aus, um die Gesetzmäßigkeiten zu verändern, denen wir selber unterworfen sind und an unseren schlechten Gewohnheiten ändern sie auch nichts. Physik ist das eine, Moral und Tugend ist etwas anderes.

Solange wie wir uns auf unserer Ebene des Geschöpflichen bewegen, kommt uns vieles vertraut vor. Warum also nach einem mystischen Geist in der Natur suchen, wenn er doch in uns ist! Er ist in uns, aber er scheint weder in uns noch sonst in den Naturdingen sehr prominent zu sein. Die Welt ist nicht fertig, das steht fest. Und wir sind es am allerwenigsten!

Es ist nicht so sehr der besondere Charakter einer Gegend oder irgendeine Eigentümlichkeit, die als Erstes eine Erlebnisfreude hervorruft, es bedarf vielmehr eines besonderen Reizes. Wenn das Bild einer Landschaft, auf der das Auge ruht, im Geist den Frohsinn wiedererweckt, stellt sich gleich ein Gefühl oder eine Ahnung von einer geheimnisvollen Kraft ein, die wir irdisch nennen, obwohl sie von oben herunter vor unsere Füße gefallen ist. Sie spricht unser Harmoniebedürfnis irgendwie an. Wir können nur nicht genau sagen wie, außer dass wir vielleicht ruhiger und heiterer werden.

Wer den Geist zu sehr verbildet hat, kann nur mit Mühe ein Gefühl für die höhere Ordnung in der Natur entwickeln. Anfangs waren uns die Gesetzmäßigkeiten, denen alles Belebte unterworfen ist, bewusster als jetzt. Dann schlich sich die Gottlosigkeit ein und so allein gelassen von unseren eigenen Weltanschauungen verloren wir die Fähigkeit, Ordnungen auf das zurückzuführen, was sie sind: ein intelligentes Konstrukt inmitten von intelligenten Konstrukten.

Die Gedanken des Menschen sind frei – doch wirkliche Freiheit gibt es erst, wenn der Geist sich befreit hat von den gesellschaftlichen Verbildungen. Es bedarf daher geübter Sinne, um sich in Gegenden wohlzufühlen, wo ein ungebundener Geist sich auszukennen anschicken möchte. In unserer zeitlichen Beschränkung und der wesensmäßigen Beschränktheit ist eine Ursache für die Sehnsucht nach dem Unendlichen zu sehen. Wir wünschen uns die Natur harmonisch und so reden wir immer wieder vom „verlorenen Paradies". Was einmal gewesen sein muss, soll wieder werden.

In der Wildnis sieht unser Vorstellungsvermögen deutliche Ansätze, die dem uns vorschwebenden Ideal nahe zu kommen scheinen. Wir müssen uns dann nur in der entsprechenden Stimmungslage befinden, weil ein Anstoß der Außenwelt eine Anregung solcher Art von Ideen und Gefühlen in uns bewirkt, die uns weit wegbringen von dem, was uns im gewöhnlichen Leben bedrückt.

Der bloße Anblick einer Naturszenerie kann unsere Sehnsüchte erwecken oder eine Flut merkwürdiger Gedanken auslösen. Eine Herde Axishirsche auf der Grasflur vor dem Hintergrund des blaugrünen Hochwaldes, dessen Pflanzengemeinschaft zu imposanter Höhe gewachsen ist. Und mitten drin steckt das Auge eine einzelne Orchidee ins Astwerk. Und über das Krondach ragt eine Palme, ein Einzelkind, weil es weit und breit keinen weiteren Familienangehörigen gibt. Sie hat bestimmt eine besondere Geschichte. Wie war sie hierhergekommen?

Das Betrachten und Spekulieren bereiten stets Vergnügen, ja, eigentlich durchstreife ich die Wildnis als Entdecker. Ich habe viele Kuriositäten, Pflanzen oder Tiere, beides oder keines, und immer noch vieles gesehen, was noch kein Menschenauge zuvor erblickt hat, und daher auch kein Geist beurteilt hat. Vielleicht ist es nichts Weltbewegendes, dem Lauf des Käfers auf dem Waldboden zu folgen. Trotzdem kann es sehr unterhaltsam sein, wenn er auf den Weg einer kämpferisch veranlagten Ameise stolpert, Fremdberührung aufnimmt, sich wie ein von Angst getriebener Elefant der Insektenwelt in die Büsche schlägt und dabei noch eine Spinne über den Haufen rennt, die nun ihrerseits um ein Mehrfaches größer ist als er.

Bestimmt haben viele der Käferarten, die ich zuerst sichtete, schon längst einen wissenschaftlichen Namen, aber so sicher bin ich mir nicht, dass dies für alles gilt. Tiere und Pflanzen können zu besonderen Leistungen fähig sein, habe ich immer wieder festgestellt. In solchen Fällen verdienen sie sich einen persönlichen Rufnamen, weil sie nun die Grenzen ihrer Gattung überschritten haben. Man findet überall Beispiele von der Raffinesse der tierischen Interaktionen. Manchmal auch von ihrem Witz. Vieles ist aus mehreren Gründen unterhaltsam.

Der kleine Königsfischer beispielsweise, der aus Sparsamkeitsgründen, denke ich, den Fisch, der ihm aus dem Schna-

bel wieder ins Wasser rutschte, zum zweiten Mal heraus-
fischte. "Unser Bach muss sauber bleiben!", hatte ihm sein
Instinkt geraten.

Für einen bestimmten Baum habe ich keinen Namen gefunden. Dieser Baum war ein tüchtiger Baum, das steht für
mich außer Zweifel. Es war der Feigenbaum, der auf einem
Felsvorsprung wuchs, am Flussufer. Seine Wurzeln um-
spannten das Gestein und streckten die Enden zum Erdreich
hinunter auf das Festland. Wer an seine Früchte wollte,
musste zuerst den Felsvorsprung erklimmen und dann noch
den Stamm emporklettern in schwindelnder Höhe.

Nach Darwin überleben auf Dauer nur die Tüchtigen. Damit
sind gewiss nicht die gemeint, die sich die Mühe machen,
von der Norm so weit abzuweichen, dass sie ihre Existenz
und die ihrer Nachkommen gefährden. Felsgestein ist keine
Ernährungsgrundlage für Feigenbäume und wird es nie
sein! Der Baum hat alle Wurzeln voll zu tun, dass er nicht
umfällt. Seine Vorfahren auch. Seine Nachkommenschaft
fiel ins Wasser. Die Bäume der Umgebung hatten es da
leichter, auch was die Nahrungsmittelbeschaffung anbe-
langte. Jedoch hatten sie alle nicht den stattlichen Wuchs
aufzuweisen!

Mir war klar, wäre der Baum inmitten seiner Nachbarn gewachsen, wäre er ein Typ geworden wie jeder andere! Die
besondere Situation, in die der Wind den Samen, aus dem
er erstanden war, geweht hatte, hatte den Baum zu einem
fast schon tugendhaften Kampf ums Überleben herausgefordert. Ich bin überzeugt davon, dass für Menschen das
gleiche gilt. Wer wollte bezweifeln, dass das Leben ein

Kampf ist. Normale Menschen sind in besonderen Situationen fähig, besonderes zu leisten. Ob sie dann etwas leisten, liegt an ihrem Charakter. Ich liebe die Menschen, die aus Felsen wachsen! Ich hoffe, auf Felsen gegründet zu sein! Vielmehr, ich will es glauben.

Das Namenlose, Unangemessene kann uns sehr wohl beeindrucken, wenn wir es beachten. Was unsere Sinne aufspüren, ist nur das Bild. Es bleibt unserer Fantasie, durch schöpferische Spielerei den Lebenslauf der Geschöpfe, die Entstehung der Biotope zurück- und weiterzuverfolgen, einen Blick voraus zu wagen. Die Natur gewährt uns Wohltaten und umgekehrt?

Gewiss, wie wir die Natur empfinden, ist meist eine Frage unseres Gemüts, aber was ist gegen ein sanftes Gemüt einzuwenden? Die Sinnenwelt bietet einen eigenen Zauber, wenn man das Schöne und Gute auf sich wirken lässt. Wo viel auf einmal davon ist, wird auch eine Fülle von Ideen und Gefühlen erregt, und vielleicht sogar das Ideale in ihnen! Je eindrucksvoller die Naturerscheinungen sind, desto mehr lässt sich der Naturliebhaber in sie vertiefen. Er würde sich ja gerne die Naturkräfte aneignen. Das bleibt ihm weitgehend verwehrt. So muss er sich mit ihren Wirkungen begnügen. Und doch fühlt er die Verwandtschaft mit den Naturgestalten. Im rechten Denken begreift er dann, dass er und die Natur noch ganz anders füreinander bestimmt sind und zusammengehören, als der Bauer denkt, wenn er die Feldfrüchte erntet und als Gegenleistung wieder aussät, hegt und pflegt. Vertrautheit mit den Lebendigen ist die natürlichere der Regungen, nicht Befremdung.

Das Denken muss von dieser Vertrautheit ausgehen, damit es die gemeinsamen Ordnungen erkennen kann, die in der Natur und im eigenen Denken vorkommen.

Es besteht ja auch ein kategorisches Prinzip der organischen Gestaltung, das uns notwendig erscheint, weil wir darin eine strenge Zweckmäßigkeit erkennen, wenn sie auch oft über das erforderliche Maß hinausgeht. Und so ist der Wiedererkennungswert der Formen, die Selbstverständlichkeit, mit der wir Funktionalität und Raffinessen zur Kenntnis nehmen, einfach zu erklären. Dies befriedigt dann auch den Geist, der bemüht ist, den Dingen auf den Grund zu gehen, zu einer klaren Erkenntnislinie zu gelangen und nicht nur im Trüben zu fischen oder wie Schiller sagte: „Den ruhenden Pol in der Erscheinungen Flucht suchen und besser noch finden!"

Der ruhende Pol ist Sinn und Zweck hinter dem Ganzen. Das Denken drängt dazu, solches auch um sich herum zu finden. Je tiefer man in Mikrokosmos und Makrokosmos vordringt, desto mehr erstaunt man, dass alles so geraten ist, dass man es sich besser nicht ausdenken könnte. Dass es aber auch mit weniger Gedankenreichtum nicht geradeso funktionieren würde!

Hinter diesen Erscheinungen, die jede mindestens eine Überraschung für den Suchenden bereithalten, bin ich her. Ich rechne mit einer Brücke zwischen dem Sinnlichen und Geistlichen und klettere ungeduldig am diesseitigen Ufer hin und her, hie und da mal einen Blich über die Schulter werfend. Mir schaudert nur vor der Tiefe, die mich trennt vom Jenseitigen, das doch so nahe und fast greifbar vor mir liegt! Es liegt da, hinter jedem bestätigten Gedanken.

Alexander von Humboldt, der gelehrteste aller Forschungsreisenden schrieb: „Die Welt, die sich dem Menschen durch die Sinne offenbart, schmilzt ihm selbst fast unbewusst zusammen mit der Welt, welche er inneren Anklängen folgend als ein großes Wunderland in seiner Brust aufbaut."

Er meinte auch, dass selbst primitive Geister das erahnen könnten, was als Lebensfülle durch die ganze Schöpfung fließt, nur manchen Geistern sei es vorbehalten, tiefer in die ursächlichen Zusammenhänge der Erscheinungen eindringen zu dürfen. Wenn dem so ist, bitte ich um Erlaubnis.

Die Besorgnis manch vertrauter Naturen, dass beim Erforschen ihrer inneren Kräfte die Welt ihren Reiz des Geheimnisvollen und Erhabenen verlieren könnte, kann ich nicht teilen. Im Gegenteil, je mehr man in die Gesetzmäßigkeiten der Wunderwelten vorstößt, desto mehr erstaunt man ehrfurchtsvoll und erkennt, dass etwas Größeres, als es je ein Mensch erblickt hat, hier am Werke war und seine Schaffensspuren hinterlassen hat.

Darwin erschauderte beim Gedanken an die Perfektion und den Feinbau des menschlichen Auges. Hätte er dazumal die molekularen Prozesse gekannt, wäre es vielleicht nie zur „Entstehung der Arten" gekommen – ein feines Wortspiel – lediglich zu einer „Beschreibung der Arten". Die Wissenschaft vermehrt das Nicht-Wissen und mindert doch nicht den Sinnesgenuss!

Vieles, was unsere Vorfahren noch für selbstverständlich hinnahmen, beschäftigt nun schon Generationen von Gelehrten. Sie haben in das Innere der einfachen Dinge geschaut und tausend Merkwürdigkeiten entdeckt. Früher waren die Menschen noch klüger. Sie haben schon unscheinbare Dinge als Zeichen einer höheren Schöpfermacht verstanden. Heute wird sogar bei den größeren Wundern die Genialität des Urhebers verkannt!

Plato kannte vier Elemente, darunter das Wasser. Die Chemie des Wassers ist ein weites Feld. Zu den lebensspendenden Eigenschaften des Wassers darf man die chemischen und physikalischen hinzudenken und sich fragen, warum Einzigartigkeit die Regel im Kosmos ist. Man könnte verstehen, warum einfältig denkende Gelehrte einen Kniefall vor ihrer Antriebsfeder Zufall machen, wenn sie so viel geleistet hätte, wofür sie nicht kompetent sein kann. Aber was sich der gesunden Vernunft aufdrängt, ist nicht nach jedermanns Geschmack und deshalb bleibt es wahr, dass weiteres Forschen dem Feingefühl und der Fantasie, der Freude und dem Genuss nicht schaden. Die Menschen kranken schwer darunter, dass sie einen langweiligen, aber beschäftigten Alltag haben, der sie weder zum Nachdenken über die Natur noch sich selbst, noch nach höheren Mächten denken lässt. Ihre Denkkraft und ihre kreative Fantasie verkümmern oder werden durch Unsägliches aufgebraucht oder zumindest abgelenkt. Um den Lohn eines Dahinlebens, das doch sehr schnell zu Ende geht, nachdem man kurz vorher noch feststellen durfte, dass es nur ein Hauch war und voller Eitelkeiten.

Es ist auch wahr, dass immer mehr Fragen aufgeworfen werden. Unbetreten oder noch zu betreten und vielverschlungen sind die Wege des Forschers; und wenn man sich zu sehr darum bemüht, sie zu begradigen, sie begehbar zu machen, kann man Gefahr laufen, das eigentlich Wichtige zu übersehen. Es ist das allumfassende Prinzip, das in den vielen Einzigartigkeiten als ein Einziges gefunden werden kann. Die niederen Lebensformen lassen auf höhere schließen und nicht umgekehrt. Die Lebensinstinkte wurden von einem Machergeist gepflanzt.

Was im Dunkeln ist, muss ins Bewusstsein treten, das Unbekannte wird der Allgemeinheit bekanntgemacht. Je mehr man erkennt, desto mehr lernt man Erkennbares erforschbar zu machen. Es wächst stetig das reiche Betätigungsfeld für den wissenschaftlichen Erkunder und lockt mit Eroberungen. Und wenn die Unvernunft den Glauben an die Endlichkeit der Natur nährt und lehrt, ihre Grenzen seien erreicht und eine neue Idee für eine Lebensformel gefunden: So ist es doch nur ein Wunschdenken!

Der Wald ist weltenreich. In diesem Reichtum kann sich unsere geistige Existenz erweitern, weil es um unser geistiges Leben in diesen Welten geht, nicht darum, mit den Affen auf den Astgabeln zu wetteifern, wer sich die größten Früchte greift. Wer versucht, von den Einzelwundern der Einzelbindungen auf die Gesamtheit der Naturformen, das große Wunder der Schöpfung, zu schließen, wird sich nicht vorenthalten können, einen Versuch zu unternehmen, ein Gesamtkonzept, einen Plan des Lebens zu entwerfen. Er wird den Zufall als Motor der Entwicklung ganz aus dem variantenreichen Spiel lassen müssen, weil dieser Antriebsmotor ein taugliches, geistliches Mittel benötigt. Freilich, zu unscharf und zu kleinlich ist unser Denkwerkzeug. Wir wollen ja nicht oberflächlich in die Materie eindringen, nur in seichtes Gewässer, wenn tatsächlich Tiefseeforschung verlangt ist!

Wir sind eben nur kleine Geister, die staunen und an die Erhebung zum Ritterstand glauben dürfen, denn geadelt sein, will unser Senfkornglauben schon. Wir denken immer wie ein Kind, das weiß, einmal in ferner Zukunft wird es erwachsen sein und alles tun können, was ihm jetzt noch versagt bleibt. In Wahrheit gibt es dann ganz andere Dinge zu tun, als Jugendträume zu erfüllen. Auch Wunschträume! Aber manche Frucht unseres Denkens und Wünschens reift aus zu einem Riesenstück der Wirklichkeit.

Wir könnten unsere geistige Existenz erweitern, wenn wir mehr die Abgeschiedenheit dem Trubel bei den Möchtegern-Lebendigen vorziehen würden. Lassen wir uns doch anspornen, nicht den Rückschritt zu Ehedem-Bekanntem machen zu wollen, sondern die Zeit auszuschöpfen und größere Anstrengungen auf neuen Gebieten zu wagen. Es geht zu eintönig, zu stromlinienförmig, zu traditionell bei den Menschen zu.

Ein Städter weiß nicht, wozu er geschaffen ist. Oft weiß er nicht einmal, was echtes Tageslicht ist, weil er nur die Dunstglockenhelle von Neonlichtern kennt. Er geht mit der

Zeit um, als sei sie wirklich bedeutungslos. Ich meine natürlich nur die Gedankenlosen unter ihnen, also uns alle mehr oder weniger. Ich bin wohl selbst nicht frei davon, die Schattenseiten des Städterlebens zu vermissen. Es gibt unwerte Freuden, an denen das Herz hängt.

Im Wald, da sind die Räuber, hat man gesagt. Sie schleichen sich von hinten an und stehlen einem alle Bösartigkeiten. Böse Menschen sterben im Wald, sie haben keine Opfer für ihre Schandtaten. Somit haben sie keinen Lebensunterhalt. Nicht, dass dafür Gutartigkeiten über Nacht wachsen würde und alle Herumtreiber von einer nützlichen Sorte wären. Der Waldschädlinge sind genug! Nein, aber der Geist wird gefordert und wenn man ihn lässt, will er sich mit sinnreichen Überlegungen beschäftigen. Mit einem neutralen Waldarbeiter wird man durch Fleiß und Ausdauer ein rechtes Tagwerk vollbringen und am Abend zufrieden sich zurücklehnen und sagen: Es hat sich gelohnt, ihn in die Waldklause zu schicken, er ist jetzt für einen Teil brauchbar. Das würde auch die Menge da draußen sagen, wenn sie über so viel Bildung verfügen würde, um die Zusammenhänge in der Natur wenigstens annäherungsweise zu verstehen. Der Wald macht seine Meister.

Aber das ist nur ein Gerücht, denn mir ist noch keiner begegnet, der meine Sprache gesprochen hätte. Mit den Eingeborenen der menschlichen Gattung kann ich nur flüchtig kommunizieren. Meist ergreifen sie die Flucht, wenn sie meine Tollpatschigkeit sehen. Ein gefährliches Tier, meine ich zu wissen, bin ich nicht, allerdings doch zu blöde, um eine Sprache zu verstehen, die von Waldmeistern gesprochen wird.

Trotzdem habe ich Fortschritte gemacht. Aber es sind noch viele Lehrjahre und meine unbequemen, feigen Abwesenheiten verlängern meine Lehrzeit und verringern meine Lebenszeit, denn ich bin gewiss, dass ich in der Wildnis alt und weise werden könnte. So werde ich nicht einmal alt. Aber was nutzt Alter ohne Weisheit? Das ist wie ein Baum ohne Bast und Früchte. Ich bin ein noch junger Baum und hoffe, mich nicht vergeblich zu strecken.

Zurzeit bin ich jung, ohne Weisheit. Aber ich stelle mich gelehrig, spiele den Lehrling. Wer von der Natur was lernen will, muss zuerst ein Geleerter sein. Er muss den Unsinn, den er von der abgeholzten Umwelt der verkehrten Betonwüsten mit sich bringt, in eine alte Holzkiste am äußersten Ende einer der Ganglien im Kopfe packen – sein Rauswurf schickt sich doch nicht aus Gründen des Umweltschutzes. Er muss quasi naturrein sein, damit er die Natur reinkriegt, vom Geleerten zum Gelehrten ersten Grades wird.

Ich wusste nicht, warum man Baumschulabgängern nicht einen Platz unter Hochschulprofessoren einräumen sollte, auch auf die Gefahr hin, dass ihr Wissen von zu hoch herunterkommt, um in den Niederungen der Emeritierten nicht für Irritationen zu sorgen und auf doch mehr als taube Ohren zu stoßen. Denn Emeritierte hören gewöhnlich nicht auf *Erem*itierte. Ich bin in die Wildnis emigriert, denn ich bevorzuge die Waldlichtungen als Hörsäle.

Würde ich das Dargestellte als ein Gegebenes, nicht selbst Gesuchtes hinnehmen, wäre ich bloß ein aufmerksamer

Schüler, so aber übernehme ich selber die Auswahl an Ideen, die mir in den Sinn kommen und entscheide darüber, ob ich sie auch gebrauchen kann. Was Wunder, dass mir solches Lernen und Selbstbelehren gefällt! Ich muss noch lang und breit die Räume ausmessen, Gedankenspiele und Experimente wagen, Gefühle deuten, wenn es doch nicht besser ist, sie zu meiden, ehe ich mich an eine weitergehende Erklärung über das Universum in mir und über mir herantraue. Ich will zumindest vernünftige Fragen stellen können.

Aber warum in dieser Sache so bescheiden sein! Der ungetrübte Blick auf das zusammenhängende Ganze wird erst eine verbindliche Antwort geben können, die ganz ohne Torheiten auskommt! Die großen Toren waren keine Stummen! Aber die Weisen horchten zuallererst in sich hinein, ehe sie eine Weltbeschreibung vornahmen, dazu waren sie natürlich still. Teleskope und Observatorien für die große weite Welt, das Abseitige, zu bauen, ist die falsche Methode. Nach Innen muss man schauen, um das Universum verstehen zu lernen.

Das Schattenvolk der Weltweisen, die zu viel von Dingen reden, die sie nicht verstehen, hat auf der Suche nach den richtigen Antworten keinen Richtungswechsel eingebracht, der erfolgversprechend zu sein scheint. Man tappt immer noch im Dunkeln. Da ist es besser, auf die eigene Stille in sich zu vertrauen, dass sich doch manchmal ein Lichtstrahl zeigt. Die schakalfreche Welt lacht aus Unwissenheit über die Vorschläge, einen radikalen Richtungswechsel im Denken vorzunehmen, weil sie die Natur des Lichts noch nicht verstanden hat.

Ich wage vorauszusagen, dass man auch in den unermesslichen Weiten des Weltraums, ebenso wie es im Mikrokosmos schon entdeckt worden ist, auf System und Ordnung stoßen wird. Und wer weiß, ob dieser blaue Miniaturplanet am Rande einer Galaxie nicht doch ein Mittelpunkt ist?

Er hat jedenfalls einen Mittelpunkt. Und das ist der Mensch: jeder einzelne! Naturerscheinungen und historische Begebenheiten stehen in einem engen Zusammenhang. Der Mensch lässt sich von natürlichen Kräften beeinflussen. Er wirkt aber auch auf die Naturkräfte ein. Sind nicht die geistigen Antriebe für unser Tun viel stärker als alles, was uns von außen bestimmt? Der Mensch sollte zumindest dahin kommen, der Herr über die Natur zu sein. Und zwar in dem Sinne, dass sein Geist bestimmt, was geschieht, nicht die niederen Triebe, während die Natur über die Befriedigung der Grundbedürfnisse hinaus ermöglicht, ihm noch andere Anstöße für sein Tun zu geben.

Als Vasco da Gama endlich auf dem Seeweg Indien erreichte, hatte er eine lange Reise hinter sich. Die physischen Anstrengungen wären ohne den geistigen Impetus gar nicht gemacht worden. Es gibt also eine Notwendigkeit für die Durchdringungen und die Interdependenzen, die sich aus dem Zusammenspiel der Elemente, die den Naturgesetzen unterworfen sind, mit dem menschlichen Streben ergeben.

Nur fort! Lass' das bewusste Sein entrücken,
der Wanderschar der Sinne keine Rast!
Bin ich erschöpft, nur zum Erquicken,
im Musentempel Waldpalast.

Ein Ort hält mich nicht lange gefangen. Schon Goethe schrieb, dass es im Bewegen und Werden kein Bleiben geben kann und ein Fluch gehängt sei an das Stillestehen. Diesem Fluch will ich mich nicht aussetzen. Wenn er das auch nur auf die geistlose Natur bezogen wissen wollte, so glaube ich doch, dass es umso mehr für das Geistige gilt.

Ein Mensch, der vor Bewegungslosigkeit erstarrt, verkümmert. Er bringt es fertig, seinen Geist zu vertreiben, noch bevor er tot ist. Welche Verschwendung! Wenn sein Geist ihn verlassen hat, ist er bereits wirklich tot. Er braucht dann gar nicht mehr auf das physische Ende warten. Zeitverschwendung!

Ich befürchte, es laufen viele lebendige Tote durch die Gegend! Das sind keine Geister! Einen Gehirntoten kann man auch nicht mehr zurückholen, weil der Geist schon fort ist. Wenn man den Pianisten fortschickt, erwartet man ja auch nicht, dass das Klavier alleine weiterspielt! Warum sollte der Pianist bei einem irreparablen Klavier verweilen? Es ist also gefährlich, von seinem Denkvermögen nicht Gebrauch zu machen! Wir sollten uns davor hüten, unseren Gedankenspielen kein Gehör mehr zu schenken, sonst werden wir ganz taub und brauchen den Pianisten nicht mehr!

Ich lebe noch! Ich muss dankbar sein für die Unruhe in mir, denn sie lässt mich wissen, dass ich längst nicht am Ziel bin.

Ich habe immer erst gerade angefangen, nachzudenken. Ich wollte mir gerne naturgesetzliche Hilfsmittel zunutze machen. Da gibt es vieles an Konstruktionen, die konstruktiv sind: der Befruchtungsmechanismus einer Orchidee, der an einen originellen, planerischen Geist denken lässt, vieles an hinweisenden Verhaltensweisen, die man vermenschlichend deutet, weil der Mensch ja doch mit den Tieren in eine Beziehung treten soll, und vieles an weiterbildenden Lebensbildern – auch Tiere haben Spaß am Spiel! Darf „Leben" Spaß haben? Ein standfestes Gedankengebäude soll konstruiert werden, in dem alles unterkommt, in dem alles erklärt wird. Und all dieses soll mir auf die Sprünge helfen. Aber mein Lauf wird dann ebenso schnell wieder gebremst. Hier unten fehlt es am Licht von oben.

Immer wieder neu den Anfang wagen,
erst recht tu' Unbeugsamkeit kund!
Wo die Bäume in den Himmel ragen,
ist immergrüner Hoffensgrund,

Ich will erfinden, selber umgestalten,
nicht schwächen meine Wesenheit,
den Gedankenreichtum ganz entfalten
um die Idee der Ewigkeit.

Ich staune über Symbiosen,
die Wandlungsfähigkeit erwacht,
vom Geist der Metamorphosen
so wunderbar gemacht!

Er gewährte mir nur einen Schimmer,
am Ende wird es sichtbar klar:
über allem schwebte allzeit immer
der Geist, der ganz am Anfang war!

Chitwan – In Nepals Dschungel

9. Kapitel: Zu den Nashörnern

In der menschlichen Gesellschaft ersteht
die Liebe für Vergnügen und Begierden.
Lasst deshalb jemand,
der die Trennung von alledem hasst,
weil sie doch einmal kommen muss,
alleine gehen wie ein
Rhinozeros

aus dem Sutta Nipatta

Ich sehnte mich nach dem Dschungel mit seinen freundlichen Tigern und Elefanten und vielleicht auch Nashörnern zurück!

Und schon bald nach meiner Ankunft in Delhi kümmerte ich mich darum, mein Sehnen zu konkreter Vorfreude umzuwandeln. Die Worte aus dem Sutta Nipatta stammen von Buddha. Sein Geburtsort Lumbini liegt unweit von Chitwan. Das Gebiet, in dem er lebte und das er zeitlebens nie verließ, war damals vor zweieinhalb tausend Jahren voller Nashörner. Doch das hat Buddha nicht daran gehindert, Rhinos als Einzelgänger zu bezeichnen.

Der Royal Chitwan Nationalpark liegt weit abgelegen von geteerten Straßen. Man erreicht Sauraha, das Dorf am Eingang zum Park auch im Sommer nur mit einem geländegängigen Wagen. Das einzige Fahrzeug, das einen sonst noch zum Park hinbringt, ist der Ochsenkarren.

450

Die „Ochsen" sind in Indien und Nepal meistens Büffel. Ich habe in Chitwan bei meinem ersten Besuch kein anderes Fahrzeug gesehen als eines, das von Büffeln gezogen wurde, abgesehen natürlich von Fahrrädern. Touristen und Ranger wurden auf Elefanten befördert, jedenfalls im Ostteil des Parks. Erst ab Mitte der achtziger Jahre nahm die Motorisierung des Parks, nicht zuletzt wegen des zunehmenden Tourismus-Betriebs, spürbar zu.

Das ist eben jene Zeit der beginnenden Kommerzialisierung des Parks. Von dem Provinznest Tandi Bazar bis Sauhara geht es über brückenlose Flüsschen, Tümpel und Felder hinweg bis zum Dorf Sauhara, wo sich der Parkeingang und die Touristenlodges befinden.

Nicht nur, dass es keine Straßen gibt. Auch Strom steht nur in Notfällen, wenn ein Generator eingeschaltet wird, zur Verfügung.

Beinahe könnte man glauben, Chitwan ist ein Nationalpark, bar jeder touristischer Interessen. Aber das ist keinesfalls so! Der Park bietet eine besondere Attraktion: Nashörner! Ungefähr 400 Stück davon, dazu eine einzigartige Flusslandschaft, fernab von kommerzieller massenmenschlicher Beeinträchtigung!

Und Büffel! Es ist ein unvergessliches Erlebnis, entspannt auf einem Karren zu liegen und von ihnen durch die Flusslandschaft des Terai gezogen zu werden! Auf Büffelkarren wird man zum Philosophen erzogen! Und nicht zu einem Nihilisten! Die gemächlich dahintrottenden Tiere kennen ihren Weg und kümmern sich nicht um die Sorgen, die am Wegesrand liegen, denn sie lassen respektlos eine Art Dung fallen – man könnte es auch kürzer und profaner ausdrücken!

Man ist ja auch morgens unterwegs, wenn die Sonne noch nicht die rastlosen Gemüter zusätzlich erhitzt, das klare Licht sich noch im Tau bricht, wenn der Pessimismus noch nicht Zeit hatte, aufzustehen, wenn man an die Lethargie noch keine Gedanken verschwendet hat, denn sie braucht zu ihrer Entfaltung die nachmittägliche physische Erschöpfung.

Und der Karren rollt über einen holprigen Untergrund, denn man ist ja im Lande, wo man Straßen nur in Krisenzeiten baut. Und das Rütteln erschüttert Müßig-Gang und Sitz-Fleisch, so #dass man lächelt und der Geist wird befreit von seinen körperlichen Fesseln, wenn dieser Leib nur Wohlsein meldet!

Und man richtet seine Blicke himmelwärts, wo sich im blauen Firmament die Schwalben zwitschernd vergnügen, und man denkt, mit dem Rücken auf der Erde liegen, kann auch erhebend sein. Es muss nicht immer das Fliegen sein, das eine große Langsamkeit stets mit Absturz bestraft. Und der Blick erfreut sich am fruchtbaren Boden, der Pflanzenpracht und den Mädchen, die im Wasser baden und mit aufgelösten Haaren um sich spritzen, und den Buben, die tanzen und winken. Heho!

Was für eine armselige Landschaft: ohne WC und Dieselgenerator, ohne Ampere und Volt und ohne Bedürfnisse, außer denen, die man sich ohne Mühe stillen lässt. Ein Königreich für zwei Büffel, Karren, Zubehör und Drumherum!

Aber wir, mein Büffelkarren und ich, und der Büffeltreiber, fuhren nicht drumherum, sondern mittendurch. Mir gefiel die Idee, täglich hin- und her zu pendeln, wenn es in Sauhara keine Unterbringungsmöglichkeit gab– mit dem Büffelkarren natürlich! Das idealste aller Fortbewegungsmittel! Das ist das Lebensziel des Büffels: einen Karren zu ziehen, auf dem Philosophen liegen!

Es war die angenehmste Fahrt, die ich je mitmachte. Es war erholsam, so langsam vorwärts zu kommen, mit einer Reisegeschwindigkeit von acht Kilometer in der Stunde. Sie war für eine Entdeckungs- und zugleich Erholungsreise angemessen. Wir überquerten manches Flüsschen und manche Senke, die mit klarem Badewasser gefüllt war. Der wohlgestaltete Körperbau der jungen Frauen, die ausreichend bekleidet badeten und dabei ungeniert lachten, hätte eine nicht zu oberflächliche Betrachtungsweise verdient, wenn man sich rein künstlerischen Studien gewidmet hätte. Aber so galt es nur, festzustellen, alles war schön anzusehen und fügte sich ins harmonische Ganze. Da gab es niemand, der sich über die großzügigen Offenbarungen der Natur wunderte, die einen dazu aufrufen, dass man sich an höherer Stelle dafür bedankt, dass man in der Lage ist, sie wahrzunehmen und richtig zu gewichten. Was für ein wunderbarer Universalgelehrter, der sich diese Dinge zuerst ausdachte, ehe er sie schuf und ihnen Leben einhauchte! Ein hoch auf ein aufregendes, aber nicht zu anstrengendes Leben! Ein Leben, das man, sollte es zu hochtrabend werden, an einen Büffelkarren anspannen würde.

Einmal blieben meine Büffel sogar im Wasser stehen und nahmen ein paar Schluck zu sich, während ich mit einigen Teraibewohnern Grüße austauschte. Das war eine einfache Übung. Aber es war großartig. Alle waren froh und glücklich, auch meine Büffel – daran gibt es keine Zweifel. Wer Büffel und einen Karren hat, den er sie ziehen lässt, und sich daraufsetzt, der lernt, dass Büffel glücklich sein können. Ist es nicht irgendwie beruhigend, das zu wissen? Die Tiere haben ihre Mühen in der Welt der Menschen, aber manchmal dürfen sie auch ihren Spaß haben!

Es wird immer wieder behauptet, Büffel seien dumme Tiere. Vielleicht ist man darauf gekommen, weil sie ihre menschlichen Herren ein Leben lang dienen, ohne Lohn zu verlangen. Dabei wollen sie vielleicht nur den Menschen vorleben, was Treue ist, einfache, lebenserleichternde Treue. Büffel wissen nicht, was Treue ist, sie tun es einfach. Der Mensch weiß, was Treue ist und tut es nicht. Wissen ist manchmal Ohnmacht, weil Wissen allein nie Macht sein kann!

Unter Menschen ist Treue weniger verbreitet als Dummheit. Man sagt, wenn man nachts eine Laterne zu nahe bei den Köpfen der Tiere hält, ziehen sie den Karren nicht weiter, weil sie annehmen, sie seien schon zu Hause. Man hängt das Licht also hinten hin. In Wirklichkeit mögen es die Büffel nicht, vom Licht geblendet zu werden. Außerdem spüren sie instinktiv, dass vom Licht Gefahr ausgeht. In den meisten Fällen ist die Lichtquelle eine Petroleumlampe, die, wenn sie zerbricht, den Tieren das Fell verbrennt. Da der Fahrer nachts oft schläft oder vor sich hindöst, müssen die Büffel auf den Weg Acht geben, eventuellen Hindernissen aus dem

Weg gehen und Gefahren rechtzeitig erkennen. Das tun sie in der Regel so vorbildlich, dass das Gefährt auch ohne Steuerung zu Hause ankommt. Die Büffel bleiben einfach stehen oder kitzeln den Fahrer mit der Schwanzquaste, wenn dieser nicht hintenübergekippt ist, und er weiß, dass er zu Hause ist, auch wenn er eine Flasche Toddy oder Arak getrunken hat.

Büffel und Sikhs sind mir angenehm. Sie haben meist eine stoische Ruhe. Maghi, mein Büffeltreiber, war kein Sikh, sondern ein durch und durch echter Tharu-Nepalese, wie er selber wiederholt und mit Stolz bekräftigte. Eigentlich war es untypisch, dass ich ihn unter den vielen Bewerbern in Tandi Bazaar ausgewählt hatte. Entgegen meinen sonstigen Gepflogenheiten hatte ich mich von einem der lautesten Schlepper überreden lassen, mich nach Sauraha chauffieren zu lassen. Aber ich hatte den Eindruck, dass er Witz hatte. Und außerdem passte er zu seinen Büffeln.

Ein typischer südasiatischer Zug ist es, entweder dem anderen immer recht zu geben und dann doch hinterrücks zuwider zu handeln oder nicht zu widersprechen und mit aller Selbstverständlichkeit, als sei es so abgemacht, trotzdem zu handeln, wie es einem gefällt. Wird aber eine Rückmeldung eines anderslautenden Ansinnens unvermeidlich, dann wird es nur durch eine kurze Negation zum Ausdruck gebracht, die den asiatischen Customer nicht weiter stört, hingegen manchen Europäer schon zur Weißglut gebracht hat.

Manchmal kostet es einige Mühen, alle Schlepper und Hawker abzuschütteln, ehe man seine eigenen Wege gehen kann. Ich hätte die acht Kilometer nach Sauhara auch zu Fuß gehen können. Wie sich aber herausstellte, gab es keinen erkennbaren Weg in irgendeine Richtung. Ich war auf jeden Fall auf die Hilfe von Einheimischen angewiesen, um Sauhara überhaupt zu finden.

Meine ablehnende Haltung war Maghis Verhandlungsgrundlage. Und das ging so:

„You cannot follow me, can you follow me?", sagte ich.

„You are right, yes, I follow!" bekam ich zur Antwort.

„No! I mean: Can you follow me that you cannot follow me?"

„Yes! Yes! Sure!"

„No! You cannot!"

„There is no question about it!"

„So you won't?"

„I won't leave you alone, yes!"

„No!"

„You will be satisfied, no doubt!"

Verhandle mit einem Süd-Asiaten, es ist unerheblich, ob er deine Sprache versteht oder nicht. Wie gesagt, ich bestieg schließlich den Karren von Maghi und damit hatte ich nicht die schlechteste Wahl getroffen, wie ein Blick auf die Fuhrwerke der anderen bestätigte!

„I am great Shikari Guide!", sagte der sehr schmächtige Maghi in seinem strahlend weißen Gewand.

„If you want you can shoot buffalo, tiger, elephant. I show you rhino, slothbear, no matter my friend, I tie bait, I make machan, no problem, you come and shoot, very easy, with camera, I am very experienced, I know jungle very well, you will see..."

Natürlich war er ein Aufschneider und Witzereißer. Ich sagte ihm, ich wünschte mir, dass seine Buffalo nicht so leichtsinnig wären, wie er Versprechungen gab.

„You no trust me?", spielte er den Enttäuschten.

Ich sagte ihm, dass ich seine Ausführungen für leicht übertrieben hielt. Ich wäre schon zufrieden, wenn er mich ohne Achsenbruch nach Sauraha bringen würde.

„I find good hotel, no problem! You will see, fine hotel, shower, hot water, very cheap, my friend!"

Ich hätte gerne ein Hotel ohne heißes Wasser gehabt, denn des Rätsel Lösung für diesen extra Service kannte ich bereits. Die Wassertanks befinden sich auf den Dächern, wo die Tageshitze das Wasser erwärmt. Wenn man nachmittags aus dem Dschungel kommt und sich auf eine Abkühlung freuen würde, gibt es heißes Wasser, jede Menge für den Nachmittagstee für ein ganzes Gurkha Regiment mit Bärenfellmützen. In Chitwan sind die Tage heiß und die Nächte kalt. Demzufolge kühlt das Wasser in den Tanks ab und morgens hat man, nachdem man frierend aus dem Bett gestiegen ist, eine kalte Dusche! Aber nur, wenn man will. Meist will man nicht.

Maghi hatte meine Skepsis bemerkt. Er war ein intelligenter Bursche. Ich würde ihn noch zu fragen haben, warum er nicht in die Stadt ging, um einen anspruchsvolleren Beruf zu erlernen. Sich mit Touristen abgeben zu müssen, sei doch für einen „Inder" keine Dauerlösung.

Der „Inder" war mir herausgerutscht, er elektrisierte Maghi förmlich. Er sei auf dem Lande aufgewachsen, sagte er, und fühle sich dort heimisch. Touristen seien interessante Menschen und es mache großen Spaß, ihnen als Guide zu dienen. Diese Antwort gab mir zu denken. War ich doch selber ein Städteflüchter, der einen Beruf in freier Natur den meisten anderen vorziehen würde.

Ich hatte mit Maghi doch die richtige Wahl getroffen. Als Guide hatte ich ihn allerdings nicht vorgesehen, obwohl er beteuerte, ein guter Guide zu sein. Er zog einen Stapel Visitenkarten hervor. Er hatte schon Touristen aus aller Herren Länder „betreut".

„I speak five language", sagte er, „and Nepali!"

Ich sollte vor allem nicht Nepal mit Indien vergleichen, bat er mich.

„Totally different!" Damit hatte er gar nicht so unrecht. Nepalesen hatten in der Tat Vorzüge, die ich an Indern im Allgemeinen schmerzlich vermisst hatte. Ich kann aber nicht sagen, dass ich deshalb die Inder weniger schätze. Wo viel Schatten ist ...

„Wenn ich schon sehe, wie du gekleidet bist", sagte ich zu Maghi, „gehe ich lieber alleine in den Dschungel, sonst laufen mir sämtliche Tiere weg. Von wegen Jagen! Dafür werden gereizte Elefanten Jagd auf uns machen!"

Das sei eine Touristenausgehuniform, entschuldigte er sich. Zwanzig Rupees verlangte er pro Tagestour. Ich sagte ihm, das sei mir zu wenig. Ein guter Guide müsste mindestens 100 Rupees kosten, und das sei auch der Preis, den er mir zahlen müsste, wenn er sich mir aufdrängen würde, denn ich war sicherlich der bessere Guide von uns Zweien. Das verblüffte Maghi. Er hielt es für einen Scherz, aber ich versicherte ihm, dass ich es ernst meinte. Er lachte. Ich fragte ihn, was das für ein Vogel am Himmel wäre. Er sagte, ein Adler! Ich fragte weiter, was für ein Adler? Er lachte. Ich hatte ihn verunsichert.

„Du bist zweifellos ein großer Shikari Guide!"

„I can show you Rhinos!" Er schraubte seine Ansprüche doch merklich zurück. Wie sich sehr bald herausstellte, brauchte man keinen Guide, um Nashörner zu sehen zu bekommen.

Ich erzählte Maghi die Geschichte von Old Muneswamy, der aller Welt, vorzugsweise aber reichen Touristen, weismachen wollte, dass er ein großer Guide und Shikari wäre. Jagen war zwar auch damals schon nicht erlaubt, aber daran störte sich ein echter Großwildjäger nicht. Die Strafen waren vergleichsweise gering und waren sozusagen im Preis inbegriffen. Also versprach Old Muneswamy, den Jägern aus Übersee innerhalb kürzester Frist einen Tiger zu besorgen, den sie ohne Risiko und Mühe schießen könnten. Dann kassierte er eine Vorauszahlung, angeblich, um die entsprechenden Vorkehrungen treffen zu können, wozu jedoch ein weit geringerer Geldbetrag ausgereicht hätte. Er kaufte nur

eine Ziege, führte sie in den Dschungel und tötete sie eigen-
händig. Dazu legte er Spuren, als ob sie von einem Tiger
stammten. Schließlich überbrachte er dem ungeduldigen
weißen Jäger die frohe Kunde, dass der Tiger angebissen
hätte. Er würde zu seinem Kill zurückkehren, um bequem
von dem weißen Shikar erlegt zu werden. Und während er
sich noch einmal für seine vorzüglichen Dienste entlohnen
ließ, riet er dem von Jagdfieber und der Vorfreude auf den
baldigen Besitz eines Tigerfells gepackten Möchtegern-Shi-
kar, er müsse sich beeilen, denn wenn der Tiger sich den
Rest der Beute holen würde, wäre das natürlich nicht die
Schuld von Old Muneswamy. Der weiße Mann beeilte sich,
saß brav auf seinem Machan über der toten Ziege und wartete auf den Tiger, den es nicht gab.

Old Muneswamy machte seine Geschäfte und sie gingen gut,
bis es sich doch herumgesprochen hatte, dass sie immer nur
für ihn gut verliefen. Deshalb beschloss er eines Tages, seinen ramponierten Ruf aufzubessern. Er wollte selber einen
Tiger schießen, ihn dann seinen Kritikern und Spöttern vor
die Füße legen und triumphierend vor der Kamera der
Presse posieren. Die Visitenkarte vom Fotografen würde
seine wahren Qualitäten für alle Zeiten dokumentieren.

Tatsächlich verirrte sich ein Tiger zu Old Muneswamy Köder. Das hätte nicht sein müssen. Aber das Schicksal wollte
es so. Als der große Jäger seine Muskete abfeuerte, verletzte
er den Tiger jedoch nur. Der Tiger war über diesen Affront
so verärgert, dass er von Stund' an Jagd auf Menschen
machte. Die Dorfleute hätten Old Muneswamy beinahe ge-

460

lyncht. Er hatte natürlich überall verkündet, was für großartige Pläne er hatte und so hatte man von Anfang an den
Schuldigen. Die Behörden gaben dem selbsternannten Ex-
pert-Shikar eine Frist, mit der Auflage, den Tiger zur Strecke zu bringen oder für den Rest seines Lebens in Einzelhaft
zu gehen.

Aber wie sollte ein alter Mann wie er, der den Dschungel
nur vom Ziegen verschleppen kannte, einen Maneater aufspüren und unschädlich machen können? Er hatte überhaupt noch nie einen Tiger oder sonst ein gefährliches Tier
erlegt.

Zum Glück für Old Muneswamy und die Dorfleute erledigte
das Geschäft ein erfahrener Shikar aus Bangalore, dem er
einst vergeblich einen Handel angeboten hatte.

Maghi meinte, so etwas könnte nur in Indien passieren. In
Nepal sei dies nicht möglich. Man dürfe Tiere hier nur mit
der Kamera schießen. In Nepal gäbe es auch keine Halun-
ken, auch nicht im Dschungel des Terai, es sei denn, sie kämen zum Wildern über die Grenze herüber.

„Gewiss, und wenn die Arbeitselefanten sich einmal verwei-
gern, dann werden „indische" Elefanten gescholten!" Freilich eine Art „nepalesischer Elefant" gab es ja nicht.

„Nein! Wir haben keine indischen Arbeitselefanten, wir haben unsere eigenen. Aber vor kurzem ist in Thori ein Ochsenkarren mit einem wilden Elefanten zusammengestoßen.
Er war aus den Bhabarwäldern über die Grenze herüberge-
kommen."

„Nicht übel, wenn die Büffel durchgehen, erhöht sich wenigstens die Reisegeschwindigkeit!"

„No, my friend, we have good bulls!"

Die nepalesischen Hausbüffel sind berühmt für ihre Treue und Unerschrockenheit. Eine Frau trieb einmal ihre Büffel auf die Weide. Sie lief hinter den Büffeln her. Plötzlich wurde sie von einem Tiger angegriffen. Die Büffel machten sofort kehrt und vertrieben den Tiger. Den Verteidigungsring, den sie um die verletzte Frau bildeten, gaben sie nicht eher wieder auf, als Hilfe kam. Es ist nicht anzunehmen, dass die Frau den Büffeln ein schweres Joch auferlegt hatte.

In einem anderen Fall hat der Tiger versucht, eine solche Verteidigungsformation aufzubrechen. Er tötete fünf Büffel und musste sich dann erschöpft davonmachen. Diese Charakterzüge der Treue und Standfestigkeit, in Verbindung mit physischer Stärke, haben sie von ihren wilden Verwandten geerbt, die es leider nur noch in Assam gibt. Von dort wurde berichtet, dass ein Bulle dem anderen zu Hilfe geeilt war, als dieser von einem Tiger angefallen wurde, obwohl er dies nicht sehen, sondern nur hören konnte. Der Bulle vertrieb den Tiger und hielt Totenwache. Dabei musste er sich mehrmals der Attacken des zurückkehrenden Tigers erwehren, dem es nun auch nicht mehr darum ging, seinen Hunger zu stillen. Ein Tiger fühlt sich immer nur von starken Gegnern herausgefordert. Auch deshalb lässt er die Menschen meistens unbeachtet. Alas! Ausgerechnet in Chitwan ist der wilde Büffel ausgerottet worden durch Großwildjäger!

Chitwan bedeutet „Herz des Dschungels" und diesen Namen trägt das Gebiet zurecht. Der tropische Galeriewald an den Flussufern, das mit hohem Elefantengras bewachsene, schier undurchdringliche Grasland, umgeben von laubabwerfendem Mischwald, und über allem thront im Hintergrund das Himalayagebirge mit seinen schneebedeckten Achttausender Gipfeln! Dies alles bietet einen einzigartigen Lebensraum für viele Tier- und Pflanzenarten, die es in solcher Vielfalt sonst kaum noch irgendwo auf dem indischen Subkontinent gibt. Und wegen einer dieser Besonderheiten war ich hergekommen: dem indischen Panzernashorn.

Von rund 1000 Rhinozerossen, die es auf der Welt noch gab, befanden sich über ein Drittel allein im Royal Chitwan National Park. Diese Art trägt den wissenschaftlichen Namen Rhinozeros unicornis.

Der Chitwan National Park liegt im Terai, dem nepalesischen Tiefland. Nach Indien im Süden wird er von den Siwallik Hills abgegrenzt. Diese Hügelkette ist der erste Anstieg, den man auf dem Weg von der Gangestiefebene bis zu den Himalayahochgebirgszügen überqueren muss. Sie erstreckt sich mit ihren Fortsetzungen in west-östliche Richtung 2400 Kilometer weit, davon liegen 700 Kilometer in Nepal. Nach Westen zu gehen die Siwallik Hills in das Bhabarvorgebirge im nordindischen Bundesstaat Uttar Pradesh über. Ein Teil davon liegt im Jim-Corbett-Nationalpark.

Die Siwallik Hills sind raue Berge mit einem steinigen Boden, der für Ackerbau nicht geeignet ist. Aus diesem Grund blieb die Gegend unbesiedelt und damit war eine natürliche Grenze zu Indien geschaffen. Dahinter kam das Terai, ein tieferliegendes Überschwemmungsgebiet der Flüsse Rapti, Reu und Narayani, die nach der Schmelze und zur Monsunzeit mehr Wasser führen als jeder europäische Fluss. In den sumpfigen Niederungen siedelten zu früheren Zeiten Massen von Anophelesmücken. Die Malaria verbreitete sich in verschiedenen Erscheinungsformen. Deshalb blieb auch das Terai von übermäßiger Besiedlung verschont. Nur ein paar Stämme, die Bote, Musahar, Kumal und Tharus, hielten sich hier über die Jahrhunderte. Es gab aber noch einen anderen Grund für die Erhaltung der Natur!

Die Herrscher von Nepal benötigten ihre „hunting-grounds" für ihre exzessiven Obsessionen. Nur die Eingeborenen wurden von der Flinte verschont, sonst trachteten die royalen Nepalis nach jeder lebenden Seele.

Bereits 1846 wurde das Nashorn zum königlichen Wild ernannt, was seine Unantastbarkeit durch das gemeine Volk bedeutete, solange bis sich die großen Jagdgesellschaften der Ranaherrscher und ihrer geladenen Gäste um die Dezimierung des Bestandes kümmerten. Dies geschah meist in den monsunfreien Monaten Dezember bis Februar. Man gab dem Großwild über den Rest des Jahres Gelegenheit, sich wieder zu erholen. Die Jagdbeute war gleichwohl beachtlich. Der Erfolg einer Jagd wurde damals noch gemessen an der Zahl der erlegten Tiere. König Georg V. von Englands Besuch im Jahre 1911 kostete allein in Chitwan 39 Tigern, 18 Rhinos, 4 Bären und einigen Leoparden das Leben. Das war jedoch nichts im Vergleich zu dem Blutrausch, der zu Ehren des damaligen Vizekönigs von Indien, Lord Linlithgow, veranstaltet wurde. 120 Tiger, 38 Rhinos, 27 Leoparden und 15

Bären wurden ausgelöscht. Tabula Rasa kurz vor dem ZweitenWeltkrieg. Im Vergleich dazu nehmen sich die 21 Elefanten, 31 Tiger, 3 Leoparden, 1 Rhino, 7 Sambar, 20 Axis, 1 Krokodil, 4 Bären und 6 Fasane des Ranaherrschers Bahadur aus dem Jahre 1850 eher bescheiden aus. Wozu die Fasane geschossen wurden?

Bei dieser Abschussrate sieht man, wie wildreich der Dschungel zu früheren Zeiten war. In einem Gebiet, wo 1939 noch 120 Tiger von einer Jagdgesellschaft erlegt werden konnten, gibt es heute vielleicht gerade noch 50. In den Salwäldern gibt es nur noch ungefähr 100 wilde Elefanten. Die Zahl der Leoparden dürfte die der Tiger kaum überschreiten.

Die Ranaherrscher erkannten die politische Bedeutung des Teraidschungels. Sie verboten die Besiedlung. Anfang des 20. Jahrhunderts streckte das Britische Empire seine gierigen Finger aus. Aber das Terai mit seinen extremen klimatischen Bedingungen zog die Hillpeople ohnehin nicht an. Anders wurde die Situation in den fünfziger Jahren dieses Jahrhunderts, als die Ranas abdankten und die Bevölkerungsexplosion die Leute in die Täler herunterdrückte. Das 1954 durchgeführte Programm zur Ausrottung der Malaria tat ein Übriges. Wilderei und Entwaldung waren die Folgen. Vor allem das Rhinozeros wurde gejagt, nachdem die Nashörner in Afrika knapp geworden waren. Das Pulver, das man aus dem Horn als Aphrodisiakum herstellt, ist nach wie vor in Ostasien heiß begehrt. Dahinter steckt der Irrglaube der Chinesen, sie müssten ihrer Potenz in der Welt noch mehr Geltung verschaffen. Die Holzhammermethode würde bei diesen affengeilen Pulverschluckern zu weit besseren Ergebnissen führen. Ebenso abartig ist das Brauchtum in Jemen. Jeder Mann wünscht sich als Symbol der Wehrhaftigkeit und Würde einen Dolch mit einem Nashorngriff. Es wäre noch wünschenswerter, das Selbstbewusstsein der jemenitischen Männer auf eine andere Art und Weise zu stärken. Ich denke an einen Plüschturban. Ernsthaft kann man hier nur erkennen, dass die menschliche Tradition oft auch die kranke menschliche Seele wiedergibt.

Bis 1960 waren 65Prozent der Wälder im „Herzen des Dschungels" abgeholzt. Man erkannte die Gefahr und siedelte die Menschen wieder um. Doch die Eingriffe durch die am Rande des Parks lebenden Menschen blieben. Das Chitwan Rhinocerus Reservat wurde geschaffen. In jener Zeit verschwanden die letzten Sumpfhirsche. 1970 wies König Mahendra die Regierung an, einen Nationalpark einzurichten. 1973 war es endlich soweit. 1984 wurde in Anbetracht des Reichtums an Flora und Fauna der Royal Chitwan zum World Heritage Natural Site durch die UNESCO erklärt. Wie gut, dass sich die Natur immer wieder erholt und regeneriert. Doch das kann sie nur, wenn Restbestände vorhanden sind.

Ich betrachte es als vorteilhaft, dass die Zufahrtswege nach Chitwan immer noch so schlecht sind. Man sollte weder Straßen bauen noch elektrische Leitungen verlegen, vorausgesetzt es geschieht im Interesse des Naturschutzes und man kann auf die Einnahmen aus dem Tourismus verzichten. In Ostafrika hat der Tourismus nicht unwesentlich zur

Erhaltung der Natur beigetragen! Es ist klar, dass es in Nepal nicht anders verlaufen wird.

Ich war jedenfalls froh, ein bescheidenes Quartier in der „Jungle Lodge" gefunden zu haben. Der Name stimmte. Meine Hütte war gut getarnt mit Klettergewächsen und Blumengirlanden. Das Innere war bereits besetzt als Heimstätte vieler Tiere und Pflanzen. An den Wänden liefen Geckos, von der Decke hing eine Spinne. Das löchrige Moskitonetz beherbergte Hautflügler und Nachtfalter, auf dem Boden waren Nagespuren zu erkennen. In der Zimmerecke wucherten Schimmelpilze. Ich war zufrieden, denn in der „Chitwan Tourist Lodge" hatte es noch unwohnlicher ausgesehen. Die Einheimischen wohnten sauberer. Außerdem hatte ich hier eine schönere Umgebung. Der Garten war urtümlich und gemütlich. Wasserknappheit gab es nicht. Diese beiden Unterkünfte schienen die einzigen zu sein, die noch nicht in auswärtiger Hand waren, wie man an den Preisen ersehen konnte.

Mein erster Gang führte mich zum Büro des Parkdirektors. Ich wollte ihn mit einer Kollektion Fotografien für mich gewinnen. Ich hatte ein paar Sonderwünsche. Aber Parkdirektoren sind in der Regel nicht da, wo man sie erwartet. Und der Deputy besitzt wie immer keine Kompetenzen.

Nach dieser Enttäuschung vermachte ich ein Bild der "Jungle Lodge", das nach Wunsch des Personals sogleich in der Lounge – ein Raum von zwei mal zwei Metern Größe – aufgehängt werden sollte, wogegen ich mein Veto einlegte, weil ich glaubte, dass der Raum zu dunkel war. Außerdem hatte das Bild einen Rahmen verdient.

Ich bestellte mein Mittagessen und duschte. Nach dem Essen wollte ich mir einen ersten Überblick über die Örtlichkeiten verschaffen. Ich hatte keine Karte bekommen, hatte mir aber im Parkoffice eine Übersichtskarte abgezeichnet.

Sauraha lag am Rande eines Wäldchens. Es gab ein paar Touristenlodges und Gebäude der Parkverwaltung um das kleine Dorf herum verstreut. Hinter dem Dorf floss der Rapti River. Das Wäldchen wurde südlich von einem schmalen Zufluss begrenzt, der als Dhungeli Creek bezeichnet wurde. Zwischen Dhungeli Creek und Rapti lag eine Landmasse, die zum Teil aus Grasland, zum überwiegenden Teil aus Galeriewald bestand. Der eigentliche Park lag aber jenseits des Rapti. Dort drüben erstreckte sich Grasland, nach Westen hin, flussabwärts, bis zur Krokodilstation in Kasara auf einer Länge von 15 Kilometer und eine Breite von bis zu drei Kilometern. Südlich davon ging das Grasland in Wald über. Unten am Fluss war eine Furt. Am anderen Ufer begann der Galeriewald. Ein Stück flussaufwärts war Grasland, das nicht zum Park gehörte. Dort befand sich das kleine Dorf Vile. Fährboote gab es keine, da der Verkehr über den Fluss entweder zu Fuß oder mit Dugout Kanus vonstattenging.

Ich folgte einigen Dorfleuten hinüber zum anderen Ufer und beging dann einen Pfad in den Galeriewald hinein. Ich war nicht wenig erstaunt, als ich schon bald auf einen Kothaufen stieß. Die Kotballen waren hoch aufeinandergetürmt. Ich hatte dergleichen noch nie gesehen, wusste aber sogleich, dass dies nicht das Werk eines künstlerisch begabten Elefanten war, sondern eines anderen Dickhäuters.

Der Kot war nicht frisch, trotzdem war mir klar, dass das Tier, das ihn produziert hatte, noch in der Nähe sein konnte. Wilde Elefanten mögen die menschliche Gesellschaft nicht und meiden deshalb auch ihre Nähe. Bei Nashörnern ist das anders. Man könnte sagen, dass sie sich der menschlichen Gesellschaft nicht bewusst sind, außerdem sind sie nicht so nervös und schreckhaft wie Elefanten. Da ich die Verhaltensweise der Nashörner noch nicht studiert hatte, dazu war ich ja hierhergekommen, verließ ich den Galeriewald wieder. Es war gut, erst einmal die Landessprache zu lernen, bevor man einen Nichtangriffspakt mit den Nashörnern zu schließen bereit war.

Ich umging das ungefähr zwei Quadratkilometer große Wäldchen, hinter dem sich wiederum Grasland breitgemacht hatte, bis zum Salwald, durch den der Weg weiter nach Kasara führte. Diese Landschaft war sehr abwechslungsreich und vielversprechend, denn sie bot Lebensraum für unzählige Tier- und Pflanzenarten. Das war genau das, was ich gesucht hatte. Hier war ich wirklich im Herzen der Wildnis, ohne dass ich lange Anmarschwege in Kauf nehmen musste. Und offensichtlich war ich das einzige, denkende Wesen weit und breit, das dieser Tatsache irgendeine Bedeutung zumaß. Meinethalben konnte ich vollends die Alleinvertretung meiner Art in diesem Gebiet übernehmen.

Doch bevor ich mich der unbescheidenen Einbildung, der unumschränkte Herrscher über diese Parzelle zu sein, hingeben und sie einer genaueren Begutachtung unterziehen konnte, entdeckte ich in einiger Entfernung zwei Touristen.

Dass es Touristen und nicht etwa Eingeborene waren, erkannte ich wie immer in solchen Fällen sogleich an den grellen Farben der Bekleidung. Die Eindringlinge in mein Reich verhielten sich sonderbar. Ich beschloss, den Grund dafür herauszubekommen.

Jetzt kletterten die beiden sogar auf einen Baum – jeder auf einen eigenen! Die Ursache dafür konnte ich nicht erkennen. Ich ging langsam näher, bis ich genau zwischen den beiden Touristen war. Sie hatten mich bemerkt und deuteten auf den Waldrand hin. Jetzt sah ich den Grund für ihre erhöhte Position. Das Gras war überall zwei Meter hoch und höher, außerdem versperrte Buschwerk die Sicht. Aber nun sah ich dort am Waldrand erst zwei, dann drei Nashörner in einer Entfernung von hundert Metern, die Hinterteile mir zugewandt!

Ein Baum in der Nähe war noch unbesetzt. Nicht mehr lange. Sehr schnell war ich oben. Es war kaum zu glauben. Ich war keine zwei Stunden in Chitwan und sah schon drei Exemplare von einer der seltensten Tierarten der Welt!

Diese urtümlichen Geschöpfe machten einen friedsamen Eindruck. Sie ästen gemächlich, drehten sich einmal nach links und dann wieder nach rechts und kamen immer näher zum Waldrand. Ich wurde mutiger und wendete jetzt die Taktik des Inselspringens an, in der Abwandlung, dass meine Inseln Bäumchen waren, die ich zu erklettern hatte. Ich lernte nacheinander einen Tatari, Bhelur und einen verkrüppelten Salbaum kennen. Bei letzterem machte ich einer Calotes-Eidechse den Platz an der Sonne streitig. Es kam mir so vor, als ob ihr Gesichtsausdruck bedeuten sollte:

„Der Baum gehört mir!" Und im Übrigen seien meine ungelenken Verrenkungen das Merkwürdigste, was sie je gesehen habe. Ich stieg auch vom Baum herunter, denn es war wirklich lächerlich. Das zeigte mir besonders ein Blick zurück, wo die beiden Touristen immer noch auf ihren Bäumen hingen. Die Nashörner standen 40 Meter vor mir im tiefen Gras. Sie wussten nichts von meiner Anwesenheit. Ihre Nasen hatten sie in duftendes Grün getaucht; in ihren Ohren summten freche Fliegen wie das ruckartige Wackeln der Ohrmuscheln anzeigte. Und ihre Augen waren so kurzsichtig, dass nur Kontaktlinsen ihrer Sehschwäche hätten Abhilfe leisten können. Ich nahm mir vor, nie mehr wieder wegen eines Nashorns auf einen Baum zu steigen. Dabei würde ich es noch so dringend nötig gehabt haben!

Die drei Nashörner verschwanden in dem Galeriewäldchen, aus dem ich vorher gekommen war. Es war unmöglich, ihnen durch das Dickicht zu folgen.

Hochzufrieden, schon den Stoff für eine Reportage mit einem Dutzend guter Bilder zu haben, beschloss ich, dem Tal Machan, einer Art Hochsitz, noch einen Besuch abzustatten. Er musste nach meiner Zeichnung ungefähr 400 Meter entfernt am südwestlichen Eck des Wäldchens stehen.

Er war nicht zu übersehen. Sein Gerüst stand wohl an die 15 Meter hoch. Es fehlte leider die unterste und mittlere Plattform und die Treppe war auch nicht mehr vorhanden.

Es war Trockenzeit und von einem „Tal", was einen kleinen See oder Teich bezeichnet, war nichts mehr zu sehen. Nur ein sumpfiger Tümpel war übriggeblieben, der nicht überschaubar war, weil er mit Riedgras und Schilf dicht umstanden war. Ich wollte mir von oben einen besseren Überblick verschaffen. Mich von Querbalken zu Querbalken nach oben ziehen, wäre eine leichte Übung. Während ich mich hochhangelte, dachte ich noch spaßhaft und vermessen, wie schade es war, dass kein gereiztes Rhino hinter mir her war. Ich denke oft in fotografischen Momentaufnahmen.

Doch kaum hatte ich den zweiten Querbalken erreicht, gab es eine Überraschung! In dem Tümpel direkt unter mir lag ein Rhino! Es hatte mich entdeckt und arbeitete sich sogleich aus dem Schlammbad heraus. Der Machan stand also doch an der richtigen Stelle! Da er keine Stufen hatte, konnte mir das Rhino unmöglich nachsteigen. Dafür hätte es das stelzenartige, in den Boden gerammte Gerüst mit Leichtigkeit umstoßen können und ich wäre in dem nämlichen Loch gelandet, wo vorher das Rhino dringesteckt hatte.

Das Rhino hatte solche Gemeinheiten nicht im Sinn. Es entfernte sich und verschwand im Grasdschungel, mit optischer und akustischer Vehemenz. Ich war irgendwie erleichtert. Trotzdem, schade!

Der Machan war wirklich sehr heruntergekommen. Dabei war er der ideale Beobachtungsplatz, vorausgesetzt man war rechtzeitig oben. Vielleicht hatte man den Machan gerade deshalb aufgegeben, weil die Rhinos hier ungestört baden sollten, ohne von Wilderern und Touristen daran gestört zu werden. Die Bretter des Bodens auf der Plattform drohten jeden Augenblick unter meinem Gewicht zusammenzubrechen. Hier oben hatte sich schon lange niemand mehr aufgehalten, das war nicht schwer zu erraten. Es war nun ein beliebter Landeplatz für Vögel, wie man an ihren Hinterlassenschaften sehen konnte. Das morsche Holz hatte außerdem bereits zahlreiche Bohrlöcher. Ich hatte das Gefühl, dass ich auf dem Erdboden besser aufgehoben wäre und so stieg ich wieder herunter.

Wenn ich aber gedacht hatte, für heute keine weiteren Begegnungen mit dem Erdzeitalter des Miozäns zu machen, sah ich mich bald getäuscht, jedoch keinesfalls enttäuscht.

Ich war zum Weg zurückgegangen. Schon beim ersten Blick über die bis zum Rapti sich erstreckende Grasflur hatte ich schon wieder zwei Einhörner entdeckt! Hier gab es keine Bäume. Das tat jedoch meinem Jagdtrieb keinen Abbruch. Die Nashörner fingen auf einmal an, miteinander zu streiten, wenn man das Kopf-gegen-Kopf-Geschiebe nicht anders interpretieren musste. Zwischen den Nashörnern und dem Weg suchte ich hinter einer Reihe Büsche Deckung. Jetzt durften die Nashörner von der unangemeldeten Fotosession nicht Wind bekommen, denn ich hätte keine Chancen, die nächsten Bäume zu erreichen. Sie standen hundert Meter weit weg. Bis zu den Trampeltieren waren es noch dreißig Schritte.

Aber die Büsche, zwischen denen ich saß, waren Bhanti, eine Clerodendronart, die glücklicherweise in Blüte stand. Ihre weißen Blüten rochen streng. Sie mussten meinen Eigengeruch überdecken.

Ich setzte einen Punkt hinter den letzten Absatz meiner gedanklichen Reportage, schoss den Film voll und setzte mich nach hinten ab.

Hier gab es Nashörner so zahlreich wie der Sand am Ufer des Rapti. Ich lebte in einer anderen Zeit. Diese Tiere waren Überbleibsel vorsintflutlicher Zeitgenossen der Saurier. Vor der letzten Eiszeit lebten in dieser Gegend vierhörnige Sivatherium zeitgleich mit der Art, die bis heute überlebt hat. Man fand von beiden Fossilien. Was hatte sich so sehr geändert im Terai? Man hätte sich gut vorstellen können, dass die Landschaft stets die gleiche geblieben war. Doch der nachhaltige Einfluss von Menschen ist überall nachweisbar, auch wenn man ihn nicht auf den ersten Blick sieht. Zum anderen ist die Umgebung von Chitwan auch ohne den Menschen nicht statisch, sondern dynamisch. Die Flüsse ändern stetig ihren Lauf, wo Galeriewälder stehen, ist bald Grasland und umgekehrt. Wasser und Feuer schaffen abwechselnd Veränderungen in der Vegetationsdecke. Aber das alles ist nichts im Vergleich zu den großen Veränderungen, in deren Folge sich das Himalayagebirge auftürmte. Damals wurde das Antlitz der Erde in Kataklysmen total verändert. Das Himalayavorland faltete sich wie ein Teppich zu den Siwallikhöhenzügen oder Churiahills wie man sie in Nepal auch bezeichnet. Und das geschah in kurzer Zeit, weshalb viele Lebewesen umkamen, deren Überreste oder Versteinerungen man heute noch finden kann. Fossilien sind immer ein Hinweis auf bedeutende Verschüttungen durch katastrophale Ereignisse innerhalb kurzer Zeit. Im Sandkasten spielen sie sich nicht ab.

Fast konnte es einem so vorkommen, als hätte sich das Panzernashorn aus dieser fernen Zeit zu uns verirrt. Es war nicht vorsintflutlich, sondern voreiszeitlich. Aber ist es so viel ungewöhnlicher in seiner Erscheinung als der Elefant?

Oft macht uns nur die Seltenheit staunen. Ich wäre zwei Wochen in Chitwan geblieben, nur um ein Rhinozeros zu sehen. Wäre ich nur deshalb gekommen, hätte ich schon wieder gehen können, denn ich hatte mein Ziel erreicht. Aber Chitwan hatte weit mehr zu bieten als nur prähistorische Erscheinungen.

Das Nashorn ist auch in Chitwan hauptsächlich durch die Wilderer gefährdet. Ein so großes und seltenes Tier wird getötet, nur um an seinen Nasenfortsatz zu kommen! Dabei müsste man es nur betäuben, dann könnte man das Horn absägen. So wird es in einigen Zoos und Nationalparks in Afrika gemacht. Das Horn ist aus Keratin und wächst wieder nach. In seltenen Fällen wird es sogar bis zu 60 Zentimeter lang.

Auf dem Rückweg kam mir eine Kolonne Elefanten mit Touristen auf ihren Rücken entgegen. Dies war die andere Art, wie man sich in den Park begeben konnte, wenn man nicht zu Fuß wie ich, allein oder mit einem Guide unterwegs sein wollte. Vorerst gab es nur im Westteil des Parks auch Ausflüge mit Jeeps. Es war abzusehen, dass diese Methode auch im Ostteil Einzug halten würde.

Ich war mein eigener Guide. So bekam ich mehr zu sehen. Ein einzelner Mensch ist unauffällig und erweckt sogar die Neugier mancher Tiere. Zwei sind jedoch zu viel des Guten. Die vielen Privatunternehmen, die von Katmandu aus operierten, hatten zusätzlich europäisches Preisniveau eingeführt. Dass das Teuerste nicht das Beste ist, sieht man auch an den drei Exklusivunterkünften innerhalb des Parks. Im Wesentlichen trifft ihre Exklusivität nur auf die Preise zu.

Namen will ich nicht nennen. Das eine Resort liegt in der Ostecke des Parks, wo es keine Nashörner gibt, weil das Grasland fehlt. Das Top Hotel am anderen Ende des Parks liegt reizvoll. Es ist aber ein Club, der kaum Möglichkeiten bietet, die Wildnis individuell zu erfahren. Aber das will auch niemand, der für einen Tag Aufenthalt in der Wildnis den Monatslohn zweier nepalesischer Arbeiter zahlt. Die Ausflüge schließlich, die von dem Luxushotel in der Nähe von Sauraha unternommen wurden, konzentrierten sich meist nur auf den nördlichen Uferbereich des Dhungeli und des Rapti, die Gegend, die ich noch sehr gut kennenlernen würde.

Wer sich von diesen beschränkten Aktivitäten fernhalten möchte, der führt seine Privatunternehmungen am besten von Sauraha aus durch. Die Moskitonetze dort sind nicht durchlässiger, das Essen ist nicht schlechter und wenn man einen Guide braucht, dann bekommt man einen guten und preiswerten.

Das bestätigte mir auch der Forest Officer, zu dem mich der Ticket Officer geschickt hatte. Er hatte bereits von meinem einzelgängerischen Wesen erfahren. Eigentlich wollte ich nur die" "entrance fee" für eine Woche im Voraus zahlen. Doch dann erinnerte mich der Forest Officer daran, dass so viele junge Männer aus dem Dorf ihr Geld als Guide verdienen würden. Auch die zwei Touristen, die ich gesehen hatte, hätten ihren Guide gehabt, versicherte er mir. Ich hätte ihn nur nicht gesehen. Aber er hätte mich gesehen und das auch gemeldet.

„Und er hat meinen Guide nicht gesehen!", gab ich scherzhaft zurück.

Was die Dorfleute betraf, ihr Dorf Vile gehörte nicht zum Chitwan Park, der es aber umschloss. Trotzdem durften sie sich frei in ihm bewegen. Das Dorf gab es ja schon länger als den Park. Der Officer bat mich, in der näheren Umgebung von Sauraha und Vile zu bleiben, was ich in Anbetracht des langen Anreiseweges von mehreren hundert Kilometern für akzeptabel hielt. Und außerdem sollte ich auf den Wegen bleiben. Dann erzählte er mir von einem Unfall, der sich erst vor wenigen Wochen ereignet hatte. Zwei junge finnische Frauen waren von einem Nashorn übel zugerichtet worden und lagen noch immer im Krankenhaus von Katmandu. Sogar das Fernsehen hatte davon berichtet. Ich sagte, dass ich sehr kamerascheu sei und lieber hinter der Kamera stehen würde. Auf meine Frage, ob die Frauen alleine unterwegs gewesen seien, schwieg er.

„Guide schützt vor Gefahren nicht!"

Ich zitiere aus einem Führer:

„Aproaching Rhinos on foot is extremely dangerous and a few visitors and locals are gored every year."

Ich kann dies nur bestätigen. Sich Nashörnern zu Fuß zu nähern, ist sehr gefährlich, oder besser gesagt, kann sehr gefährlich werden. Man sollte daher einen Sicherheitsabstand von wenigstens 50 Metern in offenem Gelände einhalten!

Die schöne Natur hat ihre hässlichen Seiten. Das war auch wieder in „Tiger Cottage" zu erfahren, einem kleinen Hotel, das über kühle Getränke verfügte. Einem Pappschild war zu entnehmen, dass der Sohn des Hauses vor einem Jahr von einem Tiger angefallen worden war, während er als Guide den Rückzug der Touristen deckte. Um eine Geldspende wurde gebeten. Ich erfuhr von dem Bruder des Verunglückten Einzelheiten über diese Tragödie. Birendra hatte mich zum Dinner eingeladen und nun saß ich in einem schmucklosen, aber sauberen Raum in einer Lehmhütte und aß Goranhifisch und Gemüseauflauf.

Der Guide war mit vier Deutschen im vier Meter hohen Narengagras unterwegs gewesen. Sie hatten keine Chancen, dem Tiger auszuweichen. Chitwan ist berühmt, aber auch berüchtigt für seine ausgedehnten Grasdschungel. Man kann sich keinen Weg bahnen wie über einen Golfplatz. Man muss die tunnelartigen Trampelpfade der Rhinos benutzen, wenn man in dem Grasmeer vorwärtskommen will.

Ich fragte Birendra, warum die Guides diese unübersichtlichen Wege mit den Touristen überhaupt begehen würden. Es konnte ja hinter jeder Biegung ein Rhino stehen.

Ich bekam keine klare Antwort, aber ich konnte mir auch eine denken. Die Touristen versprechen sich von einem Ausflug in die Wildnis, Tiere aufzuspüren. Dazu gehörte auch der Nervenkitzel. Und wenn nicht das eine ausreichend zu haben ist, dann doch jedenfalls das andere. Es benutzen aber nicht nur Rhinos und Menschen diese Hohlwege, sondern auch Tiger.

Das plötzliche Auftauchen von fünf Menschen musste den Tiger irritiert haben. Vielleicht wäre das Folgende ausgeblieben, wenn die fünf Nepalesen gewesen wären. So hatte die Gruppe doch ein anderes Erscheinungsbild. Der Guide

478

erkannte zwar sofort die Gefahr und rief den anderen zu, dass sie sich langsam zurückziehen sollten. Doch da stürzte sich der Tiger auch schon auf den nächsten in der Reihe. Die vier jungen Deutschen ergriffen nun aber nicht die Flucht, wie man sich hätte denken können, sondern bewiesen, ganz tapfer und treu, die Nützlichkeit von Tapferkeit und Treue. Das war befremdlich für den Tiger. Er ließ von dem Guide ab und tat, was er gleich hätte tun sollen: Er verschwand im dichten Grasdschungel.

Zum Glück hatte er sich nur kurz mit dem Guide beschäftigt, trotzdem war schnelle ärztliche Hilfe dringend erforderlich. Die vier jungen Leute schleppten den bewusstlosen, schwer verletzten Guide nach Sauraha. Er überlebte, war aber ein Jahr später immer noch in ärztlicher Behandlung. Die Geschichte sei auch deshalb bezeugt, weil hier die vielgescholtenen Touristen einen vorbildlichen Eindruck hinterlassen haben, auch wenn sie mitverantwortlich waren, dass es überhaupt so weit gekommen war. Besser ist es deshalb, wenn man sich mit seinen Schutzbefohlenen nicht in solche Gefahren bringt. Leider ließe sich das gänzlich nur vermeiden, wenn man den Dschungel links liegen ließe. Aber ich sagte bereits, in den Dschungeln der Großstädte ist es weit gefährlicher. Es wäre nicht sehr originell, Ausflüge in die Wildnis bleiben zu lassen, nur, weil hin und wieder etwas passiert. Der Mensch braucht die Begegnung mit der Natur. Vielleicht geht ihm irgendwann einmal ein Licht auf, was er eigentlich versäumt hat, all die Jahrhunderte, in denen er die Natur nicht so behandelt hat, wie es gut für sie und ihn gewesen wäre.

Ich möchte dennoch niemand ermutigen, sich einem Risiko auszusetzen, das er nicht einschätzen kann. In einer Veröffentlichung über die Sunderbans in Bangladesch wurde meine Aussage über die Gefahren in diesem größten Sumpfgebiet der Erde ohne mein Einverständnis abgeschwächt, um das touristische Interesse nicht zu gefährden. Gegen solche Machenschaften möchte ich mich ausdrücklich verwahren.

Auch die beiden finnischen Frauen hatten sich in den Irrgarten des Grasdschungels gewagt. Dieses Mal war es nicht ein Tiger, sondern ein Nashorn, das sich bedroht fühlte und die beiden niederrannte, während sich der Guide mit einem – vielleicht auch mit mehreren Sprüngen – zur Seite rettete. Das Nashorn spießt seine Gegner nicht etwa mit dem Horn auf. Es traktiert sie mit seinen scharfen Hauern und fügt ihnen schlimme Bisswunden zu. Es hört damit erst wieder auf, wenn es seiner Meinung nach reicht, den Gegner unschädlich gemacht zu haben. Es reicht immer. Leider sind die urzeitlichen Rhinos schwer von Begriff. Sie können nicht unterscheiden zwischen dummen Menschen, die ihnen in böser Absicht nachstellen und solchen, die sie nur für interessante Urweltviecher halten. Sie sind aber alles andere als schwerfällig. Sie erreichen zwar eine Schulterhöhe von 1,8 Metern bei einem Gewicht von über zwei Tonnen. Aber trotz ihres behäbigen Äußeres sind Rhinos sehr gewandt, wenn es darauf ankommt. Sie können sehr schnell laufen und, wenn sie wollen, mitten im Lauf Haken schlagen. Dann sind sie sogar beweglicher als Tiger, die bei ihren Angriffen immer nur geradeaus laufen. Dafür kommenRhinos nicht auf Bäume!

Rhinos führen Scheinangriffe, wenn sie sich gestört fühlen. Wenn sie sich bedroht fühlen, greifen sie an und dann bringt sie nichts mehr zum Stehen. Könnte man doch rechtzeitig entscheiden, wann sie unterscheiden zwischen Störung und Bedrohung! Weibchen mit ihren Kälbern sind stets hochsensibel. Sie fühlen sich nie gestört! Immer nur bedroht!

„Ich werde keinen Guide in Gefahr bringen", stellte ich gegenüber meinem Guide-Bewerber kategorisch fest.

„Mir reicht es, wenn ich auf mich selber aufpassen muss!"

Ein Guide, der durch den Dschungel geht, macht keine Geräusche. Aber zwei Guides machen viele Geräusche. Sie unterhalten sich über jede Spur und streiten sich, ob 14 Hirsche oder nur 12das Gras niedergetrampelt haben. Ich würde mir selbst meine Rückwege decken und das hohe Elefantengras meiden, das versicherte ich Birendra.

„Ich werde mich schon rechtzeitig erschrecken, sei ohne Sorge!"

Es gibt Menschen, die überall hingehen würden, wenn sie sich nicht durch einen ärgerlichen Mangel an natürlichen Kräften beschränken lassen müssten. Das Ideal der Freiheit, allein dem Unternehmungsgeist zu folgen, wurde früher von den Waldbewohnern gelehrt:

Sarram eva bishanti – sie dringen in alle Dinge ein, das Außen und das Innen. Und deshalb ist ein Waldläufer einer, der sich selber erkennen will.

„Du bist ein Guide, du bist ein Mann von Welt!", sagte ich zu Maghi.

„Wer hat die längste Nase?", fragte er mich. Ich strich mir über die Nase und antwortete zögerlich:

„Der Elefant!"

„Wer hat die längste Schnauze?"

„Der Pangolin!"

„Wer schießt mit Stacheln?"

„Das Stachelschwein, das kommt vom Schütteln!"

„Wer hat den stärksten Atem?"

„Der Lippenbär, er saugt die Termitenhügel leer!"

„Was leuchtet nachts den Weg?"

„Der Leuchtkäfer! Taschenlampen habt ihr ja keine!"

„Wer ruft des Tags: Cool drink!?"

„Der Tourist!"

„Du bist ein Shikari. Aber ein Guide bist Du erst, wenn Du Spuren lesen kannst!"

Heute Morgen wollte er mich auf die Probe stellen.

Noch vor dem Frühstück erzählte er mir, dass ein Guide ihm von einem Touristen berichtet habe, der selber wie ein Nashorn, immer der eigenen Nase nach, gelaufen wäre. Angesichts meines hervorragenden Geschmacksorgans konnte nur ich gemeint sein.

„Der Mann hatte wohl recht. Ich denke, wenn die Rhinos mich riechen könnten, könnten sie mich riechen!"

Das musste ich ihm näher erläutern. Er meinte nur, er wolle meine Nase gerne auf eine Spur ansetzen. Wo? Drüben in Bhata, einem Tharudorf in der Nähe. Warum gerade dort? Das eben sollte ich selber herausfinden.

Ich las die Spuren von nächtlichen Moskitobesuchen auf meinem Unterarm. Genügte das nicht als Nachweis, dass ich ein Spurenleser war? Er solle doch nicht so großes Aufhebens machen. Ich wollte nicht nach Bhata gehen, denn ich beabsichtigte gleich in den Dschungel aufzubrechen. Dafür würde ich zugeben, kein Guide zu sein.

Ich besann mich aber gleich, als Maghi erläuterte, dass mich die Sache interessieren müsste, denn in dem Dorf würde eine Ziege fehlen und er würde mir zutrauen, herauszufinden, dass „ein wildes Tier" den Diebstahl begangen hatte. Das hörte sich wirklich interessant an. Wie weit weg war das Dorf? Wir würden fahren!

Ich folgte ihm nach draußen. Da stand sein Fahrzeug, durchaus ein Erzeugnis aus dem zwanzigsten Jahrhundert. Er entschuldigte sich, als er meine Skepsis bemerkte, dass er nicht auch für mich ein solches Fahrzeug besorgt hätte. Aber das Fahrrad hatte ja einen Gepäckträger.

Der anstrengende „Ritt" nach Bhata wurde etwas kompensiert durch die reizvolle Flusslandschaft entlang des Rapti. Hin und wieder durchquerten wir verwildertes Grasland. Ich hätte mich nicht gewundert, wenn plötzlich ein Nashorn auf dem Weg gestanden hätte. Als ich genug durchgeschüttelt war, bestand ich auf einen Platzwechsel. Als Fahrer hatte man den besseren Teil für sich.

In Bhata gab es anscheinend nur Frauen und Kinder, die unser Kommen an sich, zugleich aber auch das Wie, staunend und neugierig zu Kenntnis nahmen. Maghi führte mich zuerst in einen kleinen Stall neben einem Wohnhaus. Die Räume waren nicht untereinander verbunden. Der Stall grenzte an ein umzäuntes Feld.

Ein Tiger habe hier die Stalltür aufgebrochen, erklärte Maghi. Ich konnte jedoch keine Spuren eines gewaltsamen Eindringens feststellen. Der einfache Holzriegel sei aus der Halterung gefallen, wurde mir gesagt. Jetzt befand er sich wieder an Ort und Stelle. Als der Räuber sich die eine Ziege aus dem Stall holte, flüchteten die anderen. Dass er drinnen war, konnte man an den Blutflecken auf dem Lehnboden erkennen. Der Boden war hart und wies weder drinnen noch draußen Fußspuren auf.

Ich ging mit Maghi zum Flussufer. Für Tiger sind seichte Gewässer kein Hindernis.

Ich wunderte mich, warum ein Tiger bei dem großen Nahrungsangebot in Chitwan, drüben auf der anderen Seite des Flusses, dieses Abenteuer überhaupt unternommen haben sollte.

„Hier! Hier hat der Tiger seine Spuren hinterlassen!" Maghi zeigte mir die Stelle. Und tatsächlich, im feuchten Sand-Lehm-Gemisch waren deutlich die Abdrücke zu sehen. Vier

Zehen einer großen Pfote. Ich hob meine Hand über den Abdruck und achtete darauf, dass meine Finger den Boden nicht berührten. Die Zehen der Katzenpfoten ragten geringfügig darüber hinaus. Es war klar, dass es keine Fischkatze gewesen war, die sich die Ziege geholt hatte!

Ich stand wieder auf und sagte zu Maghi:

„Es war kein Tiger! Es war ein Leopard. Aber es ist nicht schlimm, dass du dich geirrt hast. Es ist meine erste Leopardenspur in Nepal, die ich sichte. Es ist tatsächlich ein großer Leopard, sicherlich ein Männchen!"

Maghi bekam große Augen. Er warf einen geringschätzigen Blick auf die Spur und fragte:

„Und woher willst du das wissen?"

„Bücherweisheit! Was die Unterscheidung von Tigern und Leoparden betrifft, muss man aufpassen. Die einen haben ein geflecktes, die anderen ein gestreiftes Fell. Das ist das zuverlässigste Unterscheidungsmerkmal. Aber es ist nicht das einzige. Wir haben hier den Fußabdruck. Männliche Tiger haben einen Pfotendurchmesser von ca. 12-14 cm, weibliche Tiger von 11-13 cm, wobei die Zehen etwas länglicher sind, das kommt wahrscheinlich von der Maniküre. Leopardenpfoten messen ca. 10-11 cm. Meine Handfläche ohne die Finger kann den Abdruck gerade überdecken. Damit steht für mich fest, es müsste ein kleiner, gefleckter Tiger oder sagen wir besser, ein ausgewachsener Leopard gewesen sein."

Maghi grinste. „Wenn es aber ein junger Tiger war?"

„Das ist eher unwahrscheinlich. Einen vergleichbaren Abdruck produzieren junge Tiger, wenn sie zwölf Monate alt sind. In dem Alter jagen sie oft noch nicht auf eigene Faust – wollte sagen – auf eigener Pfote. Die Mutter ist meist in der Nähe. Hier haben wir es wohl aber mit einem Einzelunternehmen zu tun, noch dazu in der Nacht! Typisch Leopard! Junge Tiger, die nachts über den großen Fluss waten, um Menschen zu bestehlen, das ist zu viel, was man glauben müsste. Da ist es wesentlich einfacher, an einen Leoparden zu denken, der in die Jahre gekommen ist und nicht mehr flink genug ist, einerseits das Wild zu schlagen, andererseits den bei Tage jagenden Tigern aus dem Weg zu gehen. Tiger töten Leoparden, wann immer sie sie zu fassen kriegen. Aber ich verrate dir ein Geheimnis. Ich habe von Anfang an, auch ohne die Spur, geglaubt, dass ein Leopard der Ziegendieb war, weil es einfach typisch für ihn ist, solche Dinge anzustellen. Man hätte mir den Tiger schon beweisen müssen. Aber du wusstest ja, dass es ein Leopard war, nicht wahr?"

Das war also die Guideprüfung! Ich erfuhr, dass die Ziegen erst Alarm geschlagen hatten, als der Leopard bereits mitten unter ihnen war. Die Leute waren aus den Häusern gelaufen und hatten mit ansehen müssen, wie der Leopard mit der Ziege im Maul an ihnen vorüber lief. Wenn das Schule machte! Dann war nichts mehr mit „Gute Nacht!"

Wir wateten über den Fluss und suchten am anderen Ufer nach weiteren Spuren. Dort war aber der Ufergrund von anderen Wildtieren zertreten. Wir folgten einem Wildpfad durch zwei Meter hohes Khairgras. Das war die stille Reserve der Leute von Bhata, denn Khairgras ist das Multifunktionsgras der Dorfleute.

Es war nicht anzunehmen, dass der Leopard die Ziege gleich wieder mit herübergeschleppt hatte. Vermutlich hatte er nicht weit vom Dorf, also noch auf der anderen Seite, mit dem Fressen angefangen, wo ihn des nachts weder Mensch noch Tier dabei stören würden. Jedenfalls war der Leopard mitsamt seiner Beute drüben vor Tigern sicher. Mancherorts sind Leoparden beinahe schon als Kulturnachfolger zu bezeichnen, wenn sie eine Vorliebe für domestizierte Tiere entwickelt haben. Ganz oben auf ihrem Speisezettel stehen Dorfhunde, heißt es.

„Ein Leopard, der an Ziegen Gefallen findet, wird es doch nicht auch noch auf Menschen abgesehen haben? Von wo kommt der Wind?"

Es war windstill. "War es schon einmal vorgekommen", fragte ich weiter, "dass Menschen im Terai von Leoparden angegriffen worden waren?"

„Sometimes!", sagte Maghi nichtssagend. In Sri Lanka gab es in den letzten 50 Jahren nur zwei bezeugte Angriffe von Leoparden auf Menschen. Im gleichen Zeitraum sind hunderte von Menschen durch wilde Elefanten ums Leben gekommen. Deshalb mag man den Ceylonesen nicht glauben, wenn sie eine angeblich tolerante, buddhistische Haltung gegenüber Tieren als Begründung anführen. Als ob Leoparden eine Vorliebe für menschliche Einstellungen belohnen würden! Auch in Nepal ist der Buddhismus Religion der Mehrheit.

In Wahrheit ist der Leopard ungefährdet und ungefährlich dort, wo er genügend Lebensraum hat. Das ist im Osten von Sri Lanka noch der Fall. Nicht aber im Terai außerhalb von Chitwan. Batha lag am Rande des Parks.

Vorsichtshalber bewegten wir uns nur langsam vorwärts. Auf dem Pfad waren keine Spuren zu erkennen. Leopardenspuren kann man von den Spuren junger oder weiblicher Tiger nur sicher unterscheiden, wenn man beide nebeneinander hat.

Andernfalls gehört viel Erfahrung dazu. Die Zehen sind bei gleichem Pfotendurchmesser beim Tiger größer als beim Leoparden. Die Spur einer Hyäne sieht ähnlich aus. Die Hyäne ist aber kein Beutegreifer, der sich anschleicht, daher überrascht es nicht, die Zehen als vergleichsweise groß zu finden. Außerdem sind in den Abdrücken die Klauen sichtbar. Schließlich sind ihre Vorderpfoten größer als die Hinterpfoten.

Alles, was wir noch fanden, waren Schweinespuren, deren rudimentäre Zehen hinter den eigentlichen Zehen schwache Abdrücke hinterlassen hatten.

Wir kamen an zwei Bhelurbäume. Ihre Rinde ist normalerweise grau und hat einen weiß- und orangefarbenen Flechtenbewuchs. Einer der Bäume wies Kratzspuren von Leopardenkrallen auf. Sie befanden sich in Augenhöhe, damit war klar, dass sie nicht von einem Tiger stammen konnten, denn diese wären in Höhe eines ausgestreckten Armes zu finden gewesen. Der Leopard benutzte diesen Pfad öfters, sonst hätte er diese Markierung nicht hier angebracht.

Tiger verhalten sich ähnlich. Erfahrene Shikars können bei solch spärlichen Spuren sogar das Geschlecht des Tieres ablesen, wohin es anschließend gelaufen sein muss, was für ein Tier es zuletzt getötet hat – und ob es ein Tier war!

Die Spuren des Geläufs sind noch aufschlussreicher. Geschlecht, Alter, Gesundheit, Richtung und Geschwindigkeit verraten sie. Bei Schritttempo sieht man von größeren Katzen nur die Abdrücke der Hinterbeine, weil sie die genau in die Abdrücke der Vorderbeine hineinsetzen. Bei zunehmender Geschwindigkeit setzen die Hinterbeine vor den Vorderbeinen auf, sodass man alle vier Fußabdrücke zu sehen bekommt. Am Abstand von Vorder- und Hinterbeinen kann man so die Geschwindigkeit ablesen. Im Unterholz nutzten diese Erkenntnisse nichts.

Es gab hier auch keine Spuren von Nashörnern, dafür waren die Spuren von Axishirschen sehr zahlreich.

„Wie viele Hirsche waren hier?", fragte ich Maghi.

„Zehn oder zwanzig!", antwortete er. Ich hatte den Eindruck, dass er geraten hatte. Um bei einer vorhandenen Spur festzustellen, wie viele Tiere man vor sich hat, zieht man einfach zwei Striche quer zur Laufrichtung im Abstand von 60 cm. Das ist der Abstand zwischen Vorder- und Hinterhufen. Dann zählt man die Abdrücke, die sich dazwischen befinden und teilt die Zahl durch zwei. Damit hat man die ungefähre Zahl der Tiere. Diese Methode funktioniert im Prinzip bei allen Tieren und sogar, etwas abgewandelt, bei Zweibeinern, vorausgesetzt die Laufrichtung bleibt die gleiche und die Abdrücke sind noch zählbar.

Maghi untersuchte den Wegrand, konnte aber keine Schleif-
spuren entdecken. Er glaubte immer noch, dass der Leopard
die Ziege über den Fluss geschleppt hatte. Tiger und Leoparden heben ihre Beute an, wenn sie einen Weg überqueren. Es soll dadurch vielleicht vermieden werden, Bären und
Hyänen eine Duftspur zu hinterlassen. Dieses Verhalten
lässt auf vorausgedachtes Handeln schließen. Höhere Tierarten sind zweifellos intelligenter als sie oft dargestellt
worden. Es fragt sich nur wie intelligent – ganz wie beim
Menschen. Sie sind von ihrem Schöpfer mit allem ausgestattet, was sie in ihrem natürlichen Lebensraum benötigen, solange er noch natürlich ist!

Wenn Leoparden und Tiger mit ihrer Mahlzeit nicht fertig
werden, decken sie die Überreste, den „Kill", mit Laub zu,
um ihn vor Aasfressern zu verbergen. Diese Maßnahme
bringt nicht einmal der Deutsche Schäferhund fertig. Er
bräuchte eine höhere Schulung.

Es war unwahrscheinlich, dass wir noch etwas von dem Kill
finden würden. Tiger zerteilen ihren Kill, bevor sie mit der
Mahlzeit beginnen. Leoparden nehmen sich diese Zeit nicht.
Sie haben viele Mitkonsumenten zu fürchten und lassen
auch mehr übrig, weshalb Essplatz und Kinderstube immer
sehr unaufgeräumt aussehen. Eine Identifizierung der Katzenart ist also auch über die verschiedenen Essgewohnheiten möglich.

Meiner Meinung nach war der Leopard, hinter dem wir her
waren, am anderen Ufer zu suchen. Die Spur, die wir gefunden hatten, war jedenfalls älter als der Schrecken der Dorf-

bewohner von der letzten Nacht. Wenn der Leopard irgendwo im hohen Gras lag, hatten wir keine Chancen, ihn zu entdecken. Er würde sich absolut still verhalten, selbst, wenn wir nur wenige Meter an ihm vorübergehen würden. Ein Tiger würde seine Anwesenheit durch Grollen und Fauchen preisgeben, wenn er einen Grund sähe, den Gegenüber zu warnen. Da ich mir nichts mehr davon versprach, weiterzugehen, wollte ich Maghi dazu überreden, umzukehren.

Doch da erscholl plötzlich der Warnruf eines Hirsches und ganz in der Nähe auf einem Caryopterisbusch saß ein „Racked-tailed-Drongo", der aufgeregt mit dem Schwanz wippte. Das Themedagras stand um eine Gruppe Büsche, wo der Untergrund fester war, etwas niedriger. Aber Hirsche waren nirgendwo zu sehen. Als nun wieder der Warnruf erklang, war es klar, wo er hergekommen war – von diesem Vogel!

Der Drongo ist für Vogelliebhaber eine nie versiegende Quelle der Verwirrung. Er ahmt andere Tiere, nicht nur Vögel, nach. Er scheint einen musikalischen Sinn für Humor zu haben, den er mit Vorliebe unter den auf den Boden lebenden Vögeln entwickelt. Er sucht sich die Gesellschaft von Hühnervögeln, Schwätzern und Drosseln, setzt sich auf einen Ast und wiederholt, was er aufgeschnappt hat. Währenddessen hält er Wache, damit keine Falken, Katzen, Schlangen und Touristen sich unbemerkt an seine Studienobjekte, die Körnerpicker, heranmachen können. Gelegentlich fliegt er hin, wenn ein Centipedes, ein Grashüpfer oder Skorpion aufgestöbert worden ist. Dann macht er sich einen Spaß daraus, wie ein Falke unter die davonstiebenden Vögel zu stoßen, um sich seinen Anteil am Biofutter zu sichern. Ebenso verfährt er, wenn er die grasende Axisherde beaufsichtigt. Sobald ein Leopard von seiner erhöhten Sitzposition sichtbar wird, gibt er ein Alarmsignal in der Sprache der Hirsche, er bellt also wie ein Axishirsch. Das ist kaum zu glauben und doch tausendfach bezeugt. Es wäre unsinnig zu behaupten, dass dieses Verhalten für Drongos oder Hirsche überlebensnotwendig und damit evolutionistisch wirksam wäre. Es ist nur eine von vielen Möglichkeiten des sinnvollen Zusammenlebens. Die Tiere kennen nicht nur ein Gegeneinander, sondern auch ein Füreinander. In alten Zeiten gab es vermutlich nur ein Füreinander, bis dann die modernen Zeiten kamen.

Für mich war es noch lange nicht klar, was dieser Drongo mit seinem Ruf bezweckte. Entweder er warnte Axishirsche oder wahrscheinlicher Schweinshirsche, die irgendwo im hohen Gras verborgen waren, vor unserer Anwesenheit, oder er benutzte grundsätzlich diesen Alarmruf, wenn er Menschen sah, ganz gleich, ob gerade Hirsche in der Nähe waren oder nicht.

Tiere scheinen die Bedeutung von bestimmten Verhaltensweisen anderer Tierarten zu kennen. Wenn Languren Alarm schlagen, horchen auch die Huftiere auf und der Tiger ärgert sich, weil er verraten ist und all seine Bemühungen wieder einmal zunichtegemacht sind. Doch der Tiger schlägt zurück! Angeblich soll er die Fähigkeit haben, beispielsweise den Ruf des Sambars nachzuahmen. Das brächte ihn ein paar Schritte näher zum Ziel! Tiere sind lernfähig. Das bedeutet, sie haben Geist!

492

Maghi vertrat eine andere Auffassung. Der Drongo habe uns vor dem Leoparden gewarnt! Das war auch eine Möglichkeit! Drongos, „Rufous-baked Shrike" und „Gold-fronted-green Bulbul" seien die Verräter der Leoparden. Mit ihnen, unterstützt von Drosseln und Schwätzern, sei man stets informiert über die Bewegungen des Leoparden, klärte Maghi mich auf.

Doch dann entdeckte ich zwei Hirsche zwischen zwei Kusumbäumchen. Ich sah nur ihre Köpfe mit den übertrieben abstehenden Ohren. Sie hatten die Hälse gereckt und starrten angestrengt in eine Richtung, nicht zu uns her, sondern nach irgendwo rechts neben uns.

Es waren keine Axishirsche, sondern die fast fleckenlosen, sonst ganz ähnlichen Schweinshirsche. Jetzt trat noch ein dritter zu den beiden anderen hinzu, und noch ein vierter, der plötzlich einen Warnruf ausstieß. Die anderen stimmten ein, bewegten sich aber nicht vom Fleck. Wir gingen ganz langsam ein paar Schritte weiter vor und beugten das Gras auseinander, um eine bessere Sicht zu haben. Rechts von uns war das Gras höher, hie und da standen ein paar Büsche. Zwischen den Hirschen und uns war offenbar sumpfiges Gelände. Die Alarmrufe kamen vereinzelt und dann wieder unisono. Maghi war überzeugt, dass die Hirsche den Leoparden gesehen hatten.

Sobald er sich bewegte, würden die Alarmrufe heftiger und immer, wenn er bewegungslos stehen blieb, ließen sie nach. Wenn Hirsche, die kein gutes Sehvermögen besitzen, alle in eine Richtung schauen und alles andere außer Acht lassen, haben sie nicht nur Witterung von einem Leoparden aufgenommen, sondern ihn auch gesehen.

Ich schlug vor, uns näher an die Hirsche heranzupirschen. Sie würden sich dann sicher nicht in Richtung auf den Leoparden zu absetzen. Aber wir könnten dann vielleicht einen Blick auf den Leoparden erhaschen, falls er wirklich existierte. Solange ich ihn nicht gesehen hatte, mochte ich nicht so recht daran glauben, dass wir das große Glück hatten, mit der Nase auf das Tier zu stoßen, das in der vergangenen Nacht das ganze Tharudorf in Aufregung versetzt hatte. Eben erst hatten wir die Spur aufgenommen!

Es konnte auch sein, dass sich der Leopard auf uns zu bewegte. Wenn er sich rechts von uns befand, war er jedenfalls schon sehr nahe. Da wir uns selbst in hohem Gras befanden, war das für uns kein Grund euphorisch zu sein, denn ein fröhliches Aufeinandertreffen auf engstem Raum hätte das sicher nicht gegeben!

Maghi kommentierte meinen Vorschlag ironisch. Wenn die Hirsche uns entdeckten und wegen uns Alarm schlugen, würde das auch der Leopard bemerken und dann wären beide weg. Wir hatten ohnehin schon genug der Flüsterworte gewechselt.

Schweinshirsche sehen schlecht. Wenn sie eine Raubkatze gesehen haben, dann muss sie sich in offenem Gelände bewegt haben. Maghi schlich weiter und winkte mir zu, ihm zu folgen.

Ich kam gerade noch rechtzeitig, um das gefleckte Fell des Leoparden im hohen Gras, eben da, wo wir ihn vermutet hatten, verschwinden zu sehen. Wir hatten ihn verscheucht. Maghi freute sich, recht behalten zu haben, und auch ich war froh über diesen Ausflug, da man Leoparden nicht alle Tage sieht.

Dem Leoparden weiter zu folgen, war sinnlos und außerdem nicht ganz ungefährlich, wenn er wieder einen Richtungswechsel von 180 Grad vornehmen würde. Wir hatten deshalb keine Meinungsverschiedenheiten, als wir umkehrten.

Der Leopard musste die Ziege noch in der gleichen Nacht verspeist haben. Es konnte nicht viel an ihr dran gewesen sein. Trotzdem war es verwunderlich, dass er schon wieder, noch mit vollem Magen, durch sein Revier streifte, noch dazu im Tageslicht.

Leoparden haben kleinere Reviere als Tiger, wenn der natürliche Lebensraum groß genug für beide ist. Sie überschneiden sich natürlich mit denen der Tiger. Rechnet man noch das diese überlagernde größere Revier des Tigermännchens dazu, so könnte es ein Leopard, wenn er seine Streifzüge tagsüber unternimmt, mit drei Tigern zu tun bekommen. Nicht, dass Tiger und Leopard Nahrungskonkurrenten wären! Der Tiger kann größere Tiere jagen als der Leopard. Mit Ziegen gibt er sich nicht zufrieden. In Gegenden, wo Tiger häufig sind, jagen Leoparden meist nachts, um den Tiger ja nicht in die Quere zu kommen, der das Tageslicht zur Jagd bevorzugt.

Tharus sagen, der Tiger neide dem Leoparden das schöne Fell und dulde ihn deshalb nicht in seiner Nähe, deshalb vertreibe oder töte er ihn. Shiwa, für viele Hindus der höchste Gott, weil man das Zerstörerische seines Charakters in der

Wirklichkeit des rauen Lebens sich alltäglich und dominierend ausbreiten sieht, sitzt auf einem Tigerfell. Das heißt, das Starke sieht in dieser Welt immer besser aus als das weniger starke. Menschen müssen lernen, anders zu schauen.

Tatsache ist, dass Tiger Leoparden nicht mögen. Ein Maharaja wollte aus dieser Tatsache seinen Lustgewinn haben. Er sperrte einen Leoparden zu einem Tiger in den Käfig, um sich an dem erhofften Schauspiel zu ergötzen. Die Tiere spielten aber nicht mit. Sie hatten erkannt, dass der Mensch ihr gemeinsamer Feind war. Der Maharaja verließ enttäuscht seinen Sitzplatz. Und er ärgerte sich am nächsten Morgen maßlos. Der Panther lag tot im Käfig.

Im Palamau Nationalpark ist ein Tiger sogar durch einen dicken, doppelten Stacheldrahtzaun und ein Eisengitter durchgebrochen, nur um einen Panther, der im Gehege nebenan gehalten wurde, sein kurzes Gefühl der Sicherheit zu nehmen, nebst Leben.

Leoparden sind in Südasien, da wo Tiger noch anwesend sind, scheue und vorsichtige Tiere. Es gibt nur ein Gebiet, wo sie sich nicht vor den Tigern fürchten müssen, das ist Sri Lanka. Dort gibt es keine Tiger. Dort sind sie auch tagaktiv, treten selbstsicher auf und verstecken bei gleichzeitiger Abwesenheit von Hyänen, ihre Beute auch nicht auf Bäumen wie in Indien und Afrika.

Einem dieser furchtlosen Leoparden begegneten wir im Yala Nationalpark in Sri Lanka. Unser Jeep war wegen einer Reifenpanne liegengeblieben. Wir wollten das Resthouse noch vor Sonnenuntergang erreichen und trafen hinter einer Buschgruppe unvermittelt auf einen Leoparden, der mitten auf dem Weg lag. Als er uns sah, warf er uns einen weniger verblüfften als vorwurfsvollen Blick zu, als wollte er damit zum Ausdruck bringen, dass er es keinesfalls billigen würde, nun auch noch zu so später Stunde in seiner Ruhe von Touristen gestört zu werden. Wir hatten Verständnis dafür und wollten um ihn herumfahren. Er drehte gelangweilt, vielleicht auch mit einem Deut Geringschätzung, seinen Kopf zur Seite, machte einen untauglichen Versuch aufzustehen, probierte es noch einmal mit Erfolg und trottete dann, ohne sich auch nur ein einziges Mal umzudrehen, gemächlich davon. Dabei gab er uns zu erkennen, dass er das anmutigste, wohlgebildetste Geschöpf des Dschungels mit den graziösesten Bewegungen und der schönsten Fellzeichnung war und sich dessen auch bewusst war. Ein Prachtexemplar, ein Kunstgenuss, eine Offenbarung ...

Dem Selbstbewusstsein des Leoparden hat die gänzliche Abwesenheit des Tigers in Sri Lanka jedenfalls nicht geschadet. Er ist auch nie von Menschen, außer von ein paar britischen Kolonialherren gejagt, worden. Das hat seine Art gedankt und die Menschen umgekehrt in Ruhe gelassen. In Sri Lanka gab es auch keine großen Jagdveranstaltungen. Selbst das Intermezzo der britischen Kolonialzeit mit ihren unsportlichen Jägern hat die Fauna der Insel gut überstanden. Für Nepal kann dies leider nicht behauptet werden.

Wir gingen hinunter zum Fluss. Es gab hier keinen Baum, der eine Beobachtung des Umfeldes ermöglicht hätte. Uns umgab hochgewachsenes Saccharum und Narengagras. Zum Ufer war ein kleiner Steilabfall hinabzusteigen. Der Rapti war daher nicht zu sehen. Wir waren gerade dabei, die letzten Meter auf dem Pfad zur Furt hin zurückzulegen, als sich Maghi, der vorauslief, plötzlich duckte.

Ohne sich umzudrehen, gab er mir Handzeichen, das gleiche zu tun. Ich kroch zu ihm hin und lugte durchs Gras. Wenn das keine Sinnestäuschung war, dann war gerade ein ausgewachsener Leopard dabei, den Fluss zu überqueren und er kam geradewegs auf uns zu!

Ehe wir noch Überlegungen anstellen konnten, was nun zu tun wäre, hatte uns der Leopard entdeckt. Er blieb stehen, sah uns an und ließ eine Folge tiefkehliger Grunzlaute aus seinem geöffneten Maul vernehmen. Er fühlte sich durch uns bedroht und hatte ein schlechtes Gewissen, denn es war klar, er war der Ziegendieb und er wusste genau, dass er die Ziege bei den Menschen geholt hatte. Und er wusste, dass wir es wussten!

Es war ein kräftiges, großgewachsenes Tier. Der Grund für den Ziegenraub war jedenfalls nicht eine Behinderung oder das Alter. Das Zurückziehen der Lefzen war eine Drohgebärde, die von dieser Nähe aus betrachtet nicht an eine Hauskatze erinnerte.

Ich hätte uns gerne weggewünscht. Die ganze Zeit hatte ich kein schlechtes Gefühl, als wir hinter dem anderen Leoparden her gewesen waren, selbst als wir ihm ganz dicht auf den Fersen waren. Ich hatte immer gedacht, es sei ein Unterschied, ob man einen Tiger vor sich hat, oder den viel kleineren Leoparden. Jetzt war ich mir dessen nicht mehr so sicher. Und dieser Leopard war jedenfalls auch gar nicht viel kleiner!

498

Der Leopard versperrte uns ebenso den Rückweg wie wir ihm. Unsere Situation war aber ungleich prekärer, denn erstens hatte er ja nichts von uns zu befürchten und zweitens war hinter uns ja noch ein zweiter Leopard! Wir waren in der Zange! Auch wenn ich nach dieser Begegnung gerne von einem glücklichen Zufall rede, in diesen bangen Sekunden ließ es sich noch nicht voraussehen, ob wir es mit einem Glücks- oder Unglücksfall zu tun hätten. Die Entscheidung lag sozusagen in den Klauen des Leoparden. Und er entschied sich sehr schnell.

Seine Drohgebärde entsprach seinem natürlichen Verhalten. Schon im nächsten Augenblick drehte er sich um und lief zurück. Ein paar Sprünge das Ufer hinauf und er war unseren Blicken entschwunden.

Wir warteten nicht lange und gingen unsererseits über den Fluss. Der Leopard war sicher nicht zum Dorf gelaufen. Er würde den Rapti nun an einer anderen Stelle weiter flussaufwärts überqueren. Maghi war wie ich der Meinung, dass dies der Ziegendieb gewesen sein musste. Der andere Leopard war offenbar das Weibchen. Selbst für Maghi, der kaum einen Tag seines Lebens außerhalb des Terai verbracht hatte, war es ein besonderes Ereignis, an einem Tag gleich zwei Leoparden zu sehen. Das schien darauf hinzudeuten, dass sich die beiden wirklich nicht vor Tiger fürchteten. Angenommen, der Raub der Ziege war nachts geschehen, weil da die Leute schliefen. Aber war es nicht leichter, die frei herumlaufenden Ziegen am Tage zu erbeuten?

Ich lobte Maghi wegen seiner irrigen Annahme, der Dieb sei schon über den Fluss gegangen, was uns erst die Sichtung beider Leoparden ermöglicht hatte. Wenn wir im kultivierten Land diesseits des Rapti gesucht hätten, hätten wir weder den einen noch den anderen zu sehen bekommen.

„Warum macht sich ein starker, gesunder Leopard die Mühe, seinen Bedarf an frischem Fleisch aus dem Dorf am Rande des Dschungels zu befriedigen?"

Maghi lachte, ein Shikar stelle solche Fragen, aber ein Guide beantworte sie! Das Männchen, klärte er mich auf, wollte seinem Weibchen ein Geschenk machen. Eine Ziege aus dem Dorf der Menschen, noch dazu nachts, wo alle Tiere in unmittelbarer Nähe der Menschen sind, das musste das Weibchen beeindrucken. Aber es war doch nicht alles nach Wunsch gelaufen. Der Raubzug war von den Menschen nicht unbemerkt geblieben. Die Menschen hatten ein Geschrei veranstaltet und vielleicht würden sie ihn sogar verfolgen. Dass die Ziege den Menschen gehörte, wusste der Leopard natürlich. Er ließ die Ziege am diesseitigen Ufer in einem Versteck zurück, um sie am frühen Morgen zu holen und seiner Dame zu präsentieren. Doch inzwischen hatten die Menschen die Ziege, zu der eine Blutspur hinführte, gefunden und als der Leopard zurückkehrte, sah er die Menschen dort herumstehen und gestikulieren. Er beobachtete sie unschlüssig eine Weile, dann beschloss er, die Ziege aufzugeben und ans jenseitige Ufer zurückzukehren. Dort liefen ihm zu allem Überdruss auch noch ein Dorfbewohner und ein Tourist über den Weg. Kein guter Tag!

So konnte es gewesen sein. Ich hoffte aber, dass die Ziege, falls es sie noch gab, in ihrem Versteck lag und wir nur auf die Rückkehr des Leoparden zu warten hätten. Ich wäre in der Zwischenzeit nach Sauraha gelaufen, um meine Kamera zu holen. Heute Morgen hätte sie mir nicht viel genutzt, denn die beiden Begegnungen mit den Leoparden waren viel zu kurz. Blitzschnell waren beide wieder von der Bildfläche verschwunden, kaum, dass sie aufgetaucht waren. Und das war uns ganz recht gewesen. Für einen Fotografen ist so etwas eine Tragödie.

Maghi hatte recht behalten. Die Ziege war tatsächlich von den Männern des Dorfes, die sich noch vor unserer Ankunft in Bhata auf die Suche gemacht hatten, gefunden worden. Den Leoparden hatten die Dorfleute allerdings nicht mehr gesehen. Maghi wollte mit mir zum Haus des Gurau, des Dorfpriesters, gehen. Wir hätten unsere Beobachtungen zu berichten. Jetzt hatte ich Gelegenheit, mir das Tharudorf genauer anzuschauen.

Wie in Sauraha, das nur zum Teil von Tharus bewohnt wurde, waren in diesem Tharudorf die Gebäude in Nord-Südrichtung ausgerichtet. Die Wände der Häuser waren mit den Halmen hochgewachsener Gräser, Kharai, und einer Mischung von Lehm und Kuhdung verputzt. Darauf waren Tikadekorationen aufgebracht, einfache, abstrakte oder auch Blumenmuster aus weißer Farbe. Als Fenster dienten schlitzartige Öffnungen. Die Dächer waren grasbedeckt, einige hatten sogar Ziegel. Die Wände reichten nicht immer bis unter das Dach, eine Bauweise, die man überall in Südasien findet. Sie erleichtert den Durchzug und damit eine bessere Luftzirkulation. Allerdings auch eine leichtere Zirkulation der Rattenpopulation.

Das Haus, das wir betraten, war erstaunlich groß. Auf Podesten und in Regalen lagen Werkzeuge für den Feldanbau und Körbe, sogenannte Dauris, in der traditionellen Flechtweise, außerdem waren Bündel von Grashalmen gestapelt, woraus man Seile und Matten zu machen pflegte. Von der Decke hing ein großer Korb in einem Netz. Darin waren Kleider aufbewahrt. Einige der Körbe hatten Verzierung aus Muscheln. Das waren die Vorratsbehälter für Gemüse und Getreide. Wasser füllte man dagegen bei den Tharus in Tontöpfe.

In einer Ecke befand sich eine kleine Erhebung aus Ton, die ich mir zunächst nicht erklären konnte. Es gab keine Möbel, außer einer Truhe und einigen flachen Hockern, deren Beine Schnitzereien aufwiesen. Wir nahmen jedoch nach hiesiger Sitte auf den Matten Platz. Der Lehmboden war peinlich sauber gekehrt. Dies war das Bhanji-Yara, das Ess- und Wohnzimmer des Hauses. Es eignete sich auch als Versammlungssaal.

Ich durfte auch noch einen Blick in die anderen Räume werfen, die Küche, Bhansa, und den Dhiksari. Im Dhiki wurde Reis geschält. Reismühlen waren noch nicht sehr verbreitet.

Endlich Frühstück! Auf Blättern des Sal und des Bahuhiniaweins wurde uns eine Mahlzeit gereicht, die üppiger nicht hätte sein können. Die Tharus essen nicht selten drei Mal am Tag warm. Wir bekamen gekochten Reis, Chicar und Gemüse, bestehend aus Yaraniblättern, Khracuratiwurzeln und Kocaiyafarn, angemacht mit dem Öl aus Mahaisamen, dazu gab es Parafrüchte und Citiblumen.

Mahato, der Priester, war dafür zuständig, die Götter für das Wohlergehen des Dorfes zu gewinnen. Dazu hatte er bestimmte Badhua-Rituale einzuhalten, die zu ganz bestimmten Zeiten stattfanden. Dieses Mal sollte ein Ziege Brahmawaa, dem Hauptgott der Tharus, geopfert werden. Gerade jetzt hatte ein Leopard eine Ziege gestohlen. Das konnte kein Zufall sein. Das verhieß nichts Gutes.

Brahmawaa ist der Gott, der Himmel und Erde erschaffen hat. In jedem Tharudorf befindet sich ein Schrein, der Brahmawaa geweiht ist. Er besteht aus einer kleinen Plattform, die an einen Baum gebaut ist. Darauf befindet sich ein Stein oder Schnitzwerk, welches die Gegenwart des Unsichtbaren verkörpern soll.

Alle anderen Götter sind Brahmawaa untergeordnet. Der Gott Jakhim kann mit einem Hühneropfer um eine gute Ernte ersucht werden; den Gott Parihar bittet man um Verschonung vor Krankheit und schlachtet dabei ein Schwein. Brahmawaa gibt man jedoch nur das Beste, ein makelloses Zicklein, oder wie in früheren Zeiten, als die Tharus noch reicher waren, einen Büffel.

Um etwas Gutes zu bewirken, das hatten die Tharus verstanden, muss man ein Opfer bringen. Ist es nicht sonderbar, dass bei vielen Völkern die Überzeugung herrscht oder herrschte, Gott müsse mit einem blutigen Opfer vollends den Menschen zugänglich gemacht werden? Wo immer Menschen fragen, Gott hat die bessere Antwort. Im Christentum ist die endlose Tradition der Opferungen durch ein einziges Opfer durchbrochen worden. Nicht mehr der

Mensch opfert, sondern Gott opfert sich in seinem Sohn Je-
sus Christus selbst auf und erlöst dadurch alle Menschen,
die erlöst sein wollen. Das Wollen ist eine komplizierte Sache bei Menschen, weil sie unzuverlässig sind. Heute wollen
sie so, morgen ganz anders!

Auch das Tongebilde in der Ecke war nichts anderes als ein
Hausschrein. Hindus haben in ihren Häusern kleine Heilig-
tümer, wo sie ihren Lieblingsgöttern huldigen. Man muss
nicht lange rätseln, wen sie anbeten, denn sie lieben Skulp-
turen und farbige Bildnisse. Abgesehen von den starken Ket-
ten der Kastenzugehörigkeit und den festen Familienban-
den könnte dies ein weiterer Grund dafür sein, warum sich
der Katholizismus nicht sehr in Indien ausbreiten konnte.
Es ist ihm nicht gelungen, bei aller Ähnlichkeit des Kultes,
Unterschiede klar zu machen.

Die Tharus haben viel aus dem Hinduismus übernommen.
Umso erstaunter war ich jetzt, diese formlosen Gebilde bei
einem Tharu vorzufinden. Der Hausherr sagte mir, als
Gaongurai, Priester des Dorfes, diene er stets Brahmawaa.
Als Ghar Gurai, Hausvorstand, verehre er Jogi Haawa, einen
eifernden Gott, der Zerstörung bringt, wenn man ihn nicht
fürchtet.

Ich sagte Mahato, dass auch Christen einen eifernden Gott
kennen würden, der jedoch zugleich der Schöpfergott sei.
Ob es nicht möglich sei, dass die Zerstörungen, die infolge
des vernachlässigten Gottesdienstes zu erwarten sind, nicht
von Gott hervorgerufen würden, sondern wegen der Zuwi-
derhandlungen gegen den göttlichen Willen auftraten. Es

würden dann ohne übernatürliches Eingreifen Gesetzmäßigkeiten ablaufen. Die göttlichen und zugleich natürlichen Ordnungen blieben leider durch Menschen weitgehend unbeachtet. Rechter Naturschutz sei wie ein Gottesdienst und rechter Gottesdienst ließe die Natur nicht außer Acht. Mahato fragte nach, was ich damit meinte.

„Ich denke, dass nicht Jogi Haawa den Leoparden hungrig macht und ihm den Duft von jungen Ziegen in die Nase steigen lässt, dass aber der Mensch in die Wälder eindringt, dem Leoparden die Lebensmöglichkeiten nimmt, ihn nicht so leben lässt, wie es von seinem Schöpfer vorgesehen wurde. Demzufolge hat der Mensch die Zerstörung, die die Natur bei ihm und durch ihn anrichtet, sich selbst zuzuschreiben. Vielleicht ist Gott nur deshalb ein eifernder Gott, weil er eifrig darum bemüht und darauf bedacht ist, dass der Mensch die Gesetzmäßigkeiten von Ursache und Wirkung verstehen und beachten lernt und sich keinen anderen Göttern zuwendet. Andere Götter sollen nur die Entschuldigungen für sein ständiges Fehlverhalten absegnen.

„Die Tharus nehmen sich aus dem Dschungel, was sie zum Leben brauchen", entgegnete Mahato, „aber es kommen immer mehr Leute aus dem Terai in den Dschungel!"

Der Druck, den die Übervölkerung der umliegenden Gebiete auf den Park ausübte, machte auch den Tharus zu schaffen. Bevor der Park eingerichtet wurde, sammelten die Tharus Feuerholz, Gras für den Hausbau und die Herstellung von Gebrauchsgegenständen für den Haushalt, dazu Kräuter und Viehfutter, so viel sie benötigten. Doch nun ist dies streng reglementiert. Wie soll man aber das Vieh außerhalb des Parks durchfüttern? Der Kuhdung wurde früher auf die Felder gegeben. Heute musste man ihn als Brennmaterial verwenden und chemische Düngemittel kaufen, was aber teuer ist. Die Ernte wurde also geringer, was erst recht dazu verleiten ließ, das Vieh in den Park zu treiben, wo es genügend Nahrung gab.

Den Bewohnern des Terai ist es gestattet, jedes Jahr innerhalb von zwei Wochen so viel Gras aus dem Park zu holen, wie sie tragen können. Von diesem Angebot wird ausgiebig Gebrauch gemacht, denn das Gras ist überaus wertvoll und durch nichts zu ersetzen. Man schätzt, dass rund 50.000 Menschen jeweils eine Tonne Gras aus dem Park holen. Dazu schicken Bauern zig Tausend Stück Rinder in den Park. Tiger ernähren sich bereits zu dreißig Prozent, so schätzt man, von diesen Hausrindern. Weil sich das Vieh illegal im Park befindet, bekommen die Bauern keine Entschädigung für ihre Verluste, was bei dem Wert eines Büffels schwer wiegt. Zudem fallen jedes Jahr den Tigern Menschen zum Opfer. Außerdem werden pro Jahr drei bis vier Menschen von Nashörnern getötet, meistens beim Grasschneiden.

In den Dschungelgebieten beträgt der Ernteverlust durch Wildschäden ca. 10 Prozent. Nashörner, Hirsche und Wildschweine werden von Reis, Weizen, Mais und Senf angezogen. Selbst Zäune und Gräben können sie nicht stoppen. Gegen Schwärme von Papageien lässt sich sowieso nichts machen. Die Bauern verbringen viele schlaflose Nächte auf den von ihnen errichteten Plattformen in ihren Feldern, um die Tiere zu verscheuchen. Aus diesen Gründen ist es verständlich, dass die Bauern im Terai wenig Sinn für Naturschutz haben, obwohl er in ihrem eigenen Interesse ist, denn wenn immer mehr Menschen in den Park eindringen, wird der Wald bald abgeholzt und das Gras geschnitten sein. Am Ende bleibt eine fruchtlose Steppe übrig.

Ohne den Wald kann die Gewalt des Monsunregens nicht gemildert werden. Schon jetzt werden riesige Mengen des fruchtbaren Schlicks in die Flüsse gewaschen. Die Flüsse ändern regelmäßig ihren Lauf, überfluten Gebiete, die vorher noch erhöht lagen. Hohes Gras hält Sand und Schlick gleichfalls zurück und verhindert die Erosion. Wenn es im Übermaß abgeerntet wird, ist die Erosion nicht mehr aufzuhalten. Jeden Sommer brechen Teile des Landes am Nordufer des Rapti ins Wasser. Damit gehen viele Hektar kultiviertes Land verloren. Doch diese Naturkatastrophen werden für unvermeidlich gehalten, weil sie angeblich den Launen der Götter entspringen.

10. Kapitel: Die Jagd nach dem Panther

„Wenn Du den Panther fängst, machen wir aus seinen Knochen Halsketten für unsere Kinder", sagte Mahato „das gibt unseren Kindern Mut. Es wird sie von allem Bösen schützen."

Er blickte mich dabei so an, als ob er prüfen wollte, ob ich es glaubte. Ich hatte das Gefühl, dass er selbst nicht so recht daran glaubte.

„Wenn der Panther gefangen wird, dann sind seine Knochen wertlos, denn wie sollen sie Kinder schützen, wenn sie den Panther nicht beschützen konnten, dem sie gehörten!"

Ich versuchte nicht, mit einem Tharu rational zu argumentieren. In einer Welt, in der Geister allgegenwärtig sind, ist es erforderlich, irrational zu handeln. Irrational darf man jedoch nicht mit realitätsfern verwechseln. In Südasien sind alle Buddhisten, Hindus oder abergläubisch – ein wahrlich religiöser Kontinent!

Es gibt wohl nur einen feinen Unterschied zwischen dem Aberglauben des ungebildeten Dschungelbewohners und dem Aberglauben gebildeter Leute, wenn überhaupt! Jeder Mensch, bis auf zwei, drei Glückliche, trägt Sorgen und Ängste in der Seele und hofft, da er sich machtlos sieht, dass irgendwer oder irgendwas irgendwie alles zum Guten werden lässt. „Aber-Trotzdem-Glauben" ist also nicht der Glauben an etwas, das nicht existiert, außer in der Vorstellung, jedenfalls solange nicht, bis das Gegenteil bewiesen ist. Tat-

sächlich gibt es keine zwei Menschen, die das gleiche glauben und es fällt schwer, eine Trennlinie zu ziehen zwischen
orthodoxen Meinungen, die von Mehrheiten befürwortet
werden, und einem Aberglauben, dem es nicht gelingen will,
natürlichen Phänomenen übernatürliche Zusammenhänge
plausibel zugrunde zu legen. Der Atheist bezichtigt den The-
isten des Aber- oder Unglaubens und umgekehrt und beide
tun unrecht, ohne recht zu haben, solange nicht bewiesen
ist, ob eine göttliche Macht wirklich der Ursprung allen
Seins ist oder alles Sein wirklich und wirklich ohne Gott
sein kann.

Ohne Glauben kann der Mensch nicht existieren. Der
Glaube, dass das, worauf man sich gestern und heute noch
verlassen konnte, auch heute und morgen wieder funktioniert, ist lebenswichtig. Der Aberglauben der sogenannten
Wilden ist jedenfalls nicht das, was eine Mehrheit, auch unter Würdigung angeblich aller Umstände aus der Perspektive neutraler und objektiver Beobachter, als Hirngespinst,
Wahnvorstellung und realitätsferne Fantasieprodukte ab-
tut. Es lassen sich nämlich gewiss für weniger bekannte
Wahrheiten Mehrheiten finden, die nicht an sie glauben,
weil sie ihnen nicht vertraut sind und unglaubwürdig erscheinen. Was der Bauer nicht kennt ... Was ist dagegen zu
tun?

Der Besserwisser möge Verständnis dafür aufbringen, dass
man unterschiedliche Auffassungen haben kann. Mag sein,
dass ein Reisender für die bösen Geister der Dschungelbewohner in seinem aufgeklärten, wissenschaftlichen Weltbild keine metaphysischen Wohnungen unterbringen kann.

Er darf aber bemerken, dass die einfachen Dschungelbewohner nicht wie er gewohnt sind, rein materialistisch, allenfalls zweidimensional zu denken. Sie sind von Kind an
mit dem Glauben ihrer Väter groß geworden. Man muss sich
nicht wundern, wenn sie durch ihre naturverbundene und
naturabhängige Lebensweise eher den tatsächlichen Ursachen der Lebensvorgänge auf der Spur sind und besser mit
den Naturgesetzen vertraut sind als die Universitätshocken-
bleiber, die die mittelbare Bindung zu dem, was sie ergründen sollten, was sie geistig zu erfassen oft nicht einmal bemüht sind, verloren haben.

Es gehört auch Glauben dazu, anzunehmen, dass die stu-
dierten Theoretiker den Naturkindern sagen könnten, was
das Leben ausmacht, als dessen Bestandteil sie sich betrachten. Nicht immer schafft die Wissenschaft reines Wissen
und nicht immer hat sie recht. Und nicht immer liegt man
mit dem Aberglauben als wissenschaftlich nicht nachvoll-
ziehbares Glaubenskonzept falsch. Wenn er aber auch einmal unrecht zu haben scheint, mangelt es ihm nur am Nachweis, recht zu haben?

Dem Reisenden wird es schwerfallen, den Dschungelbewohnern alle merkwürdigen Dinge, die sich im Laufe ihres Lebens ereignet haben, wissenschaftlich zu erklären. Schon
bei sich würde er Schwierigkeiten bekommen. Aus Er-
schwernissen dieser Art lässt sich ersehen, warum man die
Psychologie zu einem wissenschaftlichen Fach erklären
musste, und, weil sie nicht ausreicht, sich anschickte, die
Parapsychologie zu einem weiteren Fachgebiet zu machen.

Aber abgesehen vom Beharrungsvermögen in alte Überlieferungen, wird man viele Erklärungsversuche erst gar nicht unternehmen, weil nicht alle Phänomene in das materialistische Weltbild unserer Zeit passen. Und wenn sie doch unternommen werden, sind die ungebildeten Dorfleute zurecht belustigt über die geistige Unbeweglichkeit derer, von denen sie belehrt werden sollen. Sie lassen sie reden und denken sich ihren Teil.

Ist es Aberglauben, wenn man hundertmal auf einen siebten Sinn vertraut hat, der einen ahnen lässt, dass Gefahr in Verzug ist, was sich dann auch wirklich bewahrheitet und manchmal auch lebensrettend ausgewirkt hat? Ein sehr vorteilhafter Aberglauben, der eine Realität in sich hat, auf die es mehr anzukommen scheint als die Realität des verstaubten Bücherwurmlebens! Und die Theoretiker lassen sich dann vernünftigerweise von den vermeintlichen Unwissenden und Irrenden an der Hand durch den Dschungel führen!

Die Traditionalisten unter den Wissenschaftsgläubigen können im Angesicht der Natur ihre Arroganz ablegen, wenn sie erkennen, dass jene, die der Natur von Kindesbeinen an näherstehen, ihnen weit voraus sind.

Im Umgang mit der Natur ist Hochmut nichts nütze. Er behindert den Zugang zu ihr. Demut ist geboten, weil man selbst ein Teil der gesamten Schöpfung ist, eine anscheinend doch nicht gänzlich materielle Ausgeburt der metaphysischen Welt. Was in der Natur vorgeht, folgt zu einem großen Teil materiell sichtbaren Mechanismen, aber nicht notwendigerweise und deshalb auch nicht immer, weil die

Gesetzmäßigkeiten auch gar keine physische Herkunft haben. Jedes Gesetz ist eine Gedankenfolge, die physische Folgen haben kann, und nicht etwa umgekehrt, wie fälschlich oft behauptet wird. Anstatt physische Folgen könnte es aber ebenso gut nichtphysische Folgen geben, wie ja schon die Gedankenfolge nichtphysisch ist.

Man könnte den nichtphysischen Möglichkeitsbereich den Spielraum des Metaphysischen nennen und in ihm eine Mitursache für den Aberglauben sehen und sei es nur, weil die Vorstellungen der Leichtgläubigen und „Schwergläubischen", hüben wie drüben, vom Metaphysischen ausgehen – vom menschlichen Geist!

Bei allem Verständnis für die Jenseitsverbundenheit der Inder und Nepalesen, ihrer Verehrung von Sadhus, dem Berufsstand der dem Anschein nach Heiligen, haben sie doch eine Festigkeit verliehen, die ihr nicht zusteht. Ich gebe keine Schätzung darüber ab, wie hoch der Prozentsatz ist an Betrügern und Scharlatanen, die der Gesellschaft zur Last fallen und keinen Beitrag dazu leisten, dass es ihr bessergehen möge. Jene, von denen ich rede, haben nur ihre eigene Wohlfahrt im Sinn. Viele Sadhus sind in Wirklichkeit nur Bettler, die ihre Untätigkeit meinen, veredeln zu müssen, indem sie ihr einen religiösen Anstrich geben. Die religiöse Gegenleistung für die Almosen, die sie erbringen, besteht meist darin, dass sie einfach nur da sind und mit ihrer mutmaßlichen Spiritualität das momentane Zeitalter ausfüllen – ein nicht messbarer, „unschätzbarer" Dienst, den sie der Menschheit leisten!

Die Tharus achten die Sadhus, die durch ihr Land ziehen, aber sie scheinen ihnen nicht die Referenz zu erweisen wie Dorfleute anderswo. Vielleicht liegt das daran, dass sie ihre eigenen Medizinmänner haben oder ihr Bedarf an okkulten Kapazitäten gedeckt ist. Jedenfalls erfuhr ich, dass vor wenigen Tagen einer dieser streng vegetarischen Heiligen durch das Dorf gezogen war. Man hatte ihm etwas zu essen gegeben, mehr nicht. Man hatte ihn nicht dazu eingeladen, länger im Dorf zu bleiben und so den Segen für das Dorf zu mehren. Er war auch nicht einer von jener Sorte, die es lange in Dörfern aushält, wo es nichts zu ernten gibt.

Man glaubte später, dass der Sadhu eine Verwünschung über das Dorf ausgesprochen hatte. Aber ausgerechnet Mahato hatte seine Zweifel, ob jener Sadhu überhaupt so mächtig gewesen sein konnte.

Es gibt Geschichten, die das Verschwinden von Ziegen und sogar Menschen, dafür das Auftauchen von Cattle-liftern und Maneatern mit Sadhus in Zusammenhang bringen. Auf diese Weise bringen die Dorfleute ihre verborgenen Ängste zum Ausdruck? Diese Erklärung reicht nicht immer aus.

In einem Fall trieb ein Leopard, der zum Maneater geworden war, im Terai sein Unwesen. Es lässt sich darüber streiten, was die größere Merkwürdigkeit war, die Tatsache, dass man einen Sadhu dafür verantwortlich machte oder die Tatsache, dass der Maneater nicht mehr auftauchte, nachdem der Sadhu, quasi als sein letztes Opfer, verschwunden war.

In Wirklichkeit hatte sich der Sadhu nicht viel anders verhalten als andere Sadhus und Wanderheilige, wenn sie den

Argwohn der Leute auf sich gezogen haben. Ein Teil der Sadhus sind spindeldürre Asketen, die auf einem Bein unverrückbar in der Sonne stehen. Ein anderer beträchtlicher Prozentsatz ist fett und fleischlichen Genüssen jeder Art sehr zugeneigt. Sie verbringen die meiste Zeit im Schatten eines Baumes. Von dieser Art war der Sadhu, von dem hier die Rede ist. Der Ruf Zauberkünstler zu sein, der allen Sadhus vorauseilt, brachte ihm in dieser Sache einen verhängnisvollen Nachteil ein, denn man war bereit, zu glauben, dass nur ein Sadhu sich in einen Panther verwandeln und Geschmack an Menschenfleisch finden konnte wie die bluttriefenden Götter, für die sie stellvertretend auf Erden wandelten.

Offenbar dachte man, der Sadhu könnte von den Reisgerichten nicht mehr satt werden. Das Gleiche galt ja für die Götter, denen er diente. Man opfert und opfert und opfert immerfort und nichts ändert sich zum Guten.

Die Hillpeople sind zwar überwiegend Hindus, aber sie scheinen ihre Götter alle zu kennen und die, die sie nicht kennen, respektieren sie gerade so viel wie die Sadhus. Die Bewohner des Tieflandes sind ein anderer Menschenschlag. Bei ihnen ist der Aberglaube stärker als jeder hinduistische Sophismus. Jedenfalls brachte man den Sadhu um und glaubte damit, den Leoparden getötet zu haben.

Ich glaube eher, die Episode ist ein Beispiel für die Gerissenheit des Panthers. Er agierte so, dass er nicht entdeckt wurde und verschwand beim ersten Zeichen einer Nachstellung schnell wieder von der Bildfläche. Wenn es nicht so gewesen sein sollte, dann wäre das plötzliche Ende der Mordserie von beängstigender Absonderlichkeit!

Man mag selbst entscheiden, was schlimmer ist, Sadhus, die Menschen nach der Art wilder Tiere reißen, oder Menschen, die ihren Aberglauben mit äußerstem Nachdruck in die Realität einbringen! Manche glauben an Dämonen und handeln dann gerade so als ob sie von ihnen besessen wären!

Dass Sadhus für die Aktivitäten von menschenmordenden Tieren mitverantwortlich gemacht werden, ist für die Leute im Terai, besonders in Gharwal, nicht so ungewöhnlich. In den angrenzenden indischen Landstrichen Almora und Nainital führt man sie eher auf die Einflüsse der Bokhsars zurück. In Nepal glaubt man dagegen an böse Geister, die in den Tieren hausen.

„Sadhus sind auch nur Menschen!", versuchte ich den Sadhu zu verteidigen, der immer noch als Ziegendieb in Gestalt eines Panthers verdächtigt wurde.

„Heilige Menschen!", fügte Maghi hinzu.

„Woran erkennt man heilige Menschen?", wollte ich wissen.

„An den Zeichen der Heiligkeit!"

Gewöhnliche Sadhus sind bemalt. Zumindest ihre Stirn weist Punkte und Striche auf. War das gemeint? Mahato hatte seine eigene Meinung dazu.

Das Stirnzeichen mache den Menschen nicht heilig. Wenn er heilig ist, kommen die Zeichen von innen und sind jedem sichtbar, der Heiligkeit von Unheiligkeit unterscheiden kann. Später fand ich eine ähnliche Aussage beim Volkstum der Baül, die nicht weit von Chitwan beheimatet sind. Diese Leute haben keine Tempel oder Götzenbilder, sind vielleicht noch eine Stufe fortgeschrittener als die Tharus. Sie versuchen die Nähe Gottes in ihrem Innern aufzuspüren und erwarten nicht, ihn als wahrnehmbares Objekt der Sinnenwelt offenbart zu bekommen. Sie sagen:

„Bringe Gott nicht in dein Haus wie einen Gast deiner Augen, sondern lass ihn kommen auf die Einladung deines Herzens. Denn nur dem zu öffnen, was man sieht, heißt, es zu verlieren. Zieht herein mit dem Herzen!"

Ich glaube, das ist keine schädliche Auffassung. Ich habe auf meinen Reisen festgestellt, dass die ungebildeten Heiden oft gar nicht so ungebildet sind und dass ihre Bildung oft darin besteht, weniger heidnisch zu sein als wir Europäer.

Wenn aber Sadhus heilig sind, wie können sie dann Böses tun, muss man fragen können. Indische Götter sind keine moralischen Götter. Entweder sind sie gut oder böse, meistens beides. Der Hinduismus ist vom Ursprung her mystisch und überethisch. Genau diese Tradition vertreten die Sadhus. Gut zu sein oder Gutes zu tun, steht überhaupt nicht zur Debatte. Das erklärt vielleicht auch, warum die Linken, selbst wenn sie Atheisten sind, so sehr mit dem Hinduismus liebäugeln!

Wenn Aussagen getroffen werden, dann kann man sich nicht auf ihren Wahrheitsgehalt verlassen, denn die Welt ist Maya, Täuschung. Das Dumme ist nur, dass im Bereich der Interaktion zwischen Menschen nachweislich irgendeine

Art von Moral und Ethik unabdingbar ist. Es kann ja nicht jeder tun, was er will, sonst herrscht das Chaos. Und so hat man das Paradox, dass wir in der Welt, in der wir leben, eine Moral brauchen. Dass aber eine bessere Welt denkbar ist, in der man keine Moral braucht, aber nur aus einem einzigen Grund, nämlich da alles perfekt ist. Moral ist nur für die, die sie brauchen. Die Götter, die die Hindus beschreiben, sind zu menschlich, als dass sie die Moral nicht bräuchten. Wenn es einen Gott gibt, für den keine Moral gilt, dann ist er perfekt. Er braucht sich nicht an seine für die unvollkommene Welt geschaffenen Regeln halten, weil sie sozusagen Bestandteil seines Wesens sind. Gott ist nicht gut, weil er beschlossen hat, es einmal mit Güte zu versuchen. Sondern weil er nicht anders ist als gut. Gott steht nicht morgens auf und stöhnt, „Mist, heute muss ich wieder gut sein, sonst beschweren sich die Menschen über mich!" Aber der Mensch stöhnt, weil er das Gute noch nicht verinnerlicht hat. Dazu hilft ihm die Moral. Am besten ist die Moral, die ihm Gott vorgibt. Sie wird dann nämlich ein Spiegel von Gottes Wesen sein. Und mehr erfährt er vielleicht gar nicht von Gott. Wenn der Mensch sich also schon Gottes Wesen verweigert, warum sollte sich ihm Gott dann überhaupt annähern und sichtbar machen wollen? Bevor sich die Menschen also beschweren, dass sie von Gott nichts zu sehen bekommen, sollten sie erst einmal damit anfangen, so zu werden wie er. Und das dürfte auch der Grund dafür sein, warum Hindus ihre Götter immer mal wieder zu sehen bekommen. Es sind Götter, die keine großen Forderungen stellen, sondern die gleichen Stärken und Schwächen haben wie Menschen. Es gibt also keinen Grund für sie, sich vor den

Menschen zu genieren. Eine Frau erzählte mir einmal voller Stolz über ihren Gott, dass er einen respektlosen Touristen einmal dazu gezwungen habe, seinen Kopf in eine unnatürliche Haltung zu verdrehen. Ich sagte, dann müsse es sich um einen Gott handeln, der selbst überdreht sei und erst noch lernen müsse, wie man mit Menschen umgeht.

Zwanzig Pilger waren auf dem Weg nach Rudraprayag, einem Pilgerziel in den Bergen. Als es dunkelte, machten sie an einer Herberge halt. Weil der Raum für die Unterbringung aller nicht ausreichte, wollte sie der Besitzer weiterschicken. Das lehnten die Pilger jedoch ab. Sie waren so müde, dass sie nicht mehr bis zur nächsten Herberge weiterlaufen wollten. Sie schlugen vor, auf der Veranda zu schlafen. Sie waren von weit hergekommen und hatten noch nichts von dem gehört, was den Herbergsbesitzer beunruhigte.

Seit einiger Zeit machte nämlich ein Leopard die Gegend unsicher. Nach Sonnenuntergang waren daher die Türen verriegelt und niemand hielt sich noch im Freien auf. Man verhandelte hin und her, was nun zu tun war, bis plötzlich ein Sadhu auftauchte. Oder war es nur der Leopard in Menschengestalt?

Er würde auf der Veranda bei den Männern schlafen, kündigte er an, und wenn sich jemand getrauen würde, sie zu belästigen, würde er ihn oder es „in Stücke reißen". Den Pilgern würde nichts geschehen, sie könnten ganz unbesorgt sein.

Dieser Ausdruck „in Stücke reißen" stammt von denen, die mir die Geschichte erzählten. Ob dies die Worte des Sadhus waren, ist ungewiss. Es würde auch nicht beweisen, dass durch die Benutzung eines Vokabulars, das die Tätigkeit des in Frage stehenden wilden Tieres beschreibt, eine Mittäterschaft des Sadhus wahrscheinlicher ist.

Die Pilger mussten von sehr weit hergekommen sein, von dort, wo man Sadhus noch Respekt und Glauben schenkte. Es waren Pilger! Fromme Menschen! Es wollte auch niemand dem Sadhu widersprechen und so legte man sich auf die Veranda, in der Mitte der furchtlose, selbstbewusste Sadhu. Selbstbewusstsein ist nicht selten einfach nur eine Form von Ignoranz und Selbstüberschätzung. Am nächsten Morgen waren die Pilger alle noch da, bis auf den Sadhu!

Hatte der Leopard ihn geholt oder war der Sadhu einfach nur unbemerkt fortgegangen? Es ist schwer, sich für die zweite Version zu erwärmen, denn die Decke, auf der der Sadhu gelegen hatte, war zerrissen und mit Blut getränkt. Eine Blutspur führte ins Unterholz.

Eines war damit klar, der Sadhu hatte Wort gehalten, keiner der Pilger war zu Schaden gekommen! Der Leopard, der dieses Kunststück fertiggebracht hatte, einen Sadhu aus einer Menge von zwanzig Männern herauszuziehen, wurde unter dem Namen von Rudraprayag berühmt.

Er hatte den Sadhu mitgenommen. Wäre es nicht so gewesen, hätte es sich der Sadhu nicht nehmen lassen, sich am nächsten Morgen seiner Macht zu rühmen, die Pilger beschützt zu haben. Verwunderlich war nur, dass niemand das Davonstehlen des Sadhus bemerkt hatte.

Eine selektive Zielstrebigkeit bewies der Leopard noch in vielen anderen Fällen. Es wunderte sich auch bald niemand mehr über seine Lautlosigkeit beim Beuteschlagen oder die geradezu gespenstische Unauffälligkeit, mit der er operierte. Alle Katzenarten, besonders die gefleckten, zeigen hierin eine weitgehende Geschicklichkeit. Der Leopard von Rudraprayag war ein Meister, wie weitere Überfälle, die auf sein Konto gingen, deutlich illustrierten.

So suchte er auch ein Dorf namens Bjainswara heim. Es war am helllichten Tag, als er den Dorfplatz überquerte, um an eine Hütte zu gelangen, aus der er den einzigen Sohn einer Witwe herausholte. Man verfolgte seinen Anmarsch- und Fluchtweg an den Spuren. Der Dorfplatz war ziemlich belebt, dennoch wollte niemand den Leoparden gesehen haben, was natürlich die Wahrheit war, denn im Nu wäre auf einen Schrei hin der Dorfplatz leer gewesen.

Ein anderes Mal an einem anderen Ort: Eine Hausfrau ging nach dem Abendessen zur Türe hin, um die Töpfe abzuwaschen. Sie setzte sich dazu auf die Schwelle, während der Mann noch drinnen saß und eine Pfeife rauchte. Plötzlich fielen die Töpfe zu Boden. Die Frau war verschwunden und mit ihr das Kind im Bauch, das wenige Tage später geboren worden wäre.

Nur einmal wäre die Geschicklichkeit des Leoparden beinahe an der Tücke des Objekts gescheitert. Die Frau des Dorfvorstehers war schwer krank. Sie lag nachts in einem fensterlosen Raum. Auf jeder Seite hatte sich eine Freundin hingelegt. Die einzige Tür und damit der einzige Weg nach draußen führte in einen Raum, dessen zweite Tür ins Freie führte und gut verriegelt war. Dafür stand das Fenster offen. Es war klein und auf dem Sims stand ein großer Messingkessel mit Trinkwasser. Auf dem Bett unter dem Fenster schlief der Mann der Frau.

Erst als der Leopard dabei war, die kranke Frau zwischen dem Messingkessel und dem Fensterrahmen hindurchzuzwängen und deshalb der Kessel herunterfiel, erwachten die anderen. Der Frau nutzte das nichts, der Leopard nahm sie ungerührt mit. Warum er nicht den Mann im Vorraum oder eine der beiden Frauen genommen hatte? In freier Wildbahn sucht sich der Leopard kranke Tiere als Beute aus. Vielleicht trägt Krankheit einen besonderen Geruch oder der Leopard hatte das Röcheln der Frau gehört. Sie wäre an der Krankheit höchstwahrscheinlich gestorben und so waren die beiden Frauen froh, dass der Leopard nicht eine von ihnen ausgesucht hatte.

In einem anderen Fall saßen zwei Männer nach Einbruch der Dunkelheit in einem Raum, von dem eine unverschlossene Tür nach draußen führte. Sie rauchten Pfeife. Die Männer saßen sich nicht direkt gegenüber und konnten sich, da der Raum nicht beleuchtet war, nur schemenhaft erkennen. Als die Pfeife des einen zu Boden fiel und der glühende Tabak herausfiel, ermahnte der Hausbesitzer seinen Freund, doch besser aufzupassen, dass er nicht die ganze Hütte in Brand steckte. Er beugte sich vor, um die Glut zusammenzuklauben, da sah er im Mondlicht durch die offene Tür, wie ein Leopard seinen Freund hinaustrug. Auf Nimmerwiedersehen! Sein Freund hatte keinen Laut von sich gegeben.

Hätte er nicht geraucht, wäre es dem Hausbesitzer ganz entgangen, dass sein Gast abgereist war.

Es gibt Maneater, die Tiere verschmähen, wenn sie Menschen bekommen können. Von dieser gefährlichen Art war der Leopard von Rudraprayag. Ein Junge hatte 40 Ziegen zu hüten und verbrachte mit ihnen die Nacht in einer Holzhütte, die er von innen verriegelte. Zusätzlich legte er einen Stein an die Tür, die nach innen zu öffnen war. Der Junge legte sich in die hinterste Ecke. Zwischen ihm und der Tür waren die Ziegen in der Enge des Raumes zusammengepfercht. Der Leopard muss über die Rücken der Ziegen gesprungen sein, als er sich den Jungen holte. Keine von ihnen hatte auch nur einen Kratzer.

Aber auch wenn sich die Menschen wehren, es hilft nur selten. Ein Leopard ist nicht größer als ein Mensch und hat doch mehr Kraft als zehn Menschen. Das ist keine Übertreibung.

Auffällig war an dem Leoparden von Rudraprayag, dass er die Pilgerroute unsicher machte. Eine Frau, die zu spät vom Bazar in der Stadt aufgebrochen war, um noch vor Einbruch der Dunkelheit ihr Dorf zu erreichen, übernachtete in dem Schuppen eines Kaufmanns, den sie kannte. Er gab ihr den sichersten Platz inmitten einer Schar von 50 Pilgern, die alle trotz der Gefahren oder gerade deshalb, den Schatz der religiösen Verdienste vergrößern wollten. Der Hindu ist ja Fatalist und glaubt nicht, dass er sich um Dinge kümmern sollte, die die Allgemeinheit angehen. Wenn sie ihn dann doch einmal selbst betreffen, denkt er nicht, dass er sie ändern könnte. Aber auch Hindus haben menschliche Empfindungen. Jetzt da man wusste, im Wirkungsbereich eines Mörders zu sein, der bis jetzt allen Nachstellungen entgangen war, trat das Gefühl der Angst doch in den Vordergrund und der Enthusiasmus der Pilgerfrömmigkeit zog sich in das Dunkel der Nacht zurück.

Wenn die Nacht heranschleicht, verbreitet sich über dem Jagdgebiet eines Maneaters eine ominöse, unheilschwangere Stille, denn der Maneater ist wieder unterwegs. Man wartet wieder darauf, dass er zuschlägt. Und nur die Geräusche, die er verursacht, sind zu hören. Der Tod kommt auf leisen Sohlen oder ist gänzlich lautlos!

In einer Gruppe von 50 Menschen fühlt man sich sicher. Falls der Leopard in dieser Nacht ausgerechnet in diesem Gasthaus einkehren würde, dann wäre die Chance, gefressen zu werden, 1 zu 50. Am meisten fürchtete sich die Frau aus dem Dorf, weil sie im Gegensatz zu den Pilgern schon viel von dem Leoparden gehört hatte.

Und tatsächlich! Der Leopard schlich bereits um das Gasthaus! Während der Nacht schrie eine der Pilgerfrauen laut auf. Im Nu waren alle Pilger alarmiert. Die Frau hatte einen kleinen Kratzer am Fuß. Man schimpfte mit ihr, wegen eines Skorpionstiches oder eines Rattenbisses so einen Lärm zu veranstalten, und legte sich wieder schlafen.

Erst am nächsten Morgen bemerkte man, dass die Frau, die sich inmitten der Pilger niedergelegt hatte, verschwunden war. Ihr Sari lag blutverschmiert vor der Hütte. Der Leopard hatte es fertiggebracht über die schlafenden Leute zu steigen, ohne sie zu wecken. Nur den Fuß der einen Pilgerfrau hatte er auf dem Rückweg gestreift. Der Leopard hatte sich ausgerechnet die Frau, die sich am meisten gefürchtet hatte, ausgesucht. Die Pilger hatten für seine Nase einen fremden Geruch. Warum sollte er die Gegend verlassen, wenn seine Raubzüge immer so erfolgreich verliefen? Da es ihm das Gasthaus besonders angetan hatte, besuchte er es ein zweites Mal.

Der Besitzer, der Pandit, hatte zehn Pilgern aus Madras Unterschlupf gewährt. Zwar warnte er sie, doch die Tamilen waren den weiten Weg nicht gekommen, um jetzt vor einem Tier davonzulaufen. Da es dunkelte, war ein Aufenthalt im Freien eh nicht besser, als zu bleiben.

Die Häuser in Indien, die eine geschlossene Bauweise haben, sind einfach konstruiert. Wenn Fenster und Türen geschlossen sind, gibt es keine Frischluftzufuhr. Befinden sich mehrere Menschen in den Räumen, ist die Luft schnell verbraucht. Die Städter aus Madras waren solche Verhältnisse eher gewohnt, nicht aber der Pandit. Die Hitze wurde ihm unerträglich. Er öffnete die Tür und trat hinaus auf die Veranda.

Frische Luft! Er atmete tief durch und streckte sich. In diesem Augenblick wurde sein Hals wie von Geisterhand fest zugedrückt! Der Pandit konnte sich an dem Holzpfosten der Veranda festhalten, zugleich brachte er irgendwie die Füße unter den Bauch des Würgegeistes und stieß ihn von sich. Inzwischen waren die Pilger wach geworden und es gelang ihnen, den Pandit in das Haus hereinzuziehen und die Tür zu schließen.

Das Fauchen eines Leoparden klingt so bösartig und bedroh-lich, dass es sogar einen Elefanten reißausnehmen lässt. Auf die Tür machte das jedoch keinen Eindruck, sie hielt stand. Der schwerverletzte Pandit überlebte. Er blieb sechs Mo-nate im Krankenhaus, erlangte aber nicht mehr die frühere Verfassung. Seine Haare waren ergraut.

Welch ein Horror, im Herrschaftsgebiet eines Maneaters le-ben zu müssen! Nicht, dass den Leoparden von Rudraprayag eine verriegelte Tür aufgehalten hätte. Wenn ihm eine Tür zu stabil erschien, als dass sie ihm der Mühe wert war, brach er geradewegs durch die Lehmwand! Man stelle sich vor, man wäre selbst in einer solchen Situation! Es ist Nacht und man ist allein in der Hütte. An der Tür verdächtige Ge-räusche. Allmählich wird es erschreckende Gewissheit: Draußen ist ein Monster, das es auf einen abgesehen hat! Es ist nur eine Frage der Zeit, wann es drinnen ist und man kann nichts dagegen tun! Nie zuvor gespürte Angst lähmt die Glieder und kriecht den Hals hinunter, wo sie die Stimme paralysiert. Sie dringt noch weiter vor und umklam-mert das Herz, das wild schlägt, und der Geist erschauert und erzittert. Wie dankbar erwachen wir aus unserem Alp-traum! Aber wehe, wenn er Wirklichkeit wird!

Es ist ein schreckliches Schicksal für eine Familie, wenn sie von einem Maneater heimgesucht wird. Ein Schrecken, der die Menschen auch ermahnt, dass der Frieden mit der Natur nur eine Täuschung ist. Solange der Mensch mit sich selbst in Unfrieden ist, kann es auch keine Harmonie in der Schöp-fung geben, denn sie ist auf Gedeih und Verderb von seinem Verhalten abhängig. Der arme Betroffene, der die Gesetze der Natur nicht kennt, kann wenig zu ihrer Besserung tun. Er kann nur hoffen, dass im Lauf der Welt nichts verlorengeht und nichts vergebens geschieht, dass alles einem höheren Willen untergeordnet ist, dass die Tränen der Trennung, von den Gewitterwolken geweint, sich im Zeitfluss sammeln und gemeinsam dem Ozean zutreiben, der von der Sonne beschienen sie wieder in den Himmel hebt. Es gibt nichts Neues unter der Sonne, aber vielleicht hinter den Gewitterwolken! Oder noch besser und einfacher: Die Tränen werden einst getrocknet.

Der Maneater von Rudraprayag ist auch deshalb berühmt geworden, weil er allen Nachstellungen und Versuchen, seiner habhaft zu werden, lange erfolgreich aus dem Weg gegangen ist. Er wurde mehrmals in die Enge getrieben, konnte aber immer wieder begünstigt durch Umstände entkommen, die als Beweise seiner teuflischen Besessenheit angeführt wurden. Ich hätte sie eher mit dem Prädikat „typisch indisch" versehen. Ein Dämon, der Jagd macht auf Pilger, könnte nur ein eifersüchtiger Konkurrent der Götzen von Rudraprayag sein.

Einmal hatte man ihn endlich in einer Falltürfalle eingefangen. Die Jäger standen um die Falle herum und waren unwillig, dieses Geschöpf auf der Stelle zu töten. Wenn in dem Panther ein Geist steckte, konnte er ebenso gut aus dem Panther heraus und in einen der Jäger hineinfahren. Geister kann man nicht töten, aber sie bringen einen um den Verstand. Und nun besann man sich auch noch auf seinen orthodoxen Hinduglauben, der es gar nicht gestattete, andere Lebewesen so ohne Weiteres zu töten. Also musste ein

Christenmensch das Geschäft erledigen, die tun ja alles für Geld. Es dauerte dennoch einige Zeit, um einen Christen zu finden, der willens und geeignet war, die Bestie umzubringen.

Der Leopard hatte aber gar nicht die Absicht, solange zu warten. Noch ehe sein Scharfrichter eingetroffen war, hatte er sich unter dem Käfig ins Freie durchgegraben. „So ist es immer", sagte ein Hindu, der dabei gewesen war, „wenn man einmal einen Christen braucht, ist er nicht zur Stelle!"

Am besten ist es, wenn man seine Angelegenheiten selbst regelt. Das versuchte man dann auch bei der nächstbesten Gelegenheit. Der Panther hatte wieder einen Mann getötet, doch dieses Mal wurde sogleich die Verfolgung aufgenommen. Der Panther verkroch sich in einer Höhle im Wald. Die Männer verschlossen den Eingang zur Höhle mit Dorngebüsch und Felsbrocken und überlegten, wie sie weiter verfahren sollten. Das letzte Stündlein des Panthers schien geschlagen zu haben. Doch dies ist ein deutsches Idiom, für das es in keiner indischen Sprache eine Entsprechung gibt. Und das kommt nicht von ungefähr. Für einen, der an den Kreislauf der Wiedergeburt glaubt, gibt es nie ein letztes Stündlein auf diesem erbärmlichen Erdenrund!

Am fünften Tag hatten sich bereits 500 Schaulustige versammelt. Nun stellte sich auch Besuch ein in Person eines Mannes, dessen Macht und Einfluss der Größenordnung der Menschenmenge entsprach. Der indische Mensch wartet immer auf wichtige Persönlichkeiten, die ihm sagen, was er in bestimmten Situationen zu tun hat. Er legt viel mehr

Wert auf seine Reputation als auf sonst etwas. Es spielt dabei keine Rolle, wie klug jemand ist, man muss nur ein Mann von Ansehen sein, dann ist man der gekorene Verführer. Da es aber viele Leute gibt, denen Wichtigkeit nachgesagt wird, ohne kompetent zu sein, kommt es oft zu Resultaten, die nicht den Erwartungen entsprechen. Der Mann von Macht und Einfluss in unserer Geschichte trat an die Höhle heran und konstatierte:

„In der Höhle ist kein Panther!"

Also öffnete man den Eingang, um zu sehen, nicht ob, sondern dass der Mann recht hatte. Der Panther sprang heraus und entwischte durch die verdutzte Menge des Auditoriums.

„In der Höhle ist kein Panther!", wiederholte der Mann. Wie recht er hatte! Der Pilgervertilger von Rudraprayag endete, nachdem er 150 Menschen getötet hatte, durch eine Kugel von Captain-Sahib Jim Corbett. Als man dem Panther die Haut abzog, entdeckte man Schrotkugeln in seinem Körper. Eine bleibende Erinnerung an die Tierliebe der Menschen. Sollte man nicht doch nur auf essbare Wildtiere Jagd machen?

Ich fragte Mahato, ob man den Leoparden wegen der Ziege jagen wollte und erfuhr, dass es nicht die erste Ziege war, die verlorengegangen war. Dann war es ja doch nicht die Schuld des Sadhu! Warum nicht? Es wäre immer die Schuld von irgendjemand, wenn irgendetwas passierte. Und auch ich wäre nicht rein zufällig hier, ob ich nicht bei der Jagd behilflich sein wollte? Konnte das ernst gemeint sein? Wer hatte Mahato weisgemacht, dass weiße Männer wilde Tiere jagen? Ich hatte nur eine Lizenz zum Fotografieren.

„Ein Jäger wie ich", sagte ich zu Mahato, „kann leicht zum Gejagten werden!"

Es war nichts Unerhörtes, dass Leoparden den Jäger töten, der ihnen nachstellt. Bekannt geworden ist mir ein Fall aus der Zentralprovinz Madhya Pradesh.

Es handelte sich um einen Maneater, auf den man nacheinander vier indische Shikaris ansetzte. Der Leopard tötete und fraß sie alle auf. Jeder der vier, besonders die letzten drei, ließen größte Vorsicht walten. Sie wussten, dass sie es mit einem gefährlichen Maneater zu tun hatten, der sogar Jagd auf seine Jäger machte. Das tat er sehr erfolgreich. In der Regel ist es der Mensch, der wegen seiner überlegenen Denkfähigkeit den Tieren seinen Willen aufzwingt. Er sitzt nicht zufällig dem größten und stärksten und vielleicht auch klügsten Landtier im Nacken und dirigiert ihn mit seinem großen Zeh! Aber manchmal begegnet er doch auch noch anderen Intelligenzbestien!

„Wenn ich jung bleiben möchte, sollte ich keine Leoparden jagen, die keinen Respekt vor Menschen haben. Leoparden, die Ziegenfleisch essen, fürchten auch bald keine Menschen mehr!", erläuterte ich meine Jagd-Unlust.

„Um jung zu bleiben, bedarf es mehr, als nur auf die Jagd zu verzichten." Entgegnete Mahato sinngemäß. Ob ich Pangolinfleisch und Termiten essen würde? Das lasse langsamer altern. Ich verneinte, gab aber zu bedenken, dass meine Essgewohnheiten wohl kaum die des Panthers beeinflussen würden.

„Ich sehe zwar jung aus, aber um nicht älter zu werden, müsste ich schon einen Termitenkönig essen."

„Das Fleisch einer weißen Kobra reicht aus", verbesserte mich Maghi.

Bevor wir uns verabschiedeten, wollte mich Mahato zu einem schlichten Wildschweinbraten einladen. Als Kompensation dafür, dass ihm der Park, verkörpert durch den Panther, eine Ziege genommen hatte, würde er nun dem Park ein Schwein nehmen. Er wolle mir Nachricht zukommen lassen, wenn es soweit wäre.

Wildschweine verwüsteten mitunter die Maisfelder. Die Rachegelüste haben die Bauern erfinderisch gemacht und die verschiedensten Fangmethoden kreiert. Es werden beispielsweise Pottaschesprengkapseln in Teig eingemacht und auf die Felder ausgebracht. Sobald die gefräßigen Allesfresser zubeißen, gibt es ein Feuerwerk in der Nacht und ein Festessen am nächsten Tag.

„Sungur mitho!" Wildschwein ist lecker!

Ich bedankte mich für die Einladung und sagte zu, den Bauern bei der Beseitigung ihrer Probleme jetzt und auch in Zukunft gerne beiseitezustehen. Die Vertilgung von Ernteschädlingen lag auch mir am Herzen.

„Ma naar aamro khaanna khane!" Wegen eines Schweins werde ich nicht kommen, ist eine nepalesische Redensart. Stattdessen sagte ich:

„Mo dhal baagh jhan nitho khane echote!" oder „Dhal baagh ist mir auch lieb und tut es auch!" Dhal bhaat ist das Nationalgericht der Nepalesen. Aber ich hatte „dhal baagh" daraus gemacht, ein „Gericht Tiger". Das war der Grund für das Gelächter, das ich soeben ausgelöst hatte.

Zwar soll Tigerfleisch von manchen Chinesen als Leckerbissen angesehen werden, aber ich glaube nicht, dass man chinesischen Zungen in diesen Dingen vertrauen sollte.

„Wildschweine sind kleines Vieh für ihn. Er ist wegen der Rhinos gekommen", entschuldigte mich Maghi. Damit hatte er recht.

Auf dem Nachhauseweg fragte mich Maghi, ob ich nicht an die Macht der Sadhus glauben würde.

„Sie haben nur Macht über die, die ihnen Macht geben. Man soll selbst einer sein, auf den andere hören, ein Vorbild, dem man folgen kann."

„Ich bin Guide. Auf mich hören die Leute. Aber es gibt Leute wie du, die wollen ihr eigener Guide sein. Aber du bist nicht mächtig!"

„Hast du nicht gesehen, wie der Leopard sich umgedreht hat und weggelaufen ist?"

„Er ist wegen mir weggelaufen!"

„Aber er hat seinen eigenen Willen gehabt. Einen eigenen Willen haben kann man auch, wenn man nicht mächtig ist, Maghi. Es ist eine Frage der Freiheit und Persönlichkeit."

„Freiheit? Du bist reich, du kannst überall hingehen, wohin du willst!"

„Das kannst du auch. Mit Freiheit meine ich geistige Unabhängigkeit."

„Wozu?"

„Damit ich frei von aller Bevormundung und Beeinflussung das rechte Denken erlerne. Nur so kann sich eine mündige Persönlichkeit entwickeln."

„Das muss anstrengend sein. Die einfachen Dinge können sehr nett sein. Ich werde mir überlegen, ob ich eine erwachsene Person oder wie sagtest du ...?"

„... eine Persönlichkeit ..."

„... eine Persönlichkeit entwickeln werde. Vielleicht später einmal."

„Damit soll nur gesagt sein, dass man sich ehrenwerte Ziele setzen und sie auch anstreben soll."

„Mein Ziel ist, gut zu leben und die Götter nicht zu erzürnen."

„Du willst also auch das tun, was Gott gefällt?"

„Ja!"

„Im Idealfall ist das, was für die Menschen das Beste ist auch das Gott Wohlgefällige!"

„Und was ist der Idealfall?"

„Wenn die Stimme deines Gewissens aus der Tiefe deines Herzens spricht, vielleicht!"

„Ich habe ein gutes Herz. Aber ich kenne Menschen, die haben ein böses Herz! Und ihr Gewissen schweigt. Was ist für sie das Ideale?"

„Wenn Gott ein Interesse an jedem Menschen hat, dann spricht er auch zu jedem Menschen, wenn die Zeit reif dafür ist!"

„Ich habe seine Stimme noch nicht gehört ..."

„Noch nicht. Du hast die richtigen Fragen. Wer die richtigen Fragen hat, bekommt auch irgendwann einmal die richtigen Antworten."

Am nächsten Morgen wollte ich die Dhungeli Insel erkunden. Kein Wölkchen trübte den Morgenhimmel und auch keine trübe Vorahnung von irgendwo, die dem Versprechen des jungen Tages schön zu werden, widersprochen hätte.

Ich watete durch den Creek, um auf die Insel hinüber zu gelangen und scheuchte dabei einen Reiher auf, der schon so früh beim Angeln war. Nun hatte ich doch mein kühles Bad, nachdem ich auf die Dusche verzichtet hatte!

Die Luft war jedoch trocken und erwärmte sich rasch, sodass die Störung meines Wohlbefindens vorübergehender Natur war und ungefähr so lange währte, wie meine Stiefel noch Wasser mit sich führten, um den Fröschen einen unverständlichen Morgengruß entgegen zu quaken.

Meine Aufmerksamkeit wurde jedoch gleich auf das Konzert der Vögel gelenkt, die in dem Galeriewäldchen, von dem die Insel fast völlig bedeckt zu sein schien, eine der von mir so geschätzten, kostenlosen Vorstellungen gaben. Gewiss, die Musik Indiens ist nicht so melodiös, reichhaltig und rhythmisch durchkomponiert wie die Symphonien der mitteleuropäischen Klassiker. Aber der fremde, karnatische Klang hat doch einen zauberhaften Reiz. Und so wenig wie man immer den Bach plätschern hören möchte, freut sich auch hier das Ohr auf Abwechslung und Ideen, die nicht so ausgereift und doch originell sind.

Es ist nicht so sehr die Tonart, die gefällt. Es ist die Lebensfreude, die ansteckt und das Krächzen der Papageien kritiklos hinnimmt. Man ahnt, dass der Text, der zur Melodie höhere Weisheiten offenbaren müsste, noch ungeschrieben ist, weil kein Mensch die ursprüngliche Reinheit und Schönheit der Schöpfung kennt, geschweige denn ihr endgültige Beschaffenheit.

Wenn man Lebensfreude spürt, welches Leben meint man, über das zu freuen man sich belohnen lassen möchte? Das eigene scheint zu wenig. Die Lebensäußerungen der Schöpfung sind recht unbeholfen. In ihnen scheint eine Art Vorfreude mitzuschwingen, dass das, was noch unvollkommen und unerklärlich ist, ein heiles Ganzes werden wird. Nur leben, ist viel zu wenig. Die Vögel wissen nicht, was sie da pfeifen! Ich ahne nicht, wie sehr ich bald schon das bloße Leben zu verlieren, fürchten würde.

Ich versuchte einige der Musikanten, die keinen Dirigenten hatten, im Geäst und Blattwerk auszumachen. Da erkannte ich, dass ich nur der Zuhörer war, der den Orchestergraben nicht einsehen konnte. Mir fehlte noch einiges, um selbst den Dirigentenstab zu übernehmen!

Gelegentlich flog ein Federbüschel durch einen Blickwinkel. Im Unterstock turnten emsig die Minivets ihr morgendliches Pflichtprogramm. Die Vögel der tropischen Breiten sind auch viel zu sehr beschäftigt, um ihre beste Zeit der Kunst zu widmen wie ihre mitteleuropäischen Verwandten. Das ist ja gerade so wie bei den Menschen! Wie eigenartig!

Dafür sind die Tropenvögel farbenfroher. Meine Kamera machte Suchbilder. Man kann auf den Bildern vieles erkennen und wenn man will und genauer hinschaut, entdeckt man auch ein Vöglein hie und dort. An diesem Morgen hatte ich jedoch vor, auch formatfüllende Objekte abzulichten. Die Urwaldriesen wuchsen aus dem Bild heraus. Das Dhungeli Wäldchen hatte die gewaltigsten Exemplare zu bieten. Es war hier überhaupt das schönste Fleckchen Erde weit und breit. Man stelle sich ein Galeriewäldchen vor mit einem lichten Hochwald, den man leicht durchwandern kann, bis man auf zahlreiche kleine Lichtungen trifft, die dicht umsäumt sind mit ganzen Vorhängen aus Schlinggewächsen und Strauchwerk. Dazu gibt es die Jheel genannten Teiche, die sumpfig endenden Ausläufer des Dhungelicreeks. Alles zusammen ergibt ein reichhaltiges Biotop für mehr Pflanzen und Tierarten als sonst irgendwo im Land.

Ähnlich wie im Corbett Nationalpark liegt auch in Chitwan der Touristenkomplex in unmittelbarer Nähe der Sehenswürdigkeiten. Solange nur wenige Besucher kommen, ist das sicher unschädlich.

Ich folgte dem Pfad, der von der Furt in den Wald hineinführte. Er würde am Waldrand entlang zwangsläufig zum
sogenannten Isle Machan führen, der mein vorläufiges Ziel
war. Schon bald sah ich, dass ich nicht der einzige war, der
diesen Pfad benutzte, denn ich stieß auf einen kleineren
Nashornkothaufen. Er war zur Hälfte getrocknet. Ein Pillen-
dreher machte sich gerade daran zu schaffen.

Wenig später stieß ich auf den ersten querab laufenden
Pfad, der breit genug war, um Elefanten und andere Dickhäuter ungehindert passieren zu lassen. Genau wie im Wald
auf der anderen Seite des Rapti sorgten auch hier nicht die
Menschen, sondern die Wildtiere für die Infrastruktur.
Schon deshalb wird der Wald durchdringlicher, wenn sich
Großwild darin aufhält. Dennoch war ich überrascht, dass
auch hier, so nahe am Camp und an Sauraha, diesseits des
Rapti, Rhinos in großer Zahl zu verkehren schienen. Man
hatte gute Gründe den Isle Machan hier zu errichten. Ich
konnte nicht ahnen, wie sehr sich mir die Wildheit dieses
nicht unberührten Wäldchens noch erschließen würde!

Der Isle Machan bot einen ähnlich heruntergekommenen
Anblick wie Machan No 1. Dabei stand er direkt am Waldrand, unzweifelhaft einer für die Wildbeobachtung geeigneten Stelle. Man konnte über das Grasland bis zum Rapti blicken, der in einer Entfernung von eintausend Schritten vor-
beifloss. Jenseits davon sah man einzelne Hütten des Vile
Dorfes, aus dem schwache Rauchsäulen in den Himmel stiegen.

Vor dem Machan war schon lange nicht mehr abgeholzt
worden. Ein paar junge Bäumchen reckten sich empor und

versperrten bereits die Sicht. Als ich neben das Buschwerk am Waldrand trat, bemerkte ich noch in der Vorwärtsbewegung eine große, graue Gestalt, von der mich noch ein Büschel Elefantengras trennte. Ich duckte mich schnell und trat vorsichtig zurück.

Direkt vor mir äste ein Nashorn. Ich zog mich weiter zurück und bemerkte, dass es zwei waren, die ich beinahe beim Frühstück gestört hätte. Jetzt wäre ich über einen unbeschädigten Machan froh gewesen. Es war aber gar nicht notwendig, nach einem Fluchtweg zu suchen. Die beiden Rhinos verhielten sich genauso wie die anderen, die ich bereits kennengelernt hatte. Sie bewegten sich vom Waldrand weg, weiter ins Grasland hinein. Ich kehrte zurück an die Stelle, wo ich gewesen war und brachte meine Kamera in Position. Es war alles so einfach. Die Rhinos waren intensiv mit Fressen beschäftigt.

Nachdem ich die beiden ausgiebig beobachtet hatte, war ich zufrieden und wandte mich nun dem Waldesinnern zu. Ich folgte einem der Rhinopfade und traf auf hochaufgetürmte Kothaufen. An einer Kreuzung waren vier solcher duftlosen Haufen, einer höher als der andere. Hier herrschte jedenfalls reger Verkehr. Frische Kotballen waren auch dabei. Ob sie von den beiden stammten, denen ich gerade begegnet war? Es gab keinen Zweifel mehr, ich befand mich in Rhinos Wohnung. Schon bald wurde ich aus meinen Überlegungen gerissen!

Der Nachteil eines Schießgewehrs gegenüber einer Kamera ist unter anderem, dass man der beschaulichen Szene ein Ende setzt, sobald man abgedrückt hat. In Ausnahmefällen ist aber gerade darin ein Vorteil zu sehen, wenn nämlich der romantische Aspekt der Szene von einer akuten Bedrohung unsanft in den Hintergrund getreten wird. Man kann mit einer Kamera nur dann stundenlang Objektstudien anstellen und beliebig oft schießen, wenn von Seiten des Objekts keine Einwände geltend gemacht werden. Und manchmal wünscht man sich anstatt einer Kamera, mit der man vielleicht irgendwann sein letztes Bild macht, etwas anderes in die Hand. In diese Notsituation kommt man glücklicherweise selten.

Die Wildnis kann noch so geheimnisvoll und unergründlich wirken. Gefahren müsste man schon gezielt suchen, um ihnen regelmäßig zu begegnen. Wer sie scheut, dem wird auch vieles verborgen bleiben, weil er nicht weit genug vorzudringen wagt. Es wird interessant, wenn man gewisse Grenzen überschritten hat, die jeder Wanderer zwischen den Welten für sich selbst ausfindig machen muss. Die Wildnis wird auch mit gefährlichen Überraschungen aufwarten, aber sie fährt noch lange nicht ihre Krallen aus.

Ich bin schon oft gefragt worden, ob ich keine Angst vor wilden Tieren habe. Dabei ist es ganz natürlich und gut, Angst zu haben, wenn sie einen dazu anleitet, das Richtige zu tun. Jeder sollte ein gehöriges Maß an Respekt vor jenen Tieren haben, die ihm das Leben zu verleiden oder zu verkürzen in der Lage sind und ihn von weiteren erlebnisreichen Streifzügen durch die Wildnis abhalten könnten.

Die Gefühle der Beklommenheit und Furcht würden auch nach vieljähriger Erfahrung mit den akuten Umständen, die sie hervorbringen, nicht verschwunden sein. Sie werden sich sogar entwickeln, da, wo es angebracht ist. Dafür werden sie verschwinden, wo sie nicht gebraucht werden. Wenn sich meine Wege mit denen eines Tigers kreuzen, wird sich die Zusammensetzung des Blutes in meinen Adern schlagartig verändern. Und bliebe ich wie vom Donner gerührt stehen, wäre das kein Schaden. Aber wehe dem, der den Tiger wie eine gemeine Hauskatze behandelt!

Das Problem ist meistens nicht, ob man Angst hat oder nicht. Es kommt vielmehr darauf an, trotz und gerade wegen der Angst, die richtigen Maßnahmen zu ergreifen und da die Angst oft die Glieder lähmt, könnte dies schon lebensrettend sein, wenn jede weitere Bewegung als Affront aufgefasst werden müsste. In jedem Falle mit heißem Blut kühlen Kopf bewahren, ist also die Devise.

Wer schwierige oder gar lebensbedrohliche Situationen durch mutiges Stillhalten oder verwegene Handlungen gemeistert hat, weiß, dass Entschlossenheit die Angst zu einem Statisten degradiert. Ihren Wortmeldungen wird kein Gehör geschenkt, sie muss zuschauen, ohne nachteilig eingreifen zu können, wie es sonst geschieht, wenn man den Kopf verliert. Wer flinke Beine hat, sollte ihnen nur mit Bedacht freien Lauf lassen. Davonrennen ist meistens verkehrt. Es ist sehr wohl möglich, Mut gegen Angst zu stellen. Eigentlich sind gerade die, die gegen ihre Angst handeln, die Mutigsten. Die Angstlosen brauchen keinen Mut, aber nicht weniger Verstand als die Mutigen, um das Rechte zu tun.

Wenn das Herz so laut pocht, dass man es hört – und das wird es bestimmt, wenn man einem Tiger Auge in Auge ge-

genübersteht – dann ist das ein Alarmzeichen für den Verstand, das Denken weder abzuschalten noch zu überstürzen. Nicht die Angst gilt es zu überwinden, sondern das Problem. Das wird durch kopflose Flucht nicht gelingen. Man muss bereit sein, sich der Gefahr zu stellen, dann verliert die Angst ihre paralysierende Bedeutung. Sie bleibt zwar ein ständiger, aber stiller Begleiter. Sie meldet sich lautstark erst dann, wenn eine wirkliche Gefahr droht. Und das ist gut so, sonst hätte man keinen Spaß unter wilden Tieren. Man sollte nicht beim Betreten des Dschungels Stressfaktoren sammeln, sondern Eindrücke von den Schönheiten der Natur und Schmetterlinge, die man wieder fliegen lässt.

Ein Neuling wird schon bei seinen ersten Gehversuchen äußerste Vorsicht walten lassen. Im Lauf der Zeit wird er aber bemerken, wie grundlos seine Sorgen sind. Die Vorsicht bleibt, die Angst verfliegt. Hat man anfangs noch unter jedem bewegten Busch ein lauerndes Tier vermutet und ist vor jedem Geräusch zusammengezuckt, lernt man bald die Verhältnisse geradezurücken. Eine Schlange beißt noch lange nicht, nur, weil man sie gesehen hat! Harmlosigkeiten, die vom Wind verursacht werden, ignoriert man. Dafür ist man umso aufmerksamer bei unheimlichen Begegnungen.

Und so sammelt man seine Erfahrungen, die das notwendige Selbstvertrauen aufbauen und die Wildnis heimlicher werden lassen, bis man zu einem Waldgänger – denn wir wollen ja nicht zu sportlich durch den Wald rennen – geworden ist, der endlich unbeschwertes Vergnügen empfindet.

Wenn man erstmals eine längere Strecke im Dschungel zurückgelegt hat, ohne sich verirrt zu haben, wird man sich der aufkommenden Lust zu weiteren Unternehmungen kaum erwehren wollen. Schließlich entwickelt sich auch der Orientierungssinn so weit, dass man das Vorhandensein von Waldwegen nicht mehr voraussetzt, um ein fremdes Gebiet zu erkunden. Am Ende wird man auch vor einer Nacht im Dschungel nicht zurückschrecken, wenn man nur weiß, dass die Sonne auch im Dschungel am nächsten Morgen wieder im Osten aufgeht. Die Reichweite hat nur zwei Grenzpfosten: „So weit die Füße tragen" und „so weit der Proviant reicht". Wilde Tiere spielen nur selten eine Rolle bei der Planung der Reiseroute oder der Bestimmung des Aufenthaltsortes. Mit ihnen oder dem Faktor Angst wird nicht mehr gerechnet. Solange nicht, bis es zu Schwierigkeiten kommt.

Gelegentlich wird man dann doch daran erinnert, dass man sich in einem Lebensraum befindet, der für einen Menschen keine wohnlichen Bedingungen bietet. Dann kehren Ängste zurück, die man nicht mehr kennen wollte.

Die Luft war klar und duftete nach frischem Pflanzengrün und Blütenrot. Die Blumen hatten noch nicht lange ihre Kelche geöffnet und die Nektarsammler flogen fleißig umher. Das Licht fiel schräg zwischen die Waldbäume und die Vögel hüpften in den unteren Stockwerken hin und her. Ein friedliches Bild! Ein Tag zum Leben! Kein Gedanke an Gefahren!

Keiner meiner Sinne meldete Verdachtsmomente und so war das Erschrecken unvermittelt, wenn auch nur kurz, als ich urplötzlich vor einem Nashorn stand. Die Sprache versagt oft als ausreichendes Mittel der Dramaturgie, aber hier muss ich mich berichtigen, da ich eigentlich nicht „vor", sondern genau „hinter" einem Nashorn stand. Als ob das nicht schon gereicht hätte, dass mir das Rhinozeros das Hinterteil zukehrte, was ich sofort durch einen Seitschritt hinter den Baumstamm neben mir quittierte! Als ich nämlich vorsichtig hinter dem Baum hervorlugte, wurde mir schlagartig bewusst, dass ich meine Position zu verändern hätte. Links neben mir, sehr nahe, befand sich noch ein Nashorn!

Es war halb verdeckt in den Büschen, wie das andere, das offensichtlich das Weibchen war. Beide waren damit beschäftigt, frisches Blattgrün zu sich zu nehmen. Das große schwarze Männchen wendete mir aber nicht wie das andere das Hinterteil zu, was ich unter den gegebenen Umständen durchaus nicht als unhöflich empfunden hätte, sondern die Breitseite. Ich ging also ein Stück um den Baum herum. Sein Stamm hatte einen Durchmesser, der groß genug war, meinen Körper dahinter zu verbergen. Allerdings haben Bäume, hinter denen man sich verstecken muss, regelmäßig die Eigenschaft unten herum sehr kahl zu sein. Ein Besteigen der nächsthöheren Etage, die man im Urwald auch Vegetationsstufe nennt, war hier nicht möglich, denn wie hätte man den astlosen Höhenunterschied überwinden können? Genau das hätte ich jetzt aber liebend gerne getan!

Ich gab also Obacht, dass zwischen meinem Körper und den bedrohlich nahen Körpern der Nashörner, deren spürbare Annäherung ich spürbar befürchtete, der Baumstamm war. Während des Versteckspiels warf ich argwöhnisch ein Auge auf das Weibchen, das sich gemächlich den Pfad entlang fortbewegte, dabei aber nach dem massigen Nachzügler blinzelte oder ruckartig den Kopf nach hinten warf, um sich zu vergewissern, dass alles in Ordnung war.

Als sich beide Tiere vor mir befanden, schien die Gefahr gebannt und ich hätte wieder auf dem Pfad zurücklaufen können, von wo ich hergekommen war, um jedweder Konfrontation aus dem Wege zu gehen. Aber natürlich folgte ich ihnen, als ob sie mich zu einem heiligen Gral führen würden: einem noch größeren und noch gigantischeren Kothaufen, wie ihn die Welt noch nicht gesehen hätte!

Jetzt da ich mich sicher fühlte, machte sich die Lust zu Unternehmungen, deren Ausgang man berechtigterweise mit Spannung erwartet, wieder stark bemerkbar. Und natürlich trieb mich das Jagdfieber und die Freude am Suchspiel, denn was ich mit der Kamera erlegte, verschwand bald wieder im Buschwerk, nur um aufs Neue in einer anderen Perspektive wieder aufgestöbert zu werden. Die Nashörner zog es von einer Lichtung zur anderen, wo das Licht bündelweise den Waldboden erreichte. Dort sprossen Büsche, Jungbäume und Gras in die Höhe – bis sie von den Nashörnern gefressen wurden.

Die beiden verschwanden hin und wieder vor meinen Augen. Bei der Verfolgung ging ich äußerst vorsichtig zu Werke. Sobald ich sie wiedergefunden hatte, achtete ich auf einen Sicherheitsabstand von ungefähr 40 Metern. Als der Wald wieder etwas dichter wurde, verringerte ich ihn. Dabei hielt ich ständig Ausschau nach besteigbaren Bäumen.

Ich nutzte beim Vorwärtsgehen jede Deckung. Klick klick machte die Kamera und dann passierte es.

Die Dame hatte schon eine Weile rechts des Weges gefuttert und der Herr links davon. Urplötzlich entschloss er sich dazu, der Dame auf die andere Seite zu folgen. Ich stand in diesem für meine Biografie unauslöschlichen Augenblick nicht hinter irgendeinem Baum, sondern daneben. Zwar unmittelbar daneben, aber daneben eben. Diese Tatsache empfand ich jetzt noch nicht für bedeutsam, denn als das Nashorn den Kopf hob, drückte ich, ganz Fotograf, auf den Auslöser.

Auf diesen Augenblick hatte ich doch nur gewartet! Die ganze Zeit hatte ich die Rhinos entweder nur von hinten gesehen oder sie waren in den Büschen gestanden, mit den Nasen im Gras. Jetzt war ich am Ziel. Ich wollte das allerdings nicht eschatologisch verstanden haben!

Das große schwarze Nashorn hielt inne, denn es hatte das Geräusch gehört! Es wandte den Kopf in meine Richtung! Ich hielt noch immer meine Kamera vor mich und hütete mich davor, nochmals abzudrücken. Es war mir klar, dass ich mit dieser kleinen Geste der Aufmerksamkeit eine große Wirkung auslösen könnte. Ich bewegte mich nicht und schielte über den Rand der Kamera hinüber.

Ein anderes Geräusch war hörbar für mich. Das Pochen des Herzens wurde lauter! Hoffentlich nicht so laut, dass es das Rhino hörte! Jetzt machte es zwei Schritte heraus aus dem Gebüsch auf mich zu! Ich hörte mein Herz schon nicht mehr so deutlich, denn es war in die Hose gerutscht. Ich musste etwas tun! Aber ich durfte mich nicht bewegen. Ich wählte den Mittelweg, indem ich langsam seitlich hinter den Baum schlich, in der Hoffnung, dass die schlechten Augen des Nashorns das nicht mitbekamen.

Der Baum dicht neben mir war eher ein Bäumchen, wie ich jetzt erst bemerkte. Sein Stamm verbarg mich nicht vollständig, weil er zu schmal oder ich zu breit war. Das Rhino war jetzt ganz auf den Pfad hinausgetreten, hatte den Kopf hoch erhoben, offensichtlich um Witterung aufzunehmen. Wie schön, es war windstill! Der Duft des Grases und der Blütenpflanzen möge meinen Eigenduft in sich aufgehen lassen, wünschte ich. Meine Kleider waren beim Übergang über die Beresina – denn so nennt man einen Fluss, den man mit viel Glück wieder auf dem Rückweg überquert – durchgewaschen worden. Sie waren geruchssteril.

Meine Blicke wanderten nach oben, der nächste Ast war in unerreichbarer Ferne. Um mich herum sah es düster aus. Kein Hochsitz, keine Ausweichmöglichkeiten, nicht einmal ein Dorngestrüpp, in das man sich zur Not hineinstürzen konnte, wenn man vor Verfolgung sicher sein wollte. Ich machte mich ganz klein hinter dem Bäumchen – und schmal. Körperfülle war jetzt nicht erwünscht.

Das Rhinozeros stand unschlüssig auf dem Pfad. Es wusste offenbar nicht, was es mit den spärlichen Informationen seiner Sinne anfangen sollte. Es wusste nur, dass da irgendetwas nicht stimmte. Das Geräusch, die Gestalt, ein fremdartiges Duftgemisch – war es eine Bedrohung?

Das große schwarze Nashorn drehte den Kopf kurz in Richtung des Weibchens, das ungerührt weitergraste. Ein

Schnorren des Männchens wurde von ihm mit einem Grunzlaut beantwortet. Das Weibchen wandte sich kurz dem Männchen zu und fraß weiter. Ich hoffte, dass es gesagt hatte:

„Friss weiter, mein Dicker. Komm doch mal rüber! Hier schmeckt das Gras vorzüglich!"

„Moment noch, ich muss hier nur noch was erledigen!", hätte die Antwort lauten können. Und tatsächlich, als hätte es meine Gedanken gelesen, drehte sich das große schwarze Ungetüm nun vollends in meine Richtung und machte zwei Schritte auf mich zu!

Jetzt hörte ich mein Herz überhaupt nicht mehr. Es war stillgestanden. Wirre Gedanken schossen mir durch den Kopf. Davonrennen! Immer Ruhe bewahren!

Nichts wie weg hier! Aber wohin? Durch die Büsche ebenso schlecht wie unter die Büsche. Haken schlagen und der schwerbewegliche Kolos würde geradeaus rennen! Von wegen unbeweglich! Rhinos sind schnell und wendig! Und das hier war es ganz besonders! Also auch nicht wie ein Torero den Stier bei den Hörnern packen und um die Nasenspitze herumtanzen? Es würde ganz im Gegenteil mich auf eben dieser Nasenspitze tanzen lassen und keine Picadores würde es davon abhalten. Nein, ich würde brav hinter dem Baum stehen bleiben und versuchen, ihn zwischen mich und das Nashorn zu bringen, ansonsten Gnade mir der Allmächtige, der dieses Tier erschaffen hat, um Pflanzensprösslinge zu verschlingen und nicht ein Stück aus der Krone der Schöpfung herauszubrechen.

Ich kam mir wahrlich nicht groß vor. Am liebsten wäre ich im Boden versunken und hätte mich unauffällig zwischen den Grasbüscheln und unter den Schutz eines Obhut-Pilzes gestellt. Es gab jedoch keinen Ausweg! Das Rhino war dabei, näherzukommen, noch ein paar Schritte, dann würde es eine distinktive Witterung aufnehmen und seine Neugierde würde einem anderen instinktgemäßen Verhalten weichen, das mir weit weniger sympathisch war: Rhinos vertreiben alles aus ihrer Umgebung, was sie stört – wenn sie es nicht auffressen können. Und mir würde es gerade so ergehen wie den beiden finnischen Frauen, als sie vor einigen Wochen nichts fürchtend durch den Grasdschungel stapften. Dabei hatten sie noch Glück, denn Rhinos merken nicht, wann der vermeintliche Aggressor genug hat. Sie gehen meist auf Nummer sicher!

Ich versuchte, mir eine Strategie zurechtzulegen. Wenn das Vieh näher kam – und es würde näherkommen – nur nicht in Panik geraten! Würde ich anfangen, wegzulaufen, würde es sofort auf mich losrennen und schnell eingeholt haben. Zwanzig Schritte hinter mir befand sich ein kleiner Kothaufen. Wie witzig! Hier spätestens würde es mich „über den Haufen" rennen! Also Nerven behalten und stehen bleiben!

Ich war geneigt, diesen guten Vorsatz über Bord zu werfen, als das Rhino noch einen Schritt machte! Welch brutale Realität! Eine Realität, mit der ich gar nicht einverstanden war. Ich war nicht gefragt! Was konnte ich nur tun? Ich war gefragt!

Nichts konnte ich tun! Kapitulation!

Solange man noch die Möglichkeit sieht, handeln zu können, gibt es Hoffnung, aber hier war die Lage aussichtslos. Noch ein weiterer Schritt des Nashorns und „ich renne los, was die Beine hergeben und unterwegs würde ich die Tasche dem Rhino vor die Füße werfen, das würde es beschäftigen und vielleicht ablenken und dann das Hemd, und dann …"

… und dann machte das Rhino noch einen Schritt!

Ich hatte Wurzeln geschlagen!

Alles Zwang- und Ernsthafte war aus meinen Gedanken gewichen.

Wenigstens die Tragödie konnte ihren „Lauf" nehmen. Wohlan!

Stattdessen kam mir ein komischer Einfall. Ich sollte vor dem heranstürmenden Nashorn noch ein Bild machen, quasi als mein fotografisches Vermächtnis! Kopf hoch, Nashorn!

Ich suchte über mir im Blätterdach den Himmel. Zwischendrin gab es Lücken, wo das Licht hindurchschien. Da oben wohnte einer, dessen Gedanken höher waren, sind und sein werden. Jetzt half nur noch Beten!

Das Seltsame, weil es nicht mehr zu erwarten war, geschah. Das Nashorn nahm den Kopf zurück, als würde es von vorne geschoben werden und wandte sich im nächsten Augenblick von mir ab. Dabei sah es sehr unbeholfen aus. Als es aber die Kuh in einiger Entfernung sah, trottete es ihr nach. Die beiden verschwanden und ich ließ sie auch des Weiteren unbehelligt.

In mich kehrte wieder Leben zurück. Ich musste erst einmal kräftig durchatmen, nachdem ich die Luft so lange angehalten hatte. Außerdem wird auch Stillstehen auf Dauer anstrengend.

Ich betrachtete meinen Ausflug ins Innere der Dhungeli Isle für beendet. Ich hatte kein Bedürfnis mehr nach weiteren Rhinoerfahrungen. Rhinos in allen Lebenslagen waren auf Papier abgelichtet und könnten auch anderweitig auf Papier gebracht werden. Und sie waren in mein Gedächtnis eingeprägt!

Ich war nicht allein wegen der Rhinozerosse in Chitwan. Die Landschaft übte einen mächtigen Reiz auf jeden Naturliebhaber aus. Man musste nur etwas vorsichtig sein mit der Liebhaberei!

Als ich im Begriff war, den Dhungeli Creek, die Beresina, zu überqueren, entdeckten mich Mr. und Mrs. Dobbs, die tapferen, rüstigen Abenteuerreisenden.

„Helloh!", grüßten sie mich.

„Hallo!"

„Wie ist es da drüben?"

„Interessant!"

„Ah! Wie sind sie da rübergekommen?"

„Über'n Fluss!"

„Sie haben ein Boot?"

„Nein!"

„Sie sind geschwommen?"

„Nein ... gewatet!"

„What?"

„Almost swim!"

„Ist das nicht gefährlich?"

„Ich glaube nicht so sehr!"

„Keine Tiger?"

„Nein, Nashörner!"

„Oh, wirklich?"

„Ja, man spaziert hinter Nashörnern!"

„Oh, ist das nicht gefährlich?"

„Doch! Aber es macht Spaß!"

An diesem Punkt der Unterhaltung angelangt, beschloss der Guide, ein junger Bursche aus Sauraha, einzugreifen. Ich konnte akustisch nicht verstehen, was er den beiden sagte, aber es lief wohl darauf hinaus, dass dies verbotener Boden war, auf dem ich stand, oder reserviert für die Leute von Gaida Wildlife. Er machte auch eine Bemerkung über mich. Wenn das die beiden Touristen abschrecken sollte, hatte es eher den gegensätzlichen Effekt, denn Mrs. Dobbs wurde noch freundlicher.

„Wissen Sie, wir haben kein Nashorn gesehen!", rief sie herüber.

„Das ist unglaublich!", rief ich hinüber und:

„Warten Sie, ich komme rüber, dann ist es leichter sich zu unterhalten!" Das tat ich. Dabei achtete ich darauf, dass ich mir keinen Fehltritt leistete, denn ich hatte ja die Kamera bei mir. Ich hielt sie über den Kopf. Dem Guide hätte ich zwar Schadenfreude bei einem Ausrutscher nicht verübelt, aber auch nicht gegönnt. Als ich in der Mitte des Flüsschens angelangt war, fragte mich Mrs. Dobbs:

„Keine Krokodile?"

Vielleicht hatte ihr Führer wichtigtuerisch der Umgebung gefahrvolle, aufregende Elemente hinzugedichtet.

„Ich denke nicht!"

Mr. und Mrs. Dobbs waren fasziniert, wie ich den Dhungeli Creek überquerte, da ich es offenbar nicht für schädlich hielt, bis unter die Achseln ins Wasser einzusinken.

„Ich bade immer zweimal am Tag!", erklärte ich, als ich drüben angekommen war, zog mein Hemd aus und wrang das Wasser heraus.

Die beiden waren gestern angekommen, hatten einen morgendlichen Ausritt von ihrem Exklusivhotel aus hinter sich, aber immer noch kein Nashorn gesehen.

„Only the dung piles!", meckerte Mr. Dobbs.

„Sie fragten nach Krokodilen, wieso? Sind Sie nicht zufrieden mit Ihrem Guide?"

„Meine Frau dachte wohl mehr an ihre eigenen Waden!", gab Mr. Dobbs gar nicht begriffsstutzig zurück.

„Wir sind zufrieden mit unserem Guide. Er hat uns heute schon drei Wasservögel gezeigt und eine Wasserschnecke. Ich meine, wo kriegt man das heutzutage noch in Kanada, wo wir herkommen, zu sehen! Wenn Sie sich beeilen, können Sie sie noch dort unten am Flussufer erwischen, etwa einen Fuß entfernt von der Stelle, wo wir sie gesehen haben!"

„Es waren vier Wasservögel!", verbesserte Mrs. Dobbs.

„Oh ja, ich vergaß den Reitelefanten im Camp!"

Ich versicherte ihnen, dass sie schon bald ein Rhinozeros sehen würden.

„Sind Sie sicher?" Ja doch! Und dann rutschte mir etwas heraus, was ich gleich wieder bereute. Selbst ich wäre in der Lage, ihnen morgens, in der Frühe, Rhinos zu zeigen. Aber da man mit oder ohne Guide in jedem Fall über die Rhinos stolpern würde, sollten sie sich ruhig ihrem Guide anvertrauen und auf den nächsten Morgen oder zumindest auf den Nachmittag warten.

„Seien *Sie* doch unser Guide!", wurde ich aufgefordert. Eine famose Idee! Das hatte ich nun davon!

Touristen werden auf Elefanten in Rhinonähe gebracht. Die Touren zu Fuß sind eigentlich dazu da, die Natur in Chitwan aus einer anderen Perspektive zu erleben. Da die Dobbs bei ihrem Ausritt am Morgen kein Nashorn gesehen hatten, hätte ihr armer Guide Wiedergutmachung betreiben sollen, was ihm aber bei diesem Spaziergang durch die erweiterten Außenanlagen des Wildlife Camps nicht gelingen konnte.

Mr. Dobbs fragte nochmals, ob ich sie nicht führen wollte, man könnte ja der Form halber einen Einheimischen mitnehmen. Das war komisch. Offensichtlich hatten sie alles Vertrauen in die Fachmänner verloren. Ich erklärte, dass sie die bessere Wahl bereits getroffen hätten. Wenn sie aber am nächsten Tag wieder nicht auf Nashörner stoßen würden, weshalb sie ja schließlich die strapaziöse Reise von Katmandu nach Chitwan auf sich genommen hatten, dann wäre ich bereit.

Ich versuchte noch eine Bemerkung anzubringen wie „wer seine Sinne öffnet", würde reichlich zufriedengestellt mit Eindrücken und Entdeckungen, die bloße Rhinosichtungen prompt und reichlich in den Schatten stellen würden ..., doch Mr. Dobbs unterbrach mich mit zwei Fragen gleichzeitig. Wie viele Nashörner ich schon gesehen hätte und in welchem Hotel ich zu finden wäre.

Für viele Touristen zählen leider nur Begegnungen mit wilden Tieren von über zwei Tonnen Gewicht oder wenigstens mit wilden Tieren, die wilde Tiere von über zwei Tonnen Gewicht als Beute erlegen können. Es würde diese große Zahl von Nationalparks auf der Welt nicht geben müssen, wenn mehr Menschen naturfreundlichere Sinnesleistungen bewahrt hätten, denn Nationalparks müssen nur geschaffen werden, um zu schützen, was in einer natürlichen Umwelt nicht geschützt zu werden bräuchte.

Gerade jetzt war das Angebot für zwei Touristen, auf Großwildjagd zu gehen, nicht sehr verlockend. Es hätte mich bei den Guides nicht beliebt gemacht. Überhaupt sollte jeder die

Natur selber erkunden und keine Ansprüche oder gar Forderungen stellen, weil man ja doch wieder zurück muss in die andere Welt, die dabei ist, sich zu zivilisieren oder sich, noch ehe sie das erreichen wird, schon wieder auf dem absteigenden Ast befindet.

Sorge und Furcht kommen
vom Gerne-haben-wollen;
wer befreit ist vom Gerngemochten
hat weder Sorge noch Furcht.

Aus dem Dhammapada

Schon wahr, wer nicht am Leben hängt, kennt keine Sorgen oder Furcht. Wer aber am Liebenswerten hängt, der sorgt sich gerne und gibt seinem Leben einen Sinn! Wer befreit sein will vom Gerngemochten, gibt also im Grunde sein Leben mit all seinen Möglichkeiten dahin. So macht man sich zum totalen Verlierer und macht die Welt mit allem, was darin ist, zum Nichtdaseienden. Wer sich für das Leben entscheidet, nimmt sich wenigstens nicht die Chance, zu einem Gewinner zu werden und er achtet die Welt, die er mit leben lässt.

Ich durfte feststellen, der Gesang eines Magpie Robin verliert seinen melodischen Klang nicht, wenn ein Tiger in der Ferne ruft – aber er muss schon sehr entfernt sein!

Man will sich freuen über die Vielfalt der Schöpfung und über die Kurzweil allen Verweilens im Wald. Mancher verweilt nur sehr kurz im Wald!

Im Gehölz flatterten Vögel umeinander. Wieder und wieder hielt ich an, was zu unterschiedlichen Ergebnissen führte. Mal wurde es ruhiger, mal wurde es erst recht laut, da so plötzlich von dem Weg, auf dem sich Menschen fortbewegten, keine Geräusche mehr zu hören waren. Die Laute waren so wohl auch mit der Aufforderung verbunden, ich möge meine Fortbewegung fortsetzen. Der Wunsch, in Ruhe gelassen zu werden, drückt sich mitunter geräuschvoll aus. Man denke an das Krächzen der Papageien oder die Alarmrufe der Hirsche und Languren. Es sind Lautmalereien, die man nur aus der Ferne hören möchte, weil sie in der Nähe in den Ohren schmerzen.

Doch auch andere Tiere benutzten die Wege. Ein Waran zum Beispiel! Husch in den Busch! Vorsicht Wildwechsel! Zusammenprall mit einer Eidechse! Ob das die Versicherung abdeckt?

Aber es konnte noch Schlimmeres passieren. An Elefanten hatte ich dabei nicht zu denken, denn die hielten sich in Chitwan überwiegend in den höher gelegenen Regionen des Salwaldes auf. Aber wegen der Nashörner war es angebracht, stets aufmerksam zu bleiben, besonders in Anbetracht der Vorfälle des Vortages.

Und dann war es doch ein Elefant, mit dem ich nähere Bekanntschaft machen durfte. Zuerst lief ein Arbeitselefant ohne ein Zeichen der Danksagung an mir vorüber, nachdem ich mich vom Weg heruntergeräumt hatte. Er war voll beladen mit Grasbüscheln. Er wurde von einem Arbeiter geritten. Ein weiterer Arbeiter, anscheinend der Phanit, der eigentliche Reiter, lief nebenher. Die beiden lachten mich wortlos an. Das war ihr Gruß.

Ein wenig später hörte ich Geräusche, die einen weiteren Dickhäuter verrieten. Sie kamen von einer Lichtung. Das Gelände war sumpfig. Ein Baum war umgestürzt und hatte dabei einen Machan beschädigt. Nun endlich sollte der Baum um den Machan herum wieder von Bewuchs befreit werden und daran arbeitete Durga.

Durga hatte zwei prächtige Stoßzähne. Der Phanit saß ungefähr drei Meter hoch. Ein paar kurze Anweisungen reichten, um Durga zur Arbeit anzuregen. Der lange Stock mit dem eisernen Widerhaken an der Spitze war der verlängerte Arm des Phanit und musste nur selten wegen Arbeitsverweigerung zum Einsatz kommen. Ich stieg vom Rad und sah den beiden zu. Wie hätte ich mich auch nützlich erweisen können?

Ich fragte, mehr spaßeshalber, ob ich den Phanit ablösen sollte. Der nickte mir freundlich zu und fuhr fort. Ich griff in meine Wortschatzkiste.

„Ma Nepal manparne, khinaabhane maachehaaru raamro chhaa. – Ich mag Nepal, weil die Menschen nett sind!"

Eigentlich heißt raamro „schön", aber die Nepalesen machen keinen Unterschied zwischen schön und gut. Sie sind halt arglose Menschen oder waren es zumindest, als sie so zu sprechen anfingen.

Das zeigte Wirkung! Der Phanit tat überrascht und machte mich verlegen, denn ich hatte noch nie das Vergnügen einen

Elefanten herumzukommandieren. Der Phanit stieg herunter und drückte mir seinen Kommandostab in die Hand. Ich rechnete damit, dass mich Durga zuerst auslachen und dann in hohem Bogen in die Büsche katapultieren oder einfach mit mir in den Dschungel abhauen würde, wo ich dann irgendwo im Geäst in der dritten Etage hängen zu bleiben hatte.

Nichts dergleichen geschah! Durga hatte Manieren. Schon beim Aufsteigen war sie mir zur Hand und vielleicht bemühte sie sich sogar, mich glauben zu lassen, dass meine Kommandos sie wirklich beeindruckten. Denn tatsächlich tat sie genau das, was ich sagte. Ich bediente mich allerdings der Mithilfe des Phanits, der so tat, als ob ihn das alles gar nichts mehr anging, so sicher war er, dass ich keinen Schaden anrichten konnte.

„Was heißt vorwärts?“

„Ahgit!“

„Ahgit!“, forderte ich. Durga ging vorwärts, kaum, dass ich es ausgesprochen hatte.

„Nimm dies?“

„Ehdör!“

„Ehdör!“

„Heb' es auf?“

„Utha!“

„Utha!“

„Stopp?“

„Dhat!"

„Dhat!"

„Ma uhaalaai man paryo! – Ich mag ihn!", sagte ich, als ich wieder herunterstieg. Dem Phanit gab ich eine Arbeitsausfallentschädigung, die ihm sichtlich Freude machte.

„Thik chha! Dhaaniyaabaad!", bedankte er sich.

„Baa aamo kasto chha? – Wie geht es Vater und Mutter?"

„Sabei thik chha!"

„Ekdam! – Na also!"

Durga, die Sanfte, die den Namen der Kriegsgöttin gar nicht verdient hatte, grüßte mit erhobenem Rüssel. Sie war gar keine Dame! Man hatte ihm einen weiblichen Namen gegeben, um der bei Bullen zu erwartenden Launenhaftigkeit, die sich auch in Arbeitsverweigerung ausdrücken kann, verheißungsvoll entgegenzuwirken. Es musste dann ausgerechnet „Durga" sein!

Ich grüßte zurück. Da geschah etwas Merkwürdiges. Der Elefant presste den Rüssel auf die Unterlippe und blies die Luft aus. Heraus kam ein etwas verunglückter Pfeifton. Daraufhin krümmte er den Rüssel noch weiter, bis er mit der Rüsselspitze auf die Rüsselunterseite zu drücken kam. Jetzt war der Pfiff in weitem Umkreis hörbar. Der Mensch soll sich die Naturkräfte nutzbar machen, aber so, dass es für die Natur eine Freude ist, die sie jauchzen und pfeifen lässt! Am Ende wird es zu Harmonie und Eintracht. Am Ende brauchen auch Elefanten keine Tränen mehr.

Ein Waldmensch hat einmal gesagt, das größte Glücksgefühl nach dem des nachlassenden Schmerzes sei nachlassende Furcht. Und plötzlich wird es klar! Dort muss man hin, wo es keine Schmerzen und keine Angst mehr gibt, aber erst, wenn man Schmerzen und Angst hinter sich gelassen hat! Das hinter sich lassen und das sich auf den Weg machen, das ist das Leben!

Wahrlich, wenn es jemand, der dabei war,
mir erzählte, würde ich's nicht glauben,
sondern denken, er sei nicht bei Troste!

Aristophanes

Ein Leben darauf ausgerichtet,
gute Früchte hervorzubringen,
dass viele davon ernten können,
das ist die Pflicht eines mannhaften Mannes!

Naladiyar, ca. 1200 A.D.

Epilog

Ein Forschungsreisender oder Abenteurer besteigt Berge, auf die noch niemand gestiegen ist; er dringt in unbekannte Gebiete vor, durchquert Wüsten und Wälder, nimmt Strapazen und Gefahren in Kauf, um das, was ihm bedeutend erscheint, zu erreichen. Was wäre es doch, wenn man eine Forschungsreise zu dem Weisen unternehmen könnte, der auf unsere dringendsten Fragen die richtigen Antworten hat? Wäre das nicht das Bedeutendste und Größte, was Menschen je in Angriff nehmen könnten?

Oder sind wir schon überbeschäftigt mit mühseligen Dingen, die wir für wichtig halten? Sind wir nicht alle Sklaven unserer Zeitvertreibe? Sind Seele und Herz mit ihren Liegenschaften schon so sehr besetzt, dass nur noch wenig Raum bleibt für einen freien und mutigen Geist, der sich höchste Ideale zum Ziel setzt? Ein Geist, der befreit ist, ist nicht verunsichert und auch nicht ängstlich.

Wir brauchen einen großen Geist, der uns die Richtung vorgibt und uns überzeugt und uns den Spiegel vorhält. Wir brauchen aber nicht Größe, die unter Menschen gilt. Alle die großen Machthaber dieser Welt haben miteinander gemein, dass sie ihr Reich groß und mächtig machten, indem sie andere Länder eroberten und andere Völker unterdrückten. Alles. was sie erschufen, zerfiel wieder.

Die Welt mit ihren weltlichen Unruhestiftern hält wahrhafte Erkenntnis über das, was uns nottut, in Unwahrheit und Ungerechtigkeit gefangen. Daher kommen all die Unterbrechungen der Vervollkommnungsprozesse, daher kommen Degeneration und Leid in der Schöpfung. Der menschliche Geist, der einmal freigemacht worden ist, lässt sich nicht mehr gefangen halten.

Nur die Kleingeistigen sind furchtsam feige. Wie können wir uns auf unsere eigene kleinkarierte Welt zurückziehen und sagen, es gibt Dinge, die zu hoch für uns sind? Wir können uns nicht entschuldigen. Wir sind aufgefordert, verstehen zu lernen. Wir sind aufgefordert, die großen Dinge, die uns in der Schöpfung vor Augen geführt werden, zu erfassen, damit wir uns für höhere Ziele begeistern können. Stattdessen sind wir ohne Verständnis, schläfrig und saumselig. Und wie immer lieblos.

Darum wollen wir jetzt lassen,
was am Anfang zu lehren ist
und uns zum Vollkommenen wenden

Das schrieb ein Philosoph aus Tarsus vor zweitausend Jahren. Und heute sind wir auch noch nicht weiter. Im Üblen sollten wir wohl unmündig sein, aber im Sinnen und Denken gereift werden! Dazu ist ein gründliches Umdenken erforderlich. Die alten Griechen waren sich dazu nicht zu schade. Das altgriechische Wort für „Umkehr", „metanoia", bedeutet ja auch „überdenken", „durchdenken", „anders denken", „neu denken" oder „sorgfältig denken". Man kann auch sagen „umdenken" oder „mitdenken".

Umkehrprozesse können nur eingeleitet werden, wenn zuerst ein Prozess des Durchdenkens und des Denkens mit der

Erkenntnis, etwas ändern zu müssen, eingeleitet wird. Abwendung von dem Abwärtsweg, den die Menschheit bisher gegangen ist, bedeutet nicht einfach nur Stillstand und Schadensbegrenzung, sondern zugleich Hinwendung zum Aufwärtsweg. Dieser kann nur mit einer Entwicklung des Geistes beginnen, denn die Materie an sich ist tot. Sie steuert nichts und hat kein Ziel.

Es bedarf einer vollkommenen Ethik und diese Ziel-Ethik kann nicht an ein Nichts, ein abstrakt-vertracktes Prinzip gehängt werden, denn sie ist auch eine Herkunftsethik. Sie ist naturnotwendig personengebunden. Diese Ethik ist Wesensmerkmal einer Geistigkeit, die zugleich Urgrund des Seins und allen Lebens ist. In der Person wird sie auch uns zum Urgrund für unser ethisches Verhalten. Jede andere Ethik funktioniert nur ungenügend, weil sie weder Urgrund noch Ziel im vollkommenen Urgrund und Vollendungsziel hat.

Wir selbst sind der Beweis dafür, denn wer sonst als eine Person kann ethisch handeln und für sein Verhalten verantwortlich gemacht werden! Es ist also als Ausgangspunkt und Endpunkt unserer Entwicklung zum vollkommenen Menschen, zugleich der Entwicklung der gesamten Schöpfung, nur diese schöpferische Geistigkeit, nach der wir uns ausstrecken sollten, vorstellbar.

„Es werde Licht!", müssen auch wir immer wieder in die Schöpfung hineinrufen. Wo ist da noch Raum für Finsternis, wenn was werden soll, geworden ist? Umkehr bedeutet, Hinwendung zum Licht, um sich von ihm heimleuchten zu lassen.

Der Mensch, der die Schöpfung nicht als eine unvollendete erkennt, die auf Vollendung hin angelegt wurde, hat Wesentliches noch nicht erkannt. Die Menschen müssen erst noch sehen lernen, wie sinnleer, entbehrungsreich und mühselig ihre Reise in der Abgewandtheit von diesem Licht wird, damit sie sich dazu entschließen können, auf das Licht zuzugehen und die Finsternis in der Selbstbestimmung zu verlassen.

Wir sind nicht geboren worden zu Sitzenbleibern und geistlichen Analphabeten! Wir brauchen keinen liegengebliebenen Buddha, der seine Erweckung verschläft. Wir sollen nicht dösen, wie über allem Tun erhabene Mönche. Wir müssen, wenn wir an den Göttern zweifeln, den vollkommenen Menschen ausfindig machen, der göttliche Qualitäten hat und auch danach handelt. Er hat die Weisung zur Reifung. Und er hat den Geist, der in uns erst noch hörbar gemacht werden muss, der Geist, der uns dazu bringt, unser Denken zu ändern und unser ganzes Wesen verwandeln zu lassen. Insbesondere zeichnet er sich aus durch die Liebe zu den Mitgeschöpfen, weil ihre Existenz ja ebenso unfertig und leidvoll ist und dringend verändert werden muss, wie die unsere.

Wir sind noch Lernende. Jeder soll dazu ermahnt werden, in der Erkenntnis reifen zu wollen, dass er auch als Mensch reifen kann. In aller Weisheit sollen wir belehrt werden, um die Reife für höhere Aufgabenwahrnehmungen zu erlangen. Übrigens gilt das für jeden. Weisheit ist nicht nur für ein paar wenige. Das heißt aber auch, dass keiner sagen kann:

„Das ist zu hoch für mich, was mir da beigebracht werden soll, und es geht mich gar nichts an, ich habe andere Ziele."

Es muss auch heißen, dass wir in aller Erkenntnis und Wahrheit wachsen müssen, nicht nur in halben Wahrheitsquanten. Auf falsche Propheten und Religionsstifter können wir verzichten. Wir brauchen das Wahrhafte, nicht das Wahnhafte. Wir brauchen das Wahrhafte, das unsere tiefsten Stellen im Herz anspricht. Diese Wahrheit muss lebensfähig in uns sein. Sie muss ein Quell auch des Lebens für andere sein. Aus einer bitteren Quelle kann nur bitteres Wasser kommen. Die Wahrheit muss lebendig sein und andere lebendig machen. Sie ist keine kalte Lehre, die den Menschen in seiner Verzweiflung und in seiner Daseinsangst lässt. Sie muss das Gestern, das Heute und das Zukünftige erlichten lassen. Sie muss Licht sein, das in die Herzen der Menschen hineinstrahlt und ihn froh macht, weil er vorausblickt auf die vollkommene Freude, die erst sein wird, wenn die Harmonie in der Schöpfung wiederhergestellt ist.

Woher man das wissen kann? Weil nichts anderes vollkommen wäre. Weil alles andere ein ewiger Makel wäre. Wie kann etwas Bestand haben, das nicht in jeder Hinsicht vollkommen ist und in seiner Vollkommenheit sich nicht selbst ins Gehege kommt, was ja auch wieder nur in Unvollkommenheit geschehen kann? Was ewig Bestand haben will, kann nur vollkommen sein. Und wenn das, was vollkommen ist, erst einmal aufgestanden ist, dann wird es sich nicht eher zur Ruhe setzen, bis es alles vollkommen gemacht hat.

Wenn das nicht wahr wäre, gäbe es auch keine Schöpfung, denn auch die Schöpfung hat Merkmale des Ewigen in sich und sei es nur, dass sie immer wieder zerfällt. Sie kann nur das Ziel haben, vollkommen gemacht zu werden. Jedes andere Ziel wäre gar kein Ziel, sondern nur etwas Halbfertiges, Vorläufiges, Unvollkommenes, Zerfallendes.

Wer nichts versteht, hat auch ein träges Herz. Ein träges Herz schlägt gerade noch so intensiv, dass es den eigenen Körper mit Blut versorgen kann, für einen anderen kann es nicht auch noch schlagen. Es ist unmöglich, ohne Erkenntnis über das Ziel der Schöpfung und den Urgrund des Seins zu sein und dennoch am Wohlergehen der Geschöpfe ein beitragendes Interesse, was auch als Anteilnahme und Hinwendung bezeichnet werden kann, zu haben. Wer in der Erkenntnis, von der ich rede, wächst, nimmt auch zu in dieser Zunahme an Lern- und Liebesfähigkeit. „Erkennen" und „in Liebe eins sein" war im Sprachgebrauch der alten Hebräer das Gleiche. Das deshalb, weil man das Gegenüber am besten kennt, wenn man sich ihm so weit angenähert hat, dass man eins mit ihm ist.

Manche meinen, sich erinnern zu können, dass es bei dem Ziel der Schöpfung um das Einswerden mit dem Urgrund des Seins geht. Daran dachten auch die alten Mystiker Indiens. Sie suchten meist die Weltabgeschiedenheit in den Wäldern, um dort zuerst einmal eine gewisse Eintracht mit der Schöpfung zu erzielen, bis sie reif sein würden, höhere Gedanken zu denken und das allgemeine Lebensprinzip zu erkennen, welches sie zum Lebensziel führen sollte.

Doch was hilft Mystik, wenn sie nicht einhergeht mit einer erlebbaren Wirklichkeit, die Bestand haben muss und sich für alle verwirklicht. Lösungen mögen individuell entdeckt werden, aber sie erweisen sich doch immer wieder als unzureichend, wenn sie nicht für alle Lösungen sind! Dazu müssen sie sich aber an ewige, erlebbare Qualitäten und an Personen festmachen lassen können. Eine dieser Qualitäten ist die Liebesfähigkeit. Sie ist die Qualität, mit der wir mit anderen Wesen in eine das Vollkommenheitsziel mitaufbauende Wechselbeziehung treten.

Es lässt sich sagen: Wo die Liebe zum geistigen Urgrund des Seins sich vermehrt, wächst die Erkenntnis über dasselbe, weil das Einswerden das Vertrautwerden miteinschließt. Diese Erkenntnis ist mehr als bloßes Ansammeln von Wissen. Sie wird nämlich tätig zum Gedeihen des Geschöpflichen, welches darauf abzielt, diese Unvollkommenheiten nicht mehr in sich zu tragen.

Sie ist eine Angelegenheit des Geistes und des Herzens, die nicht träge sind, sondern aufgeweckt sofort nach dem Einträchtigen streben. Wenn wir auf das Vollkommene abzielen, dann ist klar, dass auch die Schöpfung zum Ziel gebracht werden kann. Es hat ja wenig Sinn, sich selbst erlösen zu lassen und um die Schöpfung nicht besorgt zu sein. Denn, worin sollte meine Erlösung bestehen, wenn ich befürchten muss, mich dann doch noch von dem Schicksal des Nächsten bekümmern lassen zu müssen. Geschieht es heute nicht, so geschieht es unverhinderbar doch noch morgen!

Wem gefällt es nicht, dass die Menschen zur Erkenntnis der Wahrheit kommen? Wem gefällt es, dass die Menschen nicht sehen, was gut und wohlgefällig und vollkommen ist? Was allein könnte allen gefallen, wenn alle höchste Erkenntnis darüber besitzen, was das höchste Gut ist?

Wenn wir wahrhaft daran interessiert sind, dass wir dieser Qualitäten teilhaftig werden wollen, die zu einer lebendigen Beziehung zu dem geistigen Urgrund des Seins höchster Güte gehören, dann brauchen wir nicht ängstlich zu sein über neue Erkenntnisse oder, dass wir, die wir ja gerade dabei sind, ängstlich zu sein, zu wagemutig wären. Qualitäten treiben die Furcht aus, sie betreiben ihre eigene Sache.

Alle Dinge erforscht der Geist, er darf sogar in den Tiefen des Urgrunds allen Seins forschen, wenn er aus diesem hervorgegangen ist und das muss er, denn woher soll er sonst gekommen sein? Er kümmert sich um Familienangelegenheiten! Und was findet man in diesen Tiefen? Vollkommene Wesensmerkmale: unendliche Güter!

Das Größte, das Gewaltigste, was mit einem Menschen geschehen kann, ist die Metamorphose, die Umwandlung zu einem solchen Geistesmenschen, in dem ein Geist wirksam wird, der nicht weniger als nach Vollkommenheit strebt. Wir müssen Ausschau halten nach diesem Menschentypen. Die Tatsache der Schöpfung verweist uns mit Notwendigkeit auf ihre Unvollkommenheit und die Unvollkommenheit schreit nach ihrer Vervollkommnung. Ebenso verweist uns die Tatsache der notwendigen Vervollkommnung auf die notwendige Verwandlung des Menschen durch einen geistigen Reifeprozess. Irgendwann, irgendwo, muss es also zumindest einen Menschen geben oder gegeben haben, bei dem dieser Reifeprozess angefangen hat. Es muss zumindest einen geben, der bereits auferstanden ist aus den Ruinen des autonomen, geistlosen, unvollkommenen Menschseins. Auf den muss man schauen.

Hat uns so ein Mensch etwas zu sagen, ein Mensch, der den Beweis seiner herausragenden Charaktereigenschaften erbracht hat, der im Übermaß alles hat, was wir an Menschen schätzen und lieben? Güte, Fürsorge, Weisheit, Wohlwollen und Wohlkönnen und über allem die Liebe! Und darin bringt er jedes Opfer zum Reifungsprozess aller, zum Segen für die Mitgeschöpfe? Oder lassen wir uns lieber bestimmen von Menschen, die nur bewiesen haben, dass sie fehlerhaft und unvollkommen sind wie wir?

Wer eine Reise tut, der kann viel erzählen, heißt es. Wenn man aber dabei schläft, kann man gar nichts erzählen. Viel schlimmer noch, man weiß ja noch nicht einmal, wohin man reist. Wem ist es noch nicht passiert, dass er im Zug eingeschlafen ist und zu spät aufgewacht ist? Was passiert dann? Man hat das Reiseziel verfehlt und muss wieder zurückfahren, bezahlt, wenn nicht noch einmal für die Fahrkarte, dann bestimmt aber mit der Zeit, die man verloren hat, bzw. zu spät ankommt, von anderen Ärgernissen ganz zu schweigen.

Wie man das dann bereut, nicht wahr?

Auf der Reise zum Lebensziel muss man nicht nur den Kurs kennen, man muss ihn auch einschlagen und man muss ihn beibehalten. Dann wird es eine gute Reise!